# Compendium Der Biochemie...

Vincenz Kletzinsky

# COMPENDIUM

## DER

# BIOCHEMIE

VON

## VINCENZ KLETZINSKY,

K. K. LANDESGERICHTS-CHEMIKER UND PROFESSOR.

## IN 2 ABTHEILUNGEN UND 11 TABELLEN.

WIEN 1858.

WILHELM BRAUMÜLLER,

K. K. HOFBUCHHÄNDLER.

# Vorrede.

Die Skizze der Biochemie, die hiermit in die Oeffentlichkeit tritt, will weder als Sammel- und Fachwerk
noch nach der Form moderner Compendien beurtheilt
werden; sie verdankt Entwurf und Ausführung dem
Streben, ein allgemeineres chemisches Wissen eine
gegründetere stofflichere Auffassung namentlich dem
grössern ärztlichen Publikum geläufig zu machen.
Niemand fühlt es besser als ich, dass es dem Arzt
nicht zugemuthet werden könne, zugleich Chemiker
zu sein, und Niemand verurtheilt aufrichtiger als ich,
die hie und da modern gewordene Harnküche und
Guckkästnerei; aber andrerseits ist die Chemie, wie
für den grossen Weltmarkt der Gesellschaft, so auch
für die gesammten medizinischen Doktrinen eine
Unabweislichkeit geworden; dem beschäftigten Arzte,
dem Schüler der Heilkunde kann nach einjähriger An-
hörung des Lehrkurses über allgemeine Chemie
nicht zugemuthet werden, dass er sich in grösseren
Werken, unter den flüchtigen Ephemeriden der Jour-

*

nalaufsätze jenes biochemische Urtheil ergänze und erwerbe, ohne welches die neue Zeit den Arzt nicht mehr anerkennt, und das unentbehrlich ist, nicht um selbst Chemiker zu werden, sondern nur um die Fragen formuliren zu können, und die Antworten zu verstehen, die Heilkunde und Stoffwissenschaft sich gegenseitig geben. Mit Absicht sind daher aus vorlieliegender Arbeit die trockenen analytischen Details, die geistlosen Darstellungsrezepte, und die abstrakten Formelbeziehungen weggeblieben, wo und in wieweit dieselben bisher nur ein unentbehrlicher Ballast des Spezialisten und ausübenden Fachchemikers waren, ohne, von einem allgemeinen Verständnisse durchgeistigt, einer umfassenden Anwendung und einer gewissen Ideenwechselseitigkeit sich zu erfreuen. In eben diesem Sinne ist vielleicht an manchen Stellen der jetzt moderne, Laien entmuthigende, mit dem Nihilismus der extremsten Skeptik kokettirende sokratische Ton „des Nichtswissens" gedämpft und vermieden worden, um auf einigen fliegenden Brücken gesunder Hypothesen wieder ein Terrain von Thatsachen zu gewinnen, das ohne dieselben eine terra incognita bliebe. Da jede Staffel zur weiteren Erkenntniss in letzter Strenge des Urtheils ein Irrthum ist, so glaubte ich zu dieser Methode auch von dem ehrlichsten Standpunkte der exaktesten Naturforschung berechtigt zu sein, um so mehr da ich es nie unterlassen habe, am passenden Orte das Lückenhafte und Schwankende gewisser biochemischer Ideenzüge aufrichtig einzugestehen und

zu bezeichnen. In eben diesem Sinne endlich ist das
bis zum Eckel getriebene „Citiren" von Autoritäten
soviel als thunlich vermieden: die wirklichen Grössen,
denen die Wissenschaft von Heute, und alle Individuen
der Gegenwart, also auch Schreiber dieses geistige
Anregung und Entwicklung verdanken, werden
darin übereinstimmen, dass die Citate, gleichsam grund-
bücherliche Vormerkungen in den Annalen und Streit-
schriften der Wissenschaft, aber nicht wohlfeile Rede-
blumen, Lückenfüller und Weihrauchnebel sein sollen.
Je organisch verdauter und assimilirter eine Idee
auftritt, um so mehr wird sie Eins mit der Form
ihrer Darstellung und dem Style, und um so assimilirbarer wird sie für den Leser.

Die erste Abtheilung behandelt die Chemie der
biochemischen Atome; d.h. die Lehre von den
Eigenschaften und stofflichen Veränderungen jener
Elemente und ihrer Verbindungen, welche in den organischen oder belebten Körpern des Thier- und
Pflanzenreiches der Stoffforschung zugänglich geworden sind. Die zweite, weit kürzere Abtheilung,
bespricht in ununterbrochener Folge, als gleichsam
syntethischer Theil die Stofflehre der biochemischen Prozesse; man könnte, wenn man
Antithesen verzeihen will, die erste Abtheilung
die Lehre vom Stoffe des Lebens und die
zweite die Lehre vom Leben des Stoffes
nennen. Schon der Name „Skizze" bezeichnet
den bescheidenen Umfang und die bescheidenen

Zwecke der Arbeit. Innerste Ueberzeugungen, wie sie sich bei mir aus der Aneignung des wissenschaftlichen Schatzes der Heroen unseres Faches, unter dem Einflusse eigenen Nachdenkens entwickelten, biete ich in gedrängter Form dem Leser, um, wenn es möglich ist, diesen innersten Ueberzeugungen von dem alles durchdringenden und durchgeistigenden Einflusse der unerschöpflichsten aller Wissenschaften, der Chemie auf alle Doktrinen der Heilkunde, auf Diätetik, ja selbst auf die Makrobiotik und Eudaimonie jedes Gebildeten, möglichst viele Proselyten unter den Bekennern und Schülern der Heilkunde zu gewinnen.

**Der Verfasser.**

# Inhaltsverzeichniss.

## I. Abtheilung.

VIII

## II. Abtheilung.

# I. Abtheilung:

# ANALYTISCHE BIOCHEMIE.

### Chemie der biochemischen Atome.

Die Biochemie ist jener Theil der Biologie oder Lehre vom Leben, welcher das materielle Substrat der Organe und Funktionen erforscht, während die Biophysik sich mit dem Studium der fernwirkenden und molecularen Kräfte und mit den Imponderabilien auf dem Gebiete des organischen Lebens befasst, während endlich die Biomorphologie die sogenannten histologischen Elemente und ihre Verbindungen, die Systeme und Organe des Pflanzen- und Thierleibes, d. h. die Form des Organischen behandelt. Die Vereinigung dieser drei Doktrinen würde als Wissenschaft der Biologie das darstellen, was man heutzutage comparative Anatomie, Histologie und Physiologie zu nennen pflegt, ohne die unwissenschaftliche Trennung in eine vegetabilische und thierische in eine physiologische und pathologische Seite, wie sie auf dem praktischen Gebiete der Anwendungen berechtigt scheinen mag, auf den Boden der Wissenschaft herüberzuziehen, die vor Allem durch strenge Logik ihrer Begriffe sich auszeichnen muss.

Man könnte also von der Biochemie mit allem Rechte eine stricte Definition des Lebens vom chemischen Standpunkte aus fordern; allein sie vermag diese gegenwärtig eben so wenig zu leisten, als eine der beiden andern Doktrinen. Die Auffassung des Lebens als Stoffwechsel schlechtweg ist freilich für alle biochemischen Prozesse völlig gültig, allein sie umfasst auch alle Vorgänge des anorganischen Reiches, und man müsste, dem gemeinen Sprachgebrauche zuwider, von einem Leben des Steins und der Erde sprechen. Man sieht also, dass wir für den Begriff des Lebens nur das Gattungsmerkmal kennen; über den einschränkenden und bestimmenden Artunterschied, wenn es überhaupt in wissenschaftlicher Strenge einen solchen geben sollte, ist die Wissen-

Die Biologie zerfällt in 1. Biomorphologie (Anatomie und Histologie) 2. in Biophysik und 3. Biochemie (2. u. 3. Physiologie).

schaft noch nicht hinlänglich klar, um ihn mit Schärfe in Worten zu formuliren. Versuche, wie etwa der, „das Leben einen Stoffwechsel von Innen heraus" zu nennen, sind abgeschmackt, weil, mag man sich auch das Richtige darunter denken, es doch nicht ausgesprochen wird, indem es der Wissenschaft unmöglich ist, die Gränzmarken jenes „Innen" zu ziehen, von dem die ganze Charakteristik des Stoffwechsels abhinge. Soviel ist aber gewiss, dass die wissenschaftliche Biochemie zwei Abschnitte umfassen muss, die sich gegenseitig bedingen, nämlich die analytische Biochemie oder die Chemie der Elemente und organischen Molecule und den synthetischen Theil, oder die Lehre von den biochemischen Processen, die Chemie der organischen Funktionen; man könnte sie auch sehr passend in die Lehre vom lebenden Stoffe und in die Lehre vom Leben des Stoffes unterscheiden.

*Die Biochemie zerfällt in zwei Theile: 1. analytischer Theil oder Chemie der organischen Atome; 2. synthetischer Theil oder Chemie der organischen Prozesse.*

I. Analytischer Theil, Chemie der organischen Elemente. — Die Elemente der Chemie, welche im Organismus bisher mit Sicherheit nachgewiesen wurden, zeigt folgende Tabelle mit ihren nach den neuesten Bestimmungen corrigirten Aequivalentzahlen:

*1. Analytische Biochemie.*

*Tabelle der organ. Elemente.*

|  |  | O = 100 | H = 1 |
|---|---|---|---|
| Sauerstoff | O | 100 | 8 |
| Wasserstoff | H | 12,5 | 1 |
| Stickstoff | N | 175 | 14 |
| Kohlenstoff | C | 75 | 6 |
| Schwefel | S | 200 | 16 |
| Phosphor | P | 392 | 31,36 |
| Chlor | Cl | 443,28 | 35,46 |
| Jod | J | 1586 | 126,88 |
| Fluor | F | 235,43 | 18,83 |
| Kiesel | Si | 185,19 | 14,81 |
| Kalium | K | 489,3 | 39,14 |
| Natrium | Na | 289,73 | 23,18 |
| Calcium | Ca | 250 | 20 |
| Magnesium | Mg | 150 | 12 |
| Aluminium | Al | 341,8 | 27,34 |
| Mangan | Mn | 344,68 | 27,57 |
| Eisen | Fe | 350 | 28 |
| Blei | Pb | 1294,64 | 103,57 |
| Kupfer | Cu | 295,6 | 31,65 |
| Arsenik | As | 937,5 | 75 |

Inquiline und
Accidentielle
organ. Elemente.

Ob alle diese Elemente, was eine ganz andere Frage ist, nothwendige unvermeidliche inquiline Grundstoffe der Organisation des Lebens darstellen, oder ob einige derselben, namentlich Jod, Mangan, Blei, Kupfer, Arsen, wenn auch häufige, so doch nur (zufällige) accidentielle Begleiter der Uebrigen sind, vermag die Wissenschaft von heute nicht festzustellen, obwohl für das letztere mehr Wahrscheinlichkeit aufzubringen ist.

Sauerstoff
Oxygen O, 100
oder 8.

Der Sauerstoff, der zu ein fünfttheil mit vier fünfttheilen Stickgas die Athmosphäre zusammensetzt, ist ein permanentes, farb-, geschmack- und geruchloses Gas, das vom Wasser nur in geringer Menge absorbirt wird, die aber nichtsdestoweniger hinreicht, die Kiemenathmung aller Wasserthiere zu unterhalten. Setzt man das specifische Gewicht der Luft = 1, so hat das Sauerstoffgas das specifische Gewicht von 1,1026, es hat nach dem Wasserstoffgase das geringste absolute und überhaupt das geringste specifische Lichtbrechungsvermögen; seine wesentlichste chemische Eigenschaft ist es, die Verbrennung und Verwesung energisch einzuleiten und zu befördern. Er besitzt im Allgemeinen eine sehr grosse Affinität oder chemische Spannung, so, dass er (das Fluor ausgenommen) mit allen übrigen Elementen Verbindungen eingeht, die grössere Mehrzahl der Metalle rosten macht, und namentlich das labile Gleichgewicht der zusammengesetzteren Molecüle organischer Körper mächtig stört, wodurch er die mannigfaltigsten Verwesungsprodukte hervorruft, die man obwohl sie auf Anregung dieses mächtigen Elementes entstanden, unbegreiflicher Weise unter die sogenannten spontanen Zersetzungen zählte. Die Art und Weise seiner Einwirkung auf organische Körper, läst sich auf sechs Grundtypen zurückführen:

Grundtypen der
Einwirkung des
Oxygens auf
organ. Körper.

1. Der Sauerstoff verbindet sich direkt mit dem organischen Molecule (der Atomengruppe) zu einem wahren Oxyde, was den bei weitem seltensten Fall zu bilden scheint.

2. Die eintretenden Sauerstoffatome vereinigen sich mit den zufolge der Gleichgewichtsstörung austretenden Wasserstoffatomen des organischen Körpers zu Wasser, während der Rest desselben meist unter abermaliger Aufnahme von Sauerstoff die andere, höhere Zersetzungstype darstellt. So wird Alkohol durch Sauerstoff zu Wasser und Essigsäure oxydirt.

3. Die das Gleichgewicht störenden Sauerstoffatome entreissen unter Kohlensäurebildung der organischen Substanz halb so-

1 *

viel Kohlenstoffäquivalente, während der nunmehrige Rest sich so, wie im vorigen Falle verhält; — so wird Gerbsäure an der Luft zu Gallussäure oxydirt.

4. Sowohl Wasser, als Kohlensäure werden gebildet, eine vereinte Wirkung der in den beiden vorhergehenden Nummern namhaft gemachten Anziehung des Sauerstoffs zum Wasserstoffe und Kohlenstoffe der organischen Substanzen, deren Rest sich wie immer entweder unverändert oder häufiger noch oxydirt zur anderen höheren Zersetzungstype gestaltet. So wird Catechugerbsäure unter Abgabe von Wasser und Kohlensäure in Folge indirekter Oxydation zur Catechusäure.

5. Galten die bisherigen Einwirkungen, namentlich für stickstofffreie organische Atomencomplexe, so tritt bei den stickstoffhältigen Körpern zu jeder der oben entwickelten Oxydationsarten noch die Bildung von Ammoniak und dessen Paarungs- und Substitutionstypen, der Alkaloide, Subalkaloide und stickstoffhältigen Paarlingssäuren.

6. Wird die grosse Affinität des Sauerstoffs in dem Zerstörungsprocesse stickstoffhältiger Körper durch die chemische Tension freier, fixer Basen unterstützt (Kali, Natron), so kann es selbst geschehen, dass der indifferente wenig affine Stickstoff in den Kreis der Oxydation gezogen und Salpetersäure gebildet wird.

Erkennung und
Bestimmung des
Sauerstoffs.

Obwohl der Sauerstoff im gasigen, freien, und concentrirten Zustande leicht an der Entflammung eines eingetauchten nur glimmenden Spahnes erkannt würde, so muss man doch gewöhnlich zu feineren qualitativen Erkennungsmitteln seine Zuflucht nehmen, weil der erforderliche Grad von Reinheit dem inquilinen Vorkommen dieses Gases meistens fehlt.

Die Kupferoxydulsalze lösen sich in Ammoniaküberschuss zu farblosen Flüssigkeiten auf, die bei dem Zutritte auch der kleinsten oxygenhältigen Luftblase sich zu bläuen beginnen, indem im farblosen Kupferoxydulammoniak $Cu_2 O . (NH_3)2$ durch Sauerstoffzutritt O das prachtvoll lasurblaue Kupferoxydammoniak ($Cu O . NH_3) 2$ entsteht.

Die schneeweisse perlmutterglänzende, Pyrogallussäure löst sich in reinem Aetzkali zu einer farblosen Flüssigkeit auf, die die Eigenschaft besitzt, bei Sauerstoffzutritt sich proportional zu bräunen. Mit diesen beiden Mitteln reicht man zur qualitativen Erkennung des freien Sauerstoffs überall aus. Zur quantitativen Bestimmung des freien Sauerstoffes kann man entweder einen Pyrophor oder Salzsäure und metallisches Kupfer benutzen; den Pyrophor erzeugt man sich am besten, indem man 9 Theile Eisenvitriol und 1 Theil Alaun in Wasser löst, diese Lösung des Gemenges durch Ammoniaküberschuss fällt und die präcipitirten Oxyde nach dem Trocknen in einer Röhre glüht, durch welche ein langsamer Strom von Wasserstoffgas streicht. Dieser reducirte Glührückstand besteht aus metallischem Eisen, welches durch die eingemengte, gleichsam verdünnende Thonerde am Zusammensintern verhindert und in atomärer Vertheilung erhalten wurde. In dieser Form hat das Eisen eine so kräftige Affinität zum gasigen Sauerstoffe, dass es sich mit demselben unter allen Umständen, manchmal selbst unter Glühphänomenen verbindet. Lässt man nun mittelst eines Aspirators, aus welchem Oehl oder Wasser abfliesst, die quantitativ auf Sauerstoff zu untersuchende, völlig getrocknete Luft im langsamen Strome durch die vor Beginn der Operation sammt ihrem Inhalte gewogene Pyrophorröhre streichen, so wird all ihr Sauerstoff in letzterer fixirt und zur Oxydbildung verzehrt, so, dass die Gewichtszunahme dieser Röhre nach beendigter Operation unmittelbar die Gewichtszahl des Sauerstoffs ausdrückt.

Pyrophor.

Bei der andern Methode lässt man die in einer graduirten Glasglocke mittelst verdünnter Salzsäure abgesperrte Luft einige Stunden lang mit Kupferdrehspähnen, die mit luftfreier Salzsäure befeuchtet sind, in Berührung. Die Salzsäure, die für sich allein das Kupfermetall nicht anzugreifen vermag, tritt unter gleichzeitiger Gegenwart von Sauerstoff, an diesen ihren Wasserstoff, und an jenes ihr Chlor ab, Kupferchlorid und Wasser bildend, und das abgesperrte Gasvolum genau um den Raumtheil enthaltenen Sauerstoffes vermindernd. Die bei allen derartigen Messungen nöthigen barometrischen und andern Correkturen sind in den betreffenden Experimentallehren eines Breitern entwickelt.

Der gebundene Sauerstoff wird in den organischen Substanzen gewöhnlich indirekt durch ihre Zersetzungsprodukte erschlossen, nur selten bedient man sich zur direkten Nachweisung dieses Elements der Kaliumprobe. Das Kalium, der Schlusspunkt der elektrochemischen Elementenreihe, hat die grösste Verwandtschaft zum Sauerstoffe und veranlasst, indem es denselben, wenn er gebunden ist, den andern Atomencomplexen entreisst, die Bildung von Kali. Auf diesem Prinzipe beruht die Anwendung des Kaliums als Reagens auf gebundenen Sauerstoff.

Die quantitative Bestimmung des gebundenen Sauerstoffs in organischen Verbindungen geschieht immer nur differenziell, man sucht sich zu vergewissern, wieviel und welche Elemente die organische Verbindung enthalte, sodann bestimmt man den Kohlen- und Wasserstoffgehalt nach den gewöhnlichen Methoden der Elementaranalyse, den etwaigen Stickstoff-, Schwefel- und Phosphorgehalt nach den bezüglichen Operationen und zieht die Summe aller dieser Einzelnbestimmungen von dem Gewichte der verbrauchten Versuchssubstanz ab; die Differenz ergibt die Zahl des Sauerstoffs, für die es jetzt klar ist, dass sich in ihr die unvermeidlichen Beobachtungs- und Rechnungsfehler zu bedenklicher Grösse anwachsend summiren müssen, so dass der Sauerstoffgehalt den wunden Fleck vieler organischen Formeln bildet.

Hier ist nun der Ort, auf zweierlei aufmerksam zu machen:

**Die Affinität ist eine spezifische Molecular-Action.**

1. Die chemische Affinität, Verwandtschaft oder Tension, wie sie auch genannt wird, gehört einerseits zu den Molecularactionen, da sie nur bei sogenanntem unmittelbaren Contacte wirkt, oder wie die Wissenschaft sich ausdrückt, eine unmessbar kleine Brennweite

**Flächenwirkung. Porenwirkung. Moleculäre Bindung.**

besitzt; — andrerseits ist sie von allen übrigen Molecularactionen der Physik (Cohäsion, Adhäsion) dadurch charakteristisch unterschieden, dass sie aus zwei heterogenen Faktoren ein drittes homogenes Produkt, die chemische Verbindung mit neuen Eigenschaften hervorruft. Trotz dieses wesentlichen Unterschiedes besteht zwischen der chemischen Affinität und den physikalischen Molecularactionen ein so inniger Wechselverkehr, dass sie bald hemmend, bald fördernd auf einander zurückwirken. Ein cohaerenter Würfel aus dicht gehämmerten Eisen wird von trocknem Sauerstoff gar nicht, von feuchtem hingegen, namentlich unter Mitwirkung kleiner Mengen von Kohlensäure nur sehr allmählig angegriffen und verrostet. Die früher als eine der quantitativen Bestimmungsmethoden des Oxygens erwähnte pyrophorische Form besitzt hingegen selbst zu absolut trocknem Sauerstoff eine so kräftige Affinität, dass sie unter Erglühen denselben verschluckt, und im eigentlichem Sinne des Worts zu Eisenoxyd verglimmt. Die chemische Qualität des Elementes „Eisen", ist in beiden Fällen dieselbe geblieben; der ungeheure Sprung in den Affinitätserscheinungen lässt sich daher nur auf eine Aenderung der Molecularaggregation zurückführen; wir stehen hier vor der Flächenwirkung, dem grössten Einflusse, den die Molecularactionen auf die Affinität auszuüben vermögen. Da die Brennweite der letztern als unmessbar klein bezeichnet wurde, so können nur die Theilchen der äussersten Fläche des starren Eisenwürfels mit der angrenzenden Sauerstoffathmosphäre in Wechselwirkung treten, während der ganze massive Kern desselben, (dem Gewichte nach fast die ganze Masse,) aus dem Bereiche der Verwandtschaft verwiesen ist, mit andern Worten, ein ganz dünnes Eisenblech von einer Quadratmeile Oberfläche, wird bei gleichen Luft- und Wärmeverhältnissen in derselben Zeit ebensoviel Rost liefern, als ein massiver Würfel aus Eisen von gleicher Oberfläche, obwohl der letztere viele tausend Male mehr an Gewicht von Eisen enthält als Ersteres. Die Wirkung jeder Kraft wächst proportional mit der Zahl und Günstigkeit der Angriffspunkte, bei Molecularkräften also proportional mit den Berührungsflächen. Die Cohäsion welche ein System gleichartiger Massentheilchen zu einem mehr weniger verschiebbaren oder zähen Körper vereinigt, setzt daher bald dem Spiel der Affinität eine unübersteigliche Schranke und weil sie im starren Aggregatzustande den höchsten Werth besitzt, so zerreibt und verkleinert der Chemiker seine Stoffe, um sie aus den Fesseln dieser starren bewegungsfeindlichen Kraft zu befreien, ja noch besser — er sucht sie durch Lösungsmittel aller Art in die flüssige Aggregatform umzusetzen, in welcher zufolge der leichten Verschiebbarkeit der Theilchen die Cohäsion mit der Expansion im Gleichgewichte steht. Hierin liegt die Berechtigung des ebenso alten, als bewährten Satzes: *Corpora non agunt, nisi fluida.* — Nun aber lässt sich mit einem Male der Vorgang aus einem ganz andern Gesichtspunkte beleuchten: wenn die Affinität wirklich nur eine unmessbar kleine Brennweite besitzt, so muss eine gewisse Gränzen überschreitende Verdünnung des Körpers sie ebenso vernichten, wie die Cohäsion starrer Massen. Wir wissen, dass in dem gasförmigen Aggregatzustande die Expansion oder was wohl dasselbe sein dürfte, die latente Wärme, die Cohäsion um vieles übertrifft. Ein Kubikcentimeter Sauerstoff von der gewöhnlichen Dichte 1,1026 in ein Vacuum von 100,000 Cubikcentimetern gebracht, wird sich, so lehrt uns der Instinkt und die Beobachtung nicht etwa an irgend einer Stelle des grossen Raumes festsetzen, sondern gleichförmig über den ganzen Raum verbreiten, mit einer Dichte, die $\frac{1}{100000}$ der ursprünglichen beträgt. Bei diesem Vorgange wird, wie das Experiment bestätigt, eine grosse Masse von fühlbarer Wärme in den latenten Zustand überführt. Diese Bindung von Wärme einerseits und die Unmöglichkeit, uns eine Verdünnung der Atome selber vorzustellen andrerseits, zwingen zu der Annahme, dass die durch die Zufuhr latent gewordener Wärme vergrösserten Hüllen (durch das Anwachsen ihres imponderablen Substrats) die Distanz der ponderablen Molecule bis ins Unendliche vermehren. Wird nun in gegebenem Falle diese Moleculardistanz grösser, als die Brennweite der chemischen Verwandtschaft, so hat die letztere ihr Ende erreicht.

Hierin ist der Grund der Indifferenz und Trägheit vieler freier Gasarten, so des athmosphärischen Stickstoffs zu suchen; — und dass selbst der concentrirte Sauerstoff mehr wirke, als der verdünnte, beweist das Experiment der Verbrennung eines Eisendrahtes, das nur in reinem dichten Sauerstoffgase, nicht aber in athmosphärischer Luft gelingen wird. Besässen wir ein Mittel, das Molecül eines chemischen Elementes ledig der Cohäsionsfesseln und befreit von dem verdünnenden schädlichen Einflusse der inponderablen Hüllen zu isoliren, so würden wir über die wundervolle Energie seiner Affinität erstaunen. Obwohl nun die Praxis hier den Abstraktionen der Theorie nicht folgen kann, so vermögen wir doch den „schädlichen Raum" gasiger Verdünnung annähernd zu verringern, so wie wir früher den hemmenden Einfluss der Cohäsion durch das Pulvern und Lösen der Körper bekämpften, und dieses Mittel, das selbst schon eine technische Anwendung erfahren hat, so jung es auch ist, besteht in der Molecularwirkung der Poren.

Poröse Körper, frisch ausgeglühte Holzkohle, und in souverainer Weise feinvertheilter Platinamohr, mässig erhitztes Glaspulver etc. besitzen das merkwürdige Vermögen, in ihren Poren Gase zu verdichten, sie moleculär zu binden, ohne dass sie desshalb aufhörten, chemisch frei zu sein, ja, sie äussern ihre Affinität (der früher die grosse Molecüldistanz der gasigen Verdünnung im Wege stand,) in weit auffallenderer Schärfe. — Bei der Wasserstoffzündmaschine liegt das ganze Geheimniss des kleinen Apparates in dem unansehnlichsten Theile desselben, in dem Platinaschwamme, welcher das weitaus zu träge Sauerstoffgas der Luft in den Momenten der Unthätigkeit der Maschine aus der umgebenden Luft absorbirt und molecular bindet, um es im Zeitpunkte der Benützung an den kleinen Gasstrom von Wasserstoff abzutreten und Entzündung und Verbrennung desselben herbeizuführen. In ähnlicher Weise schaltet sich die ausgelaugte und frisch geglühte Holzkohle, durch die der Lutter (schwacher Branntwein) des kleinen Schnellessigständers durchsickert, um als Essig abzulaufen, zwischen den aufgegossenen Alkohol und den essigbildenden Sauerstoff als ein rein mechanischer Transporteur, als blos moleculärer Vermittler ein.

Durch diese günstige Complication mit einer Molecularaction sehen wir die Affinität bei gewöhnlicher Temperatur, und unter alltäglichen Umständen Processe vollbringen, zu denen wir ohne die Hülfe der Erstern in unsern Laboratorien die Glühhitze der Mufeln und die ausserordentlichsten Hebeln benöthigten; ja, die überraschende Wirkung unscheinbarer Ursachen: der Kohlensäurespüren der Luft, der Feuchtigkeit der Athmosphäre und des indifferenten Sauerstoffs derselben auf die kollossalen Zeugen der Geburtswehen unserer Erde auf die Granit- und Gneisfelsen unserer Urgebirge, die allmächtige Verwitterung, die so recht eigentlich in der Zerstörung des Anorganischen die Bildung des Organischen vermittelt, den Humus säet für die nachkommende Pflanze, und die Pflanze gedeihen lässt für das nachkommende Thier, ja vielleicht der wahre Schöpfer des Lebens war, sie ist im Wesentlichen eben so sehr das legitime Kind der Affinität, als der Molecularactionen und der Porenwirkung. Sucht man nach einer wissenschaftlichen Erklärung dieses fruchtbaren Vorganges, so ist sie vielleicht in folgender Betrachtung zu finden. Durch dünne Röhren bewegt sich das fallende Wasser mit geringerer Geschwindigkeit, als durch weite, bis es endlich bei einer gewissen Kleinheit des Kalibers in beträchtlicher Höhe darinnen hangen bleibt, (das Capillarrohr;) ein Fall, in dem die Geschwindigkeit des sinkenden Wassers sich bei abnehmender Weite das Rohr auf 0 reducirt hat. Ganz dasselbe, wenn auch in geringerem Grade gilt von den elastischen Flüssigkeiten oder Gasen, wie von den tropfbaren oder dem Wasser. Die Geschwindigkeit des Luftstroms, den die menschliche Lunge in weiten Glasröhren anzublasen vermag, nimmt fortwährend mit der Weite dieser Röhren ab und es ist nicht schwer, bei dem Glasbläsergeschäfte auf dem Löthtische so dünne hohle Glasfäden auszuziehen, dass die stärkste menschliche Lunge bei ihrem Anblasen ein vorgehaltenes Licht nicht mehr zu affiziren vermag. Dem Gefühle der schwellenden Backen und der Lungenanstrengung zufolge scheint es als sei der Glasfaden undurchbohrt; taucht man ihn aber mit dem einen Ende in durch Alkanna rothgefärbten Aether so erfüllt er sich rasch mittelst Capillarität und bei nicht zu grosser Länge quillt selbst ein Theil des Aethers aus der obern Oeffnung heraus.

Bei einer gewissen Nähe der Kanalwandungen, oder was dasselbe ist, bei einer gewissen Enge des Kanals übt somit das Material der Kanalwand eine so starke Molecularadhäsion auf die durchgepresste Luft aus, dass durch die Grösse dieses Widerstandes, die eine wahre Reibung im Sinne der Physiker ist, nicht nur die ursprüngliche Geschwindigkeit der eintretenden Luft, sondern auch die ganze Kraftsumme des nachträglich auf sie ausgeübten Druckes, absorbirt und vernichtet wird. Ein poröser Körper lässt sich als ein System unzähliger solcher mikroskopischer Kanäle betrachten, wo die cohärente Masse des Körpers: die vergrösserten oder verdickten Kanalwände, und die Porenreihe: das Kanallumen darstellt. Die Luft, in die der Körper getaucht ist, sucht durch diese Kanäle zu strömen, sie würde sie, wie das Röhrensystem einer Lokomotive durchsetzen, wenn nicht die enorme Adhäsion der nahestehenden Kanalwände ihre Geschwindigkeit bald auf O schwächte und sie dadurch zum Stillstand zwänge. Durch die stets von Aussen nachrückende Luft muss sich im Innern des Kanals eine Verdichtung herausstellen, die vielleicht auch möglicher Weise durch die Absorption der Wärmehüllen der Luftmolecüle von Seiten der Porenwandungen kräftig unterstützt wird und so jene Verdichtung und moleculäre Bindung der Gasarten darstellt, die wir beim Platinschwamme und der Kohle so ganz ausnehmend bewundern:

Die nähere namentlich mathematische Begründung dieser Anschauungsweise, muss in das Gebiet der Biophysik verwiesen werden.

Ozon, elektrischer Sauerstoff Oz. 75 oder 6. 2. Eine zweite Thatsache, die hier den geeignetsten Platz der Besprechung findet, hat nicht so sehr, wie die vorige, in dem muthmasslichen gänzlichen Verschwinden der imponderablen Hüllen, die wir uns um die einzelnen ponderablen Atome der Körper gelegt denken, als vielmehr in der Substitution einer Imponderabilie durch die andere ihren Grund und ihre Erklärung gefunden. So wie nämlich das, im dunklen oder unter dem Einflusse des rothen gelben und dispersen Lichtes isolirte Chlorgas sich nur bei direkter Insolation gegen Wasserstoffgas explosiv verhält, während

das von blauem Lichte bestrahlte Chlor sofort unter allen Umständen mit Wasserstoff explodirt: sich tithonisirt hat; — so erlangt unter gewissen Verhältnissen, die auf eine Substitution der Wärme
durch Electricität schliessen lassen, der Sauerstoff, ohne wie früher
moleculär gebunden zu werden, die merkwürdige Eigenschaft, Substanzen in den Bereich seiner Oxydation zu ziehen, an denen im
gewöhnlichen freien Zustande seine Macht völlig scheitert. Man
hat ihn in diesem Zustande Ozon genannt.

Die Umstände, unter welchen gewöhnlicher Sauerstoff sich ozo-
nifizirt, sind:

1. Das Streichen athmosphärischer Luft oder verdünnten Sauerstoffgases über Phosphor und Stibmethyl. Nur d e r Pposphor welcher
im Dunkeln leuchtet, ozonisirt die Luft, in comprimirter Luft oder
in dichtem Sauerstoffgase leuchtet der Phosphor merkwürdiger Weise
nicht. Unter diesen Verhältnissen bildet sich somit auch kein Ozon.

2. Die Electrisirung der Luft: namentlich die die Spitzen der
Reibungselectrisirmaschine umgebende Athmosphäre, der aus der
Leydnerflasche gezogene Funke und im grossen Maasstabe der
Blitz erzeugen Ozonwirkungen. Uebrigens scheint es, dass auch
jeder electrische Spannungszustand, wie ein solcher zwischen Boden
und unterster Luftschicht immer, wenn auch in grossen Intensitäts-
schwankungen, auf der Erde beobachtet wird, den Sauerstoff der
Luft ozonisire.

3. Jeder electrolytische Sauerstoff ist Ozon. Wenn man Wasser durch den galvanischen Strom in einer Zersetzungszelle zerlegt,
so tritt der am positiven Pole im Form von Luftbläschen sich entwickelnde Sauerstoff ozonisirt auf.

4. Vielleicht, dass auch jede Reibung des Sauerstoffs Ozonbil-
dung veranlasst. Dass die Reibung unter die kräftigsten Erregungs-
mittel der Electricität gehört, ist bekannt, nur scheint auf den ersten Blick die Reibung bei der Dünne des gasigen Aggregatzustan-
des kaum erheblich, allein die bei der vorigen Betrachtung über
die Porenwirkung zur Sprache gekommenen Thatsachen haben gezeigt, das diese unscheinbare Reibung zu einem sehr hohen Werthe
ihres Coëfficienten anwachsen könne. Thatsache ist es, dass man
beim Schütteln der Luft mit Quecksilber und Terpentinöhl, bei der
bebenden Succession von Reibungsstössen in der chemischen Harmonika, ja selbst bei dem zerstäubenden, perlenden Schaumgischt
von Luft und Wasser in der Nähe grosser Wasserfälle Ozonreak-

tionen beobachtet hat. Ob diese Wirkungen wirklich der Reibung als Ursache überhaupt, oder gar ausschliesslich, zugeschrieben werden dürfen, ob endlich gar die Porenwirkung als moleculare Bindung und Affinitätsschärfung des Sauerstoffgases in ihrem letzten Grunde mit der Ozonisirung desselben identisch sei, sind Fragen, die man heutzutage wohl aufwerfen, aber schwerlich beantworten kann.

Wir wenden uns von der Entstehungsweise des Ozons zu seiner Wirkungsweise.

1. Das Ozon macht bei gewöhnlicher Temperatur Jod aus Jodkalium frei, wahrscheinlich durch Oxydation die Bildung von jodsaurem und salpetersauren Kali bedingend. Desshalb bläuen sich Jodkaliumkleisterpapiere in Ozonhältiger Luft und lassen sich, je nach dem Grade ihrer Bläuung zu Folge ihres Vergleichs mit der empirisch construirten Nuancenscala als ein relatives Maass des Ozongehalts der Atmosphäre benützen. Eben so wirkt Jodbleikleister.

2. Das Ozon bedingt die Oxydation des Ammoniaks zur Salpetersäure, desshalb muss proportional dem Ozon- und Ammoniakgehalte sich Salpetersäure oder salpetersaures Ammoniak in der Atmosphäre vorfinden, das durch die meteorischen Wasser aufgenommen und der Erde wieder zugeführt wird. Man hat diese theoretische Nothwendigkeit auch bereits experimental bewiesen. Jedenfalls ist es zweifellos, dass das Ozon zur Salpetersäurebildung aus Ammoniak nicht der gleichzeitigen Gegenwart fixer Alkalien bedürfe, obwohl beide Momente sich in der Salpeterplantage kräftig unterstützen werden.

3. Das Ozon verwandelt eine sehr grosse Zahl von Metallen in Hyperoxyde, zu deren Darstellung sonst der Chemiker die erzwungensten Umwege aufsuchen muss. So wird selbst das Silber, das in gewöhnlichem Sauerstoffe weder kalt, noch glühend rostet, im Ozongas rasch in schwarzes Hyperoxyd verwandelt, ja, es scheinen nach neueren Untersuchungen alle Hyperoxyde, Thénard's oxydirtes Wasser, Braunstein, Mennige u. s. w., das höchste Atom Sauerstoff in Form von Ozon zu enthalten, und zwar nicht mit der stöchiometrischen Aequivalentenzahl 8 oder 100, sondern mit der neuen Atomzahl 6 oder 75, so dass das Atomgewicht der Ozon genannten Sauerstoffallotropie mit dem des Kohlenstoffelementes zusammenfiele. Leider steht der technischen Gewinnung dieses fruchtbaren Stoffes aus den Hyperoxyden zumeist der Umstand im

Wege, dass eine beträchtlichere Erwärmung zur Abscheidung des letztern Sauerstoffatoms aus dem zersetzten Hyperoxyde unvermeidlich ist; da nun ozonisirter Sauerstoff die merkwürdige Eigenschaft besitzt, sich beim einfachen Durchstreichen durch eine erhitzte Glasröhre in gewöhnlichen umzusetzen, so tritt aus den Hyperoxyden das Ozonatom als thermischer Sauerstoff aus, was auch die Auffindung des Ozons in den Hyperoxyden so sehr verspätet haben mochte.

4. Tithonisirtes, d. h. vom blauen Lichte irradiirtes Chlor zerlegt, wie gewöhnliches Chlor das Wasser von dem man es verschlucken liess unter Bildung von Salzsäure und Sauerstoffgas, (HO, Cl = HCl, O), nur mit dem Unterschiede, dass dies viel rascher geschieht, und das verdrängte Sauerstoffgas ozonisirt auftritt, Da nur feuchtes Chlor bleicht und desinficirt, so erklärt es sich, dass Chlorbleiche und Rasenbleiche ihrem Wesen nach gleich, nur dem Grade und der Zeitdauer nach verschieden, und das Chlor überhaupt eines der kräftigsten Oxydationsmittel sei.

5. Das Ozon leitet bei allen organischen Stoffen die kräftigste Verwesung ein, und bekämpft in meist siegreicher Weise die Fäulniss. Wenn wir auch über die einzelne Charakteristik der Miasmen, Contagien und Effluvien soviel, wie Nichts wissen, so steht doch so viel fest, dass sie alle ohne Ausnahme Fäulnisstypen, wasserstoffreiche Substanzen darstellen, von denen wir nur die niedersten Typen erkannt haben, wie Sumpfgas oder Kohlenwasserstoff, Schwefelwasserstoff, Phosphorwasserstoff, Stickstoffwasserstoff oder Ammoniak mit seinen interessanten Substitutionen und Paarungen: Butylamin, Methylamin, Trimethylamin u. s. w. Alle diese Substanzen, deren deletäre Wirkung auf das Leben bei selbst unwägbaren Spuren zu einer katalytischen Gährungshypothese zwang, gehen am raschesten und vollständigsten durch Oxydation oder Verwesung zu Grunde, wodurch sie in Wasser und Säuren zerfallen, von denen bei den niederen gekannten Typen, Phosphorsäure, Schwefelsäure, Salpetersäure und Kohlensäure, bei den höheren Typen wohl nur die letzten beiden aufzutreten scheinen. Desshalb erfrischen ozonreiche Gewitter wesentlich die Schwüle der stagnirenden mit Effluvien aller Art überladenen Athmosphäre des Sommers, desshalb fallen die lokalen Ozonminima mit Endemien, intermittens malaria und die temporären Ozonminima mit Epidemien, Typhen etc. zusammen, eben desshalb aber hätte auch das Ozon eine reiche

technische und hygienische Zukunft, wenn es nur gelänge, ein praktisches, bei kurzer Zeit und starker Leistung ungefährliches Verfahren der Ozondarstellung im Grossen aufzufinden. Chlorbleiche, Desinfektion und die in ihrem Nutzen mehr als problematischen kostspieligen Cordone hätten im Ozon eine brauchbare und sichere Vertretung zu erwarten. Vielleicht würde selbst im Krankensaale mit ihm manches hartnäckige Leiden bekämpft werden, vielleicht dürfte es in der Bleikammer der englischen Schwefelsäurefabrikation die Rolle der Salpetersäure und Stickoxydverbindungen übernehmen und wie Cyangas und Blausäure vom Ozon rasch in Kohlensäure, Stickgas, Wasser, Ammoniak und Salpetersäure verwandelt und mit ihnen vergiftete Thiere unmittelbar darauf durch ozonhältige Luft gerettet werden, so dürfte vielleicht auch die Toxikologie noch manches Interesse an diesem Körper finden. Dass eine Luft, die sehr reich an Ozon ist, beim Einathmen auf den thierischen Körper schädlich wirkt, ist bekannt und festgestellt. Thiere, so wie durch andere heftige Gifte, augenscheinlich darin zu tödten, gelang aber nicht; von dieser Schädlichkeit kennt man überhaupt nichts mehr, als die gleichsam oberflächlichste Primärwirkung, Hyperämie und Entzündung der Schleimhäute (Katarrhe, Husten etc.) Der eigenthümliche ziemlich starke, in der Reproduction des Gedächtnisses an Electrisirmaschine und Phosphor erinnernde Geruch mag wohl die Ursache sein, warum Hunde, die man längere Zeit in Luft mit stets erneutem Ozongehalte zurückhielt, für kurze Zeit fast alle Witterung verlieren. Auch der menschliche Geruchsinn, längere Zeit durch wachsende Ozonmengen gereizt, wird auf eigenthümliche Weise stumpf, die nicht so sehr einer Anosmie als vielmehr einer Pseudosmie (Unfähigkeit sehr differente und bekannte Gerüche zu unterscheiden und Andersriechen) zu vergleichen ist.

Von den tiefen Eingriffen des Ozons auf den lebenden Thierorganismus weiss man Nichts, als die magere statistische Thatsache, dass die Häufigkeit der Pneumonien mit den Ozonmaximis zusammenfällt. Das Wasser scheint vom Ozon ebensoviel, — oder wenn man lieber will, ebenso wenig absorbiren zu können, wie vom gewöhnlichen Sauerstoffgase. Wasser, welches mit Brandpilzsporen imprägnirt ist, ist nicht nur ein verheerendes Gift, als Getränke der Landgeschöpfe, in deren Organismus es erschöpfende, oft lethale Krankheiten hervorruft, sondern äussert selbst auf seine eigenen Bewohner, die Wasserthiere, seinen lebensfeindlichen Einfluss. In

Pfützen, Sümpfen und Teichen, wo es in Folge der Fäulniss organischer Massen zur Bildung der Brandpilze kömmt, sterben rasch
pestartig ganze Generationen und aller Laich von Wasserthieren.
Leitet man durch solches infizirte Wasser Ozongas, so unterhält es
wieder unversehrt das Leben seiner Bewohner, übersättigt man es
mit Ozon, soweit dies angeht, so ist zwar von einer pestähnlichen
Schädlichkeit keine Rede, jedoch ganz unberührt und normal scheinen die Lebensäusserungen der eingesenkten Thiere nicht zu bleiben; vielleicht, dass auch der mehrfach beobachtete Umstand des
nach Gewittern plötzlichen Absterbens von Laich in gehegten Fischtei-
chen in dem Ozonüberschuss von Luft und Wasser seine Erklärung fände, vorausgesetzt, dass die mächtigen Wirkungen des Ent-
ladungsschlages, d. h. das unmittelbare Einschlagen des Blitzes in
den Teich, ausgeschlossen bliebe. Schätzt man nun die lebensfeindlichen und lebensfreundlichen Wirkungen des Ozons auf die Thierwelt gegeneinander ab, so gelangt man zu dem überzeugenden
Schlusse, dass die Erstern von den Letztern weitaus beherrscht und
übertroffen werden. Da dass thierische Leben, wie später noch
deutlicher entwickelt werden wird, in seinen gröbsten Hauptumris-
sen, von dem Verwesungsprocesse des Chemikers nicht wesentlich
verschieden ist, sondern vielmehr durch ihn und seine zahllosen
Verschlingungen und Paarungen mit Molecularactionen und Gährungserscheinungen besteht und sich offenbart, so muss das Ozon
das die lebensfeindliche Fäulniss überall in Verwesung umzuwandeln bemüht ist, dieser Allverweser der Athmosphäre, nothwendiger
Weise dem thierischen Lebensprocesse mit etwaiger Ausnahme störenden Ueberflusses hold und förderlich sein. Wir sehen auch, dass
bei höherem Ozongehalte, alle Bewegungen der Muskeln und alle
Empfindungen der Nerven mit grösserer Frische und Energie von
Statten gehen, und so auch umgekehrt, ja, der sensorielle Begriff
des Schwülen, der, eine Thatsache des Gemeingefühls, nicht immer genügend von der Wissenschaft durch ihre hygro-, ba-
ro-, thermo- und ombrometrische Statistik erklärt werden konnte,
hat vielleicht durch die Entdeckung des Ozons und eben in der
Ozonarmuth schwüler Tage sein wissenschaftliches Verständniss gefunden. Der thierische Organismus, der ozonreiche Luft athmet,
scheint unendlich rasch das Ozon zu verbrauchen, wenigstens ist
in den Gasen, die die Verdünnungsluftpumpe aus dem noch rauchenden
Schlagader-Blüte vivisecirter Thiere entwickelt, wohl stets Sauerstoff,

aber nie Ozon nachweissbar. Vielleicht dass die angenommene elektrische Grundlage des Ozons an Blut und Nerv übertritt und an ihrer Stelle Wärme als imponderables Substrat, die Hüllen der Sauerstoffmolecüle bildet, wodurch sich das Ozon in gewöhnliches Sauerstoffgas zurückverwandeln würde. Möglich ist es aber auch, und vielleicht wahrscheinlicher, dass das Ozon als Ganzes, d. h. der Sauerstoff sammt seiner elektrischen Grundlage zufolge seiner energischen Affinität bei der vitalen Verwesung zuerst und am raschesten verbraucht wird, während jener bei weitem grössere Antheil der respirirten Luft an gewöhnlichem thermischen Sauerstoffe als minder affin sich länger und nachhaltiger im Blute behauptet. Soviel ist gewiss, dass in einem Raume, wo thierische Organismen athmen und leben; das Ozon der von Aussen eindringenden freien Luft, sei sie daran auch noch so reich, mit einer Raschheit verbraucht wird, die selbst mittelst des empfindlichsten Ozonometers der Jodkaliumkleisterpapiere keine sichere Nachweisung dieses Körpers in geschlossenen Wohnzimmern oder Viehställen gestattet. Die Frage, ob Gegenwart von Ozon eine unerlässliche Bedingung des thierischen Lebens sei, ist wohl, namentlich in praktischer Beziehung, noch lange nicht spruchreif, ihre einstige Bejahung ist aber wahrscheinlicher, als ihre Verneinung; wenigstens haben die genauesten Untersuchungen der besten Analytiker im Bezug auf die quantitative Zusammensetzung der Luft und die Zahl ihres Sauerstoffgehaltes bisher keine solchen Schwankungen aufzufinden vermocht, (kaum 1 Procent) die uns den verderblichen Einfluss der Luft überfüllter Räume in Schauspielhäusern, Gefängnissen u. s. w. stichhältig zu erklären vermöchten, wohl aber wird uns dieser schädliche Einfluss sogleich begreiflich, wenn wir die Angaben des Ozonometers in dieser Luft mit jenen in freier Atmosphäre vergleichen. Das Thier nimmt also Ozon auf, ohne solches aus seinem eigenen Körper an die Atmosphäre abzutreten; wenigstens ist dies bisher in keinem Falle beobachtet oder auch nur wahrscheinlich gemacht worden. Das Thier gibt aber auch im Allgemeinen keinen Sauerstoff an die Atmosphäre ab, aus der es ihn vielmehr in beträchtlicher Menge und ohne Unterbrechung aufnehmen muss. Da nun aber die Pflanze sich in dieser Beziehung nicht nur ganz anders verhält, sondern in gerade reciprocer Ergänzung den Sauerstoff der Atmosphäre zurückstellt, den das Thier ihr entzogen hatte, so lag die Vermuthung nahe, in der Pflanze nicht nur eine Sauerstoff-, sondern auch eine Ozonerzeugerin der Erde zu suchen. Grüne, frische Pflanzentheile wurden in kohlensaurem Gase, das über Quecksilber abgesperrt war, der Einwirkung des direkten Sonnenlichtes ausgesetzt. Als nach Beendigung des Versuchs Aetzkalilauge eingebracht wurde, so verminderte sich das Volum des Gases, das sich während der Versuchsdauer fast gleich geblieben war, nur sehr unmerklich, während es als Kohlensäure vor dem Versuche verschluckt worden wäre. Farbloses Kupferoxydulammoniak bläute und pyrogallsaures Kali bräunte sich in der nunmehrigen Luftart. Die grünen Pflanzentheile hatten somit, wie sie das immer thun, das kohlensaure Gas unter Lichteinfluss inspirirt und ein gleiches Volum Sauerstoff dafür ausgehaucht; als man aber Jodkaliumkleister mit diesem rückständigen Sauerstoffgase schüttelte, verrieth er nicht die mindeste Bläuung, enthielt also nicht die Spur von Ozon. Mit diesem negativen Resultate stimmt auch die Beobachtung, dass der vegetationsarme, kahle Winter unserer Hemisphäre die Ozonmaxima des Jahres einschliesst und dass in dichten Wäldern im Schoose der üppigsten Vegetation unter sonst gleichen Umständen der Ozongehalt sich immer etwas niedriger herausstellt.

Will man aber weiter gehen, und behaupten, dass die Pflanze gegen das Ozon sich ganz so wie das Thier verhalte, dass sie namentlich Nachts, wo sie Sauerstoff aufnehmen und Kohlensäure ausgeben soll, das Ozon der Athmosphäre verbrauche, so fehlen solchen Behauptungen bisher alle experimentellen Belege, und die Thatsache, dass bei absolutem Sauerstoffmangel die Pflanze selbst im kohlensaurem Gase und Lichtüberflusse im vortrefflichsten Boden verkümmert, ist lange zu vieldeutig, um hier als Beweis angezogen werden zu dürfen. Während wir also über den Einfluss des normalen Ozongehalts der Athmosphäre auf die Pflanzenwelt völlig im Dunkeln sind, scheint eine ganz ähnliche Schädlichkeit des Ozonübermasses bei der Pflanze, wie beim Thiere erwiesen zu sein, denn nur einem solchen dürfte das plötzliche Taubwerden der Aehren nach Gewittern und das Verkommen der Saamen von vielen Coniferen unter gleichen Umständen zugeschrieben werden.

Aber auch in Haushaltung und Gewerbe macht sich das Ozon auf günstige und schädliche Weise geltend; dass es die Seele der Rasenbleiche und der Salpeterplantage sei, haben wir bereits erörtert; wir wollen nur noch auf die Säuerung der Milch und die bedeutenden Störungen des Vergähren in Bräuereien während der Gewittertage und Ozonmaxima aufmerksam machen.

Ob das Ozon sich auch an magnetischen Gewittern d. h. Nordlichtern, eben so sehr wie an elektrischen betheilige, ist noch gänzlich unbekannt, bei dem engen Bande aber, welches alle Inponderabilien mit einander verknüpft, von Voneherein nicht unwahrscheinlich.

In Alledem, was über Entstehung und Wirkungsweise des Ozons in dieser Skizze vorgebracht wurde, liegt die Begründung der Ansicht ausgesprochen, die in dem Ozon eine Allotropie des Sauerstoffs sieht, und bei gleicher Qualität des chemischen Elementes aus der Verschiedenheit der imponderablen Grundlage die überraschenden Differenzen in den Erscheinungen beider Körper erklärt: das gewöhnliche Sauerstoffgas (die Lebensluft der Alten) ist das chemische Sauerstoffelement, gebunden an Wärme als imponderables Substrat; Ozon ist das chemische Element Sauerstoff gebunden an Electricität als imponderable Grundlage, seine Atome sind ähnlich einem Solenoide, von elektrischen Molekularströmen umkreist.

Vorkommen des Oxygens in der org. Natur.

Was das Vorkommen des Sauerstoffgases betrifft, so findet man es im freien Zustande in allen Theilen des Thier- und Pflanzenkörpers, welche mit Gasen ausgefüllt sind, in geringster Menge kömmt es in den Wurzeln der Pflanzen und in dem untern Theile des thierischen Darmkanals vor; auch in allen Flüssigkeiten beider Reiche ist es, wenn auch in sehr wechselnden, und spurenweise kleinen Mengen, absorbirt. In den Pflanzen tritt es am stärksten im Diachyme chlorophyllhältiger Blätter hervor, aus welchem es während des Lichteinflusses des Tages in die Athmosphäre diffundirt; eine Flüssigkeit aber, die spezifischen Charakters dazu bestimmt wäre, den absorbirten Sauerstoff mit ihrer Strömung rasch zu verbreiten, scheint es in der Pflanze ebenso wenig zu geben, als ein Blut. Der Sauerstoff scheint somit die Pflanze nur auf dem Absorptions- und Diffusionswege zu durchsetzen. Zu diesen beiden Processen, welche die thierische Athmung im weitesten Sinne des Wortes vorstellen, gleichviel ob die Kieme im Wasser, oder Lunge und Trachee in der Athmosphäre funktionirt, scheint im Thiere noch der Vorgang der molecularen Bindung hinzutreten, welche in der Blutflüssigkeit und zwar in den Zellen derselben durch den

Einfluss des Haematoglobulins bewerkstelligt wird, und die Quelle der überraschendsten inquilinen Oxydationen abgibt.

Gebundener Sauerstoff findet sich mit Ausnahme einiger Pflanzensecretionsstoffe (Therebene, sauerstofffreie ätherische Oehle, Polymerien des Leuchtgases, Coautchoucene, sämmtlich Kohlenwasserstoffe und der flüchtigen Alkaloide, sämmtlich Stickstoffkohlenwasserstoffe) und einiger weniger Gase (Wasserstoff, Grubengas, Hydrothion, Phosphorwasserstoffgas) einiger Säuren (Salzsäure, Flusssäure, Schwefelblausäure) und einiger Salze (Chloride, Fluoride und Ammoniumsulfür) — in den bei weitem meisten Pflanzen- und Thierstoffen, oder mit andern Worten, das chemische Gerüste und die chemischen Bausteine, aus welchen die Pflanze und noch mehr, das Thier, seine Organe aufbaut, sind mindestens zu $^{9999}/_{10000}$ aus der Klasse der Oxyde genommen, und zu dem Rechte des Sauerstoffs, sich das verbreitetste Element der Erde zu nennen, trägt nicht wenig die organische Schöpfung bei.

---

Der Stickstoff ist ein permanentes, farb-, geschmack- und geruchloses Gas, von dem spezischen Gewichte 0,9757, wenn das der athmosphärischen Luft als Einheit angenommen wird. Er bildet mit dem Sauerstoffgase ohne chemisch gebunden zu sein, ein den Diffusionsgesetzen zufolge nahe zu constantes Gemenge, die athmosphärische Luft, von der er 4 fünfttheile ausmacht. Dass aber dieses constante Gemenge von Sauerstoff und Stickstoff, die Luft nämlich, keine chemische Verbindung sei, erhellt daraus, dass Wasser bei der mechanischen Absorption der Luft die gegenseitige Relativität dieser Gase verändert; die Luft nämlich, welche luftsattes Wasser beim Erwärmen entwickelt, dieselbe Luft, auf welche die Kiemenathmung angewiesen ist, ist weit sauerstoffreicher, als die athmosphärische. Das Stickstoffgas ist ohne Reaktion auf Pflanzenfarben und unbrennbar wie Sauerstoff, es lässt sich zwar längere Zeit einathmen, ohne direkt giftig zu wirken, allein unterhalten kann es den Athmungsakt für immer nicht, sein Name Stickstoff Azot, (a privatium und ςωη, das Leben) ist also kein sehr glücklicher, wenn man ihn direkt verstehen würde, denn wir alle athmen ja fortwährend $^4/_5$ Stickstoff auf $^1/_5$ Sauerstoff ohne Beschwerde. Thiere die im Stickgas sterben, sterben nicht durch dasselbe, sondern aus Sauerstoffmangel, also aus Mangel eines zum Leben un-

Stickstoff Azot,<br>Nitrogen N; 14,<br>175.

entbehrlichen Reizes, nicht durch ein Gift, ausser man wolle das Vacuum auch zu den Giften zählen.

Eigenschaften
und Wirkungen
des Stickstoffes. So wenig der Stickstoff ein Brenner ist, so wenig ist er ein Zünder, er vermag das Verbrennen nicht zu unterhalten, und alle Arten angezündeter Substanzen verlöschen in ihm. Er ist durch seine chemische Indifferenz, durch sein grosses Trägheitsmoment ausgezeichnet, aber eben dieser Umstand macht ihn zu einem verdünnenden, keinerlei Einfluss störenden, indifferenten mechanischen Vehikel, er ist als das Menstruum der Kohlensäure, des Sauerstoffs und des Ammoniaks, der drei wichtigsten Potenzen der Athmosphäre, als das lösende und fluthende Wasser des Luftozeans zu betrachten. Direkt (unmittelbar) lässt er sich wohl kaum in ergiebiger Menge mit andern Elementen verbinden, und seine indirekt (mittelbar) dargestellten Verbindungen tragen alle den Stempel grosser Zersetzbarkeit, sie befinden sich alle im labilen Gleichgewichte, selbst die einfachsten Typen, Cyan, Ammoniak und Salpetersäure nicht ausgeschlossen. In seinen höhern Typen wird diese Labilität so gross, dass die Fixirung und Reindarstellung derselben für den Chemiker an unübersteiglichen Hindernissen zu scheitern scheint, aber eben dadurch werden diese complexen Verbindungen von losem Zusammenhange gegenüber dem Sauerstoffe, der ihr schwankes Gleichgewicht immerfort zu stören bemüht ist, zu den geheimnissvollen Werkstätten der Bewegung, der Empfindung (und des Denkens) im Thiere, zu dem eigentlichen Tummelplatze des intensivsten thierischen Stoffwechsels. Dem Gesagten zufolge ist es klar, dass eine direkte qualitative Nachweisung des Stickstoffgases zu den misslichsten analytischen Aufgaben gehört, die sich etwa noch am Nachweisung
und Bestimmung
des Stickstoffes. besten auf folgende Weise lösen liesse: Man sammelt das durch Kalilauge gewaschene Gas in einer starkwandigen Eudiometerröhre, die mit Quecksilber abgesperrt ist, auf welchem etwas Wasser schwimmt. Mittelst der oben im Glase eingeschmolzenen Platinadrahtspitzen lässt man nach dem Zutritte der etwa vierfachen Menge reinen Sauerstoffgases durch geraume Zeit möglichst starke electrische Funken sich durch das Gasgemenge entladen, unter diesen Umständen bilden sich wahrscheinlich durch Vermittlung des vorübergehend entstehenden Ozons Salpetersäurespuren, die sich im Sperrwasser der Röhre auflösen. Vermischt man am Schlusse der Operation dieses Wasser mit einer gleichen Menge concentrirter Schwefelsäure, und wirft ein hellgrünes Kryställchen von Eisenvi-

triol hinein, so säumt es sich mit einem granatbraunen Ringe, in welchem, als einer Verbindung von Stickoxyd mit Eisenoxydul und Schwefelsäure, der Nachweis des ursprünglich vorhandenen Stickgases gegeben ist, vorausgesetzt dass präformirte Stickoxydgase und Ammoniakverbindungen in der Versuchsluft ausgeschlossen waren. Eine quantitative Bestimmung des freien Stickstoffgases ist nur volumetrisch in graduirten Glasglocken ausführbar, nachdem man der zu untersuchenden Luft von bekanntem Volum durch passende Reactionen alle andern Bestandtheile entzogen hat: Schwefelwasserstoff mittelst Durchleiten durch Bleilösung; Kohlensäure mittelst Durchleiten durch Aetzkalilauge, Sauerstoff mittelst Durchleiten durch pyrogallsaures Alkali oder Streichen über Pyrophor, Ammoniak, Kohlenwasserstoffe und Wasser mittelst Durchleiten durch concentrirte Schwefelsäure u. s. w. Freien Stickstoff kann man sich kürzer darstellen, wenn man salpetrigsaures Ammoniak in einer Retorte durch Glühen zersetzt, und das entstehende Gas über Chlorcalcium vor dem Auffangen trocknet ($NO_3$, $NH_3$. $HO = 2 N + 4 HO$); oder wenn man Chlorgas in Ammoniakflüssigkeit einleitet, wobei unter Zerlegung der letztern Salzsäure und Stickgas entsteht ($NH_3 + 3 Cl = 3 Cl H + N$), wobei aber auch die grösste Vorsicht nöthig ist, damit das freie Ammoniak nicht völlig verschwinde, weil sonst aus der Einwirkung des überschüssigen Chlors auf das gebildete Chlorammonium (Salzsaures Ammoniak) unter abermaliger Bildung freier Salzsäure der bei seiner plötzlichen Explosion alles zertrümmernde Chlorstickstoff entstehen könnte.

$$(Cl NH_4 + 6 Cl = 4 Cl H + N Cl_3.)$$

Um gebundenen Stickstoff zu entdecken, gibt es folgende Methoden:

1. Der Stickstoff ist als Oxyd zugegen; hier tritt die bei dem eudiometrischen Nachweis des freien Stickgases besprochene Probe mit Schwefelsäure und Eisenvitriol in Kraft.

2. Der Stickstoff ist in kohlenstoffhältigen Substanzen zugegen, die nicht ohne Zersetzung leicht flüchtig sind: man erhitzt die möglichst trockene Substanz in einem Proberöhrchen mit einem Stückchen Kaliummetall, bis nahezu alles Metall verbrannte. Nach dem Erkalten träufelt man vorsichtig Wasser zu und filtrirt. Das Filtrat wird mit einer Eisenoxyduloxydlösung bei alkalischer Reaction der Flüssigkeit einige Zeit mässig erwärmt und hierauf mit Salzsäure angesäuert. Dunkelgrüne oder blaue Färbung der Flüssigkeit, die

nach längerer Ruhe ein tiefblaues Pulver von Eisencyanürcyanid (Berlinerblau) absetzt, verräth den Stickstoffgehalt der untersuchten Substanz: die Gegenwart des schmelzenden Kaliums prädisponirte nämlich den Stickstoff mit dem Kohlenstoffe der Substanz zu Cyan sich zu verbinden.

3. Der Stickstoff ist in was immer für einer Verbindung, nur nicht als Oxyd zugegen: man mischt die zu prüfende Subtanz mit dem zehnfachen Gewichte von Natronkalk. d. i. 2 Theile Kalkhydrat auf ein Theil Natronhydrat, (2 CaO. HO + NaOHO) und bringt die möglichst trockne Mischung in ein Glasrohr von strengflüssigem Glase, dies wird nun mit einem dichtschliessendem Korke verschlossen, in dessen centralem Bohrloch eine doppelt offene Glasröhre eingefügt ist, deren unteres Ende zur Abhaltung des etwa aufstäubenden Kalkpulvers mit einem luftzügigen Baumwollenpfropfe lose verschlossen, in deren oberem Theile ein befeuchtetes rothes Lackmus- oder gelbes Curcumapapierstreifchen eingerollt ist. Der so zusammengesetzte Apparat wird heftig geglüht, wodurch im Falle von Stickstoffgegenwart auf Kosten des Wasserstoffs im Hydratwasser die Ammoniakbildung eingeleitet, und das Reagenzpapier gebläut, respective gebräunt würde.

Stickstoff - Elementar - Analyse. Diese qualitative letzte Methode der Stickstoffbestimmung ist zugleich das Prinzip seiner genauesten quantitativen Analyse. Die nothwendige numerische Einkleidung des Verfahrens ist folgende: Die vollkommen reine und trockne Substanz wird gewogen, in einem trocknen Mörserchen mit Natronkalk gemischt in die Verbrennungsröhre geschüttet und zur Vermeidung jedes Verlustes der Mörser mit neuem Natronkalk nachgespült. Die Glasröhre, die in dem Bohrloche des Korks befestigt ist, nimmt jetzt kein Reagenzpapier auf, sondern biegt sich zu einem Absorptions-apparate mit zwei oder mehreren Kugelanblasungen herunter, in welchem reine Salzsäure befindlich ist, die soweit mit destillirtem Wasser verdünnt wurde, dass sie eben keine weissen Nebel an der Luft mehr ausstösst. Die ammoniak-haltigen Dämpfe der Verbrennung, die allen Stickstoff der gewogenen Versuchssubstanz repräsentiren, müssen gezwungen durch eine Flüssigkeit zu streichen, die die grösste Verwandtschaft zum Ammoniak besitzt, ammoniak-respective — stickstofffrei entweichen; aller Stickstoff der untersuchten Substanz ist nach vollendeter Verbrennung als Salmiak in der Absorptionsflüssigkeit enthalten. Diese Flüssigkeit wird in eine tarirte Schaale ausgegossen, der Absorptions-apparat mit destillirtem Wasser zur Vermeidung aller Verluste nachgespült, mit alkoholischer Platinchloridlösung versetzt und im Wasserbade zur Trockne verdunstet. Der Verdunstungsrückstand wird mit Alkohol erschöpft, der darin unlösliche orangegelbe Rückstand entweder blos im Wasserbade getrocknet, gewogen und aus dem Gewichte des Platinsalmiaks $Pt\ Cl_2.\ NH_4\ Cl$ die Menge des Stickstoffs N berechnet, oder aber auf freier Flamme geglüht, wobei Chlor und Salmiak $NH_4\ Cl$ und $Cl_2$ entweichen und ein bald grauer, bald metallglänzender Rückstand von Platinamohr, Pt, verbleibt, aus dessen Gewichte die Menge des Platinsalmiaks und folglich auch der Stickstoffgehalt zufolge der stöchiometrischen Funktionen mittelst Calcul reconstruirt werden kann.

Man hat auch die gewöhnliche Verbrennung der Elementaranalyse von Kohlenstoff und Wasserstoff mittelst Kupferoxydes zur Bestimmung des Stickstoffs benützt, indem man in der Verbrennungsröhre vorne ein Gewölle von Kupferspähnen anbrachte und dem entweichenden Gemenge von Sauerstoff und Stickgas, durch feinvertheilten Phosphor, Schwefelkalium, pyrogallsaures Alkali, Pyrophor, mit Salzsäure befeuchtetes Kupfer etc. eudiometrisch den Sauerstoffantheil entriss und den Rest des so gereinigten Stickgases nach Anbringung der nöthigen baro- und thermometrischen Correcturen in graduirten Röhren volumetrisch bestimmte, welche Methode aber der vorigen in Handhabung und an Sicherheit weit nachsteht.

Der freie gasige Stickstoff, von dem man weder affinere Allotropien, noch eine prägnante moleculäre Bindung kennt, folgt einfach den Gesetzen der Absorption und Diffusion der Gase und findet sich, so wie der Sauerstoff, in allen Lufträumen und Flüssigkeiten der pflanzlichen und thierischen Körper, ja sogar meist reichlicher, als dieser, eben, weil er von den Gewebsbestandtheilen nicht moleculär und chemisch gebunden wird; während die Luft der Speiseröhre und des Magens nicht viel von der Athmosphäre differirt, sinkt vom Dünndarme an abwärts der Sauerstoff sehr rasch, während der Stickstoff den ganzen Darmtract hindurch sich behauptet. Merkwürdiger Weise ist namentlich in der Schwimmblase der Fische ziemlich reines Stickgas enthalten.

Gebundener Stickstoff ist in der Form von Ammoniakverbindungen die wichtigste Stickstoffnahrquelle der Pflanzenwelt, während eben diese Verbindungen die ersten Fäulnissprodukte der

*Stickstoff. Verbreitung in der organischen Natur.*

thierischen Mauser darstellen. Unter den Pflanzenstoffen ist mit Ausnahme der zwar überall vorhandenen, aber an Masse geringeren Proteinsubstanzen, der Stickstoff auf einige wenige Sekretionsstoffe des Pflanzenorganismus, namentlich auf die fixen und flüchtigen Alkaloide beschränkt. Im Thiere tritt er gewaltig in der Vordergrund, da er mit Ausnahme einiger spärlicher Säuren, Zuckerarten und Fette, die für den Stoffwechsel so wichtigen Klassen des Harnstoffs und der Subalkaloide, der gepaarten Säuren, der extrativen und färbenden Materien, der leimgebenden Gewebe und endlich jener labilen Proteinverbindungen zu bilden berufen ist, welche letztere namentlich in ihrer ersten Bildung aus der stillen Werkstätte der Pflanze stammen, um durch die gewaltigen Assimilationskräfte der herbivoren Thierklasse ins Blut der Fleischfresser und in den Körper des Menschen hinüberzuwandeln und das Geheimniss des höchsten thierischen Lebens in sich zu schliessen.

---

Wasserstoff-Hydrogen H, vH2 —12, 5 od. 1.

Der Wasserstoff ist ein farbloses im reinen Zustande geruchloses Gas von dem geringsten spezifischen Gewichte aller Gase 0,0693, also 14 bis 15 Mahle leichter als die Luft. Sein höchst Eigenschaften und Wirkungen. geringes absolutes Lichtbrechungsvermögen ist 0,470, dagegen das spezifische, wegen der grossen Leichtigkeit und Dünne des Gases mit 6,8 als sehr bedeutend sich herausstellt. Es ist das brennbarste aller Gase, vermag aber selbst die Verbrennung nicht zu unterhalten. Bei seiner Verbrennung im Sauerstoffgase oder in athmosphärischer Luft entwickelt es bei unendlich kleiner Leuchtkraft eine ungeheure Wärme; das Produkt dieser Verbrennung ist Wasser. Mischt man Sauerstoff- und Wasserstoffgas, die aus gesonderten Gasometern oder ausgetrennten, mit einem Druck beschwerten Luftkissen ausströmen, in dem Verhältnisse, in welchem sie Wasser bilden, d. i. 8 Gewichtstheile Sauerstoff auf 1 Gewichtstheil Wasserstoff oder 2 Raumtheile Wasserstoff auf 1 Raumtheil Sauerstoff in einer kurzen mit feiner Spitze mündenden, mit Sicherheitsdrahtnetzen und Hähnen versehenen Röhre, so kann man das ausströmende Gasgemenge zu einer kaum sichtbaren, unendlich schwach leuchtenden, aber ungeheuer heissen Flamme, der Knallgasflamme entzünden. Den Namen Knallgas hat dieses Gasgemenge desshalb erhalten, weil es als eine Mischung des souvereinsten Zünders, des Sauerstoffes, und des vortrefflichsten Brenners, des Wasserstoffs die

Bedingungen der Entzündung und vollständigen Verbrennung auch im verschlossenen Raume, durch Anzündung mittelst Flamme oder des elektrischen Funkens erfüllt, wobei das Produkt der Verbrennung, der Wasserdampf durch die bei seiner Bildung herrschende ungemein hohe Temperatur eine solche Elastizität und Spannung besitzt, dass er mit donnerartigen Getöse die stärksten Gefässe zertrümmert, und durch die Verdrängung der umgebenden Athmosphäre selbst in vom Explosionsheerde entferntere Regionen seine erschütternden und verheerenden Wirkungen fortpflanzt. Die Flamme eines gut konstruirten Knallgasgebläses ist die heisseste bekannte Flamme, in der man selbst Metalle zur Verdampfung brachte, deren Schmelzung man ohne sie nur mit Mühe zu bewerkstelligen vermag. Nur von der Leistung einiger kolossaler katoptrischer Deflagratoren wird sie in ihren Wirkungen übertroffen. Es könnte in Erstaunen setzen, dass diese so heisse Flamme fast gar keine Leuchtkraft besitze, allein Flamme ist brennendes Gas und die mit dem gasigen Aggregatzustande nothwendig verknüpfte Rarefaktion der Molecüle erlaubt nicht jene Dichtheit der Wellenzüge des schwingenden Aethers, die zum Eindrucke des Leuchtens unentbehrlich ist. Eine nähere Untersuchung leuchtender Flammen hat überhaupt gezeigt, dass hier im brennenden Gase ein Glühphänomen starrer Molecüle vor sich gehe, und dass nur letzterem die Leuchtkraft der Flamme gebühre. Eine weitere Folge dieser Entdeckung war die künstliche Nachbildung leuchtender Flammen, die überraschende Erfolge bot. So erhält man, wenn man eine haardünne mit Kalk inkrustirte Platinadrahtspirale (als sogenannten Brenner) in die lichtlose Knallgasflamme einsenkt, durch die den Kalktheilchen aufgezwungene Weissgluth ein weithin leuchtendes, taghelles blendendes Licht.

Vom Wasser wird das Wasserstoffgas nur spurenweise absorbirt; reines Wasserstoffgas ist irrespirabel, ja, in ihm athmende Thiere sterben selbst früher, als wenn sie im blossen Stickgas geathmet hätten, nichtsdestoweniger glaubt man ihm keine spezifisch giftigen Eigenschaften zuschreiben zu müssen, da es mit Sauerstoff gemengt, längere Zeit geathmet, nur Müdigkeit und endlich Schlaf hervorruft, ohne bedenklichere Zufälle zu veranlassen. Seine im Vergleiche zum Stickgase raschere Tödtlichkeit, dürfte vielleicht darin ihre Erklärung finden, dass das Wasserstoffgas nicht blos wie das Stickgas keinen Sauerstoff zum Blute treten lässt, sondern zufolge seiner grossen Verwandschaft sich wahrscheinlich mit dem im Blute noch vorräthigen, affinen Sauerstoffe zu Wasser vereinigt, und so nicht erst auf dem sehr allmähligen Wege der Diffusion, sondern weit rascher und völliger das Blut seines Sauerstoffs beraubt.

Wenn aber die Zufuhr des Sauerstoffs durch arterielles Blut, sei es durch Stauung der Blutwelle, oder durch inneren Sauerstoffmangel des ungehindert zuströmenden Blutes, aufhört, so verliert die Muskelfibrille ihre Fähigkeit, sich zu contrahiren, die Nervenfaser vermag nicht weiter zu innerviren und zu empfinden, ja das Gehirn selbst stellt das Urtheil und das Bewusstsein ein, daher Ermüdung, Schlaf und Betäubung.

**Erkennung und Bestimmung des Wasserstoffs.** Kömmt das freie Wasserstoffgas in beliebigen Gasgemengen, die keinen Kohlen- etc. Wasserstoff enthalten, vor, so wird es eudiometrisch nach Zutritt von einem gleichen Volume Sauerstoff durch Verpuffung mittelst des elektrischen Funkens in dickwandigen graduirten Glasröhre dadurch sowohl qualitativ als quantitativ nachgewiesen, dass das Volumen des Gases nach der Verpuffung in Folge der Wasserbildung und Condensation des letztern um eine durch den Stand des Sperrquecksilbers ablesbare Grösse vermindert wurde. Sind aber obige störende Beimengungen gleichfalls explosibler Gasarten zugegen, so kann man Phosphor- und Schwefelwasserstoffgas durch vorläufiges Schütteln mit salpetersaurer Silberoxydlösung entfernen; das öhlbildende Gas (Wasserstoffpercarburet) (CH, $C_2H_2$, $C_4H_4$) durch Chlorgas im Dunkeln condensiren lassen, (wobei Elaylchorür, holländische Flüssigkeit, gebildet wird, während, wollte man die Absorption im Tages- oder gar Sonnenlichte anstellen, das Chlor auch mit dem Wasserstoffgase, selbst unter gefährlicher Explosion, Salzsäure bilden würde); das so von seinen explosiven Begleitern gereinigte Gasgemenge wird wie früher, eudiometrisch geprüft. Wäre aber Gruben- oder Sumpfgas, Wasserstoffsubcarburet, Carbonperhydrid, ($CH_2$, $C_2H_4$,) zugegen, so liesse sich dies durch kein passendes Waschmittel entfernen, es müsste zugleich mit dem Wasserstoffe eudiometrisch verpufft werden, wobei sich neben Wasser, auch Kohlensäure bilden müsste, die man durch kaustisches Kali, das man in die Glocke steigen lässt, auf dem Absorptionswege hinwegnimmt; aus dem hiedurch verminderten Volumen der verpufften Gase lässt sich die Menge dieser Kohlensäure, und aus ihr die Menge des Grubengases berechnen, und zusammt dem Volumen des zugeführten Sauerstoffs in Abschlag bringen. Die solcher Massen numerisch rein erhaltene Volumsverminderung gibt verdoppelt und

durch drei getheilt die Menge des ursprünglichen Wasserstoff-
gases an.

Die beste Bereitungsmethode dieses Gases besteht darin, dass
man reines metallisches Eisen oder Zink mit reiner, verdünnter
Salzsäure übergiesst und das dabei durch Wasserzerlegung (Cl H
+ HO + Zn = Zn Cl, HO, H oder SO$_3$. HO, Zn = SO$_3$.
Zn O + H) freiwerdende Wasserstoffgas in bleioxydhältiger Kali-
lösung wäscht und über Chlorcalcium trocknet. Ist das Metall oder
die Säure der Darstellung arsen- oder kohlenhältig, so findet sich
Kohlen- oder Arsenwasserstoff dem Wasserstoffgase beigemengt.

Diese Beimengung mag die Ursache des gewöhnlichen üblen
Geruches des Wasserstoffes sein und sich zugleich an der direkt
giftigen Eigenschaft betheiligen, die manche Forscher im Wasserstoffgase bei Versuchen mit kleineren warmblütigen Thieren beobachtet haben.

Der Nachweis von gebundenem Wasserstoff wird durch die
Möglichkeit der Wasserbildung bei Verbrennung der vollkommen trockenen Versuchssubstanz mit wissenschaftlicher Schärfe geliefert. Die quantitative Bestimmung des gebundenen Wasserstoffs wird in dem Vorgange der organischen Elementaranalyse zugleich mit der des Kohlenstoffs ausgeführt: eine gewogene Menge völlig reiner und trockner Substanz wird in einem Verbrennungsrohr aus strengflüssigem
Glase mit Kupferoxyd, chlorsaurem Kali, chromsaurem Bleioxyde,
d. i. mit Sauerstoff leicht abgebenden Körpern erhitzt und somit
verbrannt; bei schwer verbrennlichen Substanzen pflegt man während des Akts der Verbrennung aus dem Gasometer einen Strom
von Sauerstoffgas durch die Röhre zu leiten; unter solchen Verhältnissen muss die Verbrennung der organischen Substanz eine
völlige sein, d. h. aller Kohlenstoff derselben muss in Kohlensäure
und aller Wasserstoff in Wasser überführt sein.

Die Verbrennungsgase streichen nun durch eine vor dem Versuche genau gewogene Chlorcalciumröhre, wo sie all' ihren Wassergehalt an das hygroskopische frisch ausgeglühte Chlorcalcium
abtreten müssen. Nach Vollendung der Operation ist daher in dem
gebundenen Wasser der Chlorcalciumröhre aller Wasserstoff der
verbrannten organischen Substanz repräsentirt; da 9 Theile Wasser 1 Gewichtstheil Wasserstoff enthalten, so gibt der neunte Theil
der Gewichtszunahme jener unmittelbar nach dem Versuche wieder-
gewogenen Chlorcalciumröhre geradezu die in der organischen Substanz

*Organische Elementar-Analyse.*

enthaltene Menge von Wasserstoff an. Die nach dem Durchstreichen über Chlorcalcium völlig getrockneten Verbrennungsgase streichen nun im langsamen Strome durch einen mit Kalilösuug gefüllten vor dem Versuche genau gewogenen Absorptionsapparat, dessen Biegung im Dreiecke mit 5 ungleich grossen kugligen Erweiterungen die Aufgabe, eine möglichst allseitige Berührung des durchstreichenden Gases mit der Absorptionslauge herzustellen, vortrefflich gelöst hat. Hier gibt der Strom des Verbrennungsgases all' seine Kohlensäure an das Kali ab, um kohlensäure frei zu entweichen; da aber ein trockner Gasstrom, der sich durch eine wässrige Lösung Bahn bricht, physikalischen Gesetzen zufolge mit Wasserdampf beladen, austritt, folglich einen Gewichtsverlust der Absorptionslauge an verdampftem Wasser zur Folge hätte, so muss, um diesen Verlust zu compensiren, dieses Wasser in einer zweiten Chlorcalciumröhre fixirt werden, welche vor dem Versuche mit dem Kaliapparate zugleich gewogen worden war. Die Gewichtszunahme des mit der Chlorcalciumröhre verbundenen Kaliapparats gebührt somit nur der Kohlensäure, in der aller Kohlenstoff der organischen Substanz enthalten ist. Da 11 Theile Kohlensäure 3 Gewichtstheile Kohlenstoff enthalten, so geben $3/_{11}$ der Gewichtszunahme des Absorptionsapparates unmittelbar die in der organischen Substanz enthaltene Menge Kohlenstoff. War die elementaranalysirte Substanz ein Kohlenwasserstoff (binaer, wie z. B. Stein-, Terpentin-, Citronenöhl, Aethylen, Propylen u. s. w.), so muss die Summe des gefundenen Wasser- und Kohlenstoffs bis auf die geringen unvermeidlichen Beobachtungsfehler nahezu dem Gewichte der verbrannten organischen Substanz gleich kommen. Enthält sie aber noch Sauerstoff (ternäres organisches Oxyd) wie die meisten organischen Säuren, Halidbasen, Fette u. s. w., so wird die bei obiger Subtraction erscheinende Differenz als der Sauerstoff berechnet, für den kein eigener experimenteller Nachweis erübrigt. Es versteht sich von selbst, dass der qualitativ bewiesene Stickstoff-, Schwefel-, Phosphor- und Aschengehalt durch besondere Operationen, wie wir solche für den Stickstoff bereits entwickelt haben, quantitativ bestimmt und in Abschlag gebracht werden muss.

Wasserstoffverbreitung im org. Reiche.

Freies Wasserstoffgas scheint im Pflanzenkörper öfters aufzutreten, obwohl bei weitem häufiger Kohlenwasserstoffe in gasiger und flüssiger Form vorkommen dürften. Im thierischen Körper dürfte es wohl nur gewisse Gährungsprocesse bei theils normaler, theils anomaler Verdauung, namentlich die Buttersäuregährung im untern Theile des Darmkanals zur Bedingung und Erklärung seines hierortigen Vorkommens erheischen. Ausser dieser Stelle kann es sich im übrigen Thierkörper, namentlich in dessen oxygenreichem Blute durchaus nicht behaupten. Dagegen macht gebundener Wasserstoff einen Hauptbestandtheil der organischen Schöpfung aus, da er einerseits die Meere und das Wasser bilden hilft, (und es) bekannt ist, dass alle lebenden Organismen, seien sie Pflanzen oder Thiere im Mittel aus zwei Drittheilen Wasser bestehen, andrerseits, weil er mit Ausnahme der Kohlensäure, des Kohlenoxyds, der Kieselsäure, der unorganischen Salze, und der Oxalsäure in die chemische Constitution aller der Substanzen eingeht, deren Webung die Pflanzen und Thierleiber hervorbringt.

———

Nur von den jetzt behandelten 3 Elementen, Sauerstoff, Stickstoff, Wasserstoff, ist ein elementäres freies Vorkommen in der organischen Natur bewiesen. Die Ansicht, welche auch den Kohlenstoff in der schwarzen Substanz der Greisenlunge und in manchen seltenern Sorten von Gallensteinen als frei vorkommend annahm, ist als wiederlegt zu betrachten, da diese Lungenablagerungen den mit der geathmeten Luft eingeführten Russ- und Kohletheilchen die im Bronchialschleime gesammelt werden, also einer rein äussern mit dem Biochemismus nicht zusammenhängenden Veranlassung ihre Entstehung verdanken, und auch die kohligen Gallensteine neuern Analysen zufolge nichts ausser das oberflächliche Aussehen und die schwere Löslichkeit in Menstruen mit dem Kohlenstoffelemente gemein haben.

Terne der inquilinen frei-gasigen Elemente O, N, H.

Kohlenflecken undConcretionen im Thierkörper.

———

Unter den binären gasförmigen Substanzen nimmt zuerst die Kohlensäure unser vollstes Interesse in Anspruch. Dieses Gas röthet Lackmus vorübergehend, ist weder brennbar, noch Verbrennungsunterhalter, farblos, von schwach stechendem Geruche und säuerlichem Geschmacke und dem bedeutenden spezifischen Gewichte 1,5252, also mehr als anderthalbmal so schwer, als die Luft, wesshalb sie daher auch in ihr zu Boden sinkt, und als unterste Schichte in ihr verharrt; bis sie dem gewaltigen Zuge der Diffusion folgend, scheinbar den Gesetzen der Schwere zuwider in der leichtern Luft

Binäre Gase. Kohlensäure CO2 äxe Luft etc. Aeq. 22.

Eigenschaften und Wirkungen der Kohlensäure.

zu einem gleichartigen Gemenge sich auflöst. Wasser löst sein gleiches Volum Kohlensäure auf; und obwohl sich diess Verhältniss auch für den stärksten Druck gleich bleibt, so steigt doch hiebei die Gewichtsmenge der absorbirten Kohlensäure sehr rasch, theils natürliche, theils künstliche Säuerlinge darstellend. Die Kohlensäure ist kein permanentes Gas, sondern wird bei starkem Drucke zu einer wasserhellen dünnflüssigen Masse, die einen mit dem Wasser gleichen Lichtbrechungscoëfficienten und bei — $20^0$ C ein spez. Gewicht von 0,9 besitzt. Bei ihrer raschen Gasification erzeugt sie eine Temperaturerniedrigung von — $76^0$, mit Aether gemengt selbst — 80, wobei unter günstigen Umständen ein Theil des Gases sich in eine schneeähnliche flockige Masse verwandelt, deren Gefrirpunkt bei — $64^0$ C liegt. Dieser Schnee kann auf die Hand gegeben werden, ohne eine der niedrigen Temperatur entsprechende Kälteempfindung hervorzurufen, weil die rasche Gasifikation den Schnee mit einer Kohlensäuregasathmosphäre umgibt und die unmittelbare Berührung aufhebt. Presst man aber, um dies zu vermeiden, den Kohlensäureschnee auf die Haut eines lebenden Thieres fester an, so hört rasch der Blutumlauf dieser Stelle auf, ein bläulichweisser Fleck sinkt ein, eine Blase entsteht, und die Eiterbildung beginnt, die endlich die Heilung der wahren Verbrennungswunde mit bleibender Narbe einleitet. Die Kohlensäure ist nicht nur an und für sich irrespirabel, wie Stickstoff und Wasserstoff, sondern ein direktes, ziemlich heftig wirkendes Gift, da sie, wenn gleich mit ziemlich viel athmosphärischer Luft eingeathmet, unter den Erscheinungen der Asphyxie tödtet, ohne dass dieselbe dann aus Sauerstoffmangel erklärbar würde. Die Kohlensäure concentrirter Säuerlinge und Brausemischungen wird rasch im Magen und Darmkanal resorbirt und dass sie mit erstaunlicher Schnelligkeit das Blutgefässystem durchsetzt, ist durch den ungeheuern Kohlensäuregehalt des unmittelbar nach solchen Getränken gelassenen Harnes bewiesen. Wenn es nun auch wahr ist, dass ein reichlicher Genuss solcher starken Säuerlinge eine Art Aufregung, einen flüchtigen Rausch, wie nach Champagner hervorrufen könne, so hat man doch noch Niemanden von dem grössten Genusse absorbirter Kohlensäure sterben sehen: Dieselbe Menge Kohlensäure, die in einer Flasche Champagner nur vorübergehend die Nerven anregt, das Gemüth erheitert und die Sinne umflort, könnte als Gas durch die Lunge geathmet leicht den asphyktischen Tod des Individuums veranlasst ha-

Wirkung der Kälte.

ben. Die Schädlichkeit einerseits dieses irrespirablen Gases dürfe
sich vielleicht nur aus dem Umstande erklären lassen, dass es durch
die feuchte Membran hindurch, in Berührung mit dem Lungenca-
pillarsystem gebracht, die Sauerstoffaufnahme und Arteriellisirung
des Blutes in ihrem innersten Heerde angreift, und wahrscheinlich
durch seine grosse spezifische Schwere und seine chemische Verwandtschaft zu den Alkalien des Bluts dem Diffusionsvorgange einen empfindlichen Stoss versetzt und eine andere Richtung verleiht,
die selbst bei hinreichender gleichzeitiger Sauerstoffgegenwart den
Uebertritt desselben ins Blut vereitelt. Die kleine Menge dieses Gases, die sich in der Athmosphärischen Luft etwa zu $1/30000$
Gewichtstheil vorfindet und zufolge den die freie Athmosphäre beherrschenden Diffusionsgesetzen ziemlich konstant bleibt, kann für
das Athemgeschäft thierischer Lungen nie gefährlich werden, obwohl
sie in ihrer absoluten Grösse von beiläufig 30 Billionen Centnern
völlig hinreicht, der ganzen Vegetation und Animalisation der Erde
den Kohlenstoff zu garantiren.

Die freie Kohlensäure wird durch die Trübung erkannt, welche
sie beim Hindurchleiten der Lösungen der Hydrate der alkalischen Erden, Kalk-, Baryt- oder Strontianwasser hervorruft; es ist
aber hiebei zu berücksichtigen, dass bei der geringen Löslichkeit
dieser alkalischen Erden im Wasser durch grössere Kohlensäurezu-
fuhr leicht der Zeitpunkt erreicht wird, in welchem auf 1 Aequivalent der Erde 2 Aeq. der Kohlensäure entfallen; — dann hat
sich die früher entstandene Trübung gelöst, denn die Bicarbonate
der alkalischen Erden sind sämmtlich in Wasser löslich, wäre dieser Moment eingetreten und sollte es sich blos um qualitativen
Nachweis der Kohlensäure handeln, so hätte man blos die klar gewordene Lösung aufzukochen, die Bicarbonate werden durch Wärme
zerlegt, das zweite, schwach gebundene Kohlensäureatom entweicht
und die ursprüngliche Trübung bedingt durch die Unlöslichkeit der
einfachkohlensauren Erden stellt sich wieder ein.

*Erkennung und Bestimmung der Kohlensäure.*

Die quantitative Bestimmung der freien gasförmigen Kohlensäure geschieht wie bei der organischen Elementaranalyse auf Kohlenstoff durch Absorption mittelst Kalilauge u. zw. entweder durch
die Gewichtszunahme dieser Kalilauge oder volumetrisch durch die
Raumverminderung des gewaschenen Gases.

Die gebundene Kohlensäure wird unter allen Verhältnissen
dadurch erkannt, dass die betreffende Verbindung beim Uebergies-

sen mit Säuren unter heftigem Aufbrausen ein unbrennbares Gas von den physikalischen Eigenschaften der Kohlensäure entwickelt. Diess ist auch die ergiebigste Methode ihrer Reindarstellung, man über- giesst grobzerstückten Marmor in einer Woulf'schen Flasche mit ver- dünnter Salzsäure, das sich entwickelnde Gas:

$$(CO_2 \ Ca \ O + Cl \ H = Ca \ Cl, \ HO, \ CO_2)$$ wird mittelst einer rechtwinklig gebogenen Röhre in eine kleine zur Hälfte mit Wasser gefüllte Waschflasche geleitet, um die etwa mit übergerissenen Salz- säuretheilchen zurückzuhalten. Das so gereinigte Gas wird über Quecksilber aufgefangen. Um die gebundene Kohlensäure in orga- nischen Körpern quantitativ zu bestimmen, möchte am besten folgende Methode dienen: Eine gewogene Menge der reinen trockenen Sub- stanz wird in ein kleines Glaskölbchen geschüttet, mit etwas Wasser zerrührt, und ein kleines mit der zur völligen Zersetzung hinreichen- den Menge mässig verdünnter Salzsäure gefülltes Röhrchen so im Kölbchen aufrecht angelehnt, dass die Säure nicht ausfliessen kann. Ein dicht schliessender Kork, der auf den Hals des Kölbchens passt, nimmt in seiner mittlern Durchbohrung ein kleines Chlorcalcium- röhrchen auf, welches die Luft des Apparates über Chlorcalcium mit der Athmosphäre verbindet. Nun wird der ganze Apparat möglichst genau gewogen, hierauf durch Schütteln und Neigen das Ausfliessen der Salzsäure des Röhrchens bewerkstelligt, welches die Zersetzung des gewogenen Carbonats im Kölbchen zur unmittelbaren Folge hat, allein die hiebei entweichende Kohlensäure muss, da sie das Chlor- calciumrohr passirt, ihr mitgerissenes Wasser zurücklassen und kann nur völlig rein entweichen.

Gelinde Erwärmung oder Saugen unterstützt das Entweichen der letzten Spuren, nach völliger Erkaltung und Wiederherstellung des Gleichgewichts der innern und äussern Luft wird von Neuem gewo- gen. Der Gewichtsverlust gibt die Menge der ausgetriebenen Koh- lensäure an.

Verkommen der CO$^2$ in der orga- nischen Natur.

Freie Kohlensäure findet sich, so wie Sauerstoff und Stickgas theils als Gas, theils in Flüssigkeiten gelöst, im thierischen und Pflan- zenkörper, die exspirirte Luft und die Darmgase sind daran am reich- sten, die Schwimmblasenluft der Fische wohl am ärmsten.

Gebundene Kohlensäure findet sich im Thierreiche weit häufiger, als im Pflanzenreiche; in den Raphiden der Pflanzenzellen mag sie manchmal zugegen sein, die Carbonate der Pflanzenaschen aber stel- len gewiss erst Verbrennungsprodukte organischsaurer Salze dar.

Die Knochen und Zähne der Thiere, die Polypenstöcke, die erdigen
Hüllen der Schaalthiere und Foraminiferen, die Hautschilder und
Hautskelette vieler Fische und Amphibien, die bald normalen, bald
abnormen Konkretionen im Gehörorgane, Darme, in den Harnwerk-
zeugen, das Blut aller Thiere und endlich der Harn der Pflanzenfresser enthalten reichliche Verbindungen der Kohlensäure mit Kalk,
Talkerde und Natron.

———

Das Kohlenoxydgas ist im reinen Zustande ein farb-, geschmack- und geruchloses Gas, ohne Reaktion auf Pflanzenfarben, unvereinig- bar mit Basen, unfähig die Verbrennung zu unterhalten, aber selber mit blauer Flamme brennbar. Sein Verbrennungsprodukt ist Koh- lensäure, die um ein Atom Sauerstoff mehr hat, als das Kohlenoxyd. Mit Kalium erhitzt verschwindet das Gas dem Volumen nach, indem sich unter Abscheidung von Kohle Kali bildet, worin auch zugleich mit der blauen Flamme, die es mit dem Grubengase theilt, sein qua- litativer Nachweis und seine Unterscheidung vom letztern beruht. Sein spezif. Gewicht ist, 0,9727, in Wasser ist es nur spurenweise löslich, seine irrespirable giftige Beschaffenheit ist weit grösser, als die der Kohlensäure, da Schwindel, Betäubung und Asphyxie die sehr raschen Folgen der Athmung selbst stark lufthältigen Kohlenoxydgases sind. Sein quantitativer Nachweis ist im Zustande der Reinheit oder bei Ausschliessung anderer explosiver Gasarten; leicht durch die eudio- metrische Verpuffung mit Sauerstoff und Absorption der Kohlensäure mittelst Kali auszuführen. Im andern Falle ist der Nachweis, wenn die vorläufige Entfernung dieser störenden Beimengungen durch pas- sende absorbirende Waschlaugen nicht gelingen sollte, kaum mit wis- senschaftlicher Sicherheit zu leisten. Die einfachste Darstellungs- methode dieses Gases ist das Kochen krystallisirter Oxalsäure mit Schwefelsäure, wobei dieselbe unter Wasserverlust in Kohlenoxyd und Kohlensäure zerfällt, von denen die letztere beim Durch- streichen durch Kalkwasser absorbirt wird, während das Erstere über Wasser in reinem Zustande aufgefangen werden kann ($C_2 O_3$ HO $+ SO_3$. HO $= CO_2$, $SO_3$. $(HO_2) + CO$).

Dieses Gas wurde nur ein einziges Mal im organischen Reiche u. zw. unter den Darmgasen des an Trommelsucht gefal- lenen Rindviehs neben Kohlensäure nachgewiesen. Wollte

Kletzinsky's Biochemie.

3

man formell von einem gebundenen Kohlenoxyde sprechen, so fiele dessen organische Statistik mit der Oxalsäure zusammen.

---

Grubengas CH².

Das Kohlenwasserstoffgas im Minimum des Kohlenstoffs, das Grubengas, die Sumpfluft, das schlagende Wetter besteht aus 1 Atom Kohlenstoff und 2 Atomen Wasserstoff, CH₂ (Atomgewicht 100 oder 8). Es ist farblos, von unangenehmen Geruche, dem spezifischen

Eigenschaften und Wirkungen.

Gewichte 0,5589, mit schwach blauer Flamme brennend, wobei es zu Kohlensäure und Wasser oxydirt wird. Durch den elektrischen Funken wird es langsam in seine Elemente gespalten, vom Wasser nur spurenweise absorbirt, und weder von Alkalien, noch von Metallsalzen aufgenommen und gebunden. Es ist irrespirabel, ohne vielleicht direkt giftig zu sein und tödtet durch Asphyxie. Mit Sauerstoff oder athmosphärischer Luft gemengt entzündet es sich durch frei brennende Flamme oder den elektrischen Funken, indem sich die Entzündung mit Blitzesschnelle durch den ganzen, vom Gase erfüllten Raum fortpflanzt, so dass die Dämpfe der hiebei entstehenden Kohlensäure und des Wassers in Folge der hohen Temperatur bei ihrer Bildung eine gewaltige Spannkraft besitzen, die alles vor sich herdrängt, die stärksten Hindernisse bewältigt und minenartige Explosionen verursacht. In den Höhlungen der Steinkohlenflötze und des begleitenden Kohlensandsteins und Kohlenkalks ist es oft in grosser Masse und verdichtetem Zustande eingeschlossen. Werden nun beim Abbau des Kohlenschachts solche Höhlungen geöffnet, so strömt das comprimirte irrespirable Gas mit grosser Heftigkeit in den Schacht ein, mischt sich mit der daselbst befindlichen athmosphärischen Luft und erzeugt so die schlagenden Wetter der Bergleute. Um die Entzündung dieses gefährlichen Gasgemenges an der freien Grubenlampe zu verhüten, und jenen Explosionen vorzubeugen, die die jahrelange Mühe des Bergbaues mit einem Schlage zertrümmert und Tausende von Menschenleben geopfert, wurde die Sicherheitslampe erfunden, die in zahlreich verbesserten Auflagen jetzt eine allgemeine Verbreitung gefunden hat. Das einfache Prinzip derselben ist seiner Fruchtbarkeit in den mannigfaltigsten Anwendungen wegen wohl werth,

Rasche Abkühlung durch gute Wärme-Leiter als Prinzip der Sicherheits-Gruben-Lampe, des Refrigerators der calorischen Maschine und des Respirators.

hier etwas näher besprochen zu werden.

Hält man in eine hochaufflackernde grosse Weingeistflamme ein engmaschiges Sieb aus einem unverbrennlichem Stoffe, so erscheint die Flamme wie abgeschnitten, während durch die Masche des Drath oder Asbestsiebes die brennbaren Gase des Flammenkegels unverbrannt entweichen. Da nun der Sauerstoffzutritt oberhalb des Siebes so unbehindert ist, wie unterhalb desselben, da sich bei vorausgesetzter Indifferenz des eingeschobenen Gitters auch die chemische Constitution der Flammengase nicht geändert haben konnte, so kann der Grund dieser merkwürdigen Erscheinung nur in dem hohen Leitungsvermögen der Gittersubstanz gesucht werden, die so sehr die Flamme abkühlt, dass sie die zu ihrem Fortbrennen nöthige Temperatur nicht mehr zu behaupten vermag, und folglich verlischt, ebenso wie brennender Aether und Alkohol in metallenen Schälchen in eine starke Frostmischung gestellt augenblicklich verlöschen und sich nicht mehr entzünden lassen. Lässt man erhitzte Luft von gekannter Temperatur durch ein zusammengeballtes Gewölle von feinmaschigen dünnen Drahtnetzen hindurchstreichen, so zeigt die jenseits erscheinende Luft eine beträchtlich niedere Temperatur, als die diesseitige, und dieses Verhältniss behauptet sich eine geraume Zeit hindurch. Brennt nun das Grubenlicht in einer solchen abgeschlossenen Maske von Drahtnetzen, so wird der in dieselben eingedrungene Raumtheil der explosiblen Grubenluft mit einer kleinen Detonation abbrennen; die dabei nothwendig aufschlagende Flamme wird sich aber an den Drahtgeflechten, die sie von den grossen Massen der äussern Grubenluft scheiden, so rasch und so tief abkühlen, dass eine Fortpflanzung der Entzündung in den Grubenraum mit allen ihren schrecklichen Folgen unmöglich ist, während das Grubenlicht selber verlischt.

Sowohl dieser Umstand der plötzlich hereinbrechenden verwirrenden Dunkelheit, als auch trotz der Sicherheitslampe und selbst nicht so selten erfolgte Unglücksfälle haben neue Verhältnisse aufgedeckt und zu mannigfaltigen Verbesserungen der ursprünglichen und ersten Sicherheitslampe geführt. So nackt und einfach nämlich die Theorie erscheint, auf so komplizirte Bedingungen stiess die Praxis. Das Material der Drähte, die geometrischen Verhältnisse der Drathcylinder, die Dicke der einzelnen Drähte und die Weite der Maschen, dies Alles, was die Abstraktion als sich von selbst verstehend, verschweigt, ist für den concreten einzelnen Fall von entscheidender Wichtigkeit erkannt worden. Um aber die plötzlich hereinbrechende Dunkelheit mit ihrer Verwirrung und ihrem Schrecken und den Gefahren völliger Irrespirabilität des Grubengases wenigstens zu vermindern, hat man die Grubenlampe durch eine sehr sinnreiche Combination mit dem Prinzipe der chemischen Harmonika zu einer Warnlampe für den Bergmann gemacht. Die Flamme selbst ist zu diesem Zweck mit einem dünnwandigen Glascylinder als Aufsatz umgeben; die zuerst eindringenden kleinen Mengen von Grubengas erzeugen nun, wie das in einem weiten Glasrohre brennende Wasserstoffflämmchen durch ihre rasche Folge kleiner Detonationen schrille, schnell schwingende Bebungstöne, die weithin in den hallenden Räumen des Schachtes vernommen werden, und die Bergleute zum Aufbruche spornen. Es ist nun klar, dass auf dieses einfache Prinzip rascher Abkühlung durch souveraine Wärmeleiter nicht bloss die Sicherheitslampe, sondern auch der wesentliche Theil der bei Dampfschiffen jetzt in Aufnahme kommenden calorischen Maschine, der Refrigerator nämlich gegründet ist. Man hat dieses Prinzip, wie fast noch jedes, auch in therapeutischer Beziehung auszubeuten gesucht: ein Versuch dieser Art liegt im sogenannten Respirator vor; dünne Silberdrathschichten in einer weichen schmiegsamen Taffethülle eingeschlossen, umgeben als nachgiebige und doch fest anschliessende Binde den Mund des Athmenden. Die ausgeathmete Luft ist beim Durchgange durch dieses Drathnetz gezwungen einen Theil ihrer hohen Temperatur an diesen gutleitenden Körper abzutreten, so wird durch dieses Sieb faktisch die Wärme der ausgeathmeten Luft abgesiebt, die ohne dieses für den Körper verloren gewesen wäre. Einen Augenblick später nimmt die eingeathmete Luft diese Wärme wieder auf, es wird also die eingeathmete Luft auf Kosten der ausgeathmeten erwärmt und der für katarrhalische Affektionen und Lungenleiden gewiss sehr störende Einfluss kalter Luft bei der Athmung wenn nicht aufgehoben, so doch gemildert. Diesem günstigen Befunde steht bei der praktischen Fassung obigen Apparates nur der vernichtende Grund entgegen, dass wir im gewöhnlichen Zustande weit häufiger und stärker durch die Nase, als durch den Mund athmen. Obwohl die nähere Begründung dieses Prinzipes Gegenstand der Biophysik ist, so glaubten wir es doch seiner Fruchtbarkeit und vielleicht baldigen Verwerthung auf biochemischem Gebiete wegen, hier in Kürze berühren zu müssen.

Die Reindarstellung des Grubengases gelingt am besten, wenn man gleiche Theile von essigsaurem Kalk und Aetzkalk in einer Retorte bis zur vollständigen Zersetzung erhitzt, das entweichende Gas in etwas Aetzkalilauge wäscht und über Quecksilber auffängt; während kohlensaurer Kalk zurückbleibt, geht Grubengas über. $(C_4 H_3 O_3 . Ca O + Ca O . HO = 2 (CO_2 . Ca O) + 2 (CH_2))$.

Man erkennt das Grubengas an seinem unangenehmen, eigen-

Erkennung und quant. Bestim. des Grubengases.

thümlichen Geruche, an der blassblauen Flamme, mit der es verbrennt, und an seiner Unfähigkeit, durch erhitztes Kalium, Kalilauge und Silberlösung absorbirt zu werden.

Seine quantitative Nachweisung gelingt nur auf eudiometrischem Wege durch Verpuffung mittelst Sauerstoff, Absorption der gebildeten Kohlensäure, Verdichtung des entstandenen Wassers und Messung des rückständigen Gasvolums; aus der Differenz dieses mit dem ursprünglichen Volum ergibt sich der Masstheil verpufften Grubengases.

Obwohl die Blasen, die aus Sümpfen aufsteigen, neben Kohlensäure fast ganz aus diesem Gase bestehen, so scheint es doch hier nicht so sehr eine biochemische Type der Sumpfpflanzen, als vielmehr ein wasserstoffreiches Zersetzungsprodukt des Fäulnissprocesses zu bilden. Im Thierkörper ist sein zwar ebenfalls sehr beschränktes Vorkommen in den normalen Gasen des Dickdarms und abnormer Weise in den Gasen des ganzen Darmkanals bei Dispepsie und in den Leibern an Trommelsucht verendender Rinder zweifellos bewiesen.

*Vorkommen desselben.*

*Schwefelwasserstoffgas, Hydrothion SH.*

Das Schwefelwasserstoffgas, Wasserstoffsulfid, Hydrothion ist ein nicht permanentes, farbloses nach faulen Eiern riechendes Gas, das ohne das Verbrennen selbst zu unterhalten mit blauem Flämmchen zu stickender schwefliger Säure und Wasser verbrennt; es bleicht vorübergehend das blaue Lackmuspapier und zeigt einen schwach sauren Charakter (Sulfosäure), mit Sulfobasen vereinigt es sich zu wahren Sulfosalzen.

So bildet Schwefelwasserstoff SH mit Schwefelammonium $SNH_4$ = SAm das Sulfosalz $SH.SNH_4$ = SH.SAm, das als Reagens gebrauchte Sulfammonhydrat. Das spezifische Gewicht des Hydrothiongases ist 1,1912. Durch Druck und starke Abkühlung verdichtet es sich zu einer farblosen dünnflüssigen, ausserordentlich lichtbrechenden Flüssigkeit, deren spezifisches Gewicht, Wasser als Einheit angenommen 0,9 beträgt und die sich bei einer Temperatur von — 86° C. in eine weisse, etwas dichtere, krystallinische Masse verwandelt, die geschmolzenem Kochsalze ähnlich sieht.

*Eigenschaften und Wirkungen.*

Das Schwefelwasserstoffgas ist nicht nur durch Sauerstoffabsperrung irrespirabel, sondern direkt giftig, indem schon kleine Beimengungen desselben mit viel Luft geathmet, Schwindel und Asphyxie hervorrufen. Im concentrirten Zustande geathmet tödtet es augenblicklich unter schwärzlich grüner Färbung des Blutes, indem das Eisen des Hämatins in Schwefeleisen sich umsetzt. Wenn glühende Sulfate mit reducirenden Körpern und Wasserdampf behandelt werden so vermag sich Hydrothion zu bilden, der auch entsteht, wenn man über siedenden Schwefel Wasserstoffgas leitet.

**Ausmittlung des Hydrothion.** Um Schwefelwasserstoffgas in einem Gasgemenge oder in Flüssigkeiten in denen es absorbirt ist, zu erkennen, bedient man sich eines Streifens ungeleimten schwedischen Filterpapiers, den man mit einer Lösung von basisch essigsaurem Bleioxyde befeuchtet und denselben entweder unmittelbar dem Gasgemenge darbietet oder ihn eingerollt in ein Glasröhrchen schiebt, das in einem durchbohrten Kork gesteckt wird, welcher den Kolben abschliesst, worin die Hydrothionhältige Flüssigkeit bis zum Kochen erhitzt wird, so, dass die schwefelwasserstoffhältigen Dämpfe über das Bleipapier zu streichen gezwungen sind. Bei den kleinsten Spuren dieses Gases zeigt das höchst empfindliche Bleipapier noch eine deutliche Bräunung, bei etwas erheblicheren Mengen Schwärzung mit Metallglanz.

**Quantitative Bestimmung des SH.** Um dieses Gas quantitativ zu bestimmen schüttelt man ein gemessenes Volumen der Gase oder Flüssigkeiten, worin man es sucht mit einer Auflösung von arseniger Säure in Salzsäure filtrirt die entstandene gelbe Fällung von Schwefelarsen durch ein tarirtes Filter ab, trocknet und wägt und berechnet für je 20 Theile des Schwefelarsens 2,62 Theile Schwefelwasserstoff oder einfacher man multiplicirt das Gewicht der Schwefelarsenfällung mit dem Coefficienten 0,131 um das Gewicht von Schwefelwasserstoff zu erhalten. Eine andere Methode besteht darin, dass man ein gemessenes Volum der Gase oder Flüssigkeiten mit einer Lösung von salpetersaurem Silberoxyd schüttelt, die entstandene dunkle Fällung durch Filtration sammelt und dieselbe mit rauchender Salpetersäure oxydirt. Die erhaltene Lösung wird mit Wasser verdünnt und durch salpetersauren Baryt gefällt. Die Fällung von schwefelsaurem Baryt wird durch Filtration gesammelt sammt dem Filter verbrannt und geglüht und ihr Gewicht mit dem Coefficienten 0,14 multiplicirt, wodurch man unmittelbar die Gewichtsmenge des Hydrothions erhält. Diese Methode ist namentlich dann nöthig, wenn das Gasgemenge auch die Hydrüre des Phosphors oder der Halogene (Chlor, Jod, Brom, Cyan) enthält. Es versteht sich von selbst, dass die zur Oxydation des Schwefelsilbers dienende Salpetersäure und der zur Fällung der gebildeten Schwefelsäure verbrauchte salpetersaure Baryt von Schwefelsäure und Chlor völlig frei und überhaupt chemisch rein sein müssen.

Dieses Gas entsteht bei der Fäulniss schwefelhaltiger Substanzen (die bekannten faulen Eier); es fehlt desshalb nie in der Cloakenluft und gehört unter die bekannten Glieder jener grossen grösstentheils noch unbekannten Reihe gesundheitsschädlicher und giftiger Exhalationen der Wahlplätze, Sümpfe und Begräbnissstätten. Metallsalze, die es begierig verschlucken und damit nicht flüchtige, geruchlose in Wasser unlösliche Sulfurete bilden, sind das beste Desinfectionsmittel dieser Effluvien. Aber auch aus schwefelsauren Salzen im Contacte mit reduzirenden stickstofffreien Körpern kann durch einen Reductionsprozess dieses Gas entbunden werden; so zeigen viele Mineralwässer in Steinkrügen mit Korkverschluss versandt, nach längerem Liegen Spuren von Schwefelwasserstoff, von dem doch die Quelle völlig frei war. Der Korkstoff, das Suberin, das in steter Befeuchtung durch das Wasser erhalten, bei gehemmtem Luftzutritte einen langwierigen Moderprozess durchmacht, verwandelt sich dabei in Kohlensäure, Quellsäure, Humin- und Ulminkörper und entlehnt einen Theil des hiezu nöthigen Sauerstoffes aus den Sulfaten des Mineralwassers, die sich dadurch in Sulfurete verwandeln, welche aber wieder sogleich durch die entstandenen Säuren in Ulmate, Humate, Krenate und Carbonate unter Schwefelwasserstoffentwicklung verwandelt werden.

Am einfachsten lässt sich der Prozess in folgender Weise schematisiren, wenn sich die organische Substanz schlechtweg als Kohle vorstellt

$SO_3$ Ca O,    $C_2$,    HO $= 2 (CO^2)$ Ca O,    S H;

Gyps des Mineralwassers   organische Substanz   Wasser; doppeltkohlensaurer Kalk   Hydrothion

oder: $SO^3$ Na O,   $C_2$,   HO $= 2 (CO^2)$ Na O,    S H

Glaubersalz       Bircarbonas sodae   Hydrothion.

Im thierischen Körper ist im normalen Zustande dieses Gas wohl nur auf das letzte Drittel des Dickdarms verwiesen; reicht es höher hinauf, etwa in die dünnen Gedärme und den Magen, so veranlasst es übelriechenden Ructus, Cardialgien, Koliken und Dispepsien, sein chemisches Moment raubt dem durch die Dauung aus eisenhältigen Alimenten hervorgegangenen eisenhältigen Chymus und Chylus grösstentheils sein organisch verlarvtes innig an stickstoffhältiges Pigment und Proteintypen gebundenes Eisen, auf dessen unversiegende Zufuhr der Organismus bei der spätern Bildung des Haematins und der Blutzellen ausschliesslich angewiesen ist, indem es mit demselben unlösliches Schwefeleisen bildet, das die Stühle

dunkler grün bis schwarz färbt und einen Theil des Eisens der
Alimente nutzlos aus dem Körper führt; der solchergestalt an Eisen
verarmte Chylus kann die Haematinbildung nur ungenügend fristen;
das Blut in welchem aber fortwährend der allem Organischen
eigene Stoffwechsel immerfort eine Menge von Blutkörperchen der
Zersetzung, Auflösung und Ausfuhr in den eisenhältigen Pigmenten
der Galle und des Harns überliefert, muss daher immermehr an
farbigen Zellenelementen verarmen, aglobulotisch oder chlorotisch
werden, eine Krase, die von der ärztlichen Praxis häufig mit dem
nicht ganz bezeichnenden Namen Oligaemia oder Anaemia belegt
und auch oft mit einer andern Anomalie des Blutes, der Leucocy-
thaemie zusammengeworfen wird die in dem Ueberwiegen der farblosen Zellenelemente, Cytoiden oder Lymphkörperchen über die farbigen Haematoglobulinhältigen Blutscheibchen besteht. Wie sich aus
dieser Aglobulose des Bluts als nächster Wirkung des Hydrothions
im obern Darmtract das Symptomenbild der Chlorose entwickle und
wie die uralte Eisentherapie wenigstens palliativ diesem Uebel zu
steuern vermöge, wird in der zweiten Abtheilung, in der Chemie
der Prozesse zur Sprache kommen.

In der Mundflüssigkeit, bei Stomacace, mercurieller und anderer Ptyalorrhoe, nicht aber bei einfacher Salivation findet sich
Schwefelwasserstoff constant, neben Tyrosin-Ammonverbindungen und
Fettsäuren den penetrant aashaften Gestank dieses Sekretes bedingend. Es entwickelt sich zugleich mit Harnstoff, der gleicherweise
in diesen Fällen nie fehlt, aus dem Schwefelcyanammonium oder
besser gesagt, aus der Schwefelcyanverbindung des normalen Speichels, die im ptyalorrhoischen Sekrete ganz verschwindet und aus
Eiweiss, welches durch den pathologischen Exsudationsprozess anomal im Mundsekrete auftritt. Wirklich enthält ein Atom Schwefelcyanammonium schematisch mit 2 Atomen Wasser faulend die
Atome des Hydrothions und Sauerstoffs. $C_2 N S_2$. $N H 4$, $2 HO =$
$\underline{C_2 N_2 H_4 O_2}$, $2 SH$. Cavernöse Sputa, der Auswurf bei Sphace-
Harnstoff

lus pulmonum, die Jauche in Brand übergehender Wunden und
Geschwüre, ja selbst stagnirender Eiter und abgesackte Exsudate
können der Heerd inquiliner Hydrothionentwicklung werden; immer ist es aber in diesen Fällen ein Zeichen der Mortifikation der
lokalen Provinz oder des Gewebes, also eine begleitende Erscheinung der Nekrose, während sein normales Vorkommen im untern

Darmtracte blos ein Uebergreifen des fettbildenden Reduktionsproceßes der Buttersäuregährung kennzeichnet. Bei dem Resorptionsprozesse starrer Exsudate, bei dem Verkreidungs- (Verkalkungs-Verirdungs-) Processe, dem (atheromatösen) Verbreien, Obsolesziren pathologischer Neubildungen von hohem Gehalte an Intercellular-Flüssigkeit wird gleichfalls die ganze Stoffmetarmorphose durch eine Hydrothionentwicklung eingeleitet. Die Körper aus der Klasse der Albuminoiden oder proteinartigen Substanzen besitzen Schwefel in äusserst labiler Form, der mit unter die Hauptgründe ihrer leichten Zersetzbarkeit und der über sie hereinbrechenden Verjauchung oder Fäulniss zählt. Soll sich daher ein derartiger Körper in feuchtem Zustande, wie ihn jeder inquiline Exsudationsherd bedingt, mit Erdphosphaten oder anderen Skelettsalzen zu einem unschädlichen stabilen, ohne Gefahr einer gewebszertrümmernden die Nachbarschaft infizirenden Verjauchung nur dem allmäligen Stoffwechsel unterliegenden Breie eindicken und rückbilden, so muss vor Allem der drängendste Anstoss weiterer Zersetzungen der labile Schwefelantheil in Form von Hydrothion austreten und das mag vielleicht der Grund sein, warum in dem Harne der Resorptionsstadien fast aller breiteren Exsudationen (Pleuritis etc.) kleine Mengen von Hydrothion oder Sulfammon gefunden werden. In der Leiche ist die Schwefelwasserstoffentwicklung, namentlich die wärmere Jahreszeit über, wo alle Bedingungen der Fäulniss blühen, eine sehr rasche und bedeutende. Dieses Gas per diffusionem die Maschenräume des Bindegewebes durchdringend und dabei oft ein wahres Leichenemphysem darstellend, trifft an manchen Stellen mit dem durch Imbibition und Leichentranssudation in die Gewebe geflössten Haematin, dem eisenhältigen Blutfarbstoffe zusammen, bildet damit Schwefeleisen, das in dieser Verdünnung grüne Färbung besitzt und mit dem Violett des unzersetzten Leichenblutes die düstere Farbenscala der Lividines mortuorum darstellt. Extravasate von Blut, wie sie sich bei Apoplexien und Contusionen vorfinden, wobei nach dem Verschlusse des zerissenen Gefässes eine Blutlache in den Interstitien des Gewebes jenseits des Kreislaufes stagnirt, machen eine eigene Stoffmetamorphose durch, in welcher gleichfalls Schwefelwasserstoffentwicklung mit secundärer Bildung von Schwefeleisen und das Auftreten eines neuen Pigmentes des Haematoidins eine Rolle spielt, durch deren Zusammenwirkung die Nuancen solcher Quetschextravasate, die sogenannten blauen, grünen und gelben Flecken zu Stande kommen. Dass sich im kreisenden Blute des lebenden Thierkörpers Hydrothion nie in irgend welcher deutlichen Menge behaupten könne, ist seiner deletären Wirkungen auf den wesentlichen Blutfarbstoff wegen apriorisch klar und desshalb die vereinzelte Angabe seiner Gegenwart im Blute Pestkranker nur mit grösster Vorsicht aufzunehmen (wenn nicht das Blut der Pestleichen gemeint ist, wo die Angabe jede Bedeutung verliert). Von den Pflanzenstoffen entwickelt Legumin oder Bohnenstoff bei der Fäulniss am reichlichsten Hydrothion, wie die dem Genusse von Hülsenfrüchten so leicht folgende Flatescenz zur Genüge beweist; nichts desto weniger thäte man sehr unrecht das Legumin und in genere die Hülsenfrüchte (so recht eigentlich das vegetabilische Fleisch) aus der Klasse der kräftigsten und leicht verdaulichen Alimente zu streichen. Reines Legumin wird von der Peptase des Magensaftes rascher peptonisirt, als Eiweiss, gelöst und resorbirt. In den Hülsenfrüchten wird diese rasche leicht erfolgende Dauung des Legumins durch zwei Umstände erschwert oder vereitelt, einmal durch die dickwandigen für sich unverdaulichen und die endosmotische Einwirkung des Magensaftes sehr verzögernden Bälge aus Cellulose, die auch durch das übliche Passiren der Küche nicht völlig entfernt werden, das andere Mehl durch das Kochen der Hülsenfrüchte in hartem Wasser, das grössere Mengen von Kreide und namentlich Gyps enthält, der chemisch mit den Stoffen der Leguminosen verbunden wird und dieselben für den Magensaft weit schwerer angreifbar macht. Durch diese beiden Momente geschieht es, dass unverdautes Legumin, Theile blos mechanisch zu Brei gewordener aber nicht chemisch veränderter Hülsenfrüchte durch die fortwälzende peristaltische Bewegung in jenen Theil des Darmtrakts geschoben werden, wo bereits die Wasserstoffentwicklung und Reduktion der Buttersäuregährung die vitale Verwesung und Milchsäuregährung übergreift. Unfähig dort von dem alkalischen Succus entericus als Pepton der Lymphe zugeführt zu werden, fällt das Legumin in dieser reduzirenden Wasserstoffathmosphäre der reichlichen Hydrothionbildung anheim. Würde man die trockenen Hülsenfrüchte einem ähnlichen mechanischen Scheidungsprozesse unterwerfen, wie die Körnerfrüchte der Cerealien, so würde man ein kräftiges Mehl darstellen, das ohne alle Störung leicht und völlig verdaut werden und nähren müsste, ohne dass man Barry du Barrys gleichwerthige Revalenta (Ervalenta) mit Silber aufzuwiegen nöthig hätte. In der gesunden lebenden Pflanze findet sich nie Hydrothion, in den Pflanzenleichen und bei den Gährungsprozessen der Pflanzensäfte hat es dieselben genetischen Momente, wie in der thierischen Fäulniss; sind es ja doch dieselben schwefelhaltigen Proteinkörper aus denen es hervorgeht, nur in minder auffallender Weise, weil die Pflanze diese Substanzen in weit geringerer Dichte und Menge beherbergt. Schwefelwasserstoff wirkt auch auf die Vegetation nicht günstig; das konzentrirte Gas macht die Diffusionsorgane der Pflanze, die Blätter welken und untauglich für die Lebensfunktionen, den inquilinen Schwefelgehalt scheint die Pflanze ausschliesslich durch die Reduktion der aus dem Boden durch die Fibrillen aufgesaugten Sulfate, namentlich des Gypses und schwefelsauren Ammoniaks zu assimiliren; was es für eine alimentäre genetische Bewandtniss mit dem Schwefelgehalte mancher Halidbasen der sogenannten schwefelhaltigen ätherischen Oele habe, wie z. B. des Allyl-Sulfürs und Sulfids in den Laucharten, des Schwefelcyanallyls in den Cruciaten, des Ferulylsulfürs in den Umbelliferen (Asant) darüber kann die heutige Wissenschaft nicht den mindesten Aufschluss geben.

Der Schwefelwasserstoff, das unentbehrliche Reagens auf die Gruppe der Schwermetalle in den Händen des Analytikers, wird allerdings in der Form von Schwefellebern oder als Schwefelwasserstoffwasser ein Antidot bei akuten Metallvergiftungen abgeben können, wobei aber nie zu vergessen wäre, dass ein Ueberschuss von ihm selber wieder wie ein Gift wirkt und dass viele Metallsulfurete nicht ganz unlöslich in den inquilinen Säften und nicht ohne alle chronisch giftige Nachwirkung auf den Organismus seien, wesshalb er meistens zweckmässigeren Antidoten weichen muss. Wie aber nun vollends dasselbe giftige Gas: der Schwefelwasserstoff, den wir in der Lehre der Contagien und Miasmen der schwersten Sünde zeihen, dessen Entwicklungsheerde in überfüllten Wohnungen und Kerkern, Sümpfen, Schindangern und Begräbnissstätten wir wie einen Bannfluch des Todes fliehen, wie dieses Gas plötzlich und nur desshalb in den Schwefeltthermen den Becher der Gesundheit würzen soll, weil es aus dem Schlotte vulkanischer Werkstätten des Erdinnern brodelnd entweicht, das vermag die Wissenschaft weder zu erläutern noch zu begreifen.

Das **Phosphorwasserstoffgas** PH$_3$ hat das spezifische Gewicht 1,214, ist brennbar und verbrennt in der Luft entzündet zu Wasser und Phosphorsäure; es reagirt neutral, ist farblos, zeigt einen eigenthümlichen widerlichen Geruch nach faulen Fischen, vermag das Brennen anderer Körper nicht zu unterhalten, ist irrespirabel und wirkt beim Einathmen positiv giftig. Häufig hat es die Eigenschaft, selbstentzündlich zu sein, d. h. jede Gasblase entzündet sich beim Austreten aus der Flüssigkeit, in der das Gas entwickelt wird, in die Luft mit gelber Flamme, die einen zähen allmälig sich erweiternden weissen Rauchring hinterlässt, der aus Phosphorsäurehydrat besteht. Diese Selbstentzündlichkeit des gasigen Phosphorwasserstoffs $PH_3$ rührt nach entscheidenden Versuchen von einem gewissen Rückhalte an Dämpfen des flüssigen Phosphorwasserstoffs $PH_2$ her, der sich bei der Berührung mit Luft sogleich entflammt. Das Gas wurde 1783 entdeckt und bildet sich überall da, wo phosphorreiche Stoffe der Fäulniss oder einem Reduktionsprozesse bei Wassergegenwart überliefert werden. Das an Phosphorsäuresalzen reiche Fleisch der Wasserthiere liefert das häufigste Material zur spontanen Entwicklung dieses Gases bei seiner Fäulniss. Die Idee aber, dass von diesem selbstentzündlichen Phosphorwasserstoffgase das seltene vor dem Forum der strengen Wissenschaft sogar noch zweifelhafte Phänomen der Irrwische in Mooren, das sicher gekannte Leuchten des Meeres, todter Wasserthiere, sonstiger Leichentheile, des Holzmoders u. s. w. herrühre, ist in der Studierstube ausgeheckt und zerfällt vor der oberflächlichsten Kritik der Thatsachen in Nichts.

Das Gas bildet sich: 1. Ausser jenen Fäulnissprozessen beim Zusammentreffen von Phosphor und Wasserstoff in statu nascenti. 2. Bei der Zerlegung eines Phosphurets durch Wasser oder Wasserstoffsäuren. 3. Durch Erhitzen der Hydrate der unterphosphorigen und phosphorigen Säure. Selbstentzündlich erhält man es am ergiebigsten, wenn man einen Theil Stangenphosphor mit 2 Theilen concentrirtester Kalilauge in einem Kolben kocht, wobei selbstverständlich die grösste Vorsicht anzuwenden ist. Nachdem das Verstummen der kleinen blitzähnlich verknallenden Explosionen des entwickelten, selbstentzündlichen Gases den Beweis gegeben hat, dass alle Luft aus dem Apparate verdrängt ist, wird der Kolben durch ein Gasleitungsrohr mit der pneumatischen Wanne verbunden und das Gas entweder über Wasser oder vorläufig durch eine eingeschaltete Chlorkalziumröhre getrocknet, über Quecksilber aufgefangen. Nach beendeter Entwicklung bleibt im Kol-

*(marginal notes:)*

Eigenschaften.

Bildung von $PH_3$.

Bereitung des $PH_3$.

ben neben einem Phosphate ein Hypophosphit des Kalis zurück. Durch Begraben eines Phosphorstückchens in eine Aetz-Kalkschichte und gelindes Glühen im geschlossenen Raume kann man eine Kalkphosphorleber darstellen, die aus Kalziumphosphuret und unterphosphorigsaurem Kalke besteht, und aus welcher Wasser selbstentzündliches, Salzsäure hingegen nicht selbstentzündliches Phosphorwasserstoffgas entwickelt.

Das Atomgewicht dieses Gases ist 429,54 (O = 100) oder 34,36 (H = 1). Es hat die Formel $PH_3$ und ist ein Ammoniak- oder Arsenwasserstoff, dessen Stickstoff oder Arsen durch Phosphor substituirt sind. Seine basischen Eigenschaften sind aber so gut, wie verwischt. *Atomgewicht und Formel von $PH_3$.*

Man erkennnt dieses Gas an seinem eigenthümlichen Geruche, der auch nach dem Durchleiten durch Kalilösung sich behauptet; (zum Unterschiede vom Schwefelwasserstoffe, der von der Kalilauge absorbirt und gebunden wird). Hingegen beim Durchstreichen durch die Lösungen von Silber-, Blei- oder Kupfersalzen verschwindet, (zum Unterschiede von den verschiedensten Kohlenwasserstoffen, die unabsorbirt durch diese Metall-Lösungen hindurchtreten). Die Kupferlösung wird durch eingeleitetes Phosphorwasserstoffgas als schwarzes Phosphorkupfer $PCu_3$ gefällt, welche Fällung selbst zur quantitativen Analyse benützt werden kann; gerathener ist es aber, das gemessene Gasvolum durch eingebrachtes Kali vollständig seines Hydrothiongehalts zu berauben und die weitere Verminderung des jetzigen Gasvolums beim nunmehrigen Schütteln mit Silberlösung zu notiren, welche unmittelbar dem Volumen des absorbirten Phosphorwasserstoffgases entspricht. *Erkennung und Nachweis des $PH_3$.* *Quantitativer Nachweis von $PH_3$.*

In Folge des Phosphorgehaltes vieler plastischer Thierstoffe, hat das Phosphorwasserstoffgas fast dieselbe Semiotik, die gleichen Fundstätten, wie das Hydrothion. Sein spurenweises normales Vorkommen ist gewiss nur auf das unterste Drittel des Darmkanales beschränkt, während es sich pathologisch ebenso, wenn auch in geringerer Menge in allen nekrotischen Herden entwickeln kann. In der lebenden Pflanze ist es bisher nicht nachgewiesen. Der Lichtschein, mit dem sich die Blüthe des harzigen Diptams in den Wäldern umgibt, hat trotz der von einer Seite her ausgesprochenen lächerlichen Vermuthung mit Phosphorwasserstoffgas nicht das Mindeste gemein. Aus diesem Gase unmittelbar vermag die Pflanze keinen Phosphor zu assimiliren. Das konzentrirte Gas ist für den *Biosemiotik von $PH_3$.*

Pflanzenleib dasselbe Gift, wie für den Thierleib, und wie bei dem Schwefel auf die Sulfate, so ist auch bei der Assimilation des Phosphors die Pflanzenzelle auf die Phosphate des Bodens angewiesen und beschränkt.

---

Wasser HO.

**Eigenschaften und kosmische Relationen des Wassers.**

Das Wasser, die bekannte farblose Flüssigkeit ohne Geruch und Geschmack, erstarrt bei $0^0$C zu Eis, verträgt jedoch bei vollkommener Ruhe eine Abkühlung bis — 10, worauf es bei der leisesten Erschütterung plötzlich fest wird und eine fühlbare Menge früher latent gewesener Wärme in Freiheit setzt. Bei diesem Gefrierungsprozesse dehnt es sich plötzlich und bedeutend aus und vermag daher, wie die Versuche an der Newa bewiesen haben, mit unwiderstehlicher Gewalt die stärksten Mörser zu sprengen. Da Eis von 0 Grad ein grösseres Volum hat als Wasser von 0 Grad, so muss ersteres im letzteren schwimmen und ein kleineres spezifisches Gewicht haben als letzteres. Wirklich ist das spezifische Gewicht des kalten Wassers 0,999; das spezifische Gewicht des Eises hingegen bei 0 Grad 0,918. Diese Thatsache an sich unscheinbar, ist wie jede Molekularwirkung von den gewichtigsten Folgen: indem das in die Ackerscholle und die Felsenspalten eingedrungene Wasser bei der Temperaturerniedrigung der Winterluft in den gemässigten Zonen gefriert, treibt es wie unzählige von Riesenhand getriebene Keile die festen Massen auseinander, zerklüftet Krume und Fels in unzählbare Risse, die eben so viele Angriffspunkte für den ewig geschäftigen nagenden Zahn der Verwitterung liefern und so in der grossartigen Naturbrache des Winters einen neuen Schatz mineralischer Bestandtheile für die Kultur der Gewächse flüssig machen. Bei $4,1^0$C hat das Wasser seine höchste Dichte erreicht, sowohl durch Abkühlung als Erwärmung dehnt es sich von da an aus: wird dünner. Diese grösste Dichte des Wassers bei 4,1C ist die konventionelle Einheit aller Dichtebestimmungen der modernen Wissenschaft. Auch dieser Umstand ist von den riesigsten Folgen. Würde das Wasser um so dichter, je kälter, so würde sich in jedem Winter jeder Zone, deren Luft unter 0 Grad sinkt, in der breiten Lebensader der Binnenländer, in den Strömen Grundeis bilden, ja von den Polen her würde selbst die salzige Fluth des Ozeans ihre todten kalten Eisberge, als die unnahbaren Grenzen des Lebens, weiter vorschieben gegen den tropischen Aequator und wie es uns der Firn und das Eis der

Gletscher beweisen, würde der heisse Strahl der Sommersonne ohnmächtig an diesen Eismassen lecken, und über die ganze Erde würde sich bald der anorganische Winterschlaf ewigen Eises breiten; dadurch aber, dass das Wasser schon vor seinem Erstarrungspunkte spezifisch leichter zu werden beginnt, ist bei weiterer Abkühlung der Luft die oberste Schichte der Flüsse die kälteste. Es bildet sich eine schützende Decke von Eis, dessen geringe Wärmeleitungsfähigkeit den Wärmerest der Wassertiefen rettet, das Thierleben am Grunde der Gewässer fristet und nachdem sie diesen Zweck des Winters vollbracht hat, an der Gluth der steigenden Frühlingssonne zerthaut. Wird Wasser aus der flüssigen Agregatform fest, so bildet es das Eis, an dem sich die wunderlichsten Zacken, amorphe glasartige dichte Massen und die grotesken Dendriten der Eisblumen, kaum aber deutlichere Krystallindividuen offenbaren, oder es bildet sich das Sphäroid und Ellipsoid des Hagels bei Hydrometeoren unter noch unbekannten, wahrscheinlich elektrischen Bedingungen. Wird Wasser hingegen aus der gasigen Agregatform fest, gefriert also Wasserdampf, so bildet sich die deutliche sechsstrahlige, prismatische Krystallform der Schneeflocke. Wenn in den Ballsaal des Gouverneurs von Tobolsk beim Oeffnen der Fenster die 30⁰ unter Null abgekühlte sibirische Nachtluft einströmmt, so schneit aus der heissen Zimmerluft der Wasserdampf in völligen Flocken nieder. Wenn grosse Massen in der Luft diffundirten Wasserdampfes bei einem kalten Windstrom plötzlich herniederschneien, so macht sich das damit nothwendig verbundene Freiwerden grosser im Dampfe latenter Wärmemengen selbst im Freien bemerkbar; die fröstelnde eisige Kälte des Winters wird durch einen reichen Schneefall mild und behäbig: dadurch und durch das wärmezurückhaltende, schützende Kleid, womit der Schnee den Acker mit seiner Wintersaat umhüllt, zeigt er seine grosse Bedeutung für die Kulturländer der gemässigten Zonen. Das Wasser, das selbst als Eis und Schnee tief unter 0⁰, ohne früher schmelzen zu müssen, wie es die Wage des Analytikers beweist, allmälig aber unaufhaltsam verdampft, wie es auch das Schwinden in Kellern aufgehäufter Eismassen beweist, fängt bei 100⁰ C an allen Stellen und in allen Theilen der Flüssigkeit zu verdampfen, d. h. zu sieden und sich zu vergasen an und macht dabei solche Massen zugeführter Wärme latent, dass so lange noch ein Tropfen flüssigen Wassers vorhanden ist, die

Temperatur desselben im Freien nicht über 100⁰ erhöht werden kann, gerade so, wie das schmelzende Eis die Temperatur von 0 nie übersteigt, gleichviel ob es in lauen Schaalen oder im glühenden Platin schmölze. Trägt man hingegen flüssiges Wasser in eine glühende Platinschaale ein, so kreist es in Form eines allmälig sich verkleinernden abgeplatteten Sphäroids, ohne zu sieden, im glühenden Gefässe, bis es völlig durch Vergasung verschwindet. Ein in diesen rotirenden Wasserball gesenktes Thermometer bleibt tief unter dem Siedpunkte des Wassers stehen. Die Erklärung dieses überraschenden Phänomens ist eine sehr einfache: das Wasser gehört, wie fasst alle Flüssigkeiten zu den schlechtesten Wärmeleitern, also zu den besten Isolatoren der Wärme. Wenn man in einen langen Vertikal-Cylinder Eisstücke auf den Boden legt und eine hohe Wassersäule auf den Boden giesst, so kann man mit der Löthrohrflamme von oben nach abwärts erhitzend, fasst alles Wasser über dem ungeschmolzenen Eise unter heftigem Sieden verdampfen. Zum raschen Sieden ganzer Wassermassen ist eine untere Wärmequelle, das Erhitzen vom Boden des Gefässes aus, unerlässlich; in diesem Falle ersetzt die Strömung der Flüssigkeit, die man durch Suspendiren leichter Pulver experimentell veranschaulichen kann, die geringe Wärmeleitung der Flüssigkeit vollkommen. Die erwärmte Bodenschichte des Wassers steigt, spezifisch leichter geworden, nach aufwärts, einer kälteren herabsinkenden Platz machend, bis rasch die ganze Wassermasse erhitzt ist. Damit dies geschehen könne, ist die Ausbreitung des Wassers längs der Gefässwände oder die Adhäsion beider eine unerlässliche Bedingung. Die Wärme nun, die wahrscheinliche Ursache aller Molekularerscheinungen repulsiven Charakters, schwächt und vernichtet jede Adhäsion und so kommt es, dass der Wasserball, der noch überdies durch eine lineare Schichte seines eigenen Dampfes umgürtet, von dem glühenden Platin abgestossen, seiner Schwere und sonstigen Adhäsion zuwider nicht in dem Gefässe diffluirt, sondern in kreisender Selbstständigkeit verharrend, wie jede Kugel das glühende Platin nur in einem Punkte tangirt, der in Folge der Rotation immer wechselt und in Folge der trägen Wärmeleitung des Wassers, nur eine sehr allmälige und unvollkommene Erwärmung der Masse herbeiführt, die von der gleichzeitigen Latenz derselben bei der Vergasung aufgewogen wird. Noch interessanter gestaltet sich dieser sogenannte Leibenfrost'sche Versuch, wenn früher in den rothglühenden Platintiegel tropfbar flüssige verdichtete schweflige Säure aus einer zugeschmolzenen Glasröhre deren Spitze man rasch abbricht, eingegossen und hierauf erst das Wasser eingetragen wird. Die schweflige Säure, die im verdichteten Zustande eine äusserst flüchtige Flüssigkeit mit tief unter Null befindlichem Siedepunkte darstellt, hat natürlicher Weise unter diesen Umständen das kräftigste Bestreben zu vergasen; da aber auch sie nur, in Folge der durch das glühende Metall gänzlich beseitigten Adhäsion bloss in wenig Punkten das glühende Platin tangirt, und in Folge der geringen Wärmeleitungsfähigkeit aller Flüssigkeiten nur schwierig und behindert die grosse Masse der zu ihrer Vergasung nöthigen latirenden Wärmemenge aufzunehmen vermag, so entzieht sie sogar dem eingetragenen Wasser einen Theil seiner latenten und seiner freien Wärme, so dass dasselbe gefrirt und man das interessante Schauspiel hat, Eis im glühenden Platintiegel entstehen zu sehen. Dieses Experiment erklärt auch die lange Zeit zu den Bergmannsfabeln und unter die Kunststücke sogenannter gefeiter Menschen gezählte nun aber wissenschaftlich bewiesene Angabe, dass man mit unversehrter nakter Hand im hellrothglühenden Erzesflusse zu plätschern vermöge: die rasch durch die strahlende Wärme aus allen Poren hervordringende Transpiration befeuchtet die Handfläche und überzieht sie so zu sagen mit einem linearen Ueberzuge von Flüssigkeit, gegen die von Seite des glühenden Metallflusses bei hinreichender Höhe der Temperatur alle und jede Adhäsion dergestalt aufgehoben ist, dass eine unmittelbare Berührung der Haut und des Erzes und somit eine nur auf diese Weise mögliche raschere und erheblichere Mittheilung von Wärme geradezu nicht Statt finden kann; sänke aber die Temperatur nur so weit, dass die früher aufgehobene Adhäsion bei abnehmender Wärme sich wieder einstellt, so würde man von der experimentirenden Hand aus diesem gewagten Versuche nichts retten, als einen rauchenden Knochenstumpf.

Das Wasser erhält man durch die explosive Verbrennung von 2 Volumen Wasserstoff und 1 Volumen Sauerstoff, welches Gemenge den Namen des Knallgases führt, und in eigenen zweckmässigen Apparaten dem sogenannten Knallgasgebläse mit dem Daniell'schen Hahne zur Hervorbringung grosser Hitzegrade verwendet wird. Angesichts der stöchiometrischen Grundgesetze

*Formel des Wassers HO oder v $H_2O$ 112,5 oder 9*

bedarf es wohl kaum einer beiläufigen Erwähnung mehr, dass alles Wasser, gleichviel ob es in der tropischen Zone aus der Wasserwüste des Oceans dampfförmig aufsteigt, oder auf Nova Zemblaia als Schneeflocke niedersinke, stets dieselbe Zusammensetzung habe, d. h. aus 11,11% Wasserstoff und 88,89% Sauerstoff bestehe; somit auch völlig in allen Heilquellen und Mineralwässern dieselbe Zusammensetzung habe, wodurch die längst aufgegebene fabelhafte Ansicht ihre hinreichende Wiederlegung findet, die teleologisch behufs der Erklärung der gerühmten Heilwirkung in dem heissen aber salzarmen fast chemisch reinen Gasteinerquell die Verbindung $H_2O$ dem Gewichte nach anzunehmen bestrebt war.

Wirkungen des
Wassers.

Das Wasser ist ausgezeichnet durch seine indifferente auflösende Fähigkeit und durch seine Kraft nicht nur auf dem Wege der Filtration, sondern auch auf dem Wege der Exosmose die thierischen und pflanzlichen Häute rasch zu durchdringen. Seine lösende Fähigkeit ist in vielen Fällen sehr stark von der herrschenden Temperatur abhängig, nur mit wenigen Ausnahmen wie beim Kochsalze von dem es in der Kälte und Hitze nahezu gleich viel auflöst, oder in umgekehrtem Sinne, wie z. B. beim citronens. Kalke der im kalten Wasser weit löslicher ist als im heissen und dessen gesättigte kalte Lösung sich beim Erwärmen trübt. Trotz seiner chemischen Indifferenz ist das Wasser denn doch nicht ganz unfähig, namentlich bei höherer Temperatur und steigendem Drucke Wirkungen hervorzubringen, die nicht rein auf Rechnung seiner physikalischen Eigenschaften zu setzen sind; ja es kann sogar, wenn auch in sehr unbestimmter schwankender Weise selber die Rolle einer Säure oder Base übernehmen, oder in stöchiometrischer Verbindung in Salze als sogenanntes Halbhydratwasser eintreten, oder endlich sogar ein Konstitutionswasser organischer Formeln abgeben, während anderer Seits von der durch seinen Eintritt erfolgenden Ausfüllung der Zwischenräume, die das Gerüste einer chemischen Verbindung im räumlichen Sinne offen lässt, das Auftreten gewisser Krystallformen abhängen kann, wie uns vielfältig das sogenannte Krystallwasser und am Ueberraschendsten die 24 oder 18 Wasseratome der verschiedenen Alaune lehren, deren entwässertes chemisches Atom geradezu unkrystallisirbar ist; die Hartnäckigkeit, mit welcher die Metaphosphorsäure ihr basisches und das schmelzende Kalkhydrat in der stärksten Glühhitze sein saures Hydratwasseratom zurückhält, die Unentbehrlichkeit eines Hydratwasseratomes in den Ammoniaksalzen der Sauerstoffsäuren und die gänzliche Aenderung des Charakters und der Eigenschaften der nach Laurent's und Gerhardt's Methode dargestellten anhydrischen organischen Säuren, denen zu ihren bekannten krystallisirbaren Hydraten nichts fehlt als das Konstitutionswasser, sind hinlängliche Beweise von den aufgeführten Wirkungen des Wassers. Digerirt man organische Körper der verschiedensten Art im verschlossenen Raume z. B. in sehr starkwandigen Glasröhren eingeschmolzen, oder im papinischen Digestor längere Zeit bei höherer Temperatur mit Wasser, so werden dieselben, indem sie das vielleicht in seine Atome gespaltene Wasser in die Integrität ihrer Formel aufnehmen auf das mangfachste verändert und oft bis zur gründlichen Zersetzung in ihrem chemischen Gleichgewichte zerstört; so verwandelt sich bei dieser Behandlung Stärkmehl in Zucker; Cellulose in Gummi; geschieht aber diese Umwandlung der organischen Substanz unter Aufnahme des in seine Bestandtheile gespaltenen Wassers, bei stickstoffhältigen Körpern spontan, so nennt man diesen Prozess die Fäulniss. So fault Harnstoff unter Aufnahme von 4 Atomen Wasser zu kohlens. Ammon.: $C_2 H_4 N_2 O_2 + H_4 O_4 = 2 C O_2 \cdot N H_4 O$; so fault wässerige Blausäurelösung zu ameisens. Ammoniak: $C_2 N \cdot H + 4 H O = C_2 H O_3 \cdot N H_4 O$. Für das Pflanzenreich ist es zweifellos, dass das Wasser sich chemisch an seiner Ernährung betheilige, da auch Pflanzen die man in humusfreien ausgeglühten Mineralboden von passender Beschaffenheit einsetzt, und ihnen von organischer Nahrung nichts als Wasser, Kohlensäure und Ammoniak bewilligt, sich entwickeln und gedeihen, und dabei eine Masse von Kohlenhydraten, fetten und ätherischen Oehlen produciren können, deren Wasserstoffgehalt den des zugeführten Ammoniaks weit übersteigend, nur aus der Zufuhr, stofflichen Verarbeitung und Assimilation des Wassers erklärt und abgeleitet werden kann. Beim Thierreiche hingegen ist es im höchsten Grade zweifelhaft, ob eine derartige Betheiligung des Wassers am Ernährungsprozesse in stofflicher Weise d. h. ein Eingehen des genossenen Wassers in die Konstitution starrer Gewebe in innigerer Weise als etwa in Form von Hydrat und Konstitutionswasser erfolge, in welchen Formen

*Sein Einfluss bei der Fäulniss.*

*Das Wasser als Nährstoff der Pflanzen.*

4 *

das Wasser sich noch immer nicht seiner chemischen Selbstständigkeit begeben hat. Das gewöhnliche Trinkwasser ist nie chemisch rein, sondern stets mit Gasen und Salzen imprägnirt, unter welchen die Chloride, einige Kalksalze und die Kohlensäure, sowie der Gehalt an atmosphärischer Luft, Frische und Geschmack des Wassers bedingen, und ebenso gut durch ihren Mangel als durch ihren Ueberfluss stören und beleidigen. Ob von diesen geringen Beimengungen wirklich ein stofflicher Einfluss, oder bloss ein physikalischer molekulärer Einfluss ausgehe, ist vor der Hand nicht bestimmbar, das Letztere aber sehr wahrscheinlich.

Hydrotherapie.

Die Wirkung des reinen Wassers auf den Organismus, die erst in neuester Zeit von bewährten Forschern studirt wurde, ist durch seinen Transito durch Blut, Haut und Niere eine so gewaltige, dass aus ihr allein vielleicht in der Zukunft alle konstanten Wirkungen der Heilquellen und Mineralwässer abgeleitet und gefolgert werden dürften; im Angesichte dieser Studien über den Genuss reinen Wassers und seiner Wirkungen, können auch die Erfolge der empirischen Hydropathie, die sie anerkanntermassen aufzuweisen hat, nicht länger mehr Wunder nehmen. Das Trinkwasser, dessen mineralische Stoffe, abgesehen von dadurch bewirkten Beschleunigungen der peristaltischen Bewegung der daran ungewöhnten gereizten Gedärme, abgesehen also von leichten gewöhnlich selbst heilenden Diarrhöen kaum einen schädlicheren dauernden Einfluss nehmen, kann aber durch organische Verunreinigungen, zu welchen wir hier auch ihres Ursprunges wegen die salpeters. Salze zählen, eine kolossale wahrhaft allgemeine Krankheitsursache und Noxe werden. Leider treten nun eben diese organischen, aus der Zersetzung hervorgegangenen Substanzen, die Ammonverbindungen und ihre Oxyde die Nitrate, und

Trink-Wasser grosser Städte.

die chemisch noch unbekannten intermediären Zersetzungsprodukte und Effluvien der Fäulniss, die Miasmen, gerade in grossen Städten, in diesen Herden des Lebens am häufigsten auf und gelangen daselbst entweder durch lokale Terrainverhältnisse, wie durch die Nachbarschaft von Kloaken, oder durch generelle Ursachen, wie durch das fortwährende Steigen des Unraths bei schlechter Kanalisirung, oder bei der unvermeidlichen Verwendung des Flusswassers für den Genuss immer mehr und reichlicher in das Trinkwasser, mittelst welchen sie ihren durchseuchenden Einfluss endlich auf die Bevölkerung ganzer Städte ausüben, wie diess namentlich unter Mitwirkung gewisser meteorologischer und klimatischer Anomalien zur Zeit ausgebreiteter Epi- und Endemien nicht selten empfunden wird. Es dürfte vielleicht eine Zeit kommen, wo die Beschaffung gesunden Trinkwassers für Städtekolosse, die auf zusammengedrängten Raume täglich Massen von Unrath auswerfen, den der verwesende und diffundirende Einfluss der Atmosphäre auf die Dauer nicht mehr zu bewältigen vermögen wird, vielleicht auf keine andere Weise mehr möglich werden dürfte, als durch eine im riesigsten Massstabe ausgeführte Destillation, und durch nachherige künstliche Kühlung und Sättigung des destillirten Wassers mit den zu seiner Frische und seinem Wohlgeschmack unentbehrlichen Gasen und Salzen.

Der Nachweis des Wassers gelingt selbstverständlich sehr leicht, durch den Vorgang der Destillation, da das freie Wasser bei 100° C. vollständig verflüchtigt und in der gekühlten Vorlage wieder verdichtet werden kann. Gebundenes Wasser wird, wenn es molekulär gebundenes oder Krystallwasser ist, gleichfalls durch einfaches Erhitzen bis 110 oder 120° unter Verwittern und Zerfallen der Krystalle verflüchtigt und in einem passenden Röhrchen als thauförmiger Beschlag nachgewiesen werden; ist es aber chemisch gebundenes Wasser, so ist sein Nachweis schwieriger, und oft erst durch stärkeres Glühen, oder durch vorausgegangene chemische Sättigung und Substitution nachweisbar, wie z. B. im Kalihydrate nach dem Neutralisiren mit Schwefelsäure, oder in der Phosphorsäure nach dem Neutralisiren mit Alkalien, wobei aber noch zu bemerken kommt, dass bei organischen Körpern, die ohnediess selten eine höhere Temperatur ohne Zersetzung vertragen, das Wasser aus seinen Bestandtheilen auf Kosten der organischen Substanz auch neu gebildet werden können. Die quantitative Bestimmung des Wassers geschieht gewöhnlich durch den Gewichtsverlust der feuchtgewogenen und nach dem vollständigen Austrocknen wieder gewogenen Substanz. Als Trockenmittel können folgende aufgeführt werden: 1) das sogenannte Wasserbad, eine Schale aus Kupfer, in welcher Wasser zum Sieden erhitzt wird, während in einer zweiten aufgesetzten Schale, die zu trocknende Substanz der Erwärmung durch die Wasserdämpfe ausgesetzt ist. Die Temperatur freisiedenden Wassers kann bekanntlich 100° nicht über-

*[Marginalie:]* Nachweisung und Bestimmung des Wassers.

*[Marginalie:]* Wasserbad.

Kochsalz - Chlor-
calcium-Oehlbad.

steigen, wesshalb sich dieser Apparat vorzüglich für leicht zer-
setzliche Körper eignet, die keine höhere Temperatur vertragen;
bringt man in der Kupferschale nicht reines Wasser, sondern
eine gesättigte Kochsalzlösung oder Chlorkalciumlösung, oder
endlich gar Oehl zum Sieden, so entsteht das Kochsalz, Chlor-
kalcium- oder Oehlbad und die Temperatur steigt auf 115, 120
und selbst 150°, und das Trockengeschäft geht, wenn diess anders die Natur der Stoffe ohne Zersetzung gestattet, weit rascher

Luftpumpe als
Trocken-Mittel.

und günstiger von Statten. 2) Ist selbst die Temperatur des
reinen siedenden Wassers, dem zu trocknenden Stoffe unver-
träglich, so bleibt kein anderer Weg, als ihn unter dem Reci-
pienten der Luftpumpe anhaltend neben einem Schälchen mit
Schwefelsäure oder Chlorkalcium, oder gebrannten Kalke, je nach
Umständen lange in stark verdünnter Luft zu behandeln, wobei
das verdunstende Wasser, theils durch den Kolbenhub der Pumpe
weggeschafft, theils durch die wasseranziehenden Agenzien ab-

Luftbad und
Luftwasserbad

sorbirt wird. 3) Das Luftbad und Luftwasserbad, wo der Körper
erwärmter Luft ausgesetzt wird, deren Erwärmung entweder
durch eine direkte Wärmequelle, oder indirekt durch die in
einem den Luftraum umgebenden Mantel siedenden Flüssigkeiten
wie früher erfolgt, und dann in entsprechender Weise gesteigert

Exhibeator.

und regulirt werden kann. 4) Der Liebig'sche Trockenapparat,
bei welchem sich die zu trocknende Substanz in einer Kugel-
röhre befindet, die mit ihrem Bauche in ein Wasser-, Salz- oder
Oehlbad untertaucht, und durch welche über die zu trocknende
erwärmte Substanz entweder periodisch mit Hilfe der Luftpumpe
oder stetig mit Hilfe des Aspirators ein Strom früher durch
Aetzkali, Chlorkalcium oder Nordhäuseröhl getrockneter Luft

Die entwässern-
de Rectification.

hindurchstreicht. 5) Im Falle ein flüchtiger Körper zu trocknen
wäre, bei welchem seiner Flüchtigkeit wegen alle früher angegebenen Mittel unanwendbar erscheinen, gibt es keine andere
Methode seiner Trocknung als die nöthigenfalls wiederholte Rectification desselben über zwar chemisch indifferente, aber kräftig
wasseranziehende Substanzen, unter welchen vorzüglich calcinir-
ter weisser Kupfervitriol und geschmolzenes Chlorkalcium zu
nennen sind. Es ist selbstverständlich, dass bei rein feuerfesten
Körpern die Bestimmung des Wassers ohne alle derartige Vorsicht durch einen einfachen Glühversuch oder durch Rösten oder
Calciniren der gewogenen Masse vorgenommen werden könne.

In allen den genannten Fällen sind mehrere von Zeit zu Zeit
erfolgende Wägungen vorzunehmen, und erst wenn die beiden
letzten mindestens durch den Zeitraum einer Stunde getrennten
Wägungen vollkommen oder doch möglichst nahe bis in die
dritte Dezimale übereinstimmen, ist das Trockengeschäft für be-
endigt zu erklären und die Differenz zwischen der ersten und
letzten Wägung, oder der Gewichtsverlust der getrockneten
Masse als Wassergehalt in Rechnung zu bringen, wobei freilich
vorausgesetzt wird, was vielleicht nicht in allen Fällen erweis-
lich sein dürfte, dass bei dem ganzen Trockenvorgange absolut
nichts anderes als Wasser entwich.

Das Wasser zählt auf der Erde zu den verbreitetsten che- *Verbreitung des Wassers.*
mischen Verbindungen; es hat sich wie die Geologie der sedi-
mentär Gesteine und neptunischen Formationen unwiderleglich
beweist, seit der Urzeit der Geogonie in der es als heisses Ur-
meer aus der übersättigten Uratmosphäre auf die glühende Oberfläche des leblosen Erdballs niederthaute, bis in die jüngste Zeit
der Alluvial- und Diluvialformation oder des auf- und ange-
schwemmten Landes vielleicht mächtiger als irgend ein anderer
Körper an der Bildung der Erdoberfläche, an der Verwitterung
und Umwandlung der Urgesteine, an der Befruchtung der belebten Erdscholle und an den Geburtswehen der organischen Schöpfung betheiligt; es hat gewiss zuerst in Wechselwirkung mit
der Atmosphäre das organische Leben gezeugt, und die ersten
Keime von Pflanze und Thier in seinem Schoose getragen, so
wie es die kleinsten Formen des Lebens und die kolossalsten
Ungeheuer der Urwelt in seiner riesigen Saurierfamilie ausbrü-
tete, zu einer Zeit, als kaum noch ein Gipfel der derzeitigen
Gebirge über die öde Wasserwüste emporsah, und Luft und Land
noch keine Bewohner kannten. Noch heutzutage lehrt uns die
Hydrographie des Erdballs, Bedingungen der Fruchtbarkeit und
des Klimas ganzer Gegenden aus der Vertheilung des Wassers
auf der Erdoberfläche erklären und deuten, von welchen wieder
ihrerseits der unaufhaltsame Schritt des Handels, der Bildung
und der gesammten Civilisation abhängig ist. Merkwürdig ist die
Thatsache, dass das Wasser das als grosser vielfach zerrissener
ozeanischer Gürtel an vier Fünftheile der Erdoberfläche bedeckt,
ebenfalls im Mittel vier Fünftheile aller organischen Körper aus-
mache, und dass überhaupt kein organischer Körper, nicht bloss

die wasserreichen ernährenden Säfte der Pflanze und des Thieres, sondern auch die starren Gewebe wie z. B. der Muskel der die Befehle unseres Willens ausführt, und das Gehirn das sie gibt, ohne einen 80% Wassergehalt gar nicht zu existiren vermögen. Wie wichtig das Wasser in quantitativer Beziehung die Statik des Lebens beherrscht, sehen wir ebenso schlagend bewiesen durch die Untersuchungen der Agrikulturchemie und Pflanzenphysiologie, als durch die modernen zoochemischen Resultate, denen zufolge ein vermehrter oder verminderter Wassergehalt in Gehirn, Blut und Knochen mit den auffallendsten Funktionsstörungen und gewaltigsten Krankheitsprozessen zusammenfällt und parallel geht.

Das biochemische Vorkommen der Halogene.

Unter den Halogenen der anorganischen Chemie: Fluor, Chlor, Brom und Jod, die dem Sauerstoffe als Zünder und elektronegative Elemente zunächst stehen, und deren chemische Charakteristik darin besteht, dass sie den Wasserstoff säuern und mit Metallen auf binärer Stufe der Vereinigung salzähnliche, bald mehr saure, bald mehr basische Verbindungen, die Haloide, bilden, gebührt nur dem Fluor und Chlor eine zweifellose und allgemeine biochemische Bedeutung, während dem Jod und Brom eine weit beschränktere, vielleicht nur zufällige Rolle zugewiesen ist.

Vorkommen, Eigenschaften Nachweisung und Bedeutung des Fluors, oder Phthors. F. oder Fl 18, 33 oder 235, 43.

Das Fluor, der dem Sauerstoff verwandteste Körper, von dem vielleicht desshalb noch nicht einmal ein Oxyd bekannt wurde, ist im freien Zustande noch sehr wenig erforscht, von Knox in flussspathenen Gefässen zuerst rein entwickelt, und stellt ein farbloses, wahrscheinlich kompressibles äusserst affines und korrosives Gas dar, das nirgends weder in der organischen noch anorganischen Natur frei vorkömmt; es greift mit Ausnahme des Fluorkalciums, des Flussspathes, ferner des Demants und vielleicht des vulkanisirten Kautschuks und Collodiums, im freien Zustande alle Stoffe nicht nur Glas- und Porzellangeräthe die auch die Flusssäure anätzt, sondern auch Blei, Gold und Platin, welche die Flusssäure verschont, auf das heftigste an, indem es sich mit aller Kraft wieder mit einem Elemente zu vereinigen und eine chemische Verbindung einzugehen sucht, und ist daher begreiflicher Weise im höchsten Grade irrespirabel und giftig; während es in der anorganischen Natur wiewohl nicht in grosser Mächtigkeit an mehrfache Basen gebunden vorkömmt, wie z. B. im Topas als Fluoraluminium, findet es sich in der organischen Welt nur an zwei Elemente, an Wasserstoff und Calcium gebunden vor. Seine Ausmittlung gelingt leicht auf folgende doppelt zu unterscheidende Weise: 1) In der zu prüfen-den Masse sind anerkannter, oder voraussichtlichermassen keine Silicate enthalten; die fragliche organische Substanz, wird wenn sie fest ist direkt in einem Platintiegelchen unter Zusatz von etwas Aetzkalk oder Aetzkali eingeäschert, und die Asche in demselben Tiegel nach dem Erkalten mit koncentrirter Schwe-felsäure zu einem Brei zerrührt, mit einem reinen Glasplättchen überdeckt, dass auf der der Tiegelhöhle zugekehrten Seite mit Wachs überzogen ist, und in das man mit einem Griffel einige willkührliche Charaktere derart eingeritzt hat, dass diese Züge ihre vom Wachsüberzuge befreite Glasfläche den Dämpfen des Tiegelinhaltes zukehren. So bleibt das Tiegelchen mehrstündig an einem warmen Orte stehen; schliesslich kann man dasselbe noch sehr gelinde direkt erwärmen, wobei man aber die Vor-sicht gebrauchen muss, das Plättchen auf seiner freien oberen Glasfläche mit aufgelegten in kaltes Wasser getauchten Papier- oder Baumwollbäuschchen zu kühlen, damit der innere Wachs-überzug nicht schmelze und zerrinne; entfernt man denselben hierauf, so finden sich im Falle Fluor zugegen war, die gewähl-ten Charaktere matt und bleibend in die Oberfläche des Glases eingeätzt. Hatte man eine organische Flüssigkeit vor sich, so ist dieselbe mit Ammoniak im Ueberschusse und mit Chlorkal-cium zu sättigen, der dabei entstehende Niederschlag nach eini-ger Zeit zu sammeln, zu glühen und wie oben weiter zu be-handeln. 2) In der organischen Masse ist die Gegenwart von Kieselerde entweder direkt nachgewiesen oder doch wahrschein-lich; in diesem Falle wird die organische Masse mit etwas Aetz-kali versetzt, unter Zusatz eines Ueberschusses reiner Kieselerde oder Silicina im Sandbade zur Trockne verdunstet und einge-äschert. Die Asche wird in ein Glaskölbchen gegeben, mit koncen-trirter englischer Schwefelsäure übergossen und im Sandbade er-hitzt; die entweichenden Dämpfe werden durch ein früher gut getrocknetes, rechtwinklig gebogenes Glasrohr, das in einem Cylinderchen ganz unten am Boden in einer Sperrschichte von Quecksilber untertaucht, in eine schmale aber mässig hohe Säule von destillirtem Wasser eingeleitet; unter diesen Umständen ent-

Fluorprobe der Glas-Aetzung.

Fluorprobe durch Kiesel-flusssäure.

wickelt sich alles Fluor, als Fluorkieselgas oder Fluorsilicium Si F 2, das bei seinem Austritt über die Quecksilbersperrschichte ins Wasser der Vorlage unter häufig röhrenförmiger Abscheidung gelatinöser Kieselsäure sich in die lösliche Kieselflusssäure umwandelt: $2 \text{ Si F} 2 + 2 \text{ HO} = \text{Si O}_2, \text{ Si F}_2. 2 \text{ F H};$ schon die in kleinster Menge bemerkbare Abscheidung der Kieselgallerte, die ohne Vermittlung des Fluors unter den obwaltenden Umständen gar nicht erscheinen könnte, dient als sicherer Nachweis des Fluors, der aber auch noch auf nachstehende Weise vervollständigt werden kann. Man filtrirt das Absorptionswasser der Vorlage; das klare Filtrat wird in drei Theile getheilt; der eine Theil fällt Kalilösung nach einiger Zeit in Form einer schwachen weisslichen Trübung; der zweite Theil fällt aus Barytsalzen allmählig krystallinisches Kieselfluorbaryum; der dritte Theil aber gibt die ausgezeichnetste Reaktion deren Schärfe und charakteristische Empfindlichkeit ich hiemit empfehle: Man versetzt denselben mit salpeters. Silberoxyd und klärt die dabei entstehende Trübung von Kieselfluorsilber durch ein paar Tropfen Ammoniak; die völlig klare tropfbare Flüssigkeit wird zusebends nach wenig Sekunden trübe und erstarrt zu einer opalähnlichen dicklichen Gallerte, die sich in Salpetersäure klar auflöst. Der Umstand, dass fast meistens neben Fluorverbindungen auch Kieselerde u. z. im ebenso reichlichen oder noch grösserem Masse in den organischen Körpern zusammen vorkömmt, erklärt durch die dabei in der gewöhnlichen ersten Fluorprobe unvermeidliche Bildung von Fluorsilicium, das Glas nicht mehr ätzt, das negative Resultat derartiger Proben und das bisher angenommene vereinzelte und beschränkte Vorkommen des Fluors, dem ich auf Grundlage meiner zweiten Nachweisungsmethode ohne Bedenken eine weit grössere Verbreitung und Bedeutung im organischen Reiche zu vindiciren genöthiget bin.

Flusssäure F H 19, 83 oder 247, 93, ihr angebliches Vorkommen im Magensafte und ihre Eigenschaften.

Die Flusssäure oder Fluorwasserstoffsäure F H wird erhalten, indem man entwässerten Flussspath oder Fluorkalcium mit koncentrirter englischer Schwefelsäure aus bleiernen oder platinenen Retorten bei mässiger Erhitzung in gutgekühlte Blei- oder Platinvorlagen destillirt, wobei Gyps als Retortenrückstand zurückbleibt. Die verdichtete koncentrirte flüssige Flusssäure ätzt das Glas glänzend, während die gasförmige es matt ätzt, löst alle Silicate unter Entwicklung von Kieselflussgas auf, sättigt sich damit zur Kieselflusssäure, die Glas nicht weiter angreift und verbindet sich auch mit allen Oxyden und Metallen, Gold, Platin und Blei im regulinischen Zustande ausgenommen, zu Fluoriden oder Fluormetallen. Auf der Haut erzeugt sie zuerst einen weissen Fleck, der sodann zur Brandblase aufschwillt und eine lange eiternde schwer heilende Pustel zurücklässt, auf die Respirationsorgane und Augen wirkt sie höchst verderblich und ist überhaupt im höchsten Grade ätzend und giftig. So unwahrscheinlich diese Eigenschaften ihr Vorkommen im freien Zustande in lebenden Organismen auch machen, so ist sie dennoch im Magensafte, namentlich der körnerfressenden Vögel, vielleicht auch der Säugethiere und des Menschen solange ein praktisches Postulat, als man gewisse hierher bezügliche Umstände auf andere Weise erklärt, oder ihr Vorkommen im verdünnten freien Zustande darinnen, was allerdings schwer halten dürfte, bestimmt nachgewiesen hätte. In einigen Alpengegenden soll bei solennen Dorfhochzeiten und Gelagen der Gebrauch herrschen, dass gewisse Leute das Glas, aus welchem sie den Hochzeitern oder Festgebern feierlich zutranken, an einer Stelle des Randes mit den Zähnen zerknirschen, und ein Segment oder Bruchstück dieses Glases verschlingen. Bei später zufällig erfolgten Sektionen solcher Individuen will man ausser einer vielfach vernarbten Speiseröhre durchaus nichts abnormes im Verdauungskanal gefunden haben; man gibt aber zugleich an, dass derartige Leute das verschluckte, scharfkantige, schneidende Glasstück nach einem oder zwei Tagen beim Stuhlgange in abgerundeter an den Kanten gleichsam aufgelöster und geglätteter Form wieder von sich geben. Gehört auch diese Erzählung, wie etwa die von der Verdauung der Kieselsteine des Vogel Strauss zu den albernen Märchen, oder liesse sich das Körnchen Wahrheit in ihr vielleicht bloss durch die abschleifende Mechanik der peristaltischen Magen- und Gedärmbewegungen erklären, wie denn auch viele Vögel blos zur besseren Unterstützung dieses mechanischen Momentes der Verdauung kleine Quarzstückchen und Kieselsteine zu verschlingen Begierde tragen sollen, so liegt doch noch ein ganz anderer Versuch vor, der die Gegenwart der Flusssäure im Magensafte der Vögel wahrscheinlich macht. Man hatte nämlich in poröse durchlöcherte Holzbüchsen eingeschlossene Quarz- und Achatsteine in den Magen wälscher Hühner gebracht,

Ueber die Kieselstein - verdauenden Vogelmägen.

die einige Tage nach diesem sonderbaren Schlingakte getödtet wurden. Nach dem Oeffnen der in den Magen vorfindigen unversehrten Holzbüchsen sollen diese früher gewogenen kieseligen Mineralien, die vor der peristaltischen abschleifenden Mechanik des muskulösen Vogelmagens durch die Holzhülle völlig geschützt waren, wie chemisch angegriffen ausgesehen und in ganz auffallender Weise am Gewichte eingebüsst haben. Bestättigt sich aber sogar in der Folge diese bisher vereinzelte Wahrnehmung Brugnatellis, so wäre doch vielleicht noch immer nicht die Annahme freier Flusssäure unerlässlich, da mich direkte Versuche überzeugten, dass zwar nicht fossiles aber auf nassem Wege durch Fällung frisch bereitetes Fluorkalcium mit Milchsäure befeuchtet einen in den sauern Brei eingebetteten Bergkrystall merklich anfrisst und an Gewicht verlieren macht, ohne dass bei der Destillation von Milchsäure mit Fluorkalcium für sich im Platintiegel die geringste Menge von Flusssäure oder die geringste Spur von Glasätzung durch die Dämpfe erhalten werden konnte, wohl aber war nach längerem Kochen von Milchsäure mit frisch gefälltem Fluorkalcium und Kieselsäure, deutlich die Bildung von Kieselfluorwasserstoffsäure bemerkbar; es scheint also diese Thatsache ohne die absolute Annahme freier Flusssäure durch einen Akt prädisponirender Verwandtschaft erklärlich zu werden.

Fluorkalcium Flussspath, flusssaurer Kalk F Ca 38, 83 oder 485, 43, seine Eigenschaften und sein Vorkommen.

Die wichtigste und verbreitetste Verbindung des Fluors, sowohl im Mineral- als organischen Reiche, ist der Flussspath oder das Fluorkalcium, natürlich und fossil theils derb in grossen Massen als Flussmittel der Hochofenprozesse vorkommend, woher sein Name, theils in oft sehr schön gefärbten violetten, grünen und gelben regulären Krystallen Hexaëdern, Oktaëdern und Kombinationen Beider, am schönsten in Cornwallis zu finden, wo er sodann als Dosen- und Halbedelstein zu Vasen und Tischplatten verarbeitet wird. Er repräsentirt den fünften Härtegrad der Mohs'schen Skala, gehört unter die Lichtsauger und phosphorescirt beim Zerschlagen und beim gelinden Erwärmen; seine Krystalle sind höchst empfindlich gegen Wärme, dekrepitiren oder zersplittern unter Knistergeräusch, wenn sie erwärmt oder durch eine Flamme hindurchgeführt werden; er ist durch Schwefelsäure leicht und vollständig zerlegbar, aber auf trocknem Wege durch Glühen mit Basen und Alkalien schwer oder

gar nicht aufschliessbar; chemisch dargestellt wird er durch
Fällung der Flusssäure oder eines löslichen Fluorides, durch
Chlorkalcium und Ammoniak, Waschen, Trocknen und Glühen
des Niederschlages. Wegen der grossen Verwandtschaft des
Fluors zum Calcium-Elemente, und wegen der Allgegenwart des Kalks in der organischen Natur wird mit gutem Grunde
angenommen, dass das gebundene Fluor organischer Massen,
überall wo es gefunden wird an Kalcium gebunden als Flussspath zugegen sei, obwohl der direkte Nachweis aus leicht be-
greiflichen Gründen annoch fehlt. Unter dieser Voraussetzung
ist das Fluorkalcium ein wesentlicher Bestandtheil des Zahnschmelzes, findet sich auch in der Glastafel der Schädelknochen
im geringeren Grade bis zu 1% selbst in den gewöhnlichen Röh-
renknochen, in den Haaren, im Magensafte und selbstverständlich auch, wenn auch in sehr kleiner Menge im Blute und Harne
d. h. in der Flüssigkeit der allgemeinen Ernährung und Ausscheidung, im Strome des Imports und Exports der organischen Chemie. In den fossilen Knochen kommt es oft in erstaunlich grösserer Menge vor, entweder weil die Urwelt mit
ihren für weit energischere Verhältnisse gebauten Organismen Fluor-Gehalt<br>fossiler Knochen.
überhaupt fluorreicher war, oder blos scheinbar, weil die fossilen
Knochen der Metabolie fluorreicher Gesteinschichten und dem
Saigerprozesse fluorreicher Wasser wie einem Infiltrationsprozesse
durch Jahrtausende unterworfen waren. Die Thierwelt bezieht
ihr Fluor wie wohl alle Elemente ihrer Nahrung in letzter Instanz von der Pflanze, die es dem Boden durch einen bisher
noch unbekannten Lösungsprozess entzieht. In dieser Beziehung
verdient der Apatit volle Aufmerksamkeit, ein ziemlich verbrei-
tetes unter den verschiedensten Bodenverhältnissen vorkommen-
des Mineral, das aus phosphors. Kalke und Fluorkalcium besteht, und Struktur und Formverhältnisse abgerechnet mit den
fossilen Knochen fast chemische Einerleiheit besitzt. Die Lösung
dieses Minerales durch die Kohlensäure des Tagwassers und
die Säuren der Humusgruppen dürfte die muthmassliche Quelle
sein, aus welcher die Pflanzenwelt des Kulturlandes mit ihren
Saugwurzeln den nöthigen Fluorgehalt schöpft. Direkte Versuche
haben mich gelehrt, dass die Asche der Sämereien und Halme,
namentlich kieselreicher Pflanzen deutlich nachweisbare Mengen
von Fluorkalcium enthalte, die nur häufig bisher aus früher

angeführten Gründen bei der gewöhnlichen Fluorprobe durch Glasätzung übersehen worden waren. Wenn man bedenkt, dass das Fluorkalcium ein bisher auch bei der fachwissenschaftlichen Mineraldüngungstheorie ganz übersehenes und vernachlässigtes Contingent eines zum organischen Leben unentbehrlichen Skelettsalzes darstellt, wenn man ferner erwägt, dass die tausendjährige Produktion einer Bodenfläche endlich den Grund auch an diesem Körper verarmen machen muss, wenn nicht zufällig ohne Wissen und Willen der Bodenproduktion, wie es vielleicht kaum oder doch nicht überall geschehen sein dürfte, die empirische Düngung den Ausfall deckt und ersetzt, so ist vielleicht die Vermuthung nicht zu gewagt, das immer verheerendere Auftreten der Verderbniss der Zähne von einer Verarmung gewisser Bodenstriche an Fluor und einer vielleicht ziemlich allgemeinen Fluorarmuth unserer Nahrung abzuleiten. Das Fluorkalcium des Zahnschmelzes erregt aber noch in einer andern Weise unsere volle Aufmerksamkeit, dadurch nemlich, dass es gewiss seine am fossilen Flussspathe beobachtete Wärmeempfindlichkeit mit in das organische Reich und in den Zahnschmelz hinüber nimmt, der wie eine glasirte Emailrinde das poröse Zahnbein, Alviolargefäss und Nerven führende Knochengerüste des Zahnes nach Aussen schützt und überzieht; man begreift daraus, dass Temperatursprünge, namentlich hohe Hitzegrade noch weit verderblichere Schädlichkeiten für die Zähne abgeben müssen, als alle gerügten chemischen Uebelstände, da durch dieselben kleine Einrisse und Sprünge in dem Zahnschmelze entstehen müssen, die das weiche Zahnbein bloslegen, den Speichelsalzen und dem Alimentärdetritus beim Kauen eben so viele Angriffspunkte bieten und dadurch die unaufhaltsame Caries und Verderbtheit der Zähne einleiten.

*Möglіche Fluorverarmung des Bodens, seine Folge.*

*Das Chlor und seine Verbindungen, ihr Vorkommen, ihr Nachweis und ihre biochemische Rolle. Cl oder Chl 35, 46 oder 443, 28.*

Das Chlor das im freien Zustande ein erstickend riechendes, im höchsten Grade irrespirables, gelblichgrünes Gas darstellt, das bei stärkern Druck und grösserer Abkühlung kompressibel ist, vom kalten Wasser kräftig absorbirt wird, und in der Kälte selbst ein kristallisirbares Chlorhydrat darstellt, kommt nirgends frei in der Natur vor, wohl aber im gebundenen Zustande, in einer sehr namhaften Verbreitung. Das freie Chlor bleicht und zerstört die Pflanzenfarben, wirkt meist auch heftig zersetzend auf Protëinstoffe und auf die flüchtigen Wasserstoffverbindungen aller Art, wesshalb es als sogenannte Chlorräucherungen zur

Desinfektion im weitesten Sinne des Wortes, zu Zerstörung der Miasmen und Contagien und somit auch zur Luftreinigung in Krankensälen verwendet wird. Seine hohe Irrespirabilität und sein höchst schädlicher Einfluss namentlich auf bereits leidende Respirationsorgane, der sich leicht zu heftigen Bronchialkatarrhen, ja selbst zu pneumonischen Erscheinungen und Bluthusten steigert, untersagen aber dem rationellen Arzte immer mehr und mehr seine hospitale Anwendung, die längst durch die Salpeterräucherung der englischen Marine verdrängt und ersetzt zu sein verdiente; bei derselben entwickelt sich aus einem in flachen Schalen aufgestellten Gemenge von grobgepulvertem Salpeter und koncentrirter roher Schwefelsäure sehr allmählig und andauernd Salpetersäurehydrat in weissen Nebeln, die rasch durch Diffusion den ganzen Luftraum mit einem äusserst feinen säuerlichen Dunste erfüllen, der bis zu einem gewissen Grade der nie überschritten zu werden braucht, selbst von der kranken Lunge ohne Hustenreiz vertragen wird, und die Miasmen und Contagien eben so sicher oxydirt, verwest und zerstört, als das Chlor im feuchten Zustande, in welchem Letzteres einzig und allein zweckentsprechend zu wirken vermag, da es sich mit dem Wasserstoff des Wassers zu Salzsäure verbindet und Sauerstoff frei macht, der, sei es durch den Entbindungszustand, in dem er sich befindet, oder durch seine ozonisirte Natur, alles Organische, namentlich die wasserstoffreichen Pigmente und Produkte der Fäulniss verwest und verbrennt. Da begreiflicher Weise in das alkalische Blut die genossenen freien Mineralsäuren nicht als solche einzutreten vermögen, ohne sogleich zu Neutralsalzen mit den Basen des Organismus gesättigt zu werden, da sie sonst das Blut koaguliren und dadurch tödten müssten, so kann selbstverständlich die Hauptwirkung der Mineralsäuren im Allgemeinen nicht wie man sich lange Zeit schmeichelte in einer vermehrten Oxydation, sondern einzig und allein in einer schliesslichen Verarmung des Organismus an Alkalien bestehen, ein therapeutisches Moment das äusserst gewichtig in die Wagschale fällt, aber doch eben nicht das leistet, was man von der Säurentherapie zu erwarten sich für berechtigt hielt. Gerade das freie Chlor vermöchte die therapeutische Indikation einer im Blute gesteigerten Oxydation am Leichtesten zu erfüllen, wenn nicht seine Irrespirabilität im Wege stände, und selbst das

schrumpfend schmeckende Chlorwasser wegen der leichten Vergasung nur ungern und wenig vertragen würde. Zum Glücke besitzen wir aber vom Chlor eine Säure, die sogenannte Unter-
chlorige- oder Bleichsäure Cl O, die nur in an Alkalien und
Irdalkalien gebundenem Zustande als Hypochlorit oder Bleich-
salz oder Javelle'sche Lauge einigen Bestand hat. Es ist diess
die einzige Säure der Metalloide, die selbst in alkalischer Lösung oxydirend wirkt, die somit wenigstens apriorisch ins alkalische Blut übertreten könnte, um dort in dem Herde und
Brennpunkte des Lebens seine oxydirende Wirkung spielen und
entfalten zu lassen. Da noch überdiess die verdünnten Lösungen
der Bleichsalze ohne besondere Beschwerde vertragen werden,
so ist der gänzliche Mangel aller und jeder strengwissenschaft-
lichen klinischen Prüfung dieser Salze eine ebenso unerklärliche
als betrübende Thatsache. Die Wirkung dieser Salze vom chemischen Standpunkte ist durch folgendes einfache Schema entwickelt: Cl O . Na O = Cl Na, 2 O; die Darreichung dieses
Salzes ist somit identisch mit einer Gabe von Kochsalz und
einer Einführung von zwei Atomen Sauerstoff im kräftigsten
Entbindungsmomente.

Die S a l z s ä u r e oder Chlorwasserstoffsäure aus verknistertem
Kochsalze und Schwefelsäurehydrat entwickelt, bildet an feuch-
ter Luft stark nebelnde Dämpfe, die bei Gegenwart von Ammoniak dicken, schweren, weissen Rauch erzeugen, und die sich
mit grosser Begierde im Wasser auflösen, welches beinahe sein
140faches Volumen dieses Gases aufzunehmen und damit die
sogenannte rauchende Salzsäure darzustellen vermag. Die freie
Salzsäure die sich in manchen Dämpfen in der Natur vorfindet,
z. B. in dem Kraterrauche der Vulkane, in der dem Meere zunächst liegenden Luftschicht in tropischen Zonen, wobei sie aus
dem Chlormagnesium abdünstet, löst die Metalle bis inclusive
Zinn unter Wasserstoffentwicklung zu Chlorüren, vereinigt sich
mit allen Oxyden unter Abscheidung von Wasser zu den entsprechenden Chloriden, von denen nur drei, die des Silbers,
Quecksilberoxyduls und Bleies un- oder schwerlöslich, viele sogar zerfliesslich und in Alkohol und Aether auflöslich sind, und
entzieht endlich, sobald es die Umstände erlauben, den organischen Körpern Wasser und Ammoniak, deren Neubildung aus
der Formel der Substanz sie veranlasst, und verwandelt sie

dadurch in mulmähnliche, modrige, braune Substanzen, so dass eine derartige braune Schorfbildung in der Leiche als Fingerzeig und toxikologischer Wink einer stattgehabten Salzsäurevergiftung betrachtet wird. In verdünntem Zustande wirkt die Salzsäure nicht giftig, wird in der modernen kalten Fleischsuppe für Rekonvalescenten als Lösungsmittel des klein gehackten rohen Fleisches angewandt, unterstützt auf alle Fälle die Verdauung mächtig, und würde bei Digestionsstörungen aus Dispepsien gewiss weit besser und kräftiger wirken als das eckelhafte Gebräude aus Kälbermagenschleim, das sogenannte Pepsin, da es dem Versuche gemäss in keinerlei noch so dispeptischen Magen an sogenanntem Pepsin oder Chymosin, wohl aber sehr oft an Die Salzsäure<br>als Antidyspep-<br>ticum.
saurer Reaktion gebricht. Der wiederholt von mir untersuchte Vomitus dispeptischer Personen verdaute, wenn er sauer reagirte so gut wie eine Schwann'sche künstliche Verdauungsflüssigkeit die gewogenen weissen Würfel hart geronnenen Hühnereiweisses; war er aber wie es häufig vorkam neutral oder alkalisch, so war seine verdauende Kraft entweder sehr geschwächt oder gar nicht bemerkbar, erschien aber beim schwachen Ansäuern mit Salzsäure in voller Blüthe. Die sogenannte Dispepsie ist daher entweder eine wirklich chemische Störung der Verdauung, die vielleicht einzig und allein durch das Fehlen freier Säuren im Magensafte bedingt ist, oder sie ist eine mechanische physikalische Anomalie, die sich entweder in Vomiturition oder in fehlender Resorption ausspricht. Man gibt an, dass freie Salzsäure stets im gesunden Magensafte vorkomme, allein so möglich das chemischerseits für das räumlich beschränkte Schleimsekret der Krypten wäre, so ist es doch durch keine einzige zweifellose Thatsache begründet; man hat allerdings in dem vorsichtigen Destillate des Magensaftes für sich allein Salzsäure nachgewiesen, aber immer erst bei einer gewissen Concentration und gegen Ende des Versuches, wo die zweifellos im Magensafte enthaltene Paramilchsäure als eine fixe unzerlegt nicht flüchtige Säure sogar die parzielle Zersetzung des Chlornatriums, geschweige denn die des etwa vorhandenen leicht zersetzlichen Chlormagnesiums zu leisten vermöchte, da es ein stehender chemischer Grundsatz ist, dass flüchtige Verbindungen wie die Salzsäure überall da wo überhaupt nur die Möglichkeit ihrer Bildung gegeben ist, selbst dann entstehen und frei werden, wenn es den gewöhn-

lichen Verwandtschaftsgraden und Affinitätsbeziehungen direkt
widerspräche.

**Die Chloride.** Zu den Chloriden die im organischen Reiche vorkommen
zählt man das Kochsalz, das Digestivsalz und in weit geringerem Grade vielleicht sogar problematisch das Chlormagnesium
und das Chlorkalcium. Der allgemeine Nachweis der Chloride
**Ihr Nachweis.** besteht darin, dass man die Flüssigkeit oder den festen Körper
mit sehr verdünnter Salpetersäure versetzt, nachdem man ihn im
letztern Falle mit destillirtem Wasser ausgekocht oder etwa auch
im erstern Falle durch Kochen von Eiweiss befreit hat. Die
letzten salpeters. Filtrate werden mit salpeters. Silberoxyde versetzt, wobei sich weisse käsige Flocken von Chlorsilber abscheiden; fährt man mit diesem Versetzen fort, so lange noch überhaupt eine Fällung oder Trübung der Flüssigkeit bemerkbar
ist, sammelt die gefallenen Flocken, wäscht sie aus, trocknet
und schmilzt sie, so kann man aus der gewogenen geschmolze-
nen Masse des Chlorsilbers mit hinreichendem Grade von Genauigkeit die Menge der enthaltenen Chloride bestimmen: 143,46
Theile Chlorsilber entsprechen 35,46 Theilen Chlor; multiplicirt
man daher die Menge des gewogenen und gefundenen Chlorsilbers mit dem Decimalbruche 0,247, so erhält man die Menge
des enthaltenen Chlors. Mischt man ein Chlorid oder eine mässig durch Abdampfen koncentrirte Lösung desselben, die aber
von organischen Substanzen frei und somit aus der Asche der
Substanz bereitet sein muss mit etwas Braunstein und Schwefelsäure, so wird elementäres Chlor frei, das man an Farbe, Geruch und Bleichung eines darüber gehaltenen Probepapierstreif-
chens erkennen mag. Die quantitative Bestimmung des Chlors
auf dem Wege der Einäscherung in der verdünnt salpeters.
Lösung der Asche auszuführen ist obiger direkter Bestimmung
gegenüber in keinem Falle räthlich, weil die zum Einäschern
der organischen Masse, namentlich aber zum Kalciniren der
hartnäckigen Kohle mit oder ohne Anwendung der Salpetersäure
nöthige Temperaturerhöhung während der Verkohlung, die
selbstverständlich von Reduktionsprozessen begleitet ist, sehr oft
eine merkliche Verflüchtigung der sogenannten feuerfesten Alkalisalze, jedenfalls aber eine Entstellung des Bildes der analytischen Zusammensetzung der Asche zur unvermeidlichen Folge
hat. Das Kochsalz und Digestivsalz haben eine in Bezug auf

ihre Basen abweichende Biosemiotik, deren Unterscheidungsmoment für sämmtliche Alkalisalze gleich hier ein für allemale besprochen werden soll. So ähnlich sich die beiden Salzreihen von Kali und Natron in chemisch-physikalischer Hinsicht in Bezug auf Löslichkeit und Endosmose verhalten, so sind sie doch durch die noch unbegreifliche Energie des Stoffwechsels im Thierleibe mit auffallender Schärfe derart geschieden, dass in den Blutkörperchen, den Muskeln, überhaupt den festen organisirten Geweben, in der Milch, im Gehirn die Kalisalze, und im Blutliquor, aber überhaupt in vielen Säften des Körpers, insbesondere in Galle und Harn die Natronsalze prävaliren, die bisher noch nirgends in festen Geweben als integrirende Aschen- und Skelettsalze aufgefunden wurden, als in dem wahren Knorpelgewebe, bei dessen Einäscherung sie stets oft als fast einziges Aschensalz zurückbleiben. *Distinktion der Basen in den Chloriden.*

Das Kali kann in organischen Massen nur nach dem vorsichtigen Einäschern oder Verkohlen bei möglichst niederer Temperatur mit Bestimmtheit nachgewiesen werden. Man kocht die Asche oder Kohle mit möglichst wenig destillirtem Wasser aus und filtrirt; da alle im Organismus vorkommenden Kalisalze in Wasser auch nach der erfolgten Einäscherung löslich sind, so hat man sie sämmtlich im Filtrate, und bei dieser Prozedur auf keine Weise eine Verwechslung mit den beim Glühen entwichenen in ihren Reaktionen sehr ähnlichen Ammoniaksalzen zu fürchten. Das Filtrat lässt nun entweder durch Versetzen mit überschüssiger Weinsäure nach Schütteln und Absitzen eine fein sandige weisse krystallinische, zwischen den Zähnen knirschende Fällung entstehen, oder es hinterlässt auf den Zusatz von Platinchlorid, Eindampfen zur Trockne im Wasserbade einen krystallinischen orangegelben Rückstand, der beim Versuche ihn wieder aufzulösen mittelst Alkohol und starken Spiritus, sich als unlöslich erweist, aus Platinchlorkalium besteht und nach dem Aussüssen mit Alkohol, Trocknen bei 110⁰ und Wägen auch die quantitative Analyse der Kalisalze in entsprechender Weise durchführen lässt. 100 Theile des Platinchlorkaliums entsprechen 18,758 Theilen Kalium oder 22,591 Theilen Kaliumoxydes, d. h. multiplizirt man das Gewicht des gefundenen Platindoppelsalzes mit dem Dezimalbruch 0,18758, so erhält man das Gewicht des Kaliums und mit dem Faktor 0,22591 das Gew. des Kalis. *Nachweisung des Kali.*

Namentlich in alkoholischer Lösung geben die Kalisalze eine tieforangegelbe Fällung durch Pikrinsäure, Welter'sches Bitter, eine Substanz die in neuester Zeit durch Oxydation des Steinkohlentheers mit Salpetersäure gewonnen und zum Echtgelbfärben von Seide und Schafwolle benützt wird. Die Kalisalze ertheilen der Alkoholflamme eine intensiv violette Farbe, aber nur dann, wenn sie in absoluter Reinheit zugegen sind, da wenige Prozente von Verunreinigungen anderer Basen, insbesondere aber die kleinste Menge von Natron sie vollständig hindern und stören.

Nachweis der Natronsalze.

**Die Natronsalze** werden in den kleinsten spurenweisen Mengen am sichersten neben ihrer zum Unterschiede von Kali völlig negativen Charakteristik durch die Flammenprobe nachgewiesen, da die Natron-Salze die Fähigkeit besitzen, die Alkoholflamme intensiv brandgelb, oder matt orange zu färben, welche Farbe sowohl durch ihr analytisches Spektrumbild und die Frauenhofer'schen Linien, ferner durch ihre chemische Indifferenz gegen Chlorsilber, endlich durch das eigenthümliche Colorit auffällt, welches sie dem menschlichen Gesichte verleiht, das dadurch einem fahlen Todtenantlitze ähnlich wird. Weder durch Platinchlorid noch durch Weinsäure, noch durch Pikrinsäure, noch endlich durch Kieselflusssäure entsteht in den nur mässig koncentrirten Natronlösungen eine Fällung oder Trübung; nur das antimons. Kali besitzt die Fähigkeit die Natronsalze in Form einer gelatinosen weisslichen Trübung allmählig niederzuschlagen. Es ist selbstverständlich, dass der Nachweis des Natrons wie bei den Kalisalzen qualitativ nur nach erfolgter mässiger Verkohlung und Einäscherung gelinge, während der quantitative Nachweis entweder indirekt durch blosse Berechnung oder direkt durch Eindampfen der chlorplatinhältigen Alkoholwaschflüssigkeiten der Kalibestimmung, und mässiges Glühen geschehen kann, wobei Chlor entweicht, Platin und Kochsalz zurückbleiben, Auflösen des Rückstandes im Wasser wobei sich alles Chlornatrium löst, Eindampfen der wässerigen Lösung, vollständiges Trocknen und sehr schwaches Glühen, wobei man endlich auch den Rückstand wieder mit Schwefelsäure abraucht, und das Natron lieber als fixes Glaubersalz geglüht als in Form des bloss verknisterten Kochsalzes wägt und bestimmt. Es ist auch hier gleich am Platze, die Nachweisung des

Kalks und der Magnesia aufzuführen, die sich als erdalka-
lische Basen in ähnlicher Weise an Halogene und Sauerstoffsäuren gebunden vorfinden, wie Kali und Natron, nur mit dem Unterschiede, dass ihre Trennung in Geweben und Säften minder
scharf durchgeführt erscheint; im Allgemeinen kann man behaupten, dass der Kalk an die ursprünglichen genuinen Proteinate und unter diesen vorzüglich an Albumin, Kaseïn, Legumin,
die Magnesia dagegen mehr an Syntonin und Gliadin so innig
gebunden sei, dass sie beide diese eiweissartigen Körper ohne
Anwendung chemischer Agentien in ihre Fällungen oder Coagu-
lationen hinüber begleiten. Von den Abkömmlingen des Proteins
hat das Glutin der ossificirenden Knorpel die grösste Fähigkeit
sich mit Kalksalzen zu verbinden, während die Magnesia häufiger als vorwiegendes Skelettsalz der übrigen Zellen- und Faser-
bildungen aufzutreten pflegt; ganz scharf lässt sich jedoch wie
schon gesagt diese Trennung nicht ausführen, und man wird
selten oder nie blos eines der Irdalkalien vorfinden. Sowie im
Muskelfleische und im klebereichen Getreidesamen die Magnesia
überwiegt, so überwiegt bedeutend im frischgefällten Caseïn der
süssgelabten Milch und im Knochengewebe das Kalksalz. Die
Bestimmung Beider erfolgt auf nachstehende Weise: 1) Die organische Substanz wird, wenn sie flüssig ist zur Trockne verdunstet und die getrocknete organische Masse im schiefstehenden
Tiegel bei möglichst niederer Glühhitze verkohlt und eingeäschert,
wobei man von Kalk und Magnesia keinerlei Verlust zu befürch-
ten hat. Die Asche wird in verdünnter Salzsäure aufgelöst, die
heisse Lösung filtrirt, das Filtrat mit Ammoniak übersättigt,
gleichviel ob dabei eine Trübung entsteht oder nicht, mit Essigsäure angesäuert, sollte sich dabei nicht alles lösen, wieder filtrirt,
und das nunmehrige Filtrat mit Kleesalz, klees. Ammoniak oder
Kleesäurelösung im Ueberschusse während des Erwärmens versetzt, wobei sich nach dem Abkühlen und Absitzen ein dichtes,
weisses krystallinisches Sediment von oxals. Kalk abscheidet, der
gesammelt, mit siedendem Wasser erschöpfend gewaschen, getrocknet und bei gelinder Glühhitze verglimmt wird; er verbrennt dabei unter Entwicklung von Kohlensäure zu kohlens.
Kalke; um aber sicher zu sein, dass man weder zu schwach,
noch auch zu stark und zu lange geglüht habe, wobei im ersten
Falle oxals. Kalk noch unzersetzt verbliebe, im letztern Falle

*Nachweis von Kalk und Magnesia.*

aber der kohlens. Kalk sich theilweise ätzend brennen würde, so begeht man lieber den letzteren Fehler absichtlich und wirklich und glüht stärker, verbessert aber den Fehler, indem man gegen das Ende des Glühens ein Stückchen kohlens. Ammoniaks in das Tiegelchen wirft, das Glühen mässigt und nur schwach bis zum völligen Abrauchen des Ammoniaksalzes fortsetzt; in dieser Atmosphäre von kohlens. Ammoniak kann sich der Kalk nicht ätzend brennen und er bleibt daher sicher in Form von Kreide oder kohlens. Kalk zurück. Das Schälchen wird unter dem Exsiccator über Schwefelsäure erkalten gelassen, und nach dem Erkalten gewogen; 100 Theile des kohlens. Kalkes entsprechen 128 Theilen klees. Kalkes oder 56 Theilen reinen Kalkes, d. h. mit andern Worten, man hat das gefundene Gewicht des kohlens. Kalkes nur mit dem Dezimalbruche 0,56 zu multipliciren, um das Gewicht des reinen Kalkes zu erfahren. 2) Die salzs. Lösung der Asche die man bereits mit Ammoniak alkalescirt mit Essigsäure angesäuert und mit Kleesalz ausgefällt hat, wird unter Vermeidung jedes Verlustes von dem abgeschiedenen klees. Kalke durch Filtration oder Dekanthation getrennt, und nunmehr als kalkfrei aber noch alle Magnesia enthaltend zur Trockne verdunstet und zur Verjagung des Ueberschusses der Ammoniaksalze gelinde geglüht Der Glührückstand wird in verdünnter Salzsäure gelöst, mit phosphors. Natron versetzt und mit Ammoniak bis zur Alkalescenz gemischt; es scheidet sich dabei in Folge der stürmischen Fällung eine undeutlich krystallinische unter dem Mikroskope in Sternchen, Blumenblattformen und ähnlichen Gestalten erscheinende Fällung ab, die die Zusammensetzung $c\,PO_5\,2\,Mg\,O\,NH_4\,O$ besitzt, die sogenannte phosphors. Ammonmagnesia, deren grössere, sargdeckelförmige, prismatische Krystalle, Kombinationen eines horizontalen und vertikalen Prismas, unter dem allbekannten sonderbaren Namen Tripplephosphate vorkommen; diese Fällung ist in reinem Wasser und einigen Ammoniaksalzen in kleinen Mengen löslich, in ammoniakhältigen Wasser geradezu unlöslich, und muss daher mit ammoniakalischem Wasser vollständig ausgesüsst, getrocknet und geglüht werden; beim Glühen entlässt sie Ammoniak und Wasser und verwandelt sich in das Salz der zweibasischen Reihe, in die pyrophosphors. Magnesia; nach dem Glühen wird die Masse gewogen; 100 Theile der pyrophosphors. Magnesia ent-

sprechen 35,91 Theilen reiner Magnesia, d. h. man erhält das
Gewicht der reinen Magnesia, wenn man das Gewicht der pyrophosphors. Magnesia 0,3591 oder kürzer 0,36 multiplizirt. Bei
dieser Gelegenheit wäre die Substitutionsfrage anzuregen, die
darüber aburtheilen soll, ob nicht eine gegenseitige Vertretung
chemisch verwandter Elemente, ähnlich den isomorphischen Verhältnissen des Mineralreiches, bis zum gänzlichen Verschwinden
des Einen im organischen Reiche stattfinden könne, wie Liebig's
Untersuchungen über die unveränderliche Menge Sauerstoff, der
in den verschiedensten sich vertretenden Basen enthalten, als
Gesammtsumme der salinischen Sättigung von den Säuren der
Salze in den Pflanzenaschen gefordert wird, wahrscheinlich zu
machen suchten. Allein alles was wir bestimmt über diese Verhältnisse wissen, es ist allerdings wenig und armseliges Stück-
werk, macht doch andererseits wieder eine gewisse spezifische
Bedeutung und Unersetzbarkeit einzelner basischer Elemente in
den Gewebsaschen dringend annehmbar. Es wäre diess eine
würdige Aufgabe für eine Akademie der Wissenschaften, für diesen
Areopag der Erkenntniss, eine derartige Arbeit, die Jahre aus-
füllen und die Kräfte Vieler beschäftigen würde, einzuleiten und
durchzuführen, und dadurch das eigentliche Fundament zu einer
rationellen Biochemie zu legen. Zu diesem Behufe müssten kleine
Parzellen Ackerboden aus chemisch reinen Materialien, die völlig
eisenfrei sind, um ein Beispiel anzuführen, die aber das beliebte,
verwandte Mangan in reichlicher Menge enthalten, hergestellt werden, in einer Weise, wie sie die agrikultur-chemischen Verhältnisse für das Gedeihen der Pflanzensaaten erfordern; der zur
Aussaat darinnen verwendete Pflanzensaame wäre genau auf
seinen ursprünglichen Eisengehalt quantitativ zu untersuchen,
und dann das Gedeihen der Saat zu beobachten; endlich die
etwa gelungene Ernte einzusammeln und auch in ihr wieder das
quantitative Verhältniss des Eisens festzustellen. Unter der Voraussetzung erlangter Saamenreife wäre ein Theil des Saamens
der Ernte unter gleichen Bodenverhältnissen auszusäen, so dass,
wenn anders die Natur dem Versuche sich fügt, nach der zweiten, dritten oder fünften Generation nach dem Prinzipe der Verdünnungsrechnung der ursprüngliche kleine Eisengehalt des ersten Saamens bis zum Verschwinden verringert und was der
Versuch vielleicht lehren würde, durch Mangan ersetzt erschiene.

*Theorie der orga-nischen Substi-tution der Elemente.*

Hätte man es erst nur so weit gebracht, wenn das überhaupt nur angeht, eisenfreie Vegetabilien, welcher immer Art zu produciren, so wären mit diesen aus dem Ei geschlüpfte Vögelchen oder kleinere Brutthiere zu füttern, deren Eisengehalt man analytisch bestimmt; auch hier müsste wieder, wenn anders Gesundheit und Leben des Thieres es verträgt, in der vierten bis fünften Generation dieser Versuchsthierraçe aller Eisengehalt bis auf Spuren verschwunden und etwa durch Mangan ersetzt sein. Was hier für Eisen und Mangan gesagt ist, müsste nacheinander und wiederholt für Kalk und Magnesia, für Kali und Natron in sorgfältigen Versuchsreihen experimentell durchgeführt werden; dann erst vermöchte man diese Lebensfrage der Biochemie, die organische Substitution der Elemente, den Einfluss der anorganischen Skelettsalze des Pflanzen- und Thierreiches mit wissenschaftlicher Strenge zu erledigen und für die allerdings bedeutenden Mühen, die die Kräfte eines einzelnen Forschers übersteigen, würden die ungeheuern Consequenzen entschädigen, die hieraus, sei es nun aus der bejahenden oder verneinenden Erledigung der Frage, der Agrikulturchemie, der Lehre von der Mineraldüngung, der Physiologie, Pathologie und Therapie erwüchsen. Nach diesen nöthigen Vorerinnerungen kehren wir nun zu den im organischen Reiche vorkommenden Haloidsalzen des Chlors zurück. Die Chloride der Alkalien sind bedeutend massiger vertreten als die der Erdalkalien. Das Kochsalz oder Chlornatrium ist sehr verbreitet in der anorganischen Natur, findet sich theils in ungeheuren Salzstöcken und Flötzen in den Gebirgen, theils quillt es im Wasser gelöst als Salzsoole zu Tage, theils wird es in der Wüste in Form von Geschieben als ein kostbarer Fund gesammelt, theils endlich ist es im Meereswasser in ziemlich reichlicher Menge gelöst. Es krystallisirt in Würfeln, die häufig eine treppenförmige Aneinanderlagerung der Moleküle zeigen, die kein Krystallwasser haben, aber häufig Mutterlauge einschliessen und desshalb beim Erwärmen unter Knistern zerspringen oder dekrepitiren. Sein salziger Geschmack ist bekannt, ebenso seine Fähigkeit, im Wasser fast unabhängig von dessen Temperatur gelöst zu werden. Reines Salz ist nicht eigentlich hygroskopisch, sondern verdankt diese Erscheinung nur, wenn sie eintritt, einem geringen Rückhalte von Chlormagnesium und Chlorkalcium aus der Mutterlauge seiner Kristallisation. In ab-

*Marginal note:* Kochsalz Chlornatrium Cl Na, 58, 64 oder 733, sein Vorkommen.

solutem Alkohol ist es schwer, in Aether geradezu unlöslich. Mit Harnstoff und Zucker geht es krystallisirbare Verbindungen ein, die sich vielleicht sogar chemisch am intermediären Stoffwechsel betheiligen; es durchdringt im Wasser gelöst die thierischen Membranen auf dem Wege der Endosmose mit grösster Leichtigkeit, und fehlt wohl in keinem thierischen oder vegetabilischen Safte, im allgemeinen ist es im Letzteren spärlicher vertreten als im Ersten. Es wird seit undenklichen Zeiten als anorganische Würze der Speisen vom Menschen genossen und nicht minder vom Thiere gesucht; und so verbreitet dieses Salz auch im organischen Reiche ist, und so fest überzeugt wir auch von seiner Unentbehrlichkeit im Leben sind, so schwebt doch eigentlich über seine biochemische Rolle noch vollständiges Dunkel. Wir sehen das Kochsalz sich in den gewöhnlichen Sekreten rasch vermehren, wenn seine Einfuhr sich steigert, ja im Uebermasse genossen, kann das Kochsalz sogar giftig wirken, gastroenteritische Zufälle mit unlöschbarem Durste und kopiösen, diarrhoischen Entleerungen veranlassen; und obwohl diese Umstände für einen einfachen Transito des Kochsalzes zu sprechen scheinen, so hat doch die Pathologie Umstände anderer Art aufzuweisen, die in dieser Beziehung wieder verwirren. Dahin gehört namentlich die Beobachtung, dass das Kochsalz, dieser wesentliche Bestandtheil des Normalharns, aus demselben verschwindet, so oft eine etwas breitere Exsudation in akuter Weise, d. h. plötzlich und unter Fieberstürmen im Organismus gesetzt wird, wesshalb alle akuten Exsudativprozesse Pneumonie, Pleuritis, Peritonitis, Typhus, (Cholera) u. a. in ihrer Akme mit einer so hochgradigen Verminderung der Chloride einhergehen, dass dieselben aus dem Harne oft bis zur Unnachweislichkeit verschwinden. Die Cholera ist übrigens der einzige, freilich höchst akute Exsudationsprozess, bei dem diese so hochgradige Verminderung auftritt, ohne dass Fieber zugegen wäre. Da nun in allen den genannten Krankheiten selbstverständlich die Nahrungseinfuhr aufhört, und der Kranke sich im Zustande der Inanition, d. h. der Hungerkur befindet, so hat man, fussend auf die Transitotheorie des Kochsalzes, sein Verschwinden einfach aus dem gänzlichen Versiegen seiner Einfuhr erklären wollen. Diess geht aber entschieden nicht an, weil in den genannten Fällen die Chloride auch dann im Harne fehlen, wenn sie absichtlich aus therapeutischen oder anderen Rücksichten dem Körper zugeführt werden. Man half sich nun durch eine andere Annahme aus der Klemme, indem man die erfolgte Resorption des Mittels in Abrede stellte, wie denn auch wirklich in diesen heftigen Krankheiten die Resorption oft so darniederliegt, dass das genossene Wasser im Magen des Kranken geraume Zeit nach dem Genusse durch Schütteln des Kranken und durch die physikalische Perkussion als vorhanden und nicht resorbirt nachgewiesen werden kann. Ob diese Erklärungsweise für alle Fälle genüge, lässt sich derzeit nicht mit Bestimmtheit nachweisen, um so weniger als widersprechende Angaben von Seite der Analytiker vorliegen, von denen Einige während der Chloridverminderung im Harne das Kochsalz im Blute angehäuft, Andere aber als gleichzeitig vermindert bezeichnen. So viel ist gewiss, dass das Kochsalz in dem gesetzten Exsudate, sei es ein abgesacktes oder ins Parenchym ergossenes, oder endlich ins Darmrohr als kolliquative Diarrhöe gesetztes, stets in reichlicher Menge vorgefunden werde.

Chlorkalium Digestivsalz
Cl K 74,6 o. 932·6
Chlorcalcium
Cl Ca 45, 46 oder 693, 28
Chlormagnesium
Cl Mg 47, 46 oder 593·28.

Alles was vom Chlornatrium in diesem Abschnitte erwähnt wurde, gilt fast vollständig vom Chlorkalium.

Chlorkalcium und Chlormagnesium, die in den Salzsoolen und im Meerwasser eine sehr grosse Verbreitung haben, sind in Bezug auf ihr Vorkommen im organischen Reiche sogar noch problematisch, sie sind im Magensafte vorzüglich als vorhanden angenommen worden und sollen sich daselbst als leicht zerlegliche Chloride an dem Freimachen der Salzsäure und der Verdauung betheiligen. Ihr Vorkommen kann ebenso wenig derzeit bewiesen als geläugnet werden, in kleinen Mengen geniessen wir sie wohl immer in den gewöhnlichen Quellwassern, in grösserer Menge genossen aber brächten sie ruhrartige Zufälle und Gastroenteritis hervor.

Das Chlor, um dessen Ausmittlung es sich bei Bestimmung der Chloride vor Allem handelt, kann nicht gut, wie schon erwähnt in der Asche bestimmt werden, wenn man auch von der behaupteten Gegenwart der freien Salzsäure ganz absieht, weil die Alkalichloride an und für sich bei stärkerer Glühhitze leicht verflüchtigen, und auch durch etwa vorhandene stärkere Säuren die Salzsäure freigemacht und verjagt werden könnte. Es muss daher ihre Bestimmung nach früherer Angabe direkt vorgenommen werden. Die andern beiden Halogene Jod und Brom finden

sich im Meerwasser, in der Mutterlauge einiger Salzsoolen, Mine-
ralquellen und Binnenseen, und wahrscheinlich desshalb auch in
See- und Strandgewächsen und einigen niederen Seethieren; so
weit könnte das Vorkommen dieser Halogene in Organismen ein
rein zufälliges, unwesentliches sein, und müssten diese beiden
Elemente des Ranges von Inquilinstoffen entbehren; man führt
aber noch andere Momente an, um ihre Gegenwart in den Organismen zu einer wesentlichen zu stempeln, namentlich das
Vorkommen von Jod im Julus terrestris, in Scolopender und
einigen Asselgattungen; seit aber Chatin, der Jodomane, die ganze
gelehrte Welt in Aufruhr setzte, weil er die andere Welt mit
lauter Joddämpfen bevölkerte, und aus der Verminderung des
Jods in Alpenluft und Alpenwässern den endemischen Kropf und
Cretinismus folgerte, seit der Zeit haben Andere und ich die
Untersuchungen der Luft, der Wässer und Organismen auf Jod
wieder aufgenommen und darin zwar kein Jod nachgewiesen,
aber die Erfahrung geerntet, dass es sehr schwer sei, jodfreie
Reagenzien darzustellen, die ohne dieses eine Quelle mannigfaltiger
Täuschungen abgeben; namentlich ist die aus Chilisalpeter gewonnene Salpetersäure des Handels meist spurenweise jodhältig; ebenso
die aus den Strandpflanzen gewonnene Soda, gewiss ist aber,
dass die Salsoleen und Atriplexgattungen, die beim Einäschern
den Kelp, die Varecasche oder die biskaische Soda liefern, auch
ausserhalb den Meeresküsten ganz vorzüglich gedeihen und dann
jodfrei sind. Auch der Jodgehalt des Leberthranöles, aus der
Leber von Gadus morrhua, kann als zufällig durch den Aufent-
halt des Fisches im jodhältigen Meerwasser erklärt werden. Es
muss daher die Frage über die wesentlich inquiline Natur der
beiden Halogene vorläufig noch offen bleiben. Ihre Haloide, Jod-
und Bromkaliums mit den Chloriden isomorph, aber weit leichter im Alkohol löslich, theilen die endosmotische Fähigkeit und Permeabilität der Chloride, sie sind energische Transitomittel, die
mit der Blutwoge in alle Gewebe einströmen, alles organische
Starre unterwaschen und zu lösen suchen, und namentlich die
Drüsengewebe und Colatorien des Organismus angreifen und atro-
phiren; sie machen vieles dem Stoffwechsel entrückte, in die
Organe eingebettete Fremdartige wieder flott, bringen es in den
Kreislauf zurück, unterwerfen es wieder dem Stoffwechsel und leiten seine Ausscheidung ein, wesshalb sie als kräftige Resorp-

*Margin notes:*

Jod 126, 88 oder 1586. Brom Br. 78.3 oder 978·75 ihre Eigenschaften, ihr Vorkommen, ihre muthmassliche biochemische Rolle.

Chatin's Jodtheorie.

Ihre therapeutische Rolle.

tionsmittel bei Hypertrophien, Physkonien, Kropf u. dgl. und als die allgemeinste Antidotentherapie bei chronischen Metalltoxikosen sich einen solennen therapeutischen Ruf erworben haben. Ihre Nachweisung in organischen Körpern geschieht am Besten folgendermassen: Die mit etwas überschüssigem Alkali versetzte organische Masse wird zur Trockne gebracht und im bedeckten Tiegel bei möglichst geringer Hitze völlig verkohlt. Die Kohle Ihre Nachweisung. wird mit heissem Alkohol erschöpfend ausgezogen und die alkoholischen Extrakte im Wasserbade zur Trockne verdunstet; der trockene Rückstand wird in etwas Wasser gelöst, mit untersalpetersäurehältiger Salpetersäure angesäuert und mit Stärkmehl versetzt. Eine blaue oder violette Reaktion verräth das Jod, eine orangegelbe verräth das Brom. Schüttelt man die wie oben angesäuerte Flüssigkeit mit Schwefelkohlenstoff und färbt sich derselbe dabei rubin bis amethystfarben, so ist gleichfalls Jod nachgewiesen. Diese Methode eignet sich oft bis zur direkten Nachweisung und Abscheidung des Jods und kann im Harne, in welchem bei Jodtherapie das Jod rasch erscheint ebenso gut, wie die Stärkeprobe angewendet werden. Säuert man die Lösung des Alkoholrückstandes mit einem Gemenge von Schwefelsäure und Salpetersäure an, schüttelt mit Aether und die aufschwimmende Aetherschichte färbt sich braun, und hinterlässt nach dem Abheben und Verdunsten braune schwere Tropfen, die unter erstickendem Geruche Auge und Nase heftig reizen, so ist Brom nachgewiesen, dessen Gegenwart im organischen Reiche wahrscheinlich wegen der grossen Schwierigkeit seiner Nachweisung neben Jod weit seltener aufgeführt erscheint, als die des Jodes. Die quantitative Bestimmung beider Körper geschieht ganz so, wie beim Chlor als Jodsilber und Bromsilber und entsprechen 100 Theile des Jodsilbers 54 Theilen Jod, d. h. man hat das Gewicht des gefundenen Jodsilbers mit dem Dezimalbruche 0,54 zu multipliziren, um die Menge des Jods zu finden; 100 Theile Bromsilber aber entsprechen 42 Theilen Broms, oder um das Gewicht des reinen Broms zu erfahren, hat man das gefundene Gewicht des Bromsilbers mit dem Dezimalbruche 0,42 zu multipliziren.

Amphidsalze der organischen Natur, ihre Definition und ihre Eintheilung. Während die Haloidsalze auf binärer Stufe der Vereinigung als Verbindungen der Halogene mit den Metallen auftraten, sind die Amphidsalze quarternäre Verbindungen, jedoch von nur drei

Elementen Eines der darin vertretenen Elemente muss daher doppelt erscheinen und heisst amphoter oder beiderseitig; allerdings kann man um die Harmonie mit den Haloiden zu retten die Amphide nach der Davy'schen Theorie gleichfalls als binäre Verbindungen darstellen, wenn man den Sauerstoff der Base zum Sauerstoff der Säure schlägt und zusammengesetzte elektronegative, die Halogene wiederholende Radikale annimmt, die Davy durch die Endsilbe „an" kennzeichnete; die freien Säuren in ihrem Hydratzustande wären dann Wasserstoffsäuren, der Salzsäure analog, deren Chlor durch ein zusammengesetztes Radikal auf an substituirt erschiene; die Sättigungskapazität dieser Säuren liesse sich dann durch die Menge von Wasserstoff ausdrücken, der durch irgend ein Metall ersetzt werden kann. Formell hat die Sache ihre volle Richtigkeit, in realer Hinsicht hat sie für sich, dass sie manches sonst Unerklärliche zu begründen vermag wie z. B. die Existenz polybasischer Säurenmodifikationen eines und desselben Elementes, wie bei der Phosphorsäure, deren Verschiedenheit in Sättigungskapacität, Eigenschaften und Reaktionen sich dann ganz einfach aus der Annahme verschiedener Radikale erklären lässt; wider sich aber hat sie ausser der nicht zu hoch anzuschlagenden bisherigen Unfähigkeit ihrer Radikale, isolirt dargestellt zu werden, noch den wichtigeren Umstand, dass nach dem heutigen Stande der Wissenschaft die Annahme sauerstoffhältiger Radikale analogienlos dasteht, und in Folge der polaren Natur dieses Elementes mindestens sehr befremdend erscheint. Das schwefels. Kali $SO^3$ KO kann ebenso gut $SO^4$ K geschrieben werden, wobei $SO^4$ das hypothetische Radikal Sulfan bezeichnen würde, dessen Wasserstoffverbindung $SO^4$. H die Sulfanwasserstoffsäure, wie man sieht, nichts anderes ist, als $SO^3$ HO das bekannte Schwefelsäurehydrat.

Zu den Amphidsalzen der Mineralchemie die in der organischen Natur eine Rolle spielen, gehören die Phosphate, die Carbonate, die Sulfate und die Silicate.

Das Phosphorelement, bekanntlich in drei allotropen Zuständen vorkommend, besitzt auch drei Modifikationen seiner höchsten Oxydationsstufen der Phosphorsäure, die ein-, zwei- und dreibasische Phosphorsäure, von welchen jedoch nur die Letztere in der organischen Natur vorzukommen vermag. Die gewöhnliche dreibasische oder c Phosphorsäure hat die Constitution c $PO_5$

*Die Phosphate ihre Säure und ihre weitere Gliederung nach ihren Basen.*

Dreibasische oder c Phosphorsäure und ihre Reaktion.

3 HO, von welchen drei Wasseratomen eines, zwei, und selbst alle durch fixe Basen ersetzt werden können; sie koagulirt im freien Zustande Eiweiss nicht, und fällt die Silbersalze in neutraler Lösung gelb; die essigs. Lösung, was immer für eines Salzes dieser Säure, wird durch essigs. Eisenoxyd als blass isabellgelbes phosphors. Eisenoxyd niedergeschlagen; versetzt man ein Salz dieser Säure mit Ammoniak, gleichviel ob eine Fällung entsteht oder nicht, kocht man darauf mit etwas überschüssiger Essigsäure, filtrirt und fügt zum noch heissen Filtrate eine Lösung vom essigs. Uranoxyde, so entsteht eine häutige, weissliche, wie geronnene Fällung; versetzt man ein Phosphorsäuresalz mit Bittersalz und Salmiak, und hierauf im Ueberschusse mit Ammoniak bis zur Alkalescenz, so entsteht eine mikrokrystallinische weisse Fällung von phosphors. Ammonmagnesia, die sich in allen verdünnten Säuren mit Leichtigkeit löst, in ammoniakhältigem Wasser aber unlöslich ist, damit ausgewaschen, getrocknet und

Quantitative Bestimmung der Phosphorsäure.

geglüht werden kann, wobei sie sich in das feuerfeste, unveränderliche zweibasische Salz der pyrophosphors. Magnesia verwandelt, wie diess bereits näher bei dem Kapitel der Magnesia angegeben wurde, und in welcher Form die Phosphorsäure ebenso wie die Magnesia gewogen und quantitativ bestimmt werden kann. 100 Theile der pyrophosphors. Magnesia entsprechen 64,08 Theilen wasserfreier und 88,326 Theilen dreibasischen Phosphorsäurehydrats; das gefundene Gewicht der pyrophosphors. Magnesia ist daher, um die wasserfreie Säure zu finden mit dem Dezimalbruche 0,64 und um das Gewicht des dreibasischen Hydrates zu finden, mit dem Dezimalbruche 0,883 zu multipliziren. Mit Borsäure und Kohle in der Reduktionsflamme des Löthrohres behandelt, reduzirt sich Phosphor aus den Phosphaten, der sogleich wieder verbrennt und an seinem charakteristischen Lichte erkannt werden kann. Die empfindlichste Probe auf Phosphate jedoch, die unter allen Umständen auch bei den unlöslichen phosphors. Salzen anwendbar ist, ist folgende: Man löst Molyb-

Molybdänprobe.

dänsäure in Ammoniak auf und versetzt die filtrirte klare Lösung so lange mit reiner Salpetersäure, bis sich die im Anfange der Zugabe erfolgte Trübung und Fällung wieder vollständig und klar gelöst hat; diese salpeters. Lösung des molybdäns. Ammoniaks ist die eigentliche Reaktionsflüssigkeit; von ihr wird eine nicht zu geringe Menge in einer Eprouvette zum Kochen erhitzt und sofort tropfenweise die salpeters. Lösung des Phosphorsäuresalzes zugesetzt, worauf eine hell kanariengelbe, krystallinische Fällung von phosphors. Molydänsäure - Ammoniak sich abscheidet; nimmt man das Reagens im reichlichen Ueberschusse, so liefert diese Reaktion den sichersten und empfindlichsten Nachweis der Phosphorsäure; sie kann aber auch zur Abscheidung der Phosphorsäure behufs ihrer quantitativen Bestimmung und zur Trennung von andern Basen und Säuren benützt werden; zu diesem Behufe wird die nach kurzem Absetzen gesammelte gelbe Fällung mit kaltem Wasser vollständig ausgewaschen, und in Schwefelammonium aufgelöst. Diese Lösung lässt auf Ansäuerung mit Salzsäure braunschwarze Flecken von Schwefelmolybdän fallen; das Filtrat, das alle Phosphorsäure enthält, wird mit Salmiak, Bittersalz und Ammoniak im Ueberschusse versetzt und aus der Fällung nach dem Auswaschen und Glühen auf oben näher bezeichnete Weise die Phosphorsäure als pyrophosphors. Magnesia bestimmt.

Um die Phosphorsäure volumetrisch zu bestimmen, bedient man sich einer titrirten essigs. Eisenoxydlösung, die auf folgende Weise bereitet wird: Reines Eisen, pulvis ferri chemice puri alkoholisatus oder im Ermanglungsfalle desselben bester, feinster Klaviersaitendraht, wird in einem Kolben mit Königswasser vollständig aufgelöst und im Wasserbade bis nahe zur Trockne abgeraucht; und zwar nimmt man, wenn man die Lösung auf wasserfreie Phosphorsäure titriren will 78,47, will man sie aber auf das dreibasische Phosphorsäurehydrat titriren, 56,93 Grammen metrischen Gewichtes von obigem Eisen- oder Klaviersaitendrahte zur Lösung; vom Königswasser, der Salzsalpetersäure, nimmt man so viel als zur vollständigen Lösung erforderlich ist, da der geringe Ueberschuss ohnehin beim Abrauchen verflüchtiget. Das Königswasser wird am besten durch Mischung von 2 Gewichtstheilen rauchender Salzsäure und 1 Gewichtstheil reiner koncentrirtester Salpetersäure bereitet; es hat dann die Formel: $NO_3$ $Cl_2$. 2 HO und ist eigentlich chlorsalpetrige Säure. Bei dieser Behandlung bleibt gelbes, zerfliessliches Eisenchlorid zurück, das man in der Kälte in wenig Wasser auflöst und mit einer sehr koncentrirten Lösung von essigs. Natron, die circa das doppelte Gewicht des Eisens an krystallisirtem Salze enthält, im geringen Ueberschusse versetzt, wobei neben dem indifferenten Chlorna-

*[Randnotiz:]* Volumetrische Bestimmung der Phosphorsäure.

trium eine dunkelblutrothe Lösung von essigs. Eisenoxyde entsteht, in welcher im ersteren Falle 112,1, im letzteren Falle 81,33 Grammen Eisenoxydes enthalten sind; da nun die Fällung des blass isabellgelben phosphors. Eisenoxydes nach der Formel $c\, PO_5\, Fe_2\, O_3$ zusammengesetzt ist, so entsprechen 1,121 oder 0,8133 Grammen Eisenoxyd einem Gramme wasserfreier oder einem Gramme wasserhältiger Phosphorsäure. Verdünnt man nun in einem Litrekolben die blutrothe Flüssigkeit bis zum Theilstriche, also bis zum Gesammtvolumen eines Litres mit destill. Wasser, so zeigt in beiden Fällen ein Cubikcentimeter dieser Lösung ein Dezigramm oder 0,1 Gramme von Phosphorsäure an, die er als phosphors. Eisenoxyd fällt. Nimmt man nur ein Zehntheil des Eisens, oder verdünnt man die frühere Lösung zu 10 Litres, so zeigt ein Cubikcentimeter dieser titrirten Lösung ein Centigramm oder 0,01 Gramm Phosphorsäure an; nimmt man endlich nur ein Hundertstel der Menge des Eisens, oder verdünnt zu 100 Litres, so zeigt ein Cubikcentimeter dieser dritten titrirten Flüssigkeit ein Milligramm oder 0,001 Gramm Phosphorsäure an. Es ist selbstverständlich, dass innerhalb der Grenze deutlicher Wahrnehmbarkeit mit der Verdünnung der Titrirflüssigkeit auch ihre Empfindlichkeit wachse. Es bleibt immer gerathen, eine mit Hilfe der analytischen Wage angefertigte titrirte Lösung, die man wegen der umständlichen Genauigkeit ihrer Bereitung für längere Zeit und in grosser Masse darstellt, noch zu justiren, d. h. sie durch eine Normallösung des Körpers für den sie bestimmt ist, auf volumetrischen Wege zu prüfen und zu kontrolliren. Gesetzt nun, man hätte auf wasserfreie Phosphorsäure titrirt, und 7,847 Gramme reinen Eisens zu einem Litre aufgelöst, so müsste man sich da 1 C. C. dieser Flüssigkeit einem Centigramme Phosphorsäure entspricht, als Normalprobeflüssigkeit eine Flüssigkeit bereiten, die genau 1% wasserfreie Phosphorsäure enthielte, was man erreicht, wenn man 1,378 Grammen des dreibasischen Hydrates oder eine ihm aequivalente Menge eines Phosphorsäuresalzes in etwas Wasser auflöst, und die Lösung genau bis zu einem Dezilitre verdünnt; 1 C. C. dieser Flüssigkeit enthält dann genau 1 Centigramm Phosphorsäure und bedarf eines Cubikcentimeters unserer titrirten Lösung zur vollständigen Fällung. Es handelt sich nun darum, wie man den völligen Erfolg der totalen Fällung erkenne; diess wird aber sehr leicht aus der

tiefblutrothen Färbung der titrirten Flüssigkeit, die solange verzehrt wird, als noch Phosphorsäure zur Fällung gelöst ist, welche
die rothe essigs. Eisenoxydverbindung zerlegt und in blass isabellgelbes phosphors. Eisenoxyd umwandelt; sobald sich also der
röthliche Ton der letztzugesetzten Tropfen nach dem Umschüt-
teln endlich zu behaupten beginnt, ist diess ein Beweis, dass
keine Phosphorsäure mehr zu fällen sei und bezeichnet den Moment, wo der Untersuchende mit jedem weitern Zusatze der
titrirenden Lösung einzuhalten habe. Da man nun die zur Fällung bestimmte titrirte Flüssigkeit in einer in Fünftel bis Zehn-
tel Cubikcentimeter getheilten Burette oder Pipette vorräthig hielt,
aus der man sie durch den Schnabel oder das mit Quetsch- oder
Glashahn versehene Ausflussröhrchen anfänglich reichlicher, zuletzt nur vorsichtig und tropfenweise ausfliessen liess, so ist es
nach der angekündigten Beendigung des Prozesses ein Leichtes
durch einfaches Ablesen der graduirten Skala die Menge der
zur Fällung verbrauchten Cubikcentimeter der titrirten Flüssigkeit zu bestimmen, für deren jeden, je nach dem Titre ein Dezi-
gramme, Centigramme oder Milligramme der Phosphorsäure in
Rechnung zu bringen ist. Da man nun aber auch die Menge der
zu titrirenden Flüssigkeit, in welcher der Phosphorsäuregehalt
zu bestimmen ist, in einem graduirten Gefässe abgemessen hat,
so ist es sehr leicht den prozentischen Gehalt an Letzterem zu
berechnen. Gesetzt man habe 10 C. C. der fraglichen Flüssigkeit abgemessen und zu ihrer vollständigen Ausfällung bis zu
dem Momente, wo die rothe Farbe sich behauptet 21,3 C. C.
der titrirten essigs. Eisenoxydlösung verbraucht, die auf Milligramme wasserfreier Phosphorsäure titrirt war, so enthält die
Flüssigkeit 0,213% Phosphorsäure.

Die phosphors. Salze die im organischen Reiche vorkommen, theilen sich in zwei ganz verschiedene Reihen, die eine
ganz abweichende Rolle im Stoffwechsel und in der Ernährung
spielen, in die Phosphate der Alkalien und in die Phosphate der Erden.

Die Phosphate der Alkalien haben wieder eine Phosphate der Alkalien.
doppelte Basis, deren abweichendes Vorkommen und ge-
trennte Bestimmung bereits unter dem Artikel Chloride abgehandelt wurde, nämlich das Kali und Natron. Aber beiderlei Alkaliphosphate kommen in zwei verschiedenen Salzreihen im Orga-

nismus vor, als sogenannte saure und basische Phosphate, und
der leichte Uebergang eines Salzes der einen Reihe in das der
andern ist für die Lebensvorgänge von höchster Bedeutung. Im
alkalischen Blutliquor, namentlich der Fleischfresser, in deren
Blute die kohlens. Salze sehr zurücktreten, ist dreibasisch phosphors. Kali und Natron gelöst von der Formel: c $PO_5$ 2 Na O.
HO, c $PO_5$ 2 KO. HO; wird nun innerhalb der Blutbahn immer
mehr und mehr Kohlensäure aufgehäuft, so bemächtigt sich dieselbe endlich je eines Atoms dieser fixen Basen, an dessen
Stelle Wasser eintritt, und so bildet sich einerseits kohlens.
Kali und Natron, während andere dreibasische Alkaliphosphate
entstehen nach der Formel: c $PO_5$ Na O. 2 HO, c $PO_5$ KO.
2 HO; letztere Salze reagiren aber deutlich sauer, während die
Ersteren ebenso deutlich alkalisch reagirten; nur dadurch aus
diesem leichten schon durch die Kohlensäure veranlassten Um-
sprunge des alkalischen dreibasischen Phosphates in ein saures
wird es begreiflich, wie aus dem fortwährend alkalischen Blutliquor die saure parenchymatische Flüssigkeit und der saure Harn
filtriren könne; ja noch mehr das alkalische, dreibasische phosphors. Natron in wässeriger Lösung mit Kohlensäure gesättigt
und unter den Rezipienten der Luftpumpe gestellt, entwickelt
bei jedem verdünnenden Kolbenhube der Pumpe unter förmli-
chem Aufbrausen die Kohlensäure wieder und kehrt zur alkalischen Reaktion zurück, was uns die Exspiration versinnlicht, bei
welcher das venöse mit Kohlensäure überladene Blut dieses Gas
in der Lunge abgibt, Sauerstoff dafür eintauscht und so in das
stärker alkalische arterielle sich umwandelt. Die Alkaliphosphate
finden sich nicht ganz selten in den Säften des Pflanzenreiches
vor, stammen also für das Thier zuletzt aus alimentärer Quelle,
da sie ähnlich den Chloriden fertig gebildet genossen werden;
noch weit reichlicher natürlich, finden sie sich in der Fleischkost; aber ein anderer Theil derselben entsteht durch den eigenen Stoffwechsel innerhalb des lebenden Thierleibes, aus der
Oxydation phosphorhältiger Gewebe und Stoffe, so durch die
Verwesung und vitale Abnützung des phosphorhältigen Gehirnfettes und des phosphorhältigen Eiweisses. Die Alkaliphosphate
theilen sich daher in die Semiotik der Chloride und Sulphate;
ihr ersterer Theil ist bereits bei den Chloriden besprochen, sie
unterliegen demselben Transitostoffwechsel wie das Kochsalz;

der zweite Theil ihrer inquilinen Bildung wird bei den Sulphaten besprochen werden.

Die Erdphosphate theilen sich in die Basen Kalk und Magnesia, über deren Einzelnbestimmung gleichfalls bei den Chloriden das Nöthige berichtet wurde; da aber in vielen Fällen es genügen möchte, die Erdphosphate als Ganzes zu bestimmen, und diese Bestimmung sehr leicht ausführbar ist, so mag sie hier eine Stelle finden. Die betreffende organische Masse wird mit verdünnter Salzsäure ausgezogen, filtrirt, mit Salmiak versetzt und mit Ammoniak alkaleszirt. Hiebei fällt ein Gemenge von dreibasischem phosphors. Kalke c $PO_5$ 3 Ca O und die bekannte phosphors. Ammonmagnesia c $PO_5$ 2 Mg O N $H_4$ O; das Gemenge wird mit ammoniakhältigem Wasser gewaschen, getrocknet, geglüht und gewogen. Es besteht dann aus c $PO_5$ 3 Ca O. b $PO_5$ 2 Mg O und kann diese Zusammensetzung ein ungefähres Bild der gelösten Erdphosphate darstellen.

Der phosphors. Kalk kommt als c $PO_5$ 3 Ca O und mit Wahrscheinlichkeit auch als c $PO_5$ 2 Ca O HO, die phosphors. Magnesia aber nur unter der Formel c $PO_5$ 2 Mg O HO in den organischen Substanzen vor. Diese sogenannten Erdphosphate finden sich im Pflanzenreiche vorwaltend in den Sämereien an Gliadin, Legumin und Emulsin gebunden; sie werden aus dem Apatitgehalte des Bodens, wahrscheinlich durch Vermittlung der Kohlensäure und der Glieder der Humussäure gelöst, durch die Pflanzenwurzeln aufgesogen und arbeiten sich durch die Endosmose des Säftetriebs bis zu dem Axenende der Pflanzen hinauf, an welchem in dem bunt geschmückten, gleichsam photographischen Laboratorium der Blüthenkrone das Geheimniss der eigentlichen Zeugung, die Bildung des reifen, fortpflanzungsfähigen Samens und somit der Abschluss des individuellen Lebens erfolgt. Die Pflanzenwelt verhält sich in diesem Sinne wie ein Extraktions-, Sammlungs- und Verdichtungsapparat; mit ihrer grossen, grünen in die Luft hineinragenden Oberfläche, die sie wie ein Blätter- oder Halmennetz ausspannt, und die Lunge oder Athmung und Magen oder Ernährung mit einem Schlage vorstellt, zieht sie an sich und verdichtet den im Luftozean als kohlens. Ammoniak verdünnten Kohlenstoff und Stickstoff und webt aus diesen Elementen die plastischen, eiweissartigen Körper der thierischen Nahrung, und braut die ätherischen Oele und Alkaloide

Die Erdphosphate.

Ihre Gesammtbestimmung.

6*

unserer Gewürze und Genussmittel; mit dem Saugapparate ihrer bis zur Capillarität verdünnten Wurzeln saugt sie aus der Ackerscholle mit Hilfe des meteorischen Wassers, der Kohlen- und Modersäure die mineralischen, zum Leben unentbehrlichen Aschen- oder Skelettsalze des durch die Verwitterung aufgeschlossenen Bodens, und sammelt die im Ackergrunde verdünnten mineralischen Elemente in Form assimilirbarer, vitaler Salze in ihrem Samen und in ihren Früchten; das Thier der herbivoren Familie, geniesst in einem gewissen Gewichte von Getreidekörnern oder Hafer das kohlens. Ammoniak einer gewaltigen Luftsäule und den Apatit oder phosphors. Kalk einer ausgedehnten Bodenfläche, welche seinerzeit die Kulturpflanze aus der Familie der Gräser aus dem Anorganismus von Luft und Boden gesammelt, verdichtet und in assimilirbare Formen überführt hatte. Das kräuterfressende Thier sammelt und konzentrirt seinerseits die unentbehrlichen Alimente des Lebens aus der verdünnteren Pflanzennahrung unter Abscheidung grosser Massen unbrauchbarer Schlacke in seinem eigenen Leibe, der diese Wanderung des Stoffes gleichsam beschliesst und ihn vorbereitet in höchster Assimilirbarkeit und Vollendung, so zu sagen fertig, dem Fleischfresser überliefert. Die Erdphosphate stammen somit in letzter Instanz aus alimentärer Quelle und aus dem Boden des Kulturlandes; die Erschöpfung desselben an diesen höchst wichtigen Salzen, die sich allmählig und schmerzlich empfinden macht, kann nur unvollkommen durch Wechselwirthschaft und Brache, vollständig aber durch Kunst- und Mineraldüngung paralisirt und ersetzt werden, wozu der phosphorsalzreiche, peruvianische Guano und das Knochenmehl die besten Ersatzmittel stellen. Die Erdphosphate, namentlich das Kalksalz treten in der ersten Nahrung des Säuglings in mächtiger Menge und assimilirbarer Form an das Caseïn der Milch zu 3 bis 6% gebunden auf, um dem Aufbau der Gewebe im kindlichen Organismus und der rasch beginnenden Verknöcherung des weichen, fötalen Knorpelskeletts das nöthige stoffliche Materiale zu liefern. Sie bilden aber nicht nur im Knochen zwei Drittheile der Masse, sondern stellen ein so allgegenwärtiges Skelettsalz aller starr organisirten Fasern- und Zellengewebe dar, dass die grosse Mehrzahl der organischen Zellenformen vorsichtig eingeäschert, ein treues, punktförmiges Skelettbild unter dem Mikroskope zurückliesse, das dem Wesentlichen nach aus

Erdphosphaten bestände, gerade wie im kalcinirten Knochen Strukturverhältnisse und Form noch treu erkennbar bleiben; ja aus einer theilweisen Inanition dieser Salze, aus einer Verarmung der täglichen Nahrungsmittel an ihnen, oder aus krankhafter Verweigerung ihrer Resorption, liessen sich vielleicht die Mehrzahl organischer Krankheiten erklären, die chronisch auftreten und lokal in gewissen Geweben wüthen; vielleicht, dass die junge, unreife, mikroskopisch und formell ohnehin von der Krebszelle nicht unterscheidbare, normale Bindegewebszelle einfach durch einen Mangel an Zufuhr von Erdphosphaten an ihrer normalen physiologischen Ausbildung zu den lockig geschwungenen Bündeln gesunden Bindengewebes und Narbengewebes gehindert wird, im alkalireichen anomalen Plasma ein luxurirendes aber ephemeres Leben führt, einem raschen Zerfallen unterliegt und in Masse lokal produzirt zu den Krebsherden des Markschwammes heranwächst. Kleine Ursachen, grosse Wirkungen, ist das Motto und die Devise der Naturkräfte. Die Kryptogamenflora von Moosen und Flechten, die das nackte Gestein hoher Wetteralpen überzieht und bekleidet, saugt durstig den Thau des Morgens und ist vielleicht die erste unscheinbare Mutter der später in die Ebene niederbrausenden Bäche, die endlich in Form breiter, bemasteter Ströme als eine Pulsader des organischen und intellektuellen Lebens, nach den Gesetzen der Thonwasserscheide blühende Länder durchziehen und nach mannigfachen Anastomosen dem grossen Herzen der Erde, dem Ozean zueilen. Gerade so kann eine kleine unscheinbare, aber täglich und jahrelang wiederholte diätetische Sünde jene Ungeheuer der chronischen Krankheiten erzeugen, vor deren kolossalen scheusslichen Verheerungen der Laie erschreckt den Blick und der Genius der Heilkunde beschämt und unvermögend die Fackel senkt.

Das relative Verhältniss zwischen den meist zusammen vorkommenden Kalk- und Magnesiasalzen in den Erdphosphaten variirt sehr und beträgt Beispiels halber auf ein Magnesiasalz im Harne zwei Theile des Kalksalzes, im Knochen aber wohl volle 57 Theile. Die in neutralen und alkalischen Flüssigkeiten an und für sich unlöslichen Erdphosphate sind in den thierischen alkalischen Säften mit Hilfe der eiweissartigen Stoffe und der Laktate oder milchs. Salze gelöst; die Milchsäure die ein stoffliches Verdauungsglied der Kohlenhydrate der Nahrung dar-

stellt, kann bei überschüssiger anomaler Reichlichkeit ihrer Bildung leicht gründliche Störungen in dem Verkehre der inquilinen Vertheilung und in dem Exporte dieser wichtigen Salze
bedingen, und so zu craniotabischen, osteomalacischen, rachiti-
schen, rheumatischen und vielleicht auch zu den verwandten
skrophulösen und tuberkulösen Erkrankungen führen. Die wichtige therapeutische Frage, ob in allen Krankheiten, die aus einer
Inanition des Organismus an Erdphosphaten entstehen, das einfache Verabreichen des anorganischen phosphors. Kalkes Heilung
bewirke, hängt Behuf ihrer Entscheidung vor Allem davon ab,
ob diese Inanition wirklich eine direkte im Alimente, oder nur
eine indirekte durch Resorptionsunfähigkeit veranlasste sei; aber
auch im Bejahungsfalle der direkten alimentären Inanition muss
dem erdphosphatreichen, eiweissartigen Stoffe, dem Caseïn süsser
Milch, dem Hühnereiweisse, der Kleie, dem Genusse kleiner Vögel sammt den Knochen vor dem Beneke'schen phosphors.
Kalke der entschiedenste Vorzug eingeräumt werden, weil die
genannten Alimente nicht blos den phosphors. Kalk in hinreichender Menge, sondern auch in assimilirbarer Form mit jenem
Vehikel der Lösung und in jener organischen Larve bieten, die
ihn einzig zur Resorption ins alkalische Blut geschickt macht
und darin gelöst zu erhalten vermag. Bei Entzündungsprozessen
in den Knochen, vermindern sich, während der Wassergehalt
in absoluter Weise steigt, stets in auffallender Weise die Erdphosphate relativ zur organischen Knorpelsubstanz. Im Harne
erscheinen die Erdphosphate vermehrt, im sogenannten Rheumatismus, in einer eigenen Krase, die man phosphatische Diathese
genannt hat, die leicht phosphatische Blasen- und Nierensteine
erzeugt, und die e i n e Hälfte arthritischer Prozesse umfasst, die
man früher mit dem Kollectivnamen Gicht belegte und die jedenfalls die schlimmere Hälfte ist, nämlich die sogenannte Gicht
der Armen, während die uratische Diathese die weit leichter
heilbare Gicht der Prasser und Schlemmer vorstellt; ferner vermehren sich die Erdphosphate des Harnes angeblich bei Menin-
gitis und Enkephalitis, vielleicht aber nur bei rheumatischer
Komplikation. Eine entschiedene Verminderung der Erdphosphate
im Harne tritt auf, in allen peripherischen und chronischen
Neurosen mit spinaler Wurzel, in allen organischen Nierenleiden,
in der Melliturie, in der Cholera, wo sie mit den Chloriden

zugleich fast auf Null sinken, und in dem Harne bei Intermittens der im Paroxismus entleert wird; es scheint, dass bei vielen chronischen Krankheiten, die mit einer hydrämischen, olygämischen oder anämischen Krase einhergehen, auch als begleitendes Symptom eine ziemlich bedeutende Erdphosphatverminderung im Harne auftrete. Bei Kraniotabes der Säuglinge, in der Osteomalacie der Puerpern, in der Rhachitis der Kindheit, in welchen Krankheiten zweifelsohne eine Verarmung des Körpers an Knochenerde vorliegt, pflegen sich aber nicht die Erdphosphate im Harne zu vermehren, wenigstens nicht konstant und entsprechend; der verarmende Export dieser Salze muss daher anderswo erfolgen u. z. geschieht diess oft in den Exkrementen des Darmkanals, die in diesen Krankheiten oft ungeheure Mengen von Erdphosphaten enthalten.

Die kohlens. Salze der Organismen haben dieselben Basen wie die phosphorsauren; sie finden sich am häufigsten in dem Thierleibe der Pflanzenfresser, stehen im Leibe des Fleischfressers hinter den Phosphaten zurück, und finden sich vielleicht sehr selten präformirt im Pflanzenreiche u. z. in Letzterem vorzüglich als kohlens. Kalk, zugleich mit klees. und pflanzens. Salzen in den sogenannten Raphiden, d. h. in kleinen, in alternde Zellen abgelagerten Krystallen; da der Thierkörper unter allen Umständen Sauerstoff einathmet und Kohlensäure ausathmet, da ferner sein Blut das eben in den Lungencapillaren den Diffussionsaustausch beider Gase vermittelt und erfährt, unter allen Umständen eine alkalische Flüssigkeit ist, so ist die Gegenwart kohlens. Salze im Thierkörper überhaupt schon apriorisch bewiesen. In den Knochen der Säugethiere findet sich kohlens. Kalk und kohlens. Magnesia, aber doch nur in so kleiner Menge, dass auf circa 7 Theile der Erdphosphate nur 1 Theil der Carbonate entfällt. Die kohlens. Alkalien finden sich vorzüglich in den alkalisch reagirenden Säften überwiegend neben Phosphaten im Blute der Herbivoren, überholt von den Phosphaten im Blute der Carnivoren. In dem Haut- und Schalenskelette der wirbellosen Thiere kehrt sich das Verhältniss der Phosphate zu den Carbonaten, wie es in den Skeletten der Wirbelthiere herrscht, gerade um; in den Schalen der Molusken und Akephalen, in dem Hautpanzer der Krustaceen, Arachniden und Insekten oder der Arterozoen überhaupt, überwiegt als Skelettsalz neben dem

*Carbonate oder kohlens. Salze, ihr Vorkommen in der organischen Natur, ihre Bestimmung, ihre Produktion beim Einäscherungsprozesse, ihre biochemische Rolle.*

organischen Kitte des Kollagens, Schleims oder Chitins der kohlens. Kalk über den phosphorsauren bis zum Verschwinden desselben; es ist ja bekannt, dass gebrannte Austernschalen und die sogenannten Krebssteine, welche als Magen- und Schlundzähne der Krebs bei seiner Häutung absetzt, als ein reiner kohlens. Kalk offizinell sind, und die Anekdote von der Kleopatra, die ihre grossen, unschätzbaren, orientalischen Perlen in Essig gelöst genossen haben soll, liefert der Thatsache, dass die Perlen aus kohlens. Kalke durch einen Schleimstoff zusammengeleimt bestehen, selbst einen antiken geschichtlichen Hintergrund.

Nur die direkte Bestimmung der Carbonate hat wissenschaftlichen Werth als Beweismittel für die Behauptung ihres präformirten Vorkommens in den organischen Substanzen; behufs dieses Nachweises wird der organische Körper gleichviel ob er fest oder flüssig ist, in ein Kölbchen gegeben das mit einem doppelt durchbohrten Korke verschlossen wird; in dem einen Bohrloche trägt dieser Kork eine gebogene Welter'sche Trichterröhre zur Beschickung des geschlossenen in Thätigkeit gesetzten Apparates; in das andere Bohrloch ist ein kurzer Schenkel eines doppelt rechtwinklig gebogenen Gasleitungsrohres eingefügt, dessen längerer Schenkel luftdicht in den Hals einer zweihälsigen Woulf'schen Absorptionsflasche eingepasst ist und daselbst unter vorgeschlagenem Kalk- oder Barytwasser endiget. Erwärmt man nun das Kölbchen gelinde und giesst sofort durch das Trichterrohr verdünnte Schwefelsäure oder Salzsäure ein, besser die Erstere nichtflüchtige, so zerlegt die stärkere Säure die Carbonate und die bei reichlicherer Menge selbst unter Aufbrausen entwickelte Kohlensäure trübt das Kalk- oder Barytwasser der Vorlage, durch das sie zu streichen gezwungen ist; bei anhaltenderer Entwicklung der Kohlensäure kann es geschehen, dass die anfangs entstandene milchige Trübung von kohlens. Baryt oder Kalk im Verlauf des Versuchs wieder gelöst wird, was von der Bildung löslicher Bicarbonate herrührt; freie Kohlensäure löst nämlich die meisten im Wasser unlöslichen kohlens. Salze oder Moenocarbonate zu doppelt kohlens. Salzen auf; erwärmt man aber diese klargewordene Lösung bis zum Kochen, so trübt sie sich wieder, indem die freie Kohlensäure entweicht, und das einfach kohlens. Salz herausfällt. Zur quantitativen Bestimmung der präformirten Carbonate dienen die

Will Fresenius'schen Kölbchen, deren eines die zu prüfende Substanz, deren anderes konzentrirte Schwefelsäure aufnimmt, und die passend und in hier als bekannt vorausgesetzter Weise mit Verbindungsröhre, Saugröhre und Abzugröhre versehen sind. Man saugt etwas Schwefelsäure herüber, schliesst hierauf die Saugröhre mit einem Wachspfröpfchen und zwingt die sich entwickelnde Kohlensäure vor ihrem Entweichen durch die Abzugröhre, durch die konzentrirte Schwefelsäure zu streichen, in der alle Feuchtigkeit zurückbleibt. Man wägt die Kölbchen vor und nach dem Versuche; der Gewichtsverlust bezeichnet die Kohlensäure. In Fällen, die grosse Genauigkeit erfordern, muss man, um nicht durch die störende Gegenwart freier Kohlensäure beirrt zu sein, dieselbe aus der organischen Flüssigkeit früher verjagen, was entweder durch Luftverdünnung unter dem Rezipienten der Luftpumpe, oder durch längeres Durchleiten eines Wasserstoffgasstromes durch die Flüssigkeit gelingt, nach dem physikalischen Grundsatze, dass ein Gas ein Anderes, das in einer Flüssigkeit absorbirt ist, bei längerem Durchstreichen vollkommen zu verdrängen vermag. Die Bestimmung der Carbonate in den Aschen der Thier- und Pflanzenstoffe hat nur für die Bestimmung der Basen, und in speziellen Fällen, nicht aber zur Bestimmung der Kohlensäure wissenschaftlichen Werth, denn aus den nie fehlenden organisch sauern Salzen, entstehen beim Verbrennen stets kohlens. Salze, die ein Produkt der chemischen Prozedur und nicht etwa ein Edukt der organischen Substanz vorstellen. Nach dieser Einäscherungsmethode wird man namentlich beim Pflanzenreiche fast in jeder Asche kohlens. Kalk und kohlens. Magnesia finden, am reichsten bei den sogenannten kalkstäten Pflanzen die auf kalkigen, dolomitischen und mergeligen Boden gewachsen sind; ebenso wird man in der Asche aller Binnenpflanzen, insonderheit der kalistäten Gewächse, wie der Rübe und des Weinstocks, deren Abfälle sogar zur Pottaschengewinnung sich eignen, kohlens. Kali und bei den Strand- und Seegewächsen den Salsoleen und bei Boragineen kohlens. Natron überwiegend finden.

Die Carbonate des Thierkörpers stammen daher im Allgemeinen und direkt nicht aus alimentärer Quelle; aber alle in den Alimenten pflanzlicher Natur genossenen, organisch sauren Salze, namentlich in den Gemüsen, Rübengattungen und Obst-

sorten, werden im Blute des Pflanzenfressers und natürlicher
Weise auch des Menschen, durch den daselbst herrschenden Ver-
wesungs- und Oxydationsprozess zu kohlens. Salzen verbrannt,
die, wenn ihre Einfuhr ein gewisses Mass überschreitet, sogar in
dem alkalisch trübe gelassenen Harne wieder austreten. Ein übermässiger Genuss pflanzensaurer Alkalien, der weinsteins. Salze,
der Brause- und Seidlitzpulver, vieler Beeren- und Fruchtsäfte,
so die bekannte Traubenkur, haben daher schliesslich denselben
Effekt, wie eine alkalische Therapie von alkalinischen Wässern,
Vichy-, Karlsbader-, Gleichenbergerwasser u. A. oder des künstlich bereiteten Sodawaters der Engländer, oder endlich des doppeltkohlens. Natrons. Es entsteht bei dieser Diät und Therapie
eine vermehrte Alkalescens des Blutes, und da in alkalischen
Flüssigkeiten viele Lösungsprozesse, wie die der Harnsäure, der
Proteïnate und viele Oxydationsprozesse, wie die des Zuckers,
der Fette, der Harnsäure, weit leichter gelingen als in sauern
Flüssigkeiten, so wird durch ihre Anwendung manchen tiefgrei-
fenden, therapeutischen Heilindikationen auf überraschende Weise
Genüge gethan. Die Therapie des kohlens. Natrons liefert noch
weitere Vortheile bei ihrer diätetischen Anwendung; dieses un-
schädliche Salz macht das Quellwasser weich, und extrahirt die
mannigfaltigsten Stoffe weit besser und weit vollständiger, wie
es auch bei der Bereitung des Kaffeetrankes eines decocto — in-
fusums der schwachgerösteten Bohne ein weit stärkeres und
besseres Getränke liefert; es regt in den Magen gebracht, die
Verdauung mächtig an; es ist diess kein Widerspruch mit dem
bei der Salzsäure Gesagten; allerdings gelingt die Magenverdauung am Besten und vielleicht ausschliesslich in saurer Lösung; aber die Anwendung kleiner Dosen des alkalischen Salzes regt eben die rasche und reichliche Absonderung des sauren
Kryptensaftes an, dessen kleinste Menge es neutralisirt, dessen
bei weitem grössere Menge aber es dem Speisenbreie zur thätigen Digestion zuführt. Weit geringer ist der therapeutische Werth
der kohlens. Erden, der Kreide, gebrannten Austerschalen, Krebssteine und der äusserst voluminösen, lockern, leichten basisch
kohlens. Magnesia, welche Körper nur als chemische Absorbentia,
einsaugende, säureverbindende Mittel in der Pyrose oder dem
Sodbrennen zur Anwendung kommen. Von dem interessanten
Falle, in welchem bei habituellem Kreidegenusse gegen Sod-

brennen, der kohlens. Kalk im Harne in derselben Dumbell's oder Bisquitform zur Ausscheidung kam, in der er normal im Harne der Pflanzenfresser als Sediment vorzukommen pflegt, habe ich bereits an einem anderen Orte weitläufiger gesprochen.

Während die löslichen Alkalicarbonate, in den Säften des Körpers gelöst, der Kohlensäureathmung im venösem Blute, dem Oxydationsprozesse der organischen Substanzen und dem Verkehre der gelösten Inquilinstoffe dienen, sind die unlöslichen Carbonate des Kalks und der Magnesia, die nur vorübergehend als Bicarbonate gelöst, durch die Säftemasse des Körpers verführt werden, allüberall geneigt, Praecipitationen und Inkrustationen zu bilden: In dem Gehörwasser des Ohres, in dem die letzten Endigungen des Gehörnerven flottiren, trifft man stets kleine Concretionen aus kohlens. Kalke die sogenannten Gehörsteine, deren akustische Bedeutung beim Gehörakte noch dunkel ist; ebenso findet sich dieses Salz im sogenannten Gehirnsande der Zirbeldrüse am Scheitel des Gehirnes; bei den Kaltblütern, insbesondere in der Familie der Krokodile und Saurier, bildet dieses Salz im Verein mit dem klees. Kalke, zwischen den Muskelbündeln und Sehnensträngen normal Concretionen- oder Muskelsteine, die ähnlich den Sesambeinchen höherer Thierklassen als eine Art beweglicher Rollen zur Erhöhung der Insertionsstelle der aktiven Bewegungsapparate wirken, und den mechanischen Hebeleffekt der Muskulatur begünstigen dürften. Bei den Grasfressern, wie beim Rinde, sind Harnsteine aus kohlens. Kalke, die beim Menschen und den Fleischfressern nur sehr selten vorkommen, eine gewöhnliche Sache. Die Concretionen der Drüsen, wie die Thränensteine, die Speichelsteine, dann die Praeputialsteine, die sich in der Vorhautfalte um die Eichel des Gliedes bilden, die wahren Darmsteine die im Blinddarme vorzüglich entstehen, sind auch beim Menschen vorwaltend aus kohlens. Erden zusammengesetzt, so wie denn auch der Beleg der Zunge und der sogenannte Weinstein der Zähne neben organischen Alimentär- und Epithelial-Detritus vorzüglich diese Salze enthält. Ausser diesen eigentlichen Concretionen haben aber die kohlens. Erden noch ein besonderes Bestreben, ganz nach Art der Tropfsteinbildung in der anorganischen Natur, sich an der Stelle wieder resorbirter und durch den Stoffwechsel flott gemachter Exsudate abzuscheiden, die Reste der organischen Masse

zu inkrustiren, und den verödenden Herd der Exsudation auszufüllen, welchen Vorgang die pathologische Anatomie Jen der
Verkreidung genannt hat, von dem ich aber in einer eigenen
Arbeit zu zeigen versucht habe, dass er richtiger Verirdung genannt werde, da sich nicht ausschliesslich und immer die Carbonate, sondern theilweise und oft auch die Phosphate daran
betheiligen; so verkreiden alte Tuberkelmassen, so obsolesciren
abgesackte Exsudate und Cysteninhalte, so bildet sich endlich
der atheromeratöse Prozess im Inneren der Gefässe, der wieder
eine jener unscheinbaren Ursachen gewaltiger organischer Explosionen werden kann, wie die Natur sie liebt; erreicht diese
atheromatöse, die Gefässwand mürbe, spröde und gebrechlich
machende Veränderung die Sinuse und Gefässe des Gehirns, so
kann eine einzige heftige Anstrengung beim Stuhlgange, beim
Husten, beim Niesen durch den vermehrten Druck des gestauten
Blutes den Einbruch der Wand des atheromatösen Gefässes, dadurch Hämorrhagie, Zertrümmerung der lokalen weichen Gehirn-
masse und je nach der Oertlichkeit, Sprachlosigkeit, Blödsinn,
Lähmungen und endlich den Tod durch Schlagfluss bedingen.

**Die Sulphate oder schwefels. Salze, ihr Vorkommen in der organischen Natur, ihr Nachweis, ihre biochemische Rolle.** Die Sulphate finden sich in der organischen Natur wohl
nur an Alkalien gebunden, da die Gegenwart von Gyps oder
schwefels. Kalk, so wie die des häufig beliebten phosphors. Eisenoxydes eine völlig ungerechtfertigte Hypothese ist, oder als Produkt der chemischen Operationen posthum erklärt werden muss.
Da über die differenzielle Bedeutung und den Einzelnnachweis
der alkalischen Basen, Kali und Natron, bereits das Nöthige mitgetheilt wurde, so erübrigt nur noch der Nachweis der Schwefelsäure, die ohnehin niemals frei in der organischen Natur an-
zutreffen ist. Der Nachweis der Sulphate darf gleichfalls nie in
der Asche der verbrannten organischen Substanz geschehen, weil
bei der häufigen Gegenwart schwefelhältiger Gebilde im Thier-
und Pflanzenreiche unter gleichzeitiger Gegenwart von kohlensauren und dreibasisch phosphors. Alkalien stets schwefels. Alkali
neu gebildet werden müsste, ohne ursprünglich in der organischen Substanz enthalten gewesen zu sein. Die Ausserachtlassung
dieser Regel hat die Humoral- und Solidarchemie der organischen Natur mit Sulphaten aller Art bevölkert, die nunmehr ins
Reich der Mythe verwiesen wurden. Die organischen Substanzen,
die auf Schwefelsäure zu prüfen sind, werden, wenn sie fest

sind, mit Wasser ausgekocht, filtrirt und die gewonnene klare
Lösung nach dem Erkalten unter Vermeidung von Salpetersäure,
welche die Neubildung von Schwefelsäure bedingen könnte, mit
Salzsäure angesäuert, und mit Chlorbaryum im Ueberschusse
versetzt; jede entstehende Trübung oder Fällung beweist die
Gegenwart von Schwefelsäure; sammelt man durch häufiges Bewegen und Erwärmen, bis sie kompakter wird, und endlich durch
Absitzen die Fällung von schwefels. Baryt, wäscht sie anfänglich
mit salzsaurem, später mit reinem, kochenden Wasser vollständig aus, trocknet, glüht und wägt sie, so lässt sich aus dem
Gewichte des reinen schwefels. Baryts leicht die Menge der
Schwefelsäure berechnen. 100 Theile schwefels. Baryts entsprechen 34,33 Theilen Schwefelsäure, d. h. man erhält das Gewicht
der fraglichen Schwefelsäure, wenn man das gefundene Gewicht
des schwefels. Baryts mit dem Dezimalbruche 0,343 multiplizirt.
Als einen weitern, obwohl fast überflüssigen Beweis der Gegenwart der Schwefelsäure, könnte man den gewogenen schwefels.
Baryt mit etwas Zucker oder Stärke innig verreiben und in
einem bedeckten Tiegel heftig glühen. Die organische Substanz
verbrennt auf Kosten der 4 Atome Sauerstoffs des schwefels.
Baryts zu Kohlensäure, Kohlenoxyd und Wasser, welche entweichen, während Schwefelbaryum $S Ba$ zurückbleibt. Man spühlt
den Glührückstand in ein Gläschen, säuert ihn mit etwas verdünnter Salzsäure an, und bedeckt ihn rasch mit einem Filter-
papiere, das mit etwas Silberlösung befeuchtet ist; die befeuchtete
Stelle schwärzt sich durch die Entwicklung von Schwefelwasserstoffgas.

Die Sulphate des Thierleibes stammen im Allgemeinen
und auf normale Weise wohl niemals aus alimentärer Quelle,
sondern entstehen im Blute selbst und innerhalb des Organismus
durch die Oxydation, den stäten Stoffumsatz und Verbrauch der
schwefelhältigen Gewebe; aus dem Blute aber, in dem sie direkt
nur höchst undeutlich und spurenweise nachweisbar sind, treten
sie sehr rasch in den Harn und in den Schweiss über; im Harne
können sie auf oben angegebene Weise direkt, leicht und mit
Sicherheit nachgewiesen werden. Das schwefelreiche Eiweiss des
Blutes, in der letzten Instanz die gemeinschaftliche Ernährungs-
wurzel sämmtlicher Gewebe des Thierkörpers, muss dei der aus
ihm erfolgenden Plastik schwefelärmerer oder selbst schwefel

freier Gewebe sich seines labilen Schwefelüberschusses entledigen, diess geschieht vielleicht zuerst in Form des schwefelhältigen Taurins der Galle und dürfte dieses Taurin der Galle, nachdem dieselbe bei dem Akte der Duodenalverdauung gedient hatte, wenn es nicht functionell ganz untergeht, wieder ins Blut resorbirt werden, da es sich weder unzersetzt, noch in seinen Zersetzungsprodukten als schwefels. und essigs. Ammoniak in den normalen Fäkalmassen vorfindet. Entweder in zweiter Instanz aus diesem resorbirten Taurin der Dauungsgalle, oder direkt in erster Instanz aus dem labilen Schwefelgehalte der Gewebe und Blutstoffe, oder endlich aus Beiden, bilden sich durch die im alkalischen Blute herrschende Oxydation die Sulphate, welche als störend für die exosmotischen und vitalen Vorgänge möglichst rasch durch Schweiss und Harn daraus wieder entfernt und ausgeschieden werden. Die spurenweise im Trinkwasser enthaltenen Sulphate, machen einen raschen, an den Lebensvorgängen kaum betheiligten Transito durch das Blut in die Exkrete durch; jedenfalls ist ein Trinkwasser, je reicher es an Sulphaten wird, um so weniger für die Dauer der Gesundheit und dem Leben zuträglich. In den Fischen, den niedersten Kaltblütern der Wirbelthiergruppe, werden die Sulphate merkwürdiger Weise als integrirende Bestandtheile der Knochen aufgeführt; sollte sich diese analogienlose Thatsache wirklich bestättigen, so wäre dieser Umstand vielleicht blos aus dem Sulphatgehalte des Meerwassers, des Mediums der Fische, oder vielleicht, besonders wenn diess auch für Flussfische gilt, aus der diesen Kaltblütern eigenen Trägheit des Stoffwechsels, die auch alle Ausscheidungen verzögert und verspätet, zu erklären; so viel ist aber gewiss, dass vor der Hand das schwefels. Natron der Knochen, und der hohe Phosphatgehalt des schwerverdaulichen Muskelfleisches der Fische eine Art biochemischer Charakteristik dieser Organismen liefert. Die Pflanze bedarf der schwefels. Salze zur Erhaltung ihres Lebens, zur Bildung ihrer schwefelhältigen Körper, der eiweissartigen Stoffe und der schwefelhältigen Oele; den zu ihrem Leben unentbehrlichen Schwefel scheint sie grösstentheils als schwefels. Ammoniak aufzunehmen, und daraus organisch zu reduziren; gleichzeitig dürfte sie damit ihre Kalknahrung beziehen. Der Gypsgehalt des Bodens unterliegt dem Einflusse des kohlens. Ammoniaks, und der niederfallenden mit freier Kohlensäure gesättigten Hydrometeore: $SO_3\ Ca\ O + CO_2$ $NH_4\ O + CO_2 = SO_3\ NH_4\ O,\ 2\ CO_2\ Ca\ O$; wie man sieht, entsteht unter diesem Einflusse der schwefels. Ammoniak und doppeltkohlens. Kalk, welche beiden Salze in Wasser gelöst der Pflanzenwurzel zugänglich sind. Desshalb ist das schwefels. Ammoniak, dessen massige und billige Produktion aus den Abfällen der Kloaken und aus Destillationsvorgängen stickstoffhältiger Körper, die dringendste Aufgabe des industriellen Ackerbaues der Zukunft ist, der wirksamste organische Dünger für die Kultursaaten der Stickstoffproduktion, an welche das Leben der Masse gebunden ist; desshalb ist der Gyps, diese Brücke zwischen mineralischer und organischer Düngung, von so günstigem Einflusse auf die Tragfähigkeit des Bodens, weil er den reichen aber unstäten, flüchtigen Schatz assimilirbaren Stickstoffs, der in Form von kohlens. Ammoniak in dem Luftmeer verdünnt schwebt, anzieht, verdichtet an die Scholle fesselt und ausschliesslich der jungen Saat zueignet. — Allerdings mögen sich mikroskopische Gypskryställchen als Raphiden in alternde, überlebte Pflanzenzellen verirren, wie denn überhaupt die Pflanzenwurzel mit ihren Saugfibrillen nicht wählen kann unter den Salzen des Bodens, sondern sie alle nehmen muss wie sie sind, aber nie wird man den Sulphaten einen anderen bleibenden Nahrungs- und Konstitutionswerth für das Pflanzenleben beilegen können, als den einer peremptorischen anorganischen Schwefelnahrung, aus welcher sich die lebende Pflanze kraft der ihr innewohnenden, gewaltigen Reduktionskraft ihren organischen Schwefelgehalt reduzirt und assimilirt. Das schwefels. Salz des Natrons, Sal mirabilis Glauberi, das schwefels. Kali oder Duplikatsalz Arcanum duplicatum, Sal polychrestus Glaseri, die schwefels. Magnesia, das Bittersalz, Epsomer, Seidschützer-, Püllnaeroder Bilinersalz, Sal amarus, drei lösliche schwefels. Neutralsalze, repräsentiren die Klasse der salinischen Purganzen. In kleinerer Menge genossen, gelangen sie zur Resorption und mittelst eines die chemische und physikalische Energie des Blutlebens störenden Transitos zur Auscheidung durch die Niere im Harne, ohne abführend zu wirkend, wesshalb man sich in ihrer Therapie vor zu kleinen und ängstlichen Dosen zu hüthen hat. In grösserer Menge genossen, werden sie nicht resorbirt, verkehren so zu sagen den Strom der normalen Endosmose in eine Ausschwitzung von Blutwasser ins Darmrohr, wirken Wasser anziehend, beschleunigen durch ihren salinischen Reiz auf die benetzte Schleimhaut und ihre Nerven die peristaltische Bewegung, wirken dadurch als Purganzen und erzeugen diarrhoische, kopiöse und ziemlich schmerzlose Entleerungen; ihr Missbrauch erzeugt zwar auch Torpor der Gedärme und habituelle Verstopfung, aber weit später und geringer, als die scharfen, resinösen, organischen Giftstoffe der weit schmerzlicher operirenden Senna, Aloë und Jalappa.

Die Kieselsäure oder Kieselerde Si $O_2$ die in der anorganischen Natur in ungeheuern Massen, in den sogenannten Silicaten vertreten ist, und in den plutonischen Urgesteinen so recht eigentlich die Knochen der Mutter-Erde bildet, hat im organischen Reiche eine weit untergeordnetere und beschränktere Verbreitung. Ganz fehlt sie zwar weder in einer bisher untersuchten Pflanze, noch in der Totalität eines Thierorganismus, aber namentlich im Thierleibe der höheren Klassen ist sie nur in kleiner Menge vertreten, sieht oft fast wie ein zufälliges Gemengsel aus, und hat, wenn überhaupt eine, so eine ziemlich untergeordnete und dunkle, biochemische Bedeutung. Die Aufgussthierchen oder Infusorien, deren fossile Ueberreste oft ganze mächtige und ausgedehnte Lager bilden, besitzen häufig einen Kieselerdepanzer, der seinen verschwindend kleinen Einwohnern meist eine merkwürdige Lebenszähigkeit und einen hartnäckigen Trotz gegen äussere Einflüsse verleiht. Die Pflanzenwelt, (namentlich die Familie der Gramineen,) ist ebenfalls oft reich an Kieselerde, die in löslicher Modifikation aus dem durch die atmosphärische Verwitterung aufgeschlossenen Bodengestein von den Wurzelfasern aufgenommen wird; dieser hohe Kieselgehalt gewisser Halme und Blätter kann bis zur rauschenden Steife und bis zur schneidenden Schärfe sich steigern, wie Jedermann weiss, dass man an Arexgräsern und Schilfrohr sich blutig schneiden und mittelst des Schachtelhalms, wie mit feinem Sande poliren und scheuern könne. Bei den höhern Wirbelthierklassen und dem Menschen, ist die Kieselsäure zum Beweise, dass auch dieser schwer lösliche Stoff dem ununterbrochenen mächtigen Stoffwechsel unterliege, wiederholt im Blute, im Harne, in den Knochen nachgewiesen worden. Am reichlichsten aber, und als ein zweifellos zum Bestehen der organischen Substanz unentbehrliches Aschensalz

Die Silicate und die freie Kieselsäure Si $O_2$ 385, 19 oder 30, 81, ihr Vorkommen in der organischen Natur, ihr Nachweis und ihrebiochemische Rolle.

tritt sie in den Federn aller Vögel, in der Wolle und in den
Haaren der Thiere und des Menschen auf. Die Kieselsäure die
in der Natur rein und krystallisirt als Bergkrystall vorkömmt,
und nur im Knallgasgebläse schmilzt, ist das Oxyd eines Elementes des Siliciums, das mit Bor und Kohle zur Klasse der
schwachen Brenner zählt, an der Grenze der Metalloide steht,
und in drei allotropen Zuständen, ähnlich der Kohle und dem
Bor nach den neuesten Erfahrungen der Wissenschaft dargestellt
werden kann, nemlich als brauner, amorpher Kiesel, als metallglänzender Graphitkiesel, und endlich als spissigkrystallisirter,
dunkler, aber schimmernder Demantkiesel, der unter den drei
nunmehr bekannten Demanten der weichste ist, so wie der Bor-
diamant an Härte selbst den alten Kohlenstoffdiamant übertrifft.
Die Kieselsäure hatte früher die Formel Si $O_3$, muss aber jetzt
nach erfolgter Korrektur und Verkleinerung des Atomgewichtes
des Siliciums die berichtigte Formel Si $O_2$ führen. Der Nachweis der Kieselsäure in organischen Massen geschieht sehr leicht
und einfach auf folgende Weise: Die organischen Massen werden
mit Salzsäure befeuchtet oder versetzt und zur Trockne verdunstet; hierauf vollständig mit Zuhilfenahme von rauchender Salpetersäure eingeäschert, die Asche noch einmal mit Salzsäure zur
Trockene abgeraucht, damit die Kieselsäure in die unlösliche
Modifikation übergehe, der Glührückstand mit allen passenden
Menstruen ausgekocht und erschöpft, der ungelöste Rest ausgesüsst, getrocknet und geglüht; es ist die Kieselsäure, die, wenn
es nöthig erscheint, unmittelbar als solche gewogen werden kann.
Den gewogenen Rest kann man nun noch weiter qualitativ auf
Kieselerde prüfen: 1) indem man ihn mit etwas kohlens. Kali-
natron verreibt, und das Gemenge in der Schlinge des Platindrahts mit der Löthrohrflamme behandelt; es muss unter sicht-
barer Kohlensäureentwicklung zu einem farblosen, durchsichtigen
Glase schmelzen; 2) mit Phosphorsalz gemischt und ebenso behandelt, muss eine durchsichtige Perle entstehen, in welcher ein
weisses, undurchsichtiges, sogenanntes Kieselskelett vertheilt erscheint; 3) mit etwas Flussspath und Schwefelsäure erwärmt,
entsteht Fluorsilicium, das beim Einleiten in Wasser auf die beim
Fluor angegebene Weise die Reaktionen der Kieselflusssäure liefert. Die therapeutischen Wirkungen löslicher Silicate sind so
gut wie unbekannt. Die erfolglos gebliebene Anwendung der

unlöslichen Kieselerde Silicina pura, in Pulverform bei Krebs-
diskrasie, gehört zu jenen ungerechtfertigten, planlosen, drolligen
Abenteuerlichkeiten, an welchen die praktische Medizin nur leider zu reich ist; sie ist ein Seitenstück zur Maulwurfskohle, zu
den kalcinirten Schuhsohlen und den abgetrockneten Blatternpu-
steln, mit denen eine hirnlose Empirie ebenso verstockt als aber-
gläubisch ihr Publikum, das sie leider immer fand, zu füttern
bemüht war.

Ueber die Metalle, ihre Ausmittlung, ihre Larvenzu-stände und ihre biochemische Bedeutung. Zu den Metallen, welche in der organischen Natur zweifellos vorkommen, gehört das Eisen, das Mangan und das
Kupfer, in vegetabilischer Beziehung auch noch das Aluminium;
selbstverständlich die vier leichten Metalle, Kali und Natrium,
Calcium und Magnesium einbegriffen. Von einzelnen Seiten
werden zwar auch Gold und Silber, Blei und Arsen aufgeführt; es ist aber mehr als wahrscheinlich, dass diess in den untersuchten Fällen bloss Zufälligkeiten und unwesentliche Kuriositä-
ten waren. Das Blei ist in Gehirn und Leber, das Arsen in Leber
und normalen Fäkalmassen, Letzteres sogar wiederholt von mir
selbst gefunden worden, aber die grosse Leichtigkeit, mit welcher
bei industriellen Prozessen aller Art Spuren von Giften, vielleicht
zu klein und zu kurze Zeit über eingeführt, um nachhaltig schaden zu können, in den Organismus gelangen, macht es dringend
wahrscheinlich, in diesen vereinzelten analytischen Thatsachen
nur Zufälle zu erblicken. Das Silber ist in neuerer Zeit in fabel-
haft kleiner Menge im Wasser des Ozeans aufgefunden worden,
woraus man eine nahe Beziehung zu den Seethieren vermuthen
könnte, vielleicht herrührend von untergegangenen Silberladun-
gen, namentlich bald nach dem Silberverkehre zwischen Spanien
und Amerika; Gold hat man in Eichen und ihrer Asche in äusserst kleiner Menge gefunden, beides trägt wahrscheinlich bloss
das Gepräge der Zufälligkeit. Die Thonerde oder das Alumin-
oxyd ist in einigen wenigen Pflanzen, so namentlich in dem
Lycopodium complanatum, einer Bärlappsamenart, und in neuester
Zeit, selbst in Rückenwirbeln einer Squalus- oder Haiart im
Thierreiche gefunden worden; wenn auch im letzteren Falle der
Verdacht blosser Zufälligkeit sehr rege wird, so verhält sich
doch bei den genannten Pflanzen die Sache entschieden anders,
da diese Lycopodiumart in künstlichem thonfreien Boden gar
nicht fortkömmt, während die anderen thonerdefreien Lycopodiaceen

sehr gut darin gedeihen; so ausgezeichnet der Einfluss der Thonerde im Thone, als Quellen- und Wasserscheide ganzer Länder-
bezirke, durch die von ihm abhängige Bewässerung der Gegend
auf die gesammte organische Natur in indirekter Weise sich äussert, ebenso dunkel und unbegreiflich ist die biochemische Rolle
dieser Thonerdespuren gewisser Pflanzenaschen.

Das Eisen spielt eine verbreitete Rolle und ist ein geradezu
unentbehrliches organisches Metall; es gibt keine Pflanze und
keinen thierischen Organismus, in deren Asche es nicht einen
konstanten Bestandtheil bilden würde; löst man was immer für
Pflanzen- oder Thieraschen in Salzsäure oder Königswasser auf,
so erhält man eine gelbe Lösung, in welcher stets alle die bekannten Reagenzien auf eclatante Weise, die Gegenwart des Eisens nachweisen: Schwefelammonium erzeugt eine grünschwarze
Fällung; Gallus- und Gerbsäure eine blauschwarze; Ferrocyankalium eine blaue; Ammoniak eine rostbraune; und Rhodankal-
lium bringt eine blutrothe Färbung hervor; aber so leicht der
Nachweis des Eisens in der salzs. Lösung organischer Aschen
gelingt, so sehr versagen fast alle angeführten Reagenzien ihren
Dienst, wenn es sich um die direkte Ausmittlung des Eisengehaltes organischer Körper handelt: den besten Beweis davon
liefert für das Pflanzenreich das wässerige Decoct der Theepflanze, in welchem wässerigen Auszuge die Gerbsäure des Thees
unbeschadet seines reichlichen Eisengehaltes gelöst ist, ohne die
bekannte Reaktion zu geben; dampft man aber das Theedecoct
zur Trockne ein und verbrennt es, löst die Asche in etwas Salzsäure, neutralisirt die Lösung und versetzt sie mit einem Theile
des unveränderten Thee-Extractes, so reagirt die Gerbsäure des
Thees sogleich auf das nunmehr aufgeschlossene Eisen des ein-
geäscherten Thees, in mächtiger Weise, denn die Theepflanze
gehört zu den eisenreichsten Gewächsen; für das Thierreich
wird der Beweis dieser Behauptung durch das Experiment her-
gestellt, wenn man die Lösung des gelben Blutlaugensalzes innerlich nimmt, wo sie unverändert durch die Niere im Harne
wieder austritt, und somit die ganze eisenhältige Blutmasse durchsetzen musste, ohne auch nur im mindesten auf das Eisen derselben zu reagiren und Berlinerblau abzuscheiden. Ganz dasselbe
gilt von Mangan, das, noch unbestimmt ob wesentlich oder zufällig, als treuer anorganischer Begleiter des Eisens demselben

7 *

auch auf seinen organischen Wanderungen nachfolgt; es wird in den Aschen sehr leicht auf doppelte Weise gefunden: 1) indem man die Asche mit etwas Kalisalpeter und Soda in der Schlinge des Platindrahts vor der Oxydationsflamme des Löthrohrs zur Perle schmilzt, welche bei Mangangegenwart von mangans. Natron grün gefärbt erscheint, oder 2) indem man die Asche mit braunem Bleihyperoxyd und Salpetersäure kocht, wobei sich nach dem Absitzen und Klären der purpurne oder doch röthliche Ton der Uebermangansäure einstellt. Ganz das Gleiche gilt auch vom Kupfer, welches im Limulus cyklops und in einigen Quallen und Medusen, niederen blaublütigen Seethieren als angeblich wesentliches Blutmetall zugegen ist, woraus man, obwohl wahrscheinlich ganz unrichtig, die beobachtete Giftigkeit des Genusses derartiger Seethiere erklären wollte. In der Asche, die man in Salzsäure auflöst, ist das früher maskirte Kupfer dann sehr leicht durch die braunschwarze Fällung mittelst Schwefelwasserstoff, die rothe Fällung mittelst Blutlaugensalz, und durch die blaue Lösung im Ammoniaküberschusse nachweisbar. Diese auffallende Thatsache der Gegenwart des Kupfers als Blutmetall drängt mehr als irgend Etwas, wegen des hohen Interesses des Gegenstandes zur bestättigenden Wiederholung der Versuche und zur Ventilation der Substitutionsfrage, die wir schon früher aufzuwerfen Gelegenheit fanden. So allgegenwärtig das Eisen auch im Pflanzen- und Thierkörper zu sein scheint, so ist doch nach Allem, was wir darüber wissen, sein Vorkommen an wenige organische Körper gebunden, und auf wenige organische Larven beschränkt, die es vor den gewöhnlichen Reagenzien maskiren und seine direkte Ausmittlung vereiteln. Und zu diesen organischen Larven des Eisens und der Metalle scheinen vorzüglich die stickstoffhältigen Pigmente zu gehören, von denen das grüne Chlorophyll mit seinem Eisengehalte ebenso allgegenwärtig im Pflanzenreiche auftritt, wie das rothe eisenhältige Hämatin in der höheren Thierwelt. Alle Warmblüter, und auch die kaltblütigen Wirbelthiere, mit Ausnahme des Amphioxus lanceolatus, des Letzten der Fische, haben rothe Blutkörperchen und in denselben ein eisen- und stickstoffhältiges Pigment, das Hämatin. Da nun die beiden eisenhältigen Pigmente, das Chlorophyll und Hämatin, als grün und roth, die Farbe der beiden Reihen der anorganischen Eisenverbindungen theilen, da ferner das blaue

Blut der früher erwähnten Seethiere, neben seinem Kupfergehalte auch wieder zufällig die Farbe der anorganischen Kupferverbindungen trägt, so hat man die Färbung der Pigmente selbst
von dem Metalle abhängig zu machen keinen Anstand genommen, bis Mulder zuerst zeigte, dass sich das Hämatin eisenfrei
gewinnen lasse, ohne doch seine rothe Farbe einzubüssen. Bringt
man nämlich trockenes Hämatin mit Schwefelsäure zusammen,
und verdünnt nach einiger Zeit mit Wasser, so tritt Wasserstoffentwicklung ein, schwefels. Eisenoxydul befindet sich in Lösung,
während das eisenfreie Hämatin noch immer mit rother Farbe
abgeschieden und gewonnen werden kann. Die Pigmente sind
wohl wahrscheinlich nicht die einzigen und ausschliesslichen Larven der Metalle, wie schon das Beispiel der Theepflanze zeigt,
in deren wenig gefärbtem, fast chlorophyllfreien, wässerigen Auszuge neben der Gerbsäure reichliche Mengen von Eisen und
Mangan gelöst sind, da wie schon erwähnt, der Thee die reichste
Pflanze an Eisen und Mangan ist. Dass aber die Pigmente wesentlich zur organischen Verlarvung des Eisens beitragen und in
einem innigen causalen Zusammenhange mit diesem Metalle
stehen, darüber hat uns die Natur ein Experiment im Grossen
vorgeführt: im Plattensee, einem der grössten Binnenseen Europas.
Der Balatonsee, von basaltischen eisenreichen Ufern eingeschlossen,
hat gegen Kesthély zu auf seinem Grunde mehrere Mofetten,
die fortwährend heisse Dämpfe mit Schwefelwasserstoff ausstos-
sen, so dass an diesen Stellen auf einen kleinen Umkreis des
Sees hin derselbe merklich wärmer ist, als an andern Orten. Nichtsdestoweniger kommt es nie zu einer nachweisbaren Menge Hydrothion
im Wasser des Sees, da das einströmende Gas stets zur Fällung
des aus den unterwaschenen Basaltufern aufgelösten Eisens verwendet wird, das als Schwefeleisen zu Boden fällt und den grün-
schwarzen Schlamm dieses Sees bildet. Die Oekonomie des völlig abgeschlossenen Binnensees verarmt dadurch gegen andere
Gewässer relativ an Eisen und die in ihm lebende und auf ihn
beschränkte Wasserflora und Fauna ist daher im grossartigsten
Masstabe bleichsüchtig geworden, so dass die Krebse des Plattensees im Sieden sich blos blassrosa färben, ja noch mehr, dass
der Fokos, die gastronomische Leckerheit Ungarns, d. i. der
Schill des Platensees, wegen seines bleichen Colorites lange Zeit
selbst von ichthyologischer Seite für eine Varietät gehalten wurde.

So wie das Eisen im Pflanzen- und Thierreiche nie direkt nachweisbar, sondern stets organisch verlarvt oder maskirt zugegen ist, und erst nach der Zerstörung seines organischen Begleiters durch Einäscherung nachgewiesen werden kann, so dürfte es wohl auch nur in organischen Verbindungen verdaut, resorbirt, assimilirt und zur Blutbildung benützt werden, worüber beim Hämatin das Weitere mitgetheilt werden wird.

Vorkommen der salpetersauren Salze in der organischen Natur und ihr Nachweis.

In einer beiläufigen Bemerkung muss erwähnt werden, dass die Energie des den Pflanzen eigenen Reduktionsprozesses so gross ist, dass sie sogar den Stickstoff der s a l p e t e r s. S a l z e zu reduziren und zu assimiliren vermögen, wodurch eben der Chili-salpeter zum kräftigen organischen Düngungsmittel sich eignet. Ist nun der Standort gewisser Pflanzen zu reich an salpeters. Salzen, als dass dieselben vollkommen assimilirt und verdaut werden könnten, so kann es geschehen, dass etwas unzerlegter Salpeter im Pflanzensafte zurückbleibt, was namentlich bei den Boragineen und der Tabakpflanze der Fall zu sein pflegt, welche Letztere in dem saliterreichen Boden Virginiens, während der Befreiungskriege sogar auf Salpeter zur Schiesspulverfabrikation ausgebeutet worden sein soll.

Eine bleibende biochemische Rolle spielt der Salpeter in der Zellenökonomie der Pflanze nicht, ebenso völlig ist er dem Chemismus der Thiere fremd. Seine Nachweisung in organischen Massen geschieht am Besten folgendermassen: Die organischen Körper werden ausgepresst, oder je nach Umständen mit Wasser ausgekocht; die gewonnenen Lösungen im Wasserbade conzentrirt, hierauf zur Krystallisation an einem kühlen Orte bei Seite gestellt; erhält man nach einigen Tagen keine reinen erkennbaren Salpeterkrystalle, so wird die krystallinische Masse, die sich jedenfalls abschied, aus der Flüssigkeit gesoggt, mit Alkohol abgespühlt, in eine kleine Retorte gefüllt, mit etwas Kupferfeilspänen gemischt, und mit Schwefelsäure destillirt; die übergehenden Dämpfe werden in Eisenvitriollösung aufgefangen, die mit Schwefelsäure angesäuert ist; wenn Salpetersäure zugegen ist, färbt sich durch das übergehende Stickoxydgas die grüne Eisenvitriollösung der Vorlage granatroth oder granatbraun.

---

Verbindungen mit zusammengesetzten Radikalen. Organische

Die Verbindungen der organischen Chemie stehen den anorganischen binären und quaternären Körpern als Ver-

bindungen zusammengesetzter Radikale entgegen. Zusammengesetzte Radikale nennt man Atomencomplexe von zwei oder mehreren Elementen, die selber wieder die Rolle der Elemente wie-
derholen, und in welchen die Elemente so innig aneinander gebunden sind, dass sie wahrscheinlich in einer einzigen Wärmehülle eingeschlossen aneinander liegen und nur einen chemischen Schwer-
punkt besitzen. Wir theilen die organischen Körper in zwei grosse
Klassen, in die stickstofffreien und in die stickstoffhältigen Körper ein; die Stickstofffreien zerfällen wir weiter in die Kohlenhydrate; Pigment- und Extraktivstoffe; Lipoide; in die organischen Säuren; Halidbasen und ihre Salze, die Aetherarten und
Fette; die Stickstoffhältigen theilen wir weiter in die Alkalide, die
kopulirten Säuren, Extraktivstoffe und Pigmente und endlich in
die Familie des Proteins und ihre Derivationen.

Substanzen des Thier- und Pflanzenkörpers.

Die Kohlenhydrate theilen wir in fünf Familien ab: in die
Glykose, Gummose, Pektose, Amylose und Cellulose.
Die Familie der Glykose umfasst die Zuckerarten; zugleich mit
einem Anhange oder den Süssen; unter die Zuckerarten sind zu
zählen: der Traubenzucker, der krystallisirbare Rohrzucker, der
Milchzucker, der Querzit, der Sorbit, der Schwamm- und Eukalyptus-
zucker und der Inosit, unter die Süsse: der Mannit und das
Glycirrhizin.

Kohlenhydrate. Familie der Glykosen, Trauben-zucker $C_{12} H_{12} O_{12}$.

Der Traubenzucker findet sich sehr verbreitet im ganzen
Pflanzenreiche, in den allermeisten Pflanzensäften gelöst; er entsteht namentlich in den reifen Früchten und Obstsorten, wie es
scheint erst schrittweise und spät aus der Kohlensäure und dem
Wasser, welche die Pflanzen einhauchen und einsaugen, durch
einen ununterbrochen fortlaufenden Reduktionsprozess, dessen
frühere Glieder Pektosen, Gerbstoffe und die organischen Säuren
der Weinsäuregruppen sind, wesshalb die Fruchtanlage und unreife Frucht früher holzig, herb und sauer schmeckt, ehe sie
endlich den süssen Wohlgeschmack vollendeter Reife erlangt; er
schmeckt weniger süss und ist schwerer in Wasser und Weingeist löslich, krystallisirt auch schwerer als der Rohrzucker, und
meist nur in warzigen, undeutlichen Formen; eine unkrystallisirbare Varietät desselben, der Schleimzucker, der im Honig neben
dem krystallisirten Traubenzucker und in vielen Melassen und
Syrupen neben krystallisirbarem Rohrzucker vorkömmt, lenkt den
polarisirten Lichtstrahl nach links ab, oder dreht die Polarisa-

tionsebene nach links, während der reine krystallisirte Rohrzucker rechts drehend wirkt, und andere Zuckerarten sich unwirksam verhalten; der Traubenzucker ist, wie es scheint strenge genommen der einzige gährungsfähige Zucker, da sich alle andern Zuckerarten, die der geistigen Gährung fähig sind, nachweislich zuerst in ihn verwandeln, ehe sie weiter zu Weingeist und Kohlensäure vergähren; fast alle Kohlenhydrate können sich durch chemische Wasseraufnahme in ihre Formel in Traubenzucker umwandeln, u. z. unter folgenden Bedingungen: 1) durch Erhitzen mit Wasser bei Temperaturen die den Siedepunkt desselben übersteigen, also im geschlossenen Raume, in zugeschmolzenen Röhren oder im papin'schen Digestor; 2) durch Zusammenbringen mit Fermenten, gährungserregenden Substanzen, Körper, welche die französische sehr zweckmässige Nomenklatur gemeinschaftlich durch die Endsilbe ase bezeichnet, also durch Ptyalase oder Speichelferment, durch Pektase oder Fruchtferment, durch Diastase oder Malzferment, durch Synaptase oder Mandelferment und endlich durch Bierhefe, welche sehr rasch, namentlich den Rohrzucker in Traubenzucker umsetzt; 3) durch Digeriren mit sehr verdünnten Alkalien, und noch schneller und vollständiger 4) durch Erwärmen mit sehr verdünnten Säuren, wie mit verdünnter Schwefelsäure und Salpetersäure; alle diese genannten Substanzen wirken nur katalytisch, durch blossen Contakt oder durch ihre blosse Gegenwart, ohne sich selbst stofflich am Prozesse zu betheiligen.

Der Traubenzucker hat die Eigenschaft, in alkalischer Lösung, also als Kalisacharat oder Natronsacharat die Kupferoxydsalze anfänglich zu Kupferoxydul, und später selbst zu metallischem Kupfer zu reduziren; versetzt man seine Lösung mit Kupfervitriol und Kali im Ueberschusse, so entsteht eine tiefblaue Lösung, die beim Erwärmen anfänglich orangegelbes Kupferoxydulhydrat, später anhydrisches, ziegelrothes Kupferoxydul und zuletzt braunes, regulinisches Kupfer abscheidet, das sich oft an die Glaswände des Kochröhrchens, als glänzender, kohaerenter rother Kupferspiegel anlegt. Diese Reaktion theilt der Traubenzucker mit dem Milchzucker, unterscheidet sich aber von diesem durch sein Verhalten gegen konzentrirte Schwefelsäure, welche den Milchzucker wie den Rohrzucker verkohlt, während sie mit dem unzersetzten Traubenzucker sich zur gepaarten Zucker-

schwefelsäure vereinigt, deren Barytsalz im heissen Wasser löslich ist, und daher zur Reindarstellung dieser Säure und zur
Trennung des Traubenzuckers von den verwandten Zuckersorten
dienen kann. Mit fixen ätzenden Alkalien an und für sich an
der Luft gekocht, färbt sich die Traubenzuckerlösung gerade
wie die Milchzuckerlösung unter Sauerstoffabsorption goldgelb
bis rhumbraun, indem sich unter Zersetzung des Zuckers ulmin-
saures Kali bildet; säuert man diese braune Lösung mit Salpetersäure an, so erblasst sie und entwickelt beim leisen Erwärmen
caramelähnliche, nach Zuckerrauch riechende Dämpfe, welche
die Gegenwart des Zuckers sogar dem Geruchsinne offenbaren;
mischt man Traubenzucker mit Hefe in einem verschlossenen
Gefässe in mässig verdünnter Lösung, das durch ein Gasleitungsrohr mit einer Vorlage mit Kalk- oder Barytwasser in Verbindung steht, so stellt sich bei einer Temperatur von 10—30⁰ R.
nach einiger Zeit die geistige Gährung ein, derzufolge der Traubenzucker in Alkohol und Kohlensäure gespalten wird: $C_{12} H_{12}$
$O_{12} = 2 C_4 H_6 O_2 + 4 CO_2$, wovon der Erstere in der nunmehr
geistig riechenden und schmeckenden Flüssigkeit zurückbleibt,
während die Kohlensäure das Sperrwasser trübt, und kohlens.
Kalk oder Baryt niederschlägt; man könnte diese Kohlensäure
auch in graduirten Röhren über Quecksilber auffangen, ihr Volumen messen und daraus die Menge des Zuckers bestimmen,
indem man die Anzahl der Cubikcentimeter des kohlens. Gases
mit dem Dezimalbruche 0,0147 multiplizirt: das Produkt liefert
den Zucker in Grammen; oder noch genauer, indem man die
völlig vergohrne Masse bei guter Kühlung aus einer Retorte in
eine Vorlage destillirt, bis ²/₃ der Flüssigkeit übergegangen sind,
das Destillat wägt, in demselben durch einen Gewichtsaräometer
genau den Gehalt an absoluten Alkohol bestimmt und diesen gefundenen Gehalt mit dem Dezimalbruche 1,9565 multiplizirt: das
Produkt liefert den Zucker. Man kann den Traubenzucker auch
volumetrisch bestimmen, durch eine titrirte weins. Kupferoxyd-
kali- oder Natronlösung, besser und sicherer noch durch die von
mir vorgeschlagene Glycerinkupferoxyd-Kalilösung, die den Vor-
theil gewährt, dass man die einmal im grossen Massstabe angefertigte titrirte Lösung ohne Gefahr einer Zersetzung oder Reduktion längere Zeit über aufbewahren kann. Die titrirte blaue
alkalische Kupferlösung wird dabei aus einer graduirten Burette

oder Pipette so lange tropfenweise in die abgemessene und in heisses Wasser eingestellte Zuckerlösung zugesetzt, als noch Reduktion zu gelbrothen Kupferoxydul eintritt, und bis die blaue Farbe der Kupferlösung sich unzersetzt zu behaupten anfängt. 5 Theile Kupferoxyd der titrirten Lösung entsprechen dann circa 1 Theile des Zuckers. Ausser seiner fast allgemeinen Verbreitung in den Säften des Pflanzenreichs kommt der Traubenzucker nach physiologisch chemischen Beobachtungen stets im Lebervenenblute vor, auch dann, wenn Fleischfresser eine völlig kohlenhydratfreie Nahrung geniessen, und somit im Pfortaderblute keine Spur des Zuckers zu finden ist; die Funktion der Leber als zuckerbildendes Organ im Thierkörper scheint eine Art von Gährungsprozess zu repräsentiren; das Pfortaderblut das einströmt, ist die Maische, die vergährt; die metabolischen Leberzellen sind die Hefe, das Ferment oder der Gährungserreger; wie die Bierhefe als sogenanntes Zeug bei der Gährung der Bierwürze aus deren stickstoffhältigen Bestandtheilen sich neu bildet und erzeugt, gerade so ernährt sich das Organ der Leber oder regeneriren sich die Leberzellen aus einem Antheile der stickstoffhältigen Stoffe des Pfortaderblutes, während aus dem Reste desselben zwei neue Gährprodukte entstehen; nämlich die wasserstoff- und natronreiche Galle, und das zuckerhältige Lebervenenblut; durch diese Auffassung der lokalen Organernährung als eines Gährungsprozesses wird allein die Thatsache erklärlich, dass aus einem und demselben Blutsafte an verschiedenen Orten die verschiedenartigsten Gewebe ernährt und gebildet werden. Der Traubenzucker ist somit ein normaler Indigena des Thierkörpers; allein durch die im Blute herrschende Oxydation fällt er der nimmersatten und ruhelosen vitalen Verwesung des thierischen Stoffwechsels gar bald anheim, zerfällt schliesslich vollständig in Kohlensäure und Wasser und stellt dabei sein Contingent zur Erzeugung der thierischen Eigenwärme. Wird er als Nahrungsmittel im grossen Ueberschusse und plötzlich eingeführt, so dass seine auf einmal in den Körper gerathende Menge die Assimilations- und Verwesungskraft des Organismus überschreitet, so wird er als solcher, aber auch der genossene Rohrzucker als Traubenzucker im Harne ausgeschieden; dasselbe geschieht pathologisch, wenn aus irgend welchen Gründen die Verbrennungsgrösse des Blutes sinkt, oder die dieselbe bedingende Alkalizität bedeutend abnimmt; bei dem Bernard'schen Experimente des Einstichs in die vierte Hirnhöhle bei Thieren, wird merkwürdiger Weise der ganze chemische Haushalt geändert; und vielleicht in Folge elektrischer Veränderungen, von denen ja, wie wir wissen, der Chemismus so abhängig ist, tritt eine Säuerung oder doch eine Disposition zum Sauerwerden aller normal alkalisch reagirenden Säfte und Flüssigkeiten ein, so dass die verwundeten herbivoren Kaninchen, die normal und alkalisch trübe harnen, einen klarbleibenden, starksauren, zuckerreichen Harn secerniren; ja, dass sogar die Leber und das Blut solcher Thiere gleich nach dem Tode eine saure Reaktion verrathen. Bei dieser verringerten Alkalizität der Säfte und der relativ gesunkenen Oxydation kann der durch die Leberthätigkeit erzeugte, inquiline Zucker nicht verwesen und tritt unoxydirt im Harne aus. So entsteht die in Bezug auf ihre Pathogenese so dunkle, in Bezug auf ihre Therapie geradezu trostlose Krankheit: die Mellituric, der Diabetes mellitus oder die Zuckerharnruhr; wie dort das verwundete Kaninchen den sauren Harn der Fleischfresser absondert, so alienirt sich umgekehrt der Geschmack und die Esslust melliturischer Patienten so, dass sie Fleischkost mit Eckel zurückweisen, vorzüglich nach kohlehydratischer Nahrung verlangen und bei deren Entziehung wahrhaft Mangel und Qual leiden; da nicht in der stofflichen Gegenwart des indifferenten Zuckers im Harne das Uebel liegt, so erscheint uns das gewaltsame Verbot der geliebten kohlenhydratischen Nahrung, und ihre quälende Entziehung, bei welcher selbstverständlich die Zuckermenge im Harne zwar abnimmt, aber ohne je völlig zu schwinden, gänzlich ungerechtfertigt und nutzlos; man bewillige den Patienten die kohlenhydratische vegetabilische Kost, nach der sie so lüstern sind; schmuggle in derselben nur eine hinreichende Menge proteïnreicher Alimente und eiweissartiger Stoffe ein, und reiche in Diät und Therapie vorzüglich Alkalien und alkalische Wässer.

Der Rohrzucker im wasserfreien Zustande isomer mit der Stärke $C_{12} H_{10} O_{10}$ ist die löslichste, süsseste und am leichtesten in (viertelprismatischen Gestalten) krystallisirende Zuckerart, die im Gegensatze zum Traubenzucker sich nur in wenigen Pflanzenspezies, in diesen aber gewöhnlich in sehr ergiebiger Menge 5 bis 15% des frischen Saftes betragend vorfindet; diese Pflanzen sind namentlich das Zuckerrohr, der Zuckerahorn und

Rohrzucker.

die Zuckerrübe; aus dem geläuterten und neutralisirten Safte wird gewöhnlich zuerst durch Einkochen Rohzucker, sogenannte Moskovade, bei grösserer Läuterung Kassonade und endlich durch Wiederauflösen und Filtriren über Knochenkohle in den Dumont'schen Filter reines Klärsel gewonnen, das durch Einkochen in der Vacuumpfanne, Stören der Krystallisation, Eintragen in die Basterformen und Decken zum sogenannten Hutzucker, zur krystallinischen Raffinade verarbeitet wird, während der unkrystallisirbare Schleimzucker als Melasse abläuft; diese und die Rückstände des Zuckerrohrs in den Colonien, Bagasse genannt, die schliesslich selbst als Brennmaterial benützt werden, werden vergähren gelassen und zur Darstellung des Jamaikarhums verwendet. Der Rohrzucker ist nur dem Pflanzenreiche zu eigen, und ist bisher im Thierreiche noch nirgends angetroffen worden; selbst bei seinem Genusse verwandelt er sich sehr rasch in Traubenzucker und tritt als solcher bei grosser Uebermässigkeit seiner Einfuhr rasch vorübergehend im Harne aus. Er wird durch konzentrirte Schwefelsäure zum Unterschiede vom Traubenzucker sehr rasch verkohlt, ohne eine gepaarte Säure zu liefern; liefert aber wie die meisten Zuckerarten beim Kochen mit Salpetersäure, Kleesäure und Zuckersäure, gibt direkt weder die Kali- noch die Kupferoxydprobe, wohl aber nach minutenlangem Aufkochen mit Salpetersäure, wobei er sich in Traubenzucker umwandelt.

**Sorbit.** In den Vogelbeeren, den Früchten der Eberesche Sorbus aucuparia und wahrscheinlich in allen Crataegus- und Rhamnusarten und in den meisten Beerensorten findet sich ein krystallisirbares, gährfähiges Kohlenhydrat, das auf das Pflanzenreich beschränkt ist, den Namen Sorbit erhielt und nur als Aliment der beerenfressenden Thierwelt von biochemischem Interesse ist.

**Querzit.** In den Eicheln findet sich neben den Gerbstoffen in reichlicher Menge ein krystallisirbares Kohlenhydrat der Zuckergruppe, der Querzit, der sich namentlich an den günstigen Wirkungen der Eichelmast betheiligt.

**Eucalyptit.** In den Eucalyptusarten der neuholländischen Flora, findet sich eine krystallisirbare Zuckerart dieses Namens, die höchstens von lokalem biochemischen Interesse ist.

**Amanit.** In der Kryptogamenfamilie der Schwämme Amanita, wozu unser Fliegenschwamm und der Wüstenschwamm gehören, findet sich neben Cellulose, dem Proteinate Fungin, fumar- und äpfelsauren Salzen, ferner neben dem betäubend giftigen, vielleicht alkaloidischen Amanitin, eine krystallisirbare Zuckerart, der Amanit oder Schwammzucker, der gährungsfähig ist und von den Steppenvölkern der Tatarei, Bucharei, Mongolei zur Darstellung gegohrner Flüssigkeiten oder doch zur Würze ihres Stutenmilchweines benützt wird.

In der Milch aller Säugethiere, mit Sicherheit aber auch nur da, findet sich ein krystallisirbares, schwer lösliches, zwischen den Zähnen knirschendes, wenig süsses Kohlenhydrat, der Milchzucker oder die Lactose, das in milchreichen Ländern durch Eindampfen der süssgelabten Kuhmolke gewonnen wird; selbst Fleischfresser, bei exklusiver Fleischnahrung, liefern ein Milchsekret, das doch geringe Mengen von Milchzucker enthält, obwohl derselbe bei Zuckerkost oder kohlenhydratischer Nahrung überhaupt, insbesondere bei Pflanzenfressern oder Omnivoren hervortritt; der Milchzucker repräsentirt die Kohlenhydrate in der ersten Nahrung des Säuglings, welche im Hühnereie abweichend durch Traubenzucker vertreten sind, der während des Brütens verschwindet; der Milchzucker ist trotz seiner weit geringern Löslichkeit, wegen seiner leichteren Spaltung oder Halbirung zu Milchsäure, $C_{12} H_{11} O_{11} + aqu: = 2 C_6 H_5 O_5$ aq. und wegen seiner geringern Gährfähigkeit zweifellos dem Thierkörper assimilirbarer als jede andere Zuckerart. Er wird durch Schwefelsäure verkohlt wie der Rohrzucker, gibt aber direkt, wie der Traubenzucker die Kali- und Kupferoxydprobe. Die Steppennomaden versetzen die Milch ihrer Stuten mit oder ohne Zusatz von Wüstenschwamm in Gährung und erzeugen dadurch ein säuerlich geistiges Getränk, das neben Alkohol Milchsäure enthält, den Koumiss, einen wahren Stutenmilchwein, der destillirt den Stutenmilchgeist oder die Arsa der Tataren liefert: Sollte die Angabe sonst verlässlicher und kompetenter Reisenden Thatsache sein, dass nämlich die gemeinen Tataren den Gästen ihres Khanes, die aus dem Zelte vom Saufgelage bei Seite gehen, ihre eigenen Trinkgeschirre unterhalten, und dieses aus zweiter Hand bezogene Getränk mit schnalzender Zunge bis zur Berauschung geniessen, so könnte die Wirkung dieses sonderbaren doppelt animalischen Gebräudes wohl nur von dem betäubenden Prinzipe des Wüstenschwammes, dem Amanitin erklärt werden, da Alkohol als solcher in den Harn nicht übergeht.

Milchzucker
$C_{12} H_{11} O_{11}$.

Inosit.

Zu den neueren zoochemischen Entdeckungen gehört der Nachweis eines krystallisirbaren, obwohl wie es scheint, nicht geistig gährfähigen Kohlenhydrats der Zuckergruppe des Inosits oder Muskelzuckers, im Muskelfleisch und Parenchym der Thiere, welcher Stoff so recht eigenthümlich die Kohlenhydrate im Thierleibe einbürgern wird; vielleicht, dass er ein Spaltungsprodukt des Syntonins, neben dem Kreatin darstellt, und mit diesem weiter die Bildung der Milchsäure und Inosinsäure veranlasst, aus welchen endlich die Kohlensäure und das Wasser der Lungen- und Hautathmung, und der Harnstoff des Nierensekretes hervorgeht. Mit etwas Chlorkalcium und Ammoniak auf einem Glasblättchen verdampft, liefert er einen charakteristisch rothen Rückstand, durch welche Reaktion er seine Gegenwart leicht zu erkennen gibt.

DieSüsse.Mannit.

In dem sogenannten Honig- oder Mehlthau, einer exsudativen durch Ueberreiz grosser Temperatursprünge hervorgerufenen Erkrankung des Diachyms der Blätter, tritt neben Traubenzucker häufig ein krystallisirbares Süss auf, das gährungsfähig ist und dessen Formel bereits aus den Zifferschranken der Kohlenhydrate hinaustritt, der Mannit oder Mannazucker, so benannt von dem Manna, einer massig auftretenden süssen Ausschwitzung der Blätter der Fraxinus Ornus, excelsior, mannigera in den Eschenwäldern Calabriens und Apuliens. Die Kali- und Kupferoxydprobe gibt dieses Süss erst nach längerem Kochen mit Chlorsalpetersäure oder Königswasser. Durch Auflösen der Manna in Wasser, Versetzen mit Bleiessig, Sättigen des Filtrates mit Schwefelwasserstoff, um den Bleiüberschuss zu fällen, und Verdampfen des abermaligen Filtrates im Wasserbade, wird der Mannit sehr leicht in seidenglänzenden Prismen krystallisirt gewonnen. Von einigem Interesse, obwohl nicht biochemischer Inhalts ist das Fulmin dieses Süsses. Fulmine sind Nitroverbindungen der Kohlenhydrate, Kohlenhydrate deren ein oder mehrere Wasserstoffatome durch Untersalpetersäure $NO_4 = X$ substituirt erscheinen, ohne dass ihr Kohlen- oder Sauerstoffgehalt sich geändert hätte; sie werden gewöhnlich dargestellt, indem man die Kohlenhydrate kurze Zeit über mit einem Gemische höchst konzentrirter Salpeter- und Schwefelsäure behandelt und sie sodann in einem grossen Ueberschusse kalten Wassers bis zur vollständigen Entsäuerung auswäscht. Die Fulmine sind im äussern Ansehen den

Kohlenhydraten oft völlig ähnlich, in Wasser nie, in Alkohol, Aether und Essigäther meistens löslich; die Lösungen schmecken intensiv bitter; die Stoffe selbst haben durch die Nitrirung ihre Verdaulichkeit und biochemische Assimilirbarkeit völlig eingebüsst; sie sind sämmtlich explosiv und rückstandslos verbrennlich. Das Fulmin des Mannits, der aus Alkohol umkrystallisirbare Nitromannit, verpufft so heftig, dass er zur Füllung der Zündhütchen an der Stelle des gefährlicheren und giftigen Knallquecksilbers Verwendung finden dürfte.

Das extraktive Süss der Süssholzwurzel von Glycirrhica glabra und echinata ist unkrystallisirbar und gährungsunfähig, und dürfte nicht nur in dem bekannten Extr. liquiritiae, im Lakrizzensafte oder Beerenzucker, sondern noch in vielen andern offizinellen Pflanzenextrakten vorkommen, ohne irgend eine tiefere biochemische Bedeutung zu haben. *Glycirrhicin.*

Die zweite Familie der Kohlenhydrate begreift Körper, welche in kaltem und heissem Wasser, theils mit, theils ohne vorhergehender Quellung oder Volumsvergrösserung auflöslich sind, mit Kupferoxyd und Kali erwärmt, blaue permanente Fällungen darstellen, durch Jod mit oder ohne Anwendung von Schwefelsäure weinroth gefärbt, durch kochende Salpetersäure in Kleesäure und Schleimsäure verwandelt, und aus ihren wässerigen Lösungen durch Alkohol in weissen Flocken gefällt werden. *Familie der Gummosen. Gummiarten.*

Das löslichste Gummi unter den natürlichen Arten dieser Familie ist das sogenannte arabische Gummi, das allgemein bekannte Klebmittel, das seine Bildung einem exsudativen Krankheitsprozesse der Mimosen- und Acacienpflanzen Arabiens und Afrikas verdankt. *Arabin oder Acazin.*

Aus den sogenannten Gummibeulen unserer einheimischen Obstbäume, namentlich des Kirschen-, Pflaumen- und Aprikosenbaumes fliesst eine andere, schon minder lösliche Gummiart aus, die erst nach geringer Quellung vom kalten Wasser aufgenommen wird, das Cerasin oder Kirschgummi. *Cerasin, Obstgummi.*

Aus der vorwaltend asiatischen Tragantwicke, Astragalus tragacantha, die namentlich in Klein-Asien in der Gegend von Bassora am üppigsten gedeiht, stammt das unlöslichste der natürlichen Gummi, das Bassorin oder Tragantgummi, das übrigens eine weit grössere Verbreitung im Pflanzenreiche hat, als Teigmasse in der Pharmacie und in der Plastik des Zuckerbäckers *Bassorin oder Tragantgummi.*

benützt wird, und mindestens um das zwanzigfache Volumen aufquillt, ehe es im heissen Wasser sich auflöst.

Dextrin oder Leiocome.

Wie bereits erwähnt, lassen sich unter gewissen Umständen alle Kohlenhydrate in Glycosen verwandeln; auf diesem Wege der Umwandlung durchlaufen sie auch die Gummose und lassen sich darin in dieser Phase ihrer Umwandlung als künstliches Gummi fixiren, das, auf nassem Wege durch Kochen gewonnen, wegen seiner rechtsdrehenden Eigenschaft auf das polarisirte Licht Dextrin, auf trockenem Wege bei Rösthitze gewonnen, Leiocome oder Röstgummi, und wegen seiner gewöhnlichen Darstellung aus Kartoffelstärke, Stärkegummi genannt wird. Das Dextrin tritt weit häufiger unter den Alimenten auf als die natürlichen Gummis, und hat wohl nahezu dieselbe Bedeutung wie die Glykosen und die Kohlenhydrate überhaupt; es findet sich in der glänzenden Rinde aller Brot- und Gebäckssorten, im Biere, dessen Klebrigkeit es bedingt, und in allen länger gekochten oder gerösteten Mehlspeisen der Küche.

Familie der Amylosen. Stärkmehlartige Körper.

Die Familie der Amylosen umfasst vorzüglich drei chemische Individualitäten, die sich übrigens in eine bedeutende Menge mikroskopischer Formen kleiden, das Amidon (Saamen-Stärkmehl), das Inulin (Wurzelstärke), das Lichenin (Satzmehl der Kryptogamen). In den meisten Pflanzensaamen und in allen mehligen Knollen, also vorzüglich in den Getreidearten und in den Kartoffeln, aber auch in den Markstrahlen der Palmen und einiger anderer Gewächse findet sich in grosser Masse das Amidon $C_{12} H_{10} O_{10}$ gewöhnlich in Formen kleiner, ovaler oder runder, häufig buchtiger Körperchen, die in eine Hülle von Cellulose eingeschlossen und in grössere Zellenräume des Pflanzenkörpers eingezellt sind; sie werden durch Jodlösung auch ohne Anwendung von Schwefelsäure tiefblau bis violett gefärbt, verwandeln sich beim feuchten Rösten in Leiocome, beim Kochen mit Salpetersäure in Kleesäure, beim Kochen mit sehr verdünnter Schwefelsäure in Dextrin und Krümmelzucker, sind in kaltem Wasser vollständig unlöslich, bleiben es aber auch strenge genommen im heissen Wasser, indem sie nur zu einer zusammenhängenden, nicht filtrirbaren Masse aufquellen, die aus dem aufgeweichten und vergrösserten, in das Fachwerk der geborstenen Cellulosehüllen eingezellten Amidoninhalte besteht, und Kleister heisst. Die äusserst zahlreichen Stärkmehlkügelchen können der kleinlichen Unterschiede wegen nicht nutzbringend beschrieben, sondern nur durch eigene mikroskopische Anschauung festgehalten werden, die es bei einiger Uebung möglich macht, empirisch die mannigfaltigsten Fälschungen und Zusätze von Nahrungsmitteln zu entdecken. Vom Amidon. unterscheiden wir folgende Spielarten der Form: 1) das Samen- oder Getreidestärkmehl von Triticum, hordeum, avena, secale, panicum u. s. w.; 2) die Kartoffel- oder Knollenstärke von Solanum, helianthus, Fritillaria, Batatas u. s. w.; 3) Arrow-Root, Pfeilwurzelstärke von Maranta tricolor, einer amerikanischen Pflanze, welcher die Eingebornen die Kraft zuschreiben, die Wunden ihrer mit Courara vergifteten Pfeile zu heilen, namentlich von englischen Märkten her in den Continentalhandel gebracht, und ohne allen chemischen Grund, vorzüglich in der Kinderpraxis der einheimischen Stärke diätetisch vorgezogen; 4) Tapiocca und Mandiocca, von den amerikanischen Pflanzen Jatropha curcas und Manihot, von gleichem Rufe wie das Arrow-Root; 5) Sagostärke oder das durch Siebe gekörnte geröstete Mark der Sagopalme, das übrigens im Handel meist durch Fälschung aus gekörnter Kartoffelstärke nachgebildet ist, und sich gleichfalls eines völlig ungerechtfertigten Rufes in der Diät der Kranken und Rekonvalescenten erfreut.

*(Marginalien: Saamen- oder Getreidestärkmehl. Kartoffel- oderKnollenstärke. Arrow Root. Tapioca und Mandiocca. Sagostärke.)*

In den Wurzeln sehr vieler Pflanzen, in dem Holzkörper vieler Dicotyledonen und in den Knollen der Orchideen findet sich eine eigene Stärke, die, weil sie zuerst in der Alantwurzel Inula hellenium entdeckt wurde, den Namen I n u l i n erhielt; sie färbt sich zum Unterschiede von Amidon durch freies Jod braunviolett; nur die Wurzelknollen der Orchideen oder Gnadenkräuter kommen unter dem Namen Salep zur halb diätetischen, halb therapeutischen Anwendung.

*(Marginalie: Inulin oder Wurzelstärke.)*

Die Kryptogamen haben mit Ausnahme der Pilze, in welchen bisher kein Glied der Amylosen aufzufinden vermocht wurde, also die Moose, Lebermoose, Flechten, Algen und Farren einen eigenen Stärkekörper, der mit Jod dunkelgrün gefärbt wird, das L i c h e n i n, die Moos- oder Flechtenstärke; von ihr wird eine beschränkte therapeutische Anwendung in der Cetraria Islandica, dem Lichen caragheen, dem Sphaerococcus gemacht, auch wird sie in den nordischen Ländern, wo in Jahren des Misswachses, der Mensch so zu sagen mit dem Rennthiere die Nahrung zu theilen

*(Marginalie: Lichenin.)*

gezwungen ist, zu Brot verbacken oder gekocht als Gallerte genossen.

Die Amylosen, die selbst im heissen Wasser nur kleister-ähnlich aufquellen ohne sich zu lösen, fallen aus ihren wirklichen Lösungen in verdünnten Säuren und Alkalien durch Alkohol in weissen Flocken, welche die chemisch reine Form der einzelnen Stärkekörper liefert, und werden durch viele katalytische Einflüsse, insbesondere durch das Ferment des Speichelsekretes die Ptyalase in Traubenzucker umgewandelt, und dann nach Art aller Kohlenhydrate zu Milch- und Buttersäure verdaut, als Fett assimilirt oder zu Kohlensäure und Wasser unter Wärmeerzeugung im Körper, als sogenannte Respirationsmittel verathmet. In allen Brot- und Gebäckssorten, so wie in allen Mehlspeisen, bilden sie den wichtigsten Repräsentanten der pflanzlichen und kohlenhydratischen Nahrung. Mit Ausnahme des Alimentärdetritus sind sie dem Thierkörper als Inquilinstoffe fremd. Die unversehrten Stärkekörperchen sind unter dem Mikroskope bei gelblichem hyalinen Inhalte und scharfer, dunkler, celluloser Contur der meist ovalen Zellen von den Fettzellen des thierischen Organismus und den opalisirenden Zellen gewisser Afterprodukte und Neubildungen wie der Krebse durch das blosse Ansehen nicht zu unterscheiden; die mikrochemische Anwendung einer Lösung von Jod in Jodkalium unterscheidet sie aber sogleich, da die Stärkekörperchen dabei blau, die thierischen Zellen aber nur bräunlich gefärbt werden. Digerirenden Einflüssen ausgesetzte Stärkekörperchen, bei gewissen Arten schon die nativen, bieten ein ganz anderes mikroskopisches Bild von konzentrisch schaliger Struktur, das sie mit andern thierischen Zellen, den sogenannten Colloidkörperchen, wie sich dieselben in Cysten häufig finden, verwechseln liesse, was aber wieder die mikrochemische Anwendung der Jodlösung sicher verhütet.

Familie der Pektosen.

In allen Obst- und Fruchtgattungen, in allen fleischigen succulenten, rübenförmigen Wurzeln kommt ein anderes Kohlenhydrat vor, das zu Oxydationen äusserst geneigt ist, die Pektose, die unter dem Einflusse eines stickstoffhältigen Fermentes, der sogenannten Pektase von Fremy, namentlich bei dem Anschwellen der Fruchtanlage und dem Reifungsprozesse des Obstes die Bildung anfänglich einer Reihe von Oxydationsprodukten, später unter gleichzeitigem Einflusse von Licht, Kohlensäure

und Wasser, die Bildung von Gerbstoffen, von Säuren der Weinsäuregruppe, dann von Zucker und endlich von Aetherarten und
flüchtigen Oelen bedingt; diesem schönen Reifungsprozesse entsprechend, schmeckt die Frucht zuerst holzig und schwammig,
später herbe, dann sauer, endlich süss und duftend. Die Glieder
der Oxydation der Pektosen hat man Pektin, Parapektin, Metapektin, Pektinsäure, Parapektinsäure und Metapektinsäure, je
nach dem Fortschreiten des Prozesses und collektiv Pektinate genannt; die Säuren darunter sind an Basen gebunden, welche die
aufsaugende Thätigkeit der Pflanzenwurzel dem Boden entzogen
hat. Die Pektinate theilen bis zu einem gewissen Grade ihrer
Entwicklung die Verdauung der Kohlenhydrate überhaupt, über
diesen Grad hinaus die Unverdaulichkeit der Cellulose; sie bilden das schwammige Sparr- und Fachwerk des eigentlichen
Fruchtfleisches und Rübenparenchyms, und gehen leicht auf einem
gewissen Alter ihrer Entwicklung in wahre Holzfaser über, wie
uns das Steinigwerden der Birnen und das Holzigwerden der
Rettige und Rüben beweist. Denkt man sich eine Citrone oder
auch sonst eine Frucht vollständig geschält und entkernt, hierauf vollständig ausgepresst und hierauf den ausgepressten filzi-
gen Rückstand vollständig mit Alkohol, verdünnter Salzsäure
und kochendem Wasser erschöpft, so bleiben die Pektinate ungelöst, die sich sofort in kochenden, verdünnten Alkalien auflösen
und in diesen Lösungen die Eigenschaft besitzen zu gelatiniren
und die künstlichen Fruchtgelees, die denen durch Hausenblase
gewonnenen, wegen der Unfähigkeit zu faulen vorzuziehen sind darstellen. Die Pektinate finden sich auch in jedem Fruchtbrei und allen
offizinellen Musssorten und den meisten Latwergen und Salsen.

Die fünfte und letzte Familie der Kohlenhydrate begreift Familie der Xy-
                                                              losen.
die unlöslichsten Substanzen dieser Klasse, die weder von Wasser, noch Alkohol, noch Aether, weder von verdünnten Säuren
noch Alkalien, weder kalt noch kochend gelöst werden und daher zurückbleiben, wenn man eine Pflanzensubstanz die sie enthält mit allen genannten Menstruen vollständig erschöpft. In
dieser Familie sind vorzüglich drei Glieder zu nennen: die Cellulose, das Lignin und das Suberin.

Die Cellulose stellt das eigentliche Pflanzenskelett vor, hilft Cellulose oder
                                                                  Holzfaser.
die Wandung aller Zellen und Gefässe der Pflanze bilden und
ist so zu sagen allgegenwärtig im Pflanzenreiche. In reinster

Form produzirt sie die Natur selbst in dem Pappus oder der
Federfrucht mancher Pflanzen, in grösserem Massstabe, in dem
flockigen Gewölle der Samenkapsel der Baumwollenstaude, von
Gossypium verum, während der gelbgefärbte Nanking von Gossypium religiosum abstammt. Die Cellulose verwandelt sich beim
anhaltenden Kochen mit verdünnter Schwefelsäure in Dextrin
und Krümmelzucker; beim Kochen mit Salpetersäure und beim
Schmelzen mit Aetzkali in Kleesäure; sie liefert bei trockener
Destillation unter Zurücklassung von Kohle Holzessig, Kapnomor
und Holzgeist, verwandelt sich beim Behandeln mit einem Gemenge von rauchender Salpetersäure und Schwefelsäure in die
bekannte Schiesswolle, deren Lösung im alkoholisirten Aether
das bekannte Collodium liefert, und wird durch Jodlösung erst
nach vorausgegangener Befeuchtung mit konzentrirter Schwefelsäure blau, was sie eben so sicher von der Stärke unterscheidet,
als es ihren Nachweis in thierischen Geweben verbürgt. Auf eine
Klippe dieser Reaktion muss aber hiebei aufmerksam gemacht
werden, nämlich auf den Umstand, dass die Klasse der Speckfette oder Lipoide, insbesondere das Cholestrin mit Schwefelsäure
und Jod eine ähnliche bald mehr röthliche, bald mehr bläuliche
violette Reaktion liefert. Obwohl sie mehrfach im thierischen
Körper als Indigena- und Inquilinstoff aufgeführt wird, namentlich in dem Körper niederer Avertebraten, Ascidien und Polypen,
so dürfte doch vielleicht nur der Missgriff obiger Verwechslung
mit den Lipoiden, oder überhaupt die Mangelhaftigkeit der chemischen Untersuchung der Grund dieser angeblichen verwirrenden Entdeckung sein. Die Cellulose bald nach ihrer Bildung im
Pflanzenkörper scheint aus molekulären Gründen bei gleicher
chemischer Zusammensetzung mit der älteren länger abgeschiedenen den Verdauungskräften des komplizirten Magenapparates
der Pflanzenfresser, so wie der Digestion niederer Thiere, namentlich der Insektenwelt zugänglich zu sein, während die ältere
Cellulose, selbst in den Kothballen der Pflanzenfresser unverdaut
wieder abgeschieden wird. Die Cellulose wird namentlich aus
den langgestreckten prosenchymatischen Zellen gewisser Pflanzenachsen krautartiger Gewächse, durch mechanische und chemische Operationen, wozu das Brechen, Schwingen, Rösten und
Bleichen gehört, rein darzustellen versucht, wesshalb derartige
Pflanzen als Kulturgewächse der pflanzlichen Gewebe eine grosse

Bedeutung besitzen. Mit Umgehung der Baumwolle, die sich von selber darbietet, werden auf Cellulose noch folgende Pflanzen ausgebeutet: 1) Der Hanf, Canabis sativa, ein verwandter von Canabis indica, welcher das betäubende weichharzige Hatschitsch der indischen Hanfraucher liefert, für Werg und gröbere Gewebe. 2) Die Nessel, Urtica sativa, für Nesseltuch oder Mousselin; 3) der Manillahanf, ostindische oder neuholländische Flachs von Phormium tenax, für grobe Packleinwand, Segel und Ankertaue; 4) der Lein oder Flachs von Linum usitatissimum, zur Bereitung des Zwirngarns und der Leinwand. Die Fälschung leinenner Gewebe mit baumwollenen, die Preis und Dauerhaftigkeit herabsetzt, wird mikroskopisch durch die platte, flach um die Achse eingerollte Bänderform der Baumwollenfaser gegenüber dem soliden runden Leinfasercylinder, chemisch aber dadurch erkannt, dass man ein kleines Quadrat des Gewebes zwischen zwei Glasplatten mit Schwefelsäure befeuchtet, etwa eine Viertelstunde sich selbst überlässt, nach welcher Zeit die Schwefelsäure alle Baumwollenfasern zu einem durchsichtigen Schleime gelöst, die Leinenfaser aber kaum angegriffen hat, so, dass der Betrug nach dem Abzählen der Einschlags- und Kettenfäden auf diese Weise selbst numerisch bestimmt werden könnte.

Kocht man mit verdünnter Salzsäure, Weingeist und siedendem Wasser bereits erschöpfte Sägespäne, mit mässig konzentrirter Kalilauge erschöpfend aus, so erhält man eine braune Lösung, während eine weisse, oder doch blasse, weiche, filzige Masse zurückbleibt, die nichts anderes ist als reine Cellulose oder Holzfaser. Versetzt man nun aber die braune kalische Lösung bis zur Neutralisation mit einer verdünnten Säure, so fällt in bräunlichen Flocken ein amorpher, auf Platinblech rückstandslos verglimmender Körper heraus der von konzentrirter Salzsäure dunkelbraun gefärbt, von konzentrirter Schwefelsäure verkohlt, von konzent. Salpetersäure in Kleesäure umgewandelt wird, der ferner bei der trockenen Destillation neben Holzessig vorwaltend Kreosot liefert, das Lignin, der Holzstoff oder die sogenannte inkrustirende Materie. In den prosenchymatischen Zellen des Holzkörpers perenirender Gewächse scheidet sich aus dem endosmotisch zirkulirenden Zellensafte Lignin ab, welches die Innenwand der Zelle immer dicker und dicker inkrustirt, bis endlich sogar der am längsten offen bleibende Tüpfel-

Lignin.

kanal, oder doch ausser ihm die ganze Zellenhöhle erfüllt, d. h. verholzt ist. Diese periodische Verholzung, peripherischer Zellenbündel bildet die Jahresringe der Bäume. Lignin und Cellulose zusammen sind das was man Holz nennt, und kommen bei Tragfähigkeit in Form von Geräthen und Gerüsten und bei Wärmeentwicklung und trockener Destillation in Form von Brennholz vereint zur Berücksichtigung und Verwerthung; will man aber schmiegsame Fasern, webbares Garn gewinnen, so ist die Gegenwart des starren inkrustirenden Lignins nur störend und durch das Brechen, Schwingen, Rösten und Bleichen des Flachses wird nichts anderes bezweckt, als chemisch und mechanisch das leichter zersetzbare Lignin zu zerstören und zu entfernen, während die allen Einflüssen besser trotzende Cellulose in reinerem Zustande als Werg zurückbleibt. Cellulose und Lignin, die eigentlichen Pflanzenskelette sind unkrystallisirbar; aber dafür zugänglich der Webung und Organisation; bei ihrem Vermoderungsprozesse liefern sie unter fortwährender Kohlensäureaushauchung die mannigfaltigsten und wichtigsten Produkte, je nachdem die Gegenwart des Wassers, der Zutritt der Luft und der Druck auflastenden Gesteins steigt oder fällt; so verwandelt sich der versumpfende Rasen in Torf, so bildete sich aus der tausend und aber tausendjährigen Vermoderung verschütteter Urwälder die Braunkohle, die Steinkohle, in welcher der Druck der aufgelagerten Felsschichten die Pflanzenstruktur schon bis zur Unkenntlichkeit verwischte, der Antrazit und vielleicht auch der Demant als älteste, respective jüngste Kohle der Erde, der aus seiner beim Verbrennen zurückbleibenden in sechseckiger Punktmasse erscheinenden Asche, gleichsam an die sechseckigen Pflanzenzellen erinnert und von ihnen seine Abstammung herzuleiten scheint; so bilden sich endlich unter dem gleichzeitigen Einflusse der Verwitterung des Bodengesteines Kulturland, Humus und fruchtbare Ackerscholle, indem aus der freien atmosphärischen Veränderung des Holzkörpers verstorbener Pflanzengeschlechter sich Humin, Ulmin und Geïn und die gleichnamigen Säuren entwickeln, die zwar nicht selber die Pflanze nähren, aber die Auflösung und Zufuhr der Bodensalze bedingen, und zugleich durch die dunklere Färbung die sie dem Ackerlande verleihen, die wärmeverschluckende Kraft desselben um ein bedeutendes erhöhen.

In der Oberhaut und den Rinden vieler Pflanzen findet sich ein verwandtes Kohlenhydrat, der **Korkstoff oder das Suberin**, das sich von der Cellulose ausser äusseren Beziehungen, wesentlich noch dadurch unterscheidet, dass es bei der Behandlung mit Salpetersäure nicht Kleesäure, sondern Korksäure, eine Säure der Bernsteinsäuregruppe liefert. Hypertrophisch kommt dieser Stoff in der Rinde der Korkeiche, Quercus suber, die in Andalusien schöne Wälder bildet, zur Entwicklung, das sogenannte Pantoffel- oder Korkholz liefernd; dieser Stoff ist wie das Lignin wohl nur der Verdauung niederer Thiere, namentlich der Insekten zugänglich. In der Rinde der Korkeiche findet sich noch ein wachsartiger Körper das Suberon, das dadurch einiges Interesse besitzt, dass es von der glatten Oberhaut gewisser Früchte ausschwitzend, den malerisch schönen, sogenannten Reif dieser Früchte darstellt, wie bei Pflaumen und Trauben, der von den Pariser Obsthändlerinnen bereits künstlich durch Bepinseln der Früchte mit einer sehr verdünnten Auflösung von Wachs in Essigäther gefälscht und nachgeahmt wird. *Suberin Korkstoff. Suberon.*

Die indifferenten stickstofffreien organischen Körper zerfallen neben den Kohlenhydraten noch in Lipoide, Extraktivstoffe und Pigmente. Die Lipoide sind wie ihr Name ausdrückt fettartige Substanzen, die aber wegen ihrer gänzlichen Unverseifbarkeit trotz aller äusserer und vielseitig selbst innerer Aehnlichkeit nicht unter die wahren Fette oder Lipyloxydsalze gerechnet werden dürfen. Die hieher gehörigen Stoffe sind sämmtlich in kochendem Alkohol und in Aether auflöslich, aus Ersterem sehr häufig beim Erkalten krystallisirbar. Ihre Zahl ist vor der Hand nicht gross, obwohl sie vielleicht einer weit grösseren Verbreitung sich erfreuen als die heutige Wissenschaft nachzuweisen vermochte. Wir erwähnen Folgende: 1) Cholesterin oder Gallenfett; dieser in Wasser unlösliche, in kochendem Weingeist lösliche und beim Erkalten in eisschollen- bis fenstertafelähnlichen Krystallen sich ausscheidende indifferente Körper, findet sich in dem Liquor der Galle und im Blute in kleiner Menge durch Hilfe vorhandener Seifen aufgelöst; er bezeichnet zweifelsohne die rückschreitende Stoffmetamorphose, wesshalb er im Greisenblute weit reichlicher als im Kinderblute vorkömmt, und sich überhaupt bei Atrophie, Obsolescirung und Schwund normaler oder pathologischer Gewebe und namentlich in gewissen Cysteninhalten, die *Lipoide. Cholesterin $C_{26} H_{24} O$.*

als abgesackte Exsudate dem rapiden Stoffwechsel in gewissem Masse entrückt sind, sich einstellt und anhäuft. In gelähmten und atrophischen Nervensträngen, in apoplektischen Gehirnprovinzen, häuft sich der Stoff in grösserem Masse an, obwohl er selbst normal unter die Mauserprodukte der Nervengewebselemente zu gehören scheint; so kommt er in den sogenannten Corporibus amilaceis, in den verödeten Nervenganglien vor, und hat wahrscheinlich durch seine schon früher angegebene violette Reaktion mit Schwefelsäure und Jod Verwechslungen mit Cellulose und mancherlei Täuschungen veranlasst; in Struma - Ovariums- und Hydroceleflüssigkeiten scheidet er sich oft so reichlich krystallinisch ab, dass diese Flüssigkeiten beim Aufrütteln gegen das Licht gehalten vom Reflexe der kleinen Krystallblättchen förmlich schimmern. Entsteht in der Galle, wahrscheinlich durch anomalen Chemismus der Leber zu viel Cholsterin, so kann dasselbe in den Choleinaten, Seifen- und Natronsalzen der Galle nicht mehr gelöst erhalten werden, und scheidet sich dann in krystallinischen Massen entweder ziemlich rein oder am häufigsten mit Bilipheinkalk gemengt in Form von Concretionen, sogenannten Gallensteinen aus, die, wenn deren, wie meist, zugleich mehrere entstehen, durch das Zusammenlagern in der engen Gallenblase sich polygonal platt drücken und durch Einkeilung in den Gallengang, Stauung der Galle, in Folge dessen Gelbsucht und bei ihrem erschwerten Austritte in den Zwölffingerdarm die sehr schmerzhaften, sogenannten Gallenkoliken erzeugen können; da das Gefüge der Gallensteine gewöhnlich aus konzentrischen, um einen strahligen Kern geschichteten Rinden besteht, und häufig Hohlräume eingeschlossen werden, so erklärt sich daraus das häufigere Schwimmen der entleerten Gallensteine im Wasser, während die dichten aus Carbonaten und Phosphaten gebildeten Darmsteine jederzeit untergehen; zu einer Unterscheidung Beider kann aber dieses Verhalten nicht dienen, da das spez. Gew. des Cholsterins etwas höher als das des Wassers ist, die Hohlräume nur zufällig sind und selbst anfänglich schwimmende Gallensteine, nach längerem Verweilen im Wasser sich vollsaugen und untersinken. Die Analyse derartiger Concretionen ist in einer beigefügten selbst redenden Tabelle erläutert. Das Cholsterin schmilzt leicht, und brennt mit gelber, stark russender Flamme unter deutlichem, ambraähnlichem Geruche.

2) Das Serolin, wie sein Name schon ausdrückt, ein öliges, flüssiges Lipoid, findet sich in kleiner Menge im Serum des Normalblutes in ähnlicher Weise, wie das Cholsterin gelöst; es gehört gleichfalls zu den Mauserprodukten der regressiven Stoffmetamorphose; eine nähere Kenntniss seines biostatischen Verhaltens mangelt.

Serolin.

3) Die Ambra, bald mehr grau, bald mehr gelblich, Ambra grisea et flava, wird als kostbares Räuchermittel der Orientalen aus dem Meere aufgefischt, und stellt muthmasslicherweise entweder das normale oder pathologische Exkrement eines Wassersäugethieres oder Wales, vielleicht des Pottfisches dar; in ihr ist ein krystallisirbarer Körper von ganz ähnlicher Beschaffenheit wie das Cholesterin enthalten, nur mit dem Unterschiede, dass der Geruch sowohl des Körpers an sich, als beim Verbrennen desselben weit lieblicher und moschusähnlicher auftritt. In den Tempeln der Pagoden, in den Empfangszimmern und Audienzsälen der höchsten chinesischen Mandarine glimmt immerwährend Ambra, die mit ihrem feinen, betäubenden Dufte, der vielen Personen, namentlich den Abendländern widerlich erscheint, die Räume erfüllt. Das Ambrin liefert so gut wie das Cholesterin, bei der trockenen Destillation mehrere durchdringend riechende verdichtbare Kohlenwasserstoffe, und bei Behandlung mit Salpetersäure eine nicht näher untersuchte eigenthümliche Säure.

Ambrin<br>$C_{35} H_{24} O$.

4) In der offizinellen Bibergaile, Castoreum und im Hyraceum von Hyrax capensis (bis zu 1%) dem bekannten Drüsensekrete des Bibers, ist ausser den im pharmaceutischen Theile näher entwickelten Bestandtheilen, auch bis zu 1% noch ein krystallisirbares Lipoid, das Castoreïn enthalten, das sich aber an der therapeutischen Wirkung des Castoreums nicht zu betheiligen scheint, und dem Cholstearin in Allem gleicht.

Castorin.

5) Im Moschus von Tunquina, dem feinsten Moschus, dem bekannten Drüsensekrete des Moschusthieres, Moschus mosciferus, ist dessgleichen ein Lipoid enthalten, dem aber wieder nicht die ungemein nervenerregende Wirkung und der durchdringende in unwägbaren Spuren auffallend starke Geruch dieses von Vielen geliebten und von Vielen verabscheuten Körpers gebühren dürfte.

Moschin.

6) In den Canthariden, der sogenannten spanischen Fliege, Lytta vesicatoria, die vorzüglich die Siryngagebüsche umschwärmt, in der Meloe proscarabeus, dem Oel- oder Maiwurme, der beim

Cantharidin<br>$C_{10} H_6 O_4$

Berühren aus den Gelenken des Hinterleibes einen gelben öligen Saft ausfliessen lässt, in dem scharfen Safte mancher Cara-
bus, Lauf- und Spritzkäferarten, und wahrscheinlich auch in dem
scharfen Gischt, welchen der verfolgte kleine schwedische Bom-
bardierkäfer mit hörbarem Geräusche gegen seinen Feind ausstösst, ist ein eigenes Lipoid, das Cantharidin enthalten, das krystallisirbar in Aether und am allerbesten in Chloroform löslich ist und selbst durch die unversehrte nicht zu dicke Epidermis auf dem Wege der Diffusion ins Hautgewebe durchtritt, daselbst Atonie der Capillarprovinz, Stase und Exsudation veranlasst, so dass die exsudirte Flüssigkeit die Oberhaut in Form
einer mit Serum gefüllten Blase wölbt und hebt. Innerlich genommen tritt das Cantharidin offenbar durch die Niere aus, an der
es seine lokale Wirkung äussert, die sich durchs ganze uropoetische
System fortpflanzt, Strangurie, Ischurie, Blutharnen, ja selbst
Albuminurie bedingend.

Die Lipoide sind, wie sich aus der Einzelnbetrachtung ihrer
sechs wichtigsten Repräsentanten ergab, auf den thierischen Organismus beschränkt und dem Pflanzenleben völlig fremd.

Extraktivstoffe.    Mit diesem Namen belegt man ein buntes Gemenge der
verschiedenartigsten Pflanzenstoffe indifferenter Natur, gewöhnlich
ohne bestimmte entschiedene Farbe, ohne ausgesprochenen chemischen Charakter, oft krystallinisch, oft amorph, nie organisirt,
oft aber von sehr auffallender Wirkung auf den thierischen Organismus, so, dass in die Reihe dieser Stoffe die therapeutischen
Potenzen und pharmaceutischen Träger der botanischen Pharma-
kologie, und jenes unbestimmte Chaos vegetabilischer Körper gehören, aus dem heraus sich der Chemismus der Pflanze in bestimmtere Substanzen differenzirt, oder in das schliesslich sich
die rückschreitende Metamorphose des vegetabilischen Stoffwechsels auflöst; einige Stoffe dieser Reihe, hat man ihres intensiv
bittern Geschmacks wegen eben so naiv Bitterstoffe genannt, als
man sie Extraktivstoffe hiess, weil man sie aus den mannigfaltigsten organischen Gemengen, durch die verschiedenartigsten
Menstruen zu extrahiren oder auszuziehen vermochte. Aus verschiedenen pharmaceutischen Extrakten scheiden sich durch Sauerstoffaufnahme aus der Luft meist dunkel gefärbte, amorphe, kohlenreiche Massen ab, die in chemischer Beziehung den Gliedern
der Humusgruppe oder den Modersubstanzen analog sein dürften,

und die man mit einem allgemeinen Namen A p o t h e m bezeichnet hat. Wird eine medizinisch wirksame Pflanze mit einem passenden Lösungsmittel, Weingeist, Wasser, Kalkmilch, erschöpfend ausgekocht, werden die Decocte nach ihrem Eindampfen und Konzentriren im Wasserbade mit einer Lösung von neutralem oder basisch essigs. Bleioxyd, Bleizucker oder Bleiessig, solange versetzt als noch Fällung eintritt, werden ferner die Filtrate mit eingeleitetem Schwefelwasserstoffgas gesättigt, um den Ueberschuss des angewandten Bleisalzes zu entfernen, wobei die abgeschiedenen schwarzen Flocken von Schwefelblei noch molekulär entfärbend und klärend auf die Flüssigkeit wirken; werden endlich die abermaligen Filtrate im Wasserbade konzentrirt, durch heisse Filtration über Thierkohle vollständig entfärbt und zur Syrupdicke verdunstet, so scheiden sich in den meisten Fällen die fraglichen Extraktiv- oder Bitterstoffe allmählig nach längerem Stehen krystallinisch aus, und können nach dem Abspülen der Mutterlauge in einem passenden Menstruum gelöst und durch Umkrystallisirung gereinigt werden. Diese allgemeine Schablone der Darstellung bedarf nur in wenigen Fällen einer individualisirenden Aenderung; ein Beispiel dieser Darstellung ist das auf angegebene Weise aus dem wässerigen Decocte der Aloë soccotrina, gewonnene krystallisirbare Aloëtin, das bei seiner trockenen Destillation mit Kalk, so wie die Aloë selbst, aus der es gewonnen wurde, das spezifisch riechende Aloisol liefert.

Eine eigene Klasse von hiehergehörigen Extraktivstoffen hat durch ganz besondere Spaltungsprozesse denen sie bei Gegenwart von Hefe, beim Digeriren mit verdünnten Alkalien oder mit Säuren unterworfen ist, in höchstem Grade die Aufmerksamkeit der Chemiker erregt, und dürfte einst manche Aufklärung über den geheimen Stoffwechsel des Pflanzenlebens liefern. Hieher gehören das S a l i c i n der Weidenrinde, das P o p u l i n der Pappelrinde, das A e s c u l i n der Rosskastanienrinde, das wegen seiner Schillerfähigkeit und Fluorescenz den bezeichnenden Namen Enallochrom erhalten hat, das P h l o r i z i n, aus der Apfelbaumwurzelrinde und Aehnliche; diese Körper zerfallen sämmtlich unter dem angeführten Einflusse in einen neuen, schwer löslichen, harzähnlichen Körper, der auf „etin, retin oder ein" benannt wird, und in ein Kohlenhydrat, das gewöhnlich Zucker ist, so dass man diese Stoffe kopulirte oder gepaarte Kohlenhydrate nennen

könnte; das Salicin liefert beim Kochen mit Salzsäure Saliretin
und Zucker; das Populin liefert beim Digeriren mit Hefe, Popu-
letin und ein Kohlehydrat aus der Familie der Glykosen; Aescu-
lin spaltet sich durch verdünnte Kalilauge in Aescculetin und
Zucker, während endlich Phlorizin durch Hefeneinfluss in Glykose und Phlorizin zersetzt wird; da die Gerbstoffe die bei den
organischen Säuren erwähnt werden, eine ähnliche Zersetzung
in eine Gallussäure und in ein Kohlehydrat erleiden, da ferner
die Zahl der Extraktivstoffe im Pflanzenreiche eine bedeutende
und überall vertretene ist, so dürfte diesen Stoffen vielleicht die
Rolle chemischer „Ammen" bei der Bildung der Kohlenhydrate
oder die Rolle von Zuckerbildern, Glykogenen zugeschrieben
werden.

Wie überraschend kräftig die arzneilichen Wirkungen eines
Stoffes bei dessen völliger chemischer Indifferenz auftreten können, zeigt das Digitalin, der Extraktivstoff des giftigen Finger-
hutes, Digitalis purpurea, das bei aller Schwierigkeit seiner Reindarstellung, und bei aller Unentschiedenheit seines chemischen
Charakters doch in den kleinsten Gaben einen bewundernswer-
then Einfluss auf die Herzthätigkeit und den Pulsschlag übt, die
es verlangsamt und herabsetzt.

Wie viel Unzusammengehöriges aber in das bunte Schub-
fach der Extraktivstoffe dem System zu Liebe aus Mangel nähe-
rer Kenntnisse zusammengeworfen wurde, wird daraus klar, dass
plötzlich durch Forschungen auf anderen Gebieten ein bisher
ungeahnter Zusammenhang zweier Substanzen offenkundig wird,
deren Eine bisher vergessen unter den Extraktivstoffen schlum-
merte, von denen sie nun hergeholt, getrennt und in ihr syste-
matisches Recht eingesetzt wird; so enthält z. B. eine persische
Pflanze die Artemisia contra oder Cinna santonica, eine Compo-
sitée, deren Inflorescenz den bekannten Wurmsaamen liefert,
neben ätherischem Oele, das ich für anthelmintischer halte, einen
krystallisirbaren Extraktivstoff das Santonin, der am Lichte gelb
wird, leicht schmilzt und unter äusserst reizenden Dämpfen verflüchtigt, die längst schon hätten an die Bernsteinsäure erinnern
können; bei seinem Durchgange durchs Blut, nimmt das Santonin Sauerstoff auf, und tritt als ein saures gelbes Pigment im
Harne wieder aus, das durch den kleinsten Ueberschuss von
Alkalien prachtvoll amaranthroth gefärbt wird, in alkalischer

Lösung aber dem Ozongase, oder sonst kräftig oxydirenden Einflüssen ausgesetzt sich wieder bleicht und schliesslich zu Bernsteinsäure verwest, eine Säure die längst in der Familie der Compositeen und namentlich in Tanacetum und Absinthium als präformirt nachgewiesen war; das Santonin $C_4 H_2 O$ ist Succyloxyd, das gelbe saure Pigment dessen Alkalienverbindungen roth sind, ist succylige Säure $C_4 H_2 O_2$ und die Bernsteinsäure ist die höchste Oxydationsstufe des Radikals Succyl $C_4 H_2 O_3$; dieses lehrreiche Beispiel zeigt, wie aus der Klasse der Extraktivstoffe und den nicht logischeren der Pigmente, Substanzen entnommen und an die richtige Stelle des Systems gesetzt, unter die Fahne ihres Radikals eingereiht werden müssen. Die Klasse der Farbstoffe ist, wie schon früher erwähnt, eine ebenso unwissenschaftliche und willkührliche Zusammenstellung der verschiedenartigsten, bald schwach sauren, bald indifferenten, ja selbst basischen Verbindungen von oft gar nicht gekannter Zusammensetzung und unbestimmtem chemischen Charakter als die früher abgehandelten Extraktivstoffe, so dass es am Gerathensten scheint, die Unwissenschaftlichkeit des Prinzips auch in der weiteren Gliederung fortzusetzen, und sie einfach nach den Farben unterabzutheilen.

*Pigmente oder stickstofffreie Farbstoffe.*

Zu den gelben Pigmenten, die in stickstofffreier Reihe exklusiv der Pflanzenwelt angehören, zählt zuerst das Luteolin, das sich in der Reseda luteola, dem Wau vorfindet, und krystallinisch und sublimirbar ist; muthmasslich ist das gelbe Pigment der Scharte Serratula tinctoria und des Günsters Genista tinct., ja vielleicht sogar alles Blumengelb oder Anthoxanthin, das namentlich in der Familie der Compositeen sehr vertreten ist, identisch mit dem Luteolin.

*Gelbe Pigmente Luteolin.*

In der Schwarzeiche Amerikas, Quercus nigra tinct., ist eine eigenthümliche Gerbsäure enthalten, welche sich in eine Gallussäure und in einen gelben krystallinischen Farbstoff, das Querzitrin zerlegt, das zu den indifferenten Körpern zählt und wahrscheinlich ein gepaartes Kohlehydrat sein dürfte.

*Querzitrin.*

Im Färbermaulbeerbaum, Morus tinct.; ist in ähnlicher Weise die Moringerb- oder Morotannsäure enthalten, welche sich in ein Kohlehydrat und in eine intensiv gelb gefärbte Gallussäure, die sogenannte Morinsäure spaltet, die eben das fragliche Pigment darstellt.

*Morin.*

**Fisetgelb.** Der Färbersumach, Rhus coriaria, enthält in seinem Holz-körper ein fahles gelbes Pigment, das zweifelsohne in dieselbe Reihe der Spaltungsprodukte der Gerbsäuren gehört, an welchen der genannte Baum so reich ist, dass er von seiner Verwend-barkeit zum Gerben auch den Namen Gerbersumach führt; zur **Betulin und Boletin.** selben Klasse gehört das Betulin oder das Gelb der Birkenblät-ter, und das Boletin oder das Pigment des parasitischen Holz-schwammes.

**Polychroit.** Im Safran, den Stigmen der weiblichen Safranblüthe, von Crocus sativus, ist ein tief gelbes, in Wasser, Weingeist, Aether, fetten und ätherischen Oelen lösliches Pigment enthalten, das wegen seiner Reaktion mit Salpetersäure, die in vielfärbigen Nuancen vorübergeht, den Namen Polychroit erhalten hat, und namentlich als Färbemittel der Speisen und Getränke benützt wird; der Safran enthält ausser diesem Pigmente noch ein ätheri-sches Oel von fast widerlichem Geruche und äusserst diureti-scher Wirkung.

**Curcumin.** Die Wurzel der Curcumapflanze enthält einen in Wasser schwer löslichen harzähnlichen Farbstoff, der sich mit Alkalien dunkel braunroth färbt und die bekannten empfindlichen Reagenz-papiere liefert.

**Rhein** In der Rhabarber, der Wurzel der zu den Rumexfamilien zählenden Rheumpflanze ist in den Zellenräumen des Wurzel-holzkörpers neben den schönen Raphiden von klees. Kalke ein harzartiges Pigment das Rhëin enthalten, das durch Alkalien prachtvoll blutroth wird, auf welchen Umstand Aerzte Rücksicht zu nehmen haben, da dieses Pigment urophan oder harnzügig ist, und sehr oft, ja sogar nach einer feststehenden empirischen Re-zeptformel das Rhëum mit kohlens. Alkalien gereicht wird, die gleichfalls in den Harn übergehen, demselben eine alkalische Reaktion und somit bei Rhëumgegenwart eine blutrothe Farbe verleihend; Verwechslung eines derartigen Harns mit Blutharnen hatte der Verfasser mehrfach, Aerzten gegenüber, aufzuklären, und einmal sogar im Militärspitale eine dadurch versuchte Simulation von Steinleiden beobachtet; der Unterschied von wirklichem Blutharnen ist sehr leicht durch einige Tropfen Essigsäure her-gestellt, womit man den Harn ansäuert, die blutähnliche Farbe macht sogleich einem Hellcitrongelb Platz, im Falle sie vom Rhëum herrührt, bleibt aber unverändert, wenn sie durch Blut veranlasst ist.

In den Kreuzbeeren oder sogenannten A v i g n o n k ö r n e r n von Rhamnus infectoria finden sich zwei extractive Pigmente der gelben Farbenreihe, die mit dem gelben Pigmente der Sennesblätter von Cassia lanceolata, die grösste Aehnlichkeit besitzen, und mit ihnen die drastisch purgirende Wirkung theilen. Selbst die entschiedene Harzsäure in dem Harze der Jalappawurzel von Convolvulus oder Mirabilis Jalappa, das Rhodeoretin kann im gewissen Sinne wie das Drachenblutharz von Draco dracaena, einer herrlichen afrikanischen Palme, zu den harzartigen Pigmenten dieser Reihe gezählt werden, obwohl sie mehr braunrothe und rothe Farben vermitteln. *[Rhamnin und Chrysorhamnin. Sennin. Rhodeoretinol und Draconin.]*

In der Wurzel des Weinschädlings, Berberis vulgaris, findet sich ein extraktives gelbes Pigment, das wahrscheinlich mit der Gerbstoffgruppe zusammenhängt, d a s B e r b e r i n. *[Berberin.]*

Aus dem orangegelben Fruchtfleisch, welches die Saamen von Bixa orellana einhüllt, lassen sich zwei Pigmente extraktiver Natur, das rothgelbe O r e l l i n und das dauerhaftere gelbe B i x i n gewinnen. *[Bixin und Orellin.]*

Aus den F l e c h t e n g a t t u n g e n Usnea, Chladonia, Pamelea und Everiea, lassen sich sublimirbare, durch Alkalien roth und violett verfärbende, gelbe Pigmentsäuren gewinnen, die U s n i n und C h r y s o p h a n s ä u r e, die vereinzelt selbst technische Anwendung finden. *[Flechtengelb.]*

D i e r o t h e n Pigmente sind zum grösseren Theile dem Pflanzenreiche und nur zum Kleinern dem Thierreiche eingebürgert, soweit es sich um stickstofffreie Körper dieser Reihe handelt. *[Rothe Pigmente stickstofffreier Natur. Alizarin $C_{20}H_6O_6$ 4HO. Purpurin $C_{18}H_6O_6$ HO.]*

Die Wurzel der Färberröthe, Rubia tinct., einer mit dem Kaffee verwandten Pflanze, enthält die Rubitannsäure, welche sich in Kohlenhydrate und Farbstoffe spaltet. D a s A l i z a r i n oder ursprüngliche rothe Krapp-Pigment wird durch Hefe zu P u r p u r i n vergohren; beide Pigmente bilden das Substrat der (Türkisch) Rothfärberei. D a s A l i z a r i n hat gelbe Lösungen und ist sublimirbar; beide Pigmente finden sich im Krapp neben einem indifferenten stickstoffhältigen Körper dem Rubian; gepulverter Krapp mit verdünnter Schwefelsäure behandelt, welcher die Pigmente nur reinigt aber nicht auflöst, wird Guarancine genannt; wird er mit konzentrirter Schwefelsäure behandelt, die nur die andern organischen Substanzen verkohlt, ohne die Pigmente anzugreifen, so liefert er ein technisches Präparat von erhöhter Färbekraft, die sogenannte Krappkohle.

Haematoxylin und Hämatëin. Das Blauholz, Haematoxylon campechianum, enthält ein gelbes krystallisirbares Chromogen, dass sich bei Zutritt von Sauerstoff und Ammoniak in das purpurrothe Pigment Hämatëin umwandelt. An sich schwach oder ungefärbte, krystallisirbare Substanzen, die durch Oxydation und Ammoniakeinfluss erst in die Pigmente übergehen, und also gleichsam die farblosen Ma- Chromogene. tritzen der Farbstoffe darstellen, heissen Chromogene, und ihr Studium verspricht eine endliche Aufklärung über die Wesenheit vieler Pigmente.

Brasilin und Brasilëin. Das Rothholz von Caesalpinia brasiliensis und crista, nach seiner Güte und Bezugsquelle als Fernambuck-, Bahia-, Lima-, Bimas- und Sapanholz im Handel bekannt, enthält in ähnlicher Weise das Chromogen, Brasilin und das Pigment Brasilëin, die sich zu einander verhalten, wie Hämatoxilin zu Hämatëin. So wie die Auflösung des Brasilëins als rothe Tinte benützt wird, so dient das Hämatëin-Chromoxyd, bereitet durch Versetzen einer Blauholzabkochung mit chroms. Kali, als sogenannte Runge'sche schwarze oder fälschlich Alizarintinte. Die auch aus In-Santalin und Santalidin.digolösung und Gallustinte bereitet wird.

Das Sandelholz oder Caliaturholz von Pterocarpus santalinus, enthält zwei in Wasser fast unlösliche harzähnliche Pigmente, deren Eines das gelbrothe Santalidin, vorerst durch eine Chlorkalkauflösung dem Holze entzogen wird um das dauerhafte rothe Pigment, das Santalin durch Extraktion mit Alkohol rein zu gewinnen.

Carthamin Safflorroth. Die orangegelbe Scheibenblüthe einer Compositee, der Färberdistel Carthamus tinctorius, des Safflors, gibt an Wasser, womit man sie bis zur Erschöpfung macerirt und durchknetet, ein gelbes Pigment, das Safflorgelb ab; aus den entgilbten Blumenblättern des Rückstandes zieht verdünnte Sodalauge beim Digeriren das Safflorroth oder Carthamin, ein äusserst prachtvolles, aber leider lichtscheues und unstetes Pigment aus, das aus der gelbbraunen Auflösung durch Citronensäure in prachtvoll schar-Rothe Schminke.lachrothen Flocken gefällt wird, die auf Porzellan verdunstet und aufgetrocknet, grünen Metallglanz zeigen, und das Tellerroth, feinste Rouge der Schminke, oder auf Gewebsstreifen oder Baumwolle eingetrocknet, die rothen Schminklappen bildet, die unter die wenigen Schminkmittel gehören, denen wirklich volle Unschädlichkeit für die Haut zugesprochen werden darf.

Alkaminroth. In der Wurzel der Lawsonia inermis und der einheimischen

Färberochsenzunge aus der Familie der Asperifolien, Anchusa *Anchusin.*
tinctoria, ist ein schön purpurrothes harzähnliches Pigment, das
A n c h u s i n oder Alkannaroth enthalten, das durch Alkalien blau,
beim Kochen oder durch Schwefellebern grün verfärbt wird, sich
leicht in Aether und Alkohol, allen ätherischen und fetten Oelen
löst, nicht aber in Wasser und desshalb als Färbemittel der Salben und Pomaden benützt wird.

Mehrere Flechten enthalten Chromogene, die durch Ein- *Flechtenroth.*
fluss der Luft schön rothe, aber wenig dauerhafte Farben liefern,
welche bei weiterer Behandlung mit Aetzkalk, Ammoniak oder
faulem Harne das blaue, als Reagenzfarbe benützte L a k m u s,
Littmus liefern; ihr wissenschaftlicher Name ist Erythrolithmin. *Erythrolithmin.*
Aus Roccella tinctoria gewonnen, nennt die Technik das unreine
käufliche Pigment O r s e i l l e; aus Variolaria dealbata dargestellt, *Orseille. Persio.*
P e r s i o, und endlich aus Lecanora tartarea gewonnen C u d b e a r. *Cudbeard.*

Waren die bisherigen rothen Pigmente dem Pflanzenreiche *Carminsäure*
ausschliesslich eigen, so gebühren die jetzt zu Erwähnenden bei- *C₃₈ H₁₄ O₁₆ Co-*
den Reihen gemeinschaftlich, obwohl sie in letzter Instanz wohl *chenille und*
auch nur aus dem Pflanzenreiche abstammen dürften. In den *Lackroth.*
trächtigen Weibchen der Cactus-Schildlaus, Coccus cacti, ist ein
herrlich rother Farbstoff enthalten, der nun auch in den rothen
Blüthen der Cactuspflanze nachgewiesen ist; diese Weibchen
werden theils in freien Gehegen gesammelt, Grana silvestra, oder
eigens in den Nopalpflanzungen gehegt, Grana fina, durch Er-
stickung, Dampf oder Hitze getödtet, und als Cochenille in den
Handel gebracht. Fällt man das wässerige Cochenilldecoct mit
einer Bleilösung, sammelt die violette Fällung, wäscht sie, und
theilt sie in zwei ungleiche Theile, wovon man den einen Theil
circa ⁴/₅ betragend in Wasser suspendirt und mit Schwefelwasserstoff zerlegt, die filtrirte Lösung hierauf mit dem fehlenden
Fünftel des Niederschlags digerirt, und das abermalige Filtrat
im Wasserbade zur Trockene verdunstet, so erhält man die chemisch reine C a r m i n s ä u r e, die neben phosphors. Salzen und Tyrosin den Hauptbestandtheil der Cochenille bildet. Durch Zersetzung mit konzentrirter Salpetersäure entsteht die Nitrococcus-
säure; in Ammoniak ist die Carminsäure mit prachtvoller Pur-
purfarbe löslich. Aus der polnischen Schildlaus, Coccus polonicus
ilicis, lässt sich gleichfalls Carminsäure bereiten. Der Niederschlag, welcher im Cochenillabsude durch saure Salze, Alaun,

Weinstein, Zinnsalz und Kleesalz entsteht, ist unreine Carminsäure, theilweise mit dem Fällungsmittel verbunden, und heisst
Carmin. Die Verbindung der Carminsäure mit Thonerde liefert
den Carminlack, wie denn überhaupt die Verbindungen der Pigmentsäuren mit Thonerde und theilweise mit Bleioxyd künstliche Lacke genannt zu werden pflegen. Ganz ähnliche Verhältnisse bietet die Lackschildlaus, Cocus laccae, die als rothe Farbe
den Lac-Dey oder Lac-Lac liefert, der wahrscheinlich auch Carminsäure enthält, während als Nebenprodukt von diesen Thieren
Gummilack oder Schellack abgeschieden wird.

**Blaue Farben.**     Ausser dem bereits erwähnten Lakmus, das nur durch Basen aus dem Flechtenrothe hervorgeht, dürfte es trotz der un-
endlichen Mannigfaltigkeit der Nuancen in der Pflanzenwelt vielleicht nur eine einzige blaue stickstofffreie Grundfarbe geben,
die dem Thierreiche fehlt, das Anthocyanin oder Blüthenblau, das
durch Säuern violett und roth, durch Alkalien aber grün gefärbt
wird; wie vielfältig maskirt dieses Pigment in der Pflanzenwelt
auftreten möge, beweist die rothe Rose, die durch Ammoniak
grün wird und folglich das neutrale blaue Anthocyanin enthalten
dürfte, das durch die Säuren ihres eigenen Pflanzensaftes im
Diachyme geröthet erscheint. Das Pigment der Veilchen kann
in dieser Beziehung als Repräsentant des Anthocyanins betrachtet
werden.

**Braune Farben.**     Ausser den mulmartigen oder moderigen Säuren Ulmin
und Humin ist im vegetabilischen Reiche als braunes Pigment
wohl nur das Catechu oder die sogenannte Terrajaponica, ein
vertrockneter Gummifluss der Mimosa Catechu zu nennen, welche
neben der Catechugerbsäure oder Mimotannsäure noch die Catechusäure enthält, die selber wieder zu einem braunen moder-
ähnlichen Körper, dem Catechin verwest und in wässeriger Lösung sich in die braunfärbende Japan- und rothe Rubinsäure
spaltet. Die braunen und schwarzen Pigmente des Thierreichs
können als sämmtlich stickstoffhältig in diese Gruppe nicht aufgenommen werden. Ob die bunten Farben der Kerfthiere, namentlich der Farbenschmelz der Falter nicht vielleicht stickstofffreie, gleichsam nur gesammelte Pflanzenfarben enthalte, ist derzeit noch nicht ausgemittelt, obwohl mancher Wahrscheinlich-
keitsgrund dafür zu sprechen scheint. Die herrliche Farbenpracht
der Blüthenkronen des phanerogamen Pflanzenreiches scheint auf

optischem Wege in sehr kräftiger Weise den Chemismus der
Pflanzenzellen in der Corolle selbst, in diesem geheimen Labo-
ratorio des fortpflanzungsfähigen Saamens zu beeinflussen, da sie
die metabolischen Zellen aus der Einförmigkeit der reduzirenden
grünen Pflanzenfarbe heraushebt und nur mit spezifisch gebro-
chenem farbigen Lichte versorgt, in welchem ja, wie die mannigfaltigsten photographischen und photochemischen Versuche
lehrten, mit dem Brechungsexponenten und der Brechbarkeit
der Strahlen die Energie und Richtung der chemischen Thätigkeit auf das Entschiedenste wechselt, so dass der bunte Blüthen-
schmuck nicht bloss eine poetische Verklärung der stummen
empfindungslosen Pflanze, sondern auch, wie eben die gelbe Fen-
sterscheibe des Photographen ein integrirender Theil der chemischen Werkstätte des Stoffwechsels ist.

Die organischen Säuren, die vielleicht am vorzüglichsten Elektronegative-
unter allen organischen Körpern erforscht sind, deren Formel oder saure stick-
noch zumeist sich der radikalen Theorie fügen, werden am Be- sche Substanzen
sten formell in mehrere Gruppen abgetheilt, die folgende sind: Organische Säu-
Säuren von der allgemeinen Formel $C_{2n}$ $H_{2n}$ $O_4$ oder Cn $C_n H_{n-1} O_3$.
$H_{n-1}$ $O_3$. HO worin n eine gerade Zahl bedeutet. Zu dieser
Gruppe gehören nun folgende Säuren: 1) die Ameisensäure, $C_2$ Ameisensäure.
$HO_3$. oder Fo. $O_3$ Formylsäure, findet sich in den Ameisen, in
der Stachelröhre der Bienen und vieler Insekten und in den
Drüsenhaaren vieler Pflanzen, ausserdem theils frei, theils gepaart im Muskelfleischsafte; in konzentrirtem Zustande ist sie
eine unter Null krystallisirende, erstickend riechende, brennbare
Flüssigkeit, die heftig auf der Haut brennt, grosse Blasen zieht,
und auf Schleimhäuten, wie z. B. auf der Zunge, weisse Flecken
erzeugt. Sie ist ein häufiges Zersetzungsprodukt organischer Körper, und entsteht namentlich aus den Kohlenhydraten bei der
Destillation mit Braunstein und Schwefelsäure. Sie geht als Ketylsäure aus den Methylverbindungen hervor, gerade so wie die
Essigsäure aus dem Alkohol; Holzgeist verbrennt beim Zusammentreffen mit Platinmohr zu Ameisensäure, sie entwickelt sich
auch bei der Destillation vieler Protëinsubstanzen, namentlich
des leimgebenden Gewebes oder der Collagenstoffe mit Schwefelsäure; sowohl sie als die meisten ihrer Salze sind in Wasser
und Alkohol löslich; die ameisens. Salze haben die Fähigkeit
alle edlen Metalle aus ihren Lösungen beim Kochen regulinisch

9*

zu fällen, das Quecksilber nicht ausgenommen; mit neutralem Eisenchlorid erzeugen die Formylate eine blutrothe Färbung, ähnlich den Acetaten; mit Alkohol und Schwefelsäure gekocht, entwickelt sich aus ihnen ein feiner spezifisch arrakähnlicher Geruch, der Arrak- oder Ameisenäther. Durch Destillation mit wässeriger Phosphorsäure, kann die in den organischen Körpern enthaltene Ameisensäure abgeschieden, und durch die angeführten Reagenzien im Destillate nachgewiesen werden. Die Tannen- und Fichtennadeln, die Sprossen von Nadelhölzern überhaupt, insbesondere aber von Wachholder, liefern bei ihrer Vermoderung und Gährung Ameisensäure, wahrscheinlich auf Kosten eines Kohlenhydrates das sie enthalten, aus dem auch wahrscheinlich die Waldinsekten die Ameisensäure in ihren Drüsen bereiten. Bäder aus Fichtennadeln sind daher wegen ihres Ameisensäuregehaltes, unter die stärksten prickelnden Hautreize zu zählen. Im holländischen Genever und noch mehr im englischen Sprossen- und Ginbiere, aber überhaupt in allen englischen Bieren, dem Porter und Ale, finden sich kleine Mengen von Ameisensäure, die einer Modifikation des Gährprozesses gebühren dürften, und einen dem Festländer ganz fremden Geschmack dieser Getränke erzeugen. Denkt man sich die drei Atome Sauerstoff der Ameisensäure durch Chlor substituirt, so entsteht $C_4$ $H_2$ $Cl_3$ das Formylchlorid oder Chloroform, dessen Darstellung aber weit leichter durch Destillation von Alkohol mit gutem Chlorkalke nach folgendem Schema gelingt: $8\ Cl\ O\ Ca\ O + 2$ $C_4\ H_6\ O_2 = 2\ C_2\ H\ Cl_3 + 8\ HO + 4\ CO + 2\ H\ Cl + 8\ Ca\ O$.

Das Formylchlorid ist eine schwere, lichtbrechende, süsslich-aromatisch riechende Flüssigkeit, die sich in Wasser nur schwierig, in Aether und Alkohol leicht löst, durch konzentrirte Schwefelsäure nur wenig verändert, durch eine alkoholische Kalilösung unter Ammoniakgegenwart aber rasch und stürmisch zu Blausäure zersetzt wird, die nichts anderes als Formonitril darstellt. Wirklich lässt sich aus ameisens. Ammoniak durch trockene Destillation Blausäure bereiten, während andererseits die Blausäure in wässeriger Lösung sehr rasch zu ameisens. Ammoniak fault.

Essigsäure
$C_4\ H_3\ O_3\ HO$.

2) Die Essigsäure entsteht durch die Oxydation des Alkohols bei der Zersetzung anderer organischer Säuren und mancher Proteïnate, wie z. B. bei der Destillation des Syntonins des Muskelfleisches mit Schwefelsäure. Präformirt dürfte sie vielleicht

nirgends in der lebenden organischen Natur vorkommen, obwohl sie mehrfach angegeben wird, so namentlich in den rothen Blüthen- und Fruchtkolben einer Sumachgattung, des sogenannten Essigbaumes. Lässt man verdünnten Alkohol auf grossen Oberflächen, wie etwa in dem 40eimerigen, mit Buchenholzspänen erfüllten und mit Lufträhren durchzogenen Ständerfasse der Schnellessigfabrikation verwesen, so verwandelt er sich unter schrittweiser Sauerstoffaufnahme in Aldehyd, acetylige Säure und Essigsäure, welch Letztere durch einen gewissen Rückhalt an beiden Ersteren eine liebliche Blume erhält, die keinem guten Essig fehlt. Das konzentrirteste Essigsäurehydrat, der Radikal- oder Eisessig, ist eine stark saure, erstickend riechende Flüssigkeit, deren Dämpfe brennen und die sich ganz ähnlich der Ameisensäure verhält. Waschungen mit verdünnter Essigsäure oder Essig, gehören unter die belebendsten und erspriesslichsten Hautreize, und verdienen daher in allen Krankheiten mit brennend heisser, spröder, trockener und unthätiger Haut die wärmste Empfehlung. Die Essigsäure und ihre Salze, die Acetate färben neutrale Eisenchloridlösungen blutroth, mit Quecksilberoxydulsalzen erwärmt lassen sie zum Unterschiede von der Ameisensäure nicht grauschwarzes regulinisches Quecksilber, sondern weisse, fett- bis silberglänzende Krystallschüppchen von essigs. Quecksilberoxydul fallen; mit Alkohol und Schwefelsäure erwärmt, tritt der äusserst erfrischende, spezifische Geruch des Essigäthers auf, der das Bouquet des Bordeauxweines und feiner Fruchtessige ausmacht. 3) Die Propion-, Metaceton- oder Butteressigsäure entspricht als Oxydationsprodukt und Ketylsäure dem Propyl-Alkohol, und findet sich in der Gärberlohe, bei manchen Vermoderungsprozessen in der Pflanzenwelt, und unter den Zersetzungsprodukten thierischer Körper; sie geht durch eine sehr einfache Spaltung oder Gährung aus dem Glycerin hervor, wenn dasselbe längere Zeit mit Bierhefe digerirt wird: $C_6 H_7 O_5 = C_6 H_5 O_3 + 2 HO$. Wie ihr Name ausdrückt, theilt sie sich in die Eigenschaften der beiden Säuren, zwischen denen sie steht; nämlich der Essig- und der Buttersäure. 4) Die Buttersäure, welche als Oxydationsprodukt oder Ketylsäure dem Butylalkohol oder Kornfuselöl entspricht, nimmt schon das äussere Ansehen eines ätherischen Oeles mehr für sich in Anspruch, obwohl sie sich noch leicht, wie die drei vorhergehenden Säuren

Propionsäure
$C_6 H_5 O_3$ HO.

Buttersäure
$C_8 H_7 O_3$ HO.

in Wasser, und wie Alle in Alkohol und Aether löst. Im konzentrirtesten Zustande riecht das Buttersäurehydrat vom spez. Gew. 0,963, dessen Schmelzpunkt bei 164° C. liegt, scharf und widerlich nach ranziger Butter, und erzeugt auf der Schleimhaut bei fast ätzender Schärfe einen weissen Fleck; ihre Dämpfe brennen; die Buttersäure, welche eine eigene Abtheilung der ersten Säuregruppe, die sogenannten flüchtigen Fettsäuren anhebt, unterscheidet sich von allen Folgenden durch ihre unbedingte Löslichkeit im Wasser, die auch ihr fettig glänzendes krystallinisches Barytsalz theilt, das auf Wasser gestreut, bevor es sich löst, in campherähnliche Wirbel geräth. Sie wird in dem Destillate der fraglichen organischen Substanzen mit verdünnter Schwefelsäure gesucht, und gibt sich dadurch zu erkennen, dass sie

*Flüchtige Fettsäuren und ihre Lipyloxydsalze, flüchtige Fette.* und ihre Salze beim Erhitzen mit Schwefelsäure und Weingeist, Buttersäureäther entwickeln, der das reinetteäpfelähnliche feine Bouquet echten Rhums bildet. Sie findet sich als Kalksalz im Johannisbrote von Ceratonia siliqua, und wahrscheinlich noch in

*Butyrin.* mehreren Pflanzen, in dem 3% Gehalte der Kuhbutter an flüchtigen Fetten als Butyrin oder butters. Lipyloxyd $C_{11}$ $H_9$ $O_4 = C_8$ $H_7$ $O_3$. $C_3$ $H_2$ $O$, dessen Darstellung auch künstlich gelungen ist, ferner in fetten, öligen und schweissigen Drüsensekreten der mannigfaltigsten Art ziemlich verbreitet im Thierreiche. 5)

*Baldriansäure (Hircinsäure Phocensäure) $C_{10}$ $H_9$ $O_3$ HO.* Die Valerian- oder Baldriansäure, theils durch Oxydation des Kartoffelfuselöles oder Amylalkohols, theils durch Zersetzung von Proteïnsubstanzen, wie z. B. durch Destillation des Eiweisses mit Schwefelsäure entstehend, findet sich in der Wurzel der Donnernessel oder Baldrianpflanze, neben Baldrianöl, ferner im Fussschweisse, im Sekrete mancher Drüsen, die die äussere Haut der Genitalien beölen, und ist wahrscheinlich mit der Hircinsäure des Bocksfettes und Phocensäure identisch, die in dem Thrane der Delphine- und Phokaarten und in den Beeren des Schneeballs, Viburnum opulus aufgefunden ist, und der man wahrscheinlich irrig die abweichende Formel $C_{10}$ $H_8$ $O_3$ beizulegen bemüht war. Sie nähert sich in ihren äussern Eigenschaften dem Buttersäurehydrate, ist ein äusserst kräftiges Nervenreizmittel, dass in grösserer Menge sogar giftig wirkt, und wird in ihren Salzen daran erkannt, dass sie mit Schwefelsäure und Weingeist erhitzt, einen feinen birnen- bis ananasähnlichen Obstduft

*Capronsäure. $C_{12}$ $H_{11}$ $O_3$ HO.* entwickelt. 6) Capronsäure; 7) Caprylsäure; 8) Caprinsäure: Diese drei Säuren finden sich mit der Vaccinsäure als Lipil-oxydsalze in den 3% flüchtigem Fette der Kuh-, Ziegen- und Schaf-butter in kleiner Menge neben dem Butyrin. Hat man die orga-nischen Substanzen, worin man flüchtige Fette voraussetzt, mit Kalilauge kochend verseift, hierauf mit Schwefelsäure angesäuert und destillirt, so hat man jedenfalls alle flüchtigen Fettsäuren im Destillate; die Capronsäure unterscheidet sich von der Butter-säure durch ihre weit beschränktere Löslichkeit im Wasser, von dem sie beiläufig 100 Theile zur Lösung bedarf; ihr Barytsalz ist aber zum Unterschiede von dem schwer oder unlöslichen capryl- oder caprinsauren Baryte im Wasser leicht löslich; die Capronsäure die sich in ihren allgemeinen Eigenschaften und in ihrem Aeussern an die Butter- und Baldriansäure anlehnt, zeigt ein spez. Gew von 0,93 und siedet etwas über 200° C.; bei dieser Gelegenheit muss einer im wissenschaftlichem Sinne äus-serst wichtigen künstlichen Bildungsweise dieser Säuren gedacht werden, nämlich der durch Elektrolyse der Cyanverbindung des zunächst vorhergehenden Alkoholradikales: dem Capronyl $C_{12} H_{11}$ geht das Valyl $C_{10} H_9$ voraus, welchem das Alkoholradikal $Cn$ $Hn + 1$ also hier $C_{10} H_{11}$ oder das Amyl entspricht; digerirt man nun Kartoffelfuselöl oder Amylalkohol $C_{10} H_{12} O_2$ mit mässig konzentrirter Schwefelsäure, sättigt nach mehreren Tagen mit Kali und verdampft im Waserbade zur Trockene, so erhält man einen krystallinischen Rückstand von amylschwefels. Kali

$C_{10} H_{11} \overline{O \cdot SO^3} . SO_3 KO$, welcher bei seiner Destillation mit Cyankalium, schwefels. Kali im Rückstand lässt, während Cyan-amyl überdestillirt $= C_{10} H_{11} . C_2 N = C_{12} H_{11} N$, welche sich mit Wasser in caprons. Ammoniak umwandeln kann, während umgekehrt das Capronsäurehydrat unter dem Einflusse der Elek-trolyse sich in Amyl, Wasserstoff und Kohlensäure umwandelt: $C_{12}$ $H_{12} O_4 = C_{10} H_{11}, H, 2 CO_2$. Die Caprylsäure wird bereits bei 12° C. breiig kristallinisch, erstarrenden Oelen ähnlich, schmilzt wieder bei 14 bis 15° C., siedet bei circa 240° C. und zeigt das spez. Gew. von 0,92. Die Caprinsäure schmilzt erst bei 18° C. und zeigt das spez. Gew. 0,91. Alle drei Säuren finden sich in sehr kleiner Menge in dem Fette der Cocos- und Pa-guanüsse und treten auch bei der Gährung und Verwesung alternder Käse, bei dem sogenannten Reifen und Blühen dersel-ben auf. 9) Zwischen der Capron- und Caprylsäure steht die

Capronin.
Caprylsäure
$C_{16} H_{15} O_3 HO.$
Caprylin.
Caprinsäure
$C_{20} H_{19} O_3 HO.$
Caprin.
Vaccinsäure
$C_{20} H_{18} O_5 (?)$
Vaccin.

Oenanthsäure
$C_{14}$ $H_{13}$ $O_3$ HO.

Oenanth- oder Weinblumensäure in der Mitte, die am besten durch Destillation des Ricinusöles gewonnen wird,' das früher mit Salpetersäure oxydirt wurde; diese Säure hat nur dadurch einiges Interesse, dass ihr Aethyloxydsalz $C_{18}$ $H_{18}$ $O_4$ den gewöhnlichen Weinfusel und das Traubenöl bildet, und dass sie ferner unter den Destillationsprodukten der Fette mit Salpeter-

Pelargonsäure
$C_{18}$ $H_{17}$ $O_3$ HO.

säure neben der Bernsteingruppe auftritt. 10) In den säuerlichen Blättern einiger Pelargoniumarten ist die Pelargonsäure enthalten, die auch mit unter die Zersetzungsprodukte der Fette durch Salpetersäure zu zählen ist und im Pflanzenreiche vielleicht ver-

Cocinsäure
$C_{26}$ $H_{27}$ $O_3$ HO.
Cocin
$C_{28}$ $H_{25}$ $O_3$ HO.
Myristinsäure
Myristin.
$C_{30}$ $H_{29}$ $O_3$ HO.
Cetylsäure Cetin
$C_{32}$ $H_{31}$ $O_3$ HO.
Palmitinsäure
Palmitin.

breiteter vorkömmt, als man derzeit weiss. 11) Cocinsäure; 12) Myristinsäure; 13) Cetylsäure; 14) Palmitinsäure: Diese vier Säuren, welche den Uebergang von den flüchtigen zu den fixen starren Fettsäuren darstellen, bilden aber nicht als Lipyloxydsalze, sondern als sogenannte Aethalsalze den Wallrath, das in der Kälte erstarrte und abgepresste staire Fett des in den Schädelknochenhöhlen der Pottwale und Delphine enthaltenen Thranes. Die Base der Neutralfette, des Wallraths ist schon wie erwähnt nicht das Lipyloxyd, sondern ein Alkoholradikal, das Oxyd einer Inkrementbase von der allgemeinen Formel $C_n$ $H_{n}+1$ $O$, u. z. existiren drei derartige Aethalblasen im Wallrathe, $C_{32}$ $H_{33}$ O Cetyloxyd, dessen Hydrat oder Alkohol das eigentliche Aethal ist, und der Palmitinsäure als Ketylsäure entspricht $C_{34}$ $H_{35}$ O das Marcetyloxyd, dessen Hydrat oder Alkohol Maethal heissen möge, mit der Ketylsäure, Margarinsäure und endlich $C_{36}$ $H_{37}$ O Stetyloxyd, dessen Hydrat oder Alkohol das Stetal wäre mit der Stearophansäure, Kestylsäure. An diese drei Basen sind die vier obigen Säuren im Wallrathe gebunden, der daher weniger zu den Fetten, als vielmehr zu den starren hochzifferigen Aetherarten, Aethyloxydsalzen der Alkoholreiche mit der allgemeinen Formel $C_n$ $H_n$ $O_4$ zählt, während die wahren Fette als Lipyloxydsalze stets eine der folgenden Formeln haben: $C_n+3$ $H_n+1$ $O_4$, starre, wasserstoffreiche Fette oder $C_n+3$ $H_{n-1}$ $O_4$ flüssige, wasserstoffarme oder fette Oele. Wegen der Unfähigkeit ranziger Verderbniss, und der Schwierigkeit seiner Verseifung durch alkoholische Kalilösung, bildet der Wallrath einen vortrefflichen Bestandtheil pharmaceutischer Salben. Von biochemischem Interesse ist die Thatsache, dass sich nur bei den Wassersäugethieren, weder bei den Fischen noch bei den Landsäugethieren diese merkwürdige fettähnliche Verbindung erzeuge, zu deren Bildung vielleicht das Säugethierefett ebenso unentbehrlich ist, als der grosse Arealdruck des Wassers, dem diese in den Tiefendes Ozeans ausser den Athmungsmomenten lebenden Thiere gegenüber den Landsäugethieren ausgesetzt sind. Die genannten Säuren sind sämmtlich bei gewöhnlicher Temperatur blätterig, krystallinisch, in perlmutter- bis fettglänzenden Schüppchen erscheinend; ihr Schmelzpunkt liegt jedenfalls unter 60° C. An der Luft erhitzt, sind sie nicht mehr unzersetzt flüchtig, im verschlossenen Raume aber und noch mehr im Strome von Wasserdämpfen oder Kohlensäure lassen sie sich recht gut und ausgiebig destilliren und sublimiren, wie der grossartige Destillationsbetrieb der kolossalen Palmenkerzenfabrik in London zur Genüge beweist. Die Cocinsäure findet sich ausserdem im Pflanzenreiche, im Cocosnussöle und dem Fette der Taguanuss, die Myristinsäure in der Muskatbutter, der Muskatnuss von Myristica moscata, von welcher auch das bekannte Gewürz der Muskatblüthe oder die Macis abstammt, die mit der Nuss das gleiche ätherische gewürzhafte Oel theilt. Das Cocosnussöl ist der Hauptmasse nach cocins. Lipyloxyd oder Cocin $C_{29} H_{27} O_4$, die Muskatbutter, myristins. Lipyloxyd oder Myristin $C_{31} H_{29} O_4$, beide gehören zu den leichtest verseifbaren Fetten. Die Cetylsäure ist dem Wallrathe eigenthümlich, die Palmitinsäure hingegen scheint unter die verbreitetsten Fettsäuren zu gehören, da sie nicht bloss in dem orangegelben Fette der afrikanischen Küstenpalmen, an Lipyloxyd gebunden als Palmbutter oder Palmitin $C_{35} H_{33} O_4$, sondern im Menschen-, Schweine- und Gänsefett und in kleinen Mengen noch in vielen andern Thier- und Pflanzenfetten vorkömmt; sie führte früher den Namen Cetylsäure und ist noch jetzt die Ketylsäure des Cetyloxydes oder Aethales.

15) Die Margarinsäure, die in perlmutterglänzenden Blättern krystallisirt, bei 60° C. schmilzt, im Kohlensäurestrom noch unzersetzt sublimirt, bildet mit Lipyloxyd das Margarin $C_{37} H_{35} O_4$, das circa 60 bis 70% der Butter, der verschiedenen Schmalzfette des Thierreiches ausmacht, und ausserdem in kleiner Menge in den meisten Pflanzenfetten, ja selbst in den Oelen vorkömmt, aus denen es sich bei Abkühlung krystallinisch ausscheidet. 16) Verdoppelt man die Formel der Margarinsäure zur

Margarinsäure $C_{54} H_{55} O_6$ HO. Margarin.
Stearinsäure $C_{68} H_{66} O_6$ 2 HO Stearin.
Ölsäure, Elaidinsäure $C_{68} H_{65} O_6$ HO. Olein und Elaidin Oele.
Döglingsäure $C_{58} H_{55} O_6$ HO.
Stearophansäure $C_{58} H_{55} O_6$ HO.

zweibasischen Säure unter Verlust eines Sauerstoffatoms, so erhält man die Stearinsäure, die wirklich bei ihrer trockenen Destillation und bei den mannigfaltigsten Spaltungsversuchen stets Margarinsäure liefert. Die Stearinsäure, die höchst bezifferte, sprödeste, strengflüssigste Fettsäure ist, wie alle wahren Fettsäuren in Wasser nicht, in Aether leicht löslich, fällt beim Erkalten ihrer siedenden alkoholischen Lösung krystallinisch heraus, schmilzt bei $70^0$ C. und findet sich in den starrsten Thierfetten, den sogenannten thierischen Talgarten, namentlich im Rinder- und Hammeltalg, in kleiner Menge als Begleiter des Margarins aber auch in den meisten pflanzlichen und fetten Oelen. 17) Ob das Zwischenglied $C_{36} H_{35} O_3 HO$, oder die Stearophansäure in thierischen und pflanzlichen Fetten, wie angenommen worden, wirklich existire, oder bloss ein formelles Ergebniss der fraktionirten Fällung, der einzigen mühseligen Methode der Isolirung der Fettsäuren darstelle, lässt sich derzeit noch nicht mit Bestimmtheit aussagen. 18) und 19) Ohne eine eigene Klasse von Säuren dafür aufzustellen, muss zweier wasserstoffärmerer Glieder von der allgemeinen Formel $C n H_{n-8} O_3 HO$ Erwähnung geschehen, deren Lipyloxydsalze die flüssigen Fette oder Oele des Pflanzen- und Thierreiches darstellen. Die Oelsäure $C_{36} H_{33} O_3. HO$ hat ein spez. Gew. von 0,92 und bleibt selbst unter Null flüssig; sie ist im Wasser unlöslich, in Aether und selbst schon im kalten absoluten Alkohol löslich; leitet man salpetrige Säure in sie oder in ihr Lipyloxydsalz, das Olëin $C_{39} H_{35} O_4$, so scheidet sich krystallinisch die völlig isomere Elaidinsäure aus, deren Lipyloxydverbindung das Elaidin, natürlich in den trocknenden Pflanzenölen vorkömmt, deren Hauptrepräsentant das allgemein gekannte Leinöl ist. Das Olëin bildet mit geringen ausserwesentlichen Bestandtheilen gemengt, nicht nur sämmtliche nicht trocknende fette Pflanzenöle mit wenigen Ausnahmen, wie das Ricinusöl in dem eine eigene Oelsäure vorkömmt, oder das Lorbeeröl, in dem sich die Laurostearinsäure findet, sondern es findet sich auch mehr minder in den meisten thierischen Fetten; Oelsäure und Olëin verrathen ihre Gegenwart und charakterisiren sich dadurch, dass sie bei der trockenen Destillation neben dem allgemein auftretenden Acrolëin $C_6 H_4 O_2$ auch noch eine eigenthümliche künstliche, flüchtige Fettsäure liefern, die sebacische Säure, schlechtweg Fettsäure genannt $C_{10} H_8 O_3$ H O, die ein Glied der Bernsteinsäuregruppe ist. Ueberhaupt finden sich in den gewöhnlicheren Fetten der Alimente fast immer Olëin, Palmitin, Margarin und Stearin beisammen, als Quaterne der Fettnahrung, von welchem die beiden mittleren, die dem Menschenfette verwandtesten, verdaulichsten, assimilirbarsten und leichtest verseifbaren, Olëin und Stearin aber fremder, schwerer verdaulich und auch weit schwerer verseifbar erscheinen. Desshalb wird auch allgemein die Butter und das Schmalz (beim Genusse) oder das Schweinefett des Speckzellgewebes dem Talge, Thrane und Oele mit wenigen lokalen, leicht erklärbaren Ausnahmen instinktmässig vom Volke vorgezogen. Die Döglingsäure $C_{38} H_{35}$ $O_3$ H O ist zuerst im Dögling, Balena rostrata, jetzt zum Genus Hyperodon gezählt, entdeckt, woher sie den Namen bekam, der wohl besser in Thransäure umzuwandeln wäre. Bei dieser Gelegenheit ist des offizinellen Fischthranes, Leberthranes oder Seehechtleberöles Oleum jecoris aselli, von Gadus morrhua, Erwähnung zu thun, mit dem die Empirie bei äusserlicher und innerlicher Anwendung blaue Wunder thut; dieses Oel besteht nicht bloss aus gewöhnlichen Lipyloxydfetten, Olëin und Thranölen, sondern auch aus öl- und thrans. Propyloxyde, wie denn die Propylverbindungen überhaupt im Fischkörper eingebürgert zu sein scheinen, wie auch das Propylanin in der Häringslacke beweist; ausserdem erfreut sich der Leberthran allerdings eines spurenweisen, organisch gebundenen Jodgehaltes, mit dem viel therapeutischer Lärm gemacht wurde. Da die empirischen Lobredner des Leberthrans kein einziges Experiment, das eine wissenschaftliche Kritik verträge, aufzuweisen haben, so lässt sich gegen ihre Wunderkuren nichts weiter bemerken, als die trockene Versicherung, dass Salbung und Speisung mit Olivenöl ganz dieselben Wirkungen geleistet hätte, natürlich aber ohne den „Schelm von Bergen." 20) Die Cerotinsäure bildet den Hauptbestandtheil des Bienenwachses, das diese Thiere nach wissenschaftlichen Beobachtungen, auch bei exklusiver Fütterung mit chemisch reinem Rohrzucker in ihrem Leibe, kraft ihres Stoffwechsels erzeugen, zwischen den Schuppenringen ihres Unterleibes ausschwitzen, mit den Hinterbeinchen abstreifen und mit Kiefer und Vorderbeinen zu dem bekannten, hexagonalen Bau ihrer Brutzellen und Honigwaben kneten und verarbeiten. Diese

*[Marginalie:]* Leberthran Oelsaures Propyloxyd mit Spuren von Jod $C_{48} H_{40} O_4$.

*[Marginalie:]* Cerotinsäure $C_{54} H_{53} O_3$ HO. Cerotin. Melissinsäure $C_{60} H_{59} O_3$ HO. Melissin $C_{60} H_{60} O_2$ Myricin, palmitinsaures Melissyloxyd $C_{92} H_{92} O_4$ Wachs.

Säure löst sich bei der Behandlung des Wachses mit kochendem Alkohol, und krystallisirt aus dem erkaltenden Filtrate; sie schmilzt bei $80^0$ C. und findet sich an Cerossyloxyd gebunden $C_{108} H_{108} O_4 = C_{54} H_{53} O_3 . C_{54} H_{55} O$ im sogenannten Cerotin, dem in Alkohol löslichen Antheile des japanesischen und chinesischen Pflanzenwachses, in dem Wachsüberzuge vieler Blattseiten und in dem Schmelze vieler Blütenkronen. 21) Der im siedenden Alkohol unlösliche Antheil der Wachssorten von weicherer Consistenz, bei $72^0$ C. schmelzbar, aus Schwefelkohlenstoff und Aether krystallisirbar, heisst Myricin $C_{92} H_{92} O_4$ und zerfällt bei der Verseifung mit alkoholischer Kalilösung in Palmseife und Melissin; er besteht daher aus palmitins. Melissyloxyd $C_{32} H_{31} O_3 C_{60} H_{61} O$; das Melissin, der Alkohol der höchst bezifferten Inkrementbase $C_{60} H_{61}$, hat die Zusammensetzung $C_{60} H_{62} O_2$ und liefert als Ketylsäure die Melissylsäure von der Formel $C_{60} H_{59} O_3 HO$. Die Wachsgattungen scheinen in keiner Weise verdaulich und dem thierischen Leben dienstbar zu sein; sie stellen ein wahres Exkret der Biene dar und gehen aus dem Honig der Nektarien jener Pflanzen, die die Bienen besonders lieben, wie der Melissen-, Urtika- und Lamiaarten durch einen ähnlichen Act der Gährung hervor, wie sich durch Milch- und Buttersäuregährung aus den Kohlenhydraten des Futters bei der Mast der Zuchtthiere die Fettmassen des Zellgewebes erzeugen.

Bernsteinsäuregruppe oder künstliche flüchtige Fettsäuren. $Cn Hn - 2 O_3 HO.$ Eine zweite Klasse von Säuren, die sich der Ersten oder Essigsäure, Ketylsäuregruppe mit ihren Untergliedern, den flüchtigen, starren und öligen Fettsäuren, als Oxyd der beiden Letztern unmittelbar anschliesst, ist die sogenannte Bernsteinsäuregruppe von der allgemeinen Formel $Cn H_{n-2} O_3 . HO$, wobei n jede beliebige Zahl nicht bloss Gerade bedeuten kann. Die

Bernsteinsäure $C_4 H_2 O_3 HO.$ Säuren dieser Gruppe sind: 1) Bernsteinsäure, welche in dem fossilen Harze der vorweltlichen Braun- und Steinkohlenflora, dem Bernsteine oder Agtsteine, Elektron oder Succinum vorkommt, welcher theils von der Ostsee aus der preussischen Küste ausgewaschen, aus dieser wieder gefischt, oder hie und da auf ursprünglicher oder secundärer Fundstätte gegraben wird, und oft eine sehr werthvolle Fauna einer antediluvianischen Insectenwelt einschliesst; dieses Harz liefert bei der trocknen Destillation empyreumatisches Bernsteinöl oder Succinol und Bernsteinsäure;

durch Behandlung des Oeles mit koncentrirter Salpetersäure entsteht aus demselben nach Verdünnen und Auswaschen mit Wasser eine braune zähe Harzmasse, die einen intensiven moschusähn-
lichen Geruch besitzt und künstlicher Moschus genannt wird;
die Bernsteinsäure findet sich ferner präformirt in einigen Compositeen, wie z. B. im Wermuthkraute, und als Zersetzungsprodukt der Fette in obsolescirenden Exsudaten; durch Behandlung mit kräftigen Oxydationsmitteln, namentlich mit concentrirter Salpetersäure, tritt sie als Zersetzungsprodukt der meisten
Fette auf; ihre wichtigsten chemischen Eigenschaften repräsentiren zugleich die der ganzen Gattung; sie ist ausgezeichnet
krystallisirbar, schmeckt mehr fade salzig als sauer, schmilzt
beim Erwärmen sehr leicht, entflammt sich und verflüchtigt rückstandslos in fast geruchlosen aber förmlichen Stickhusten hervor-
rufenden Dämpfen; sie ist, wie alle Säuren dieser Gruppe, in
Wasser, Weingeist und Aether löslich; ihre Salze, die Succinate,
sind zumeist in Wasser und kochendem verdünnten Alkohol
löslich; sie gehört zu den organischen Säuren, die nicht durch
Chlorcalcium, sondern Eisenchlorid gefällt werden und kann zur
Trennung der Eisenoxydsalze von den Mangansalzen dienen,
da sie in Ersteren bei neutraler Lösung eine lachsbraune Fällung von bernsteins. Eisenoxyde hervorruft, während die Mangansalze durch sie nicht gefällt werden. Interessant ist der Zusammenhang der bernsteins. Salze mit den äpfelsauren, die
in den Kreis kräftiger Gährungsprocesse eingeschaltet, in einander überführt werden können. 2) Die Lipin-, 3) die Adipin,
4) die Pimelinsäure finden sich bisher ausschliesslich unter den
künstlichen Zersetzungsprodukten starrer Fette durch Salpetersäure, neben der Oenanthsäure, und theilen die gemeinschaftlichen Gruppenreaktionen dieser Klasse; deshalb ist auch ihre
Nomenclatur eine synonyme von λειπος, πιμηλος und adeps,
welche Worte im Griechischen und Lateinischen Fettsorten bedeuten. 5) Die Korksäure theilt zwar mit den vorhandenen Säuren das genetische Moment, entsteht aber auch selbstständig bei
der Behandlung des Korkstoffes und Korkwachses mit concent.
Salpetersäure. 6) Das Glied in der Reihe der Bernsteinsäuregruppe mit dem Kohlenstoffgehalte 9 fehlt bisher, den Beschluss
dieser Gruppe macht die Sebacylsäure, die schlechtweg Fettsäure
genannt wird, und die bei der trocknen Destillation der Oelsäure

Lipinsäure
Brenzweinsäure
$C_6$ $H_2$ $O_3$ HO

Adipinsäure
$C_4$ $H_4$ $O_3$ oder
als zweibasische
Säure
$C_{12}$ $H_8$ $O_6$ 2HO

Pimelinsäure
$C_7$ $H_6$ $O_3$ HO.

Korksäure Sube-
rylsäure
$C_8$ $H_6$ $O_3$ HO.

Fettsäure seba-
cische Säure
$C_{10}$ $H_8$ $O_3$ HO.

und aller ölsinhaltigen Fette entsteht, so dass ihr Auftreten einen Rückschluss auf die Gegenwart des Olëins gestattet; sie findet sich mit Acrylverbindungen gemischt in dem widerlich riechenden, Augen- und Respirationsorgane auf das schärfste reizenden Rauche verglimmender Oeldochte.

Milchsäure<br>gruppe.<br>$C_n H_n - 1 O_5 HO.$<br>Leucinsäure,Gly-<br>cinsäure, Milch-<br>säure<br>$C_{12} H_{10} O_{10} 2 HO.$<br>Paramilchsäure<br>$C_6 H_5 O_5 HO.$

Eine dritte Klasse org. Säuren ist die geringgliedrige Milchsäuregruppe. Mit Uebergebung der Glycin- und Leucinsäure, welche blos künstliche Oxydationsproducte der thierischen Alkalide, Leucin und Glycin mittelst Salpetersäure vorstellen, ist im biochemischen Interesse nur die Milchsäure und die Paramilchsäure zu erwähnen.

Die Milchsäure ist eine zweibasische Säure $C_{12} H_{10} O_{10} 2 HO$, welche als ein blosses metameres Umwandlungsprodukt durch einfache Vergährung der Kohlenhydrate auftritt, und die erste Verdauungs- und Assimilationsphase derselben im Thierkörper darstellt. Sie lässt sich durch einen interessanten Vorgang künst-

Alanin<br>$C_6 H_7 NO_4$

lich erzeugen aus dem sogenannten Alanin, welches durch Sättigen von Aldehydammoniak mit Blausäure, Versetzen mit Salzsäure und Abdampfen bis zur Trockne entsteht, und wissenschaftlich als Lactamid $C_6 H_5 O_4 . NH_2$ betrachtet werden kann, und wie alle Amide beim Zusammenbringen mit salpetriger Säure in Wasser, Stickgas und die entsprechende Säure zerfällt. $C_6 H_7 NO_4 + NO_3 = C_6 H_5 O_5, 2 N, 2 HO$. Die Milchsäure entsteht bei der Selbstsäuerung der Milch aus Milchzucker; bei der Gährung des süssen Krautes, der Gurken, und findet sich namentlich an Kalk gebunden in mancherlei Pflanzensäften vertheilt; sie ist in den Ignatiusbohnen, Krähenaugen und dem Pfeilgifte Upastieute nachgewiesen; auch in dem Schwälwasser der Gerber und im Buchbinderkleister entwickelt sie sich; im Biere fehlt sie nie und lässt sich überhaupt aus Glykose oder einer gährfähigen Zuckerart durch Mischen mit einem passenden Fermente, Milch, Pflanzeneiweiss, frischem Käsestoff oder Quark auf dem Wege der sogenannten Milchsäuregährung erzeugen, die auch im oberen Theile des thierischen Darmkanales vorherrscht; zur sogleichen Bindung der entstandenen Säure pflegt man noch einen Brei geschlemmter Kreide einzurühren, wobei nach einigen Tagen der bei 20—30° C. stattfindenden Digestion die ganze Brühe zu einem weissen krystallinischen Breie von milchs. Kalke erstarrt, der abgepresst, aus siedendem Wasser umkrystallisirt:

und zuletzt vorsichtig mit Kleesäure zerlegt werden kann; die vom klees. Kalke abfiltrirte Flüssigkeit verwandelt sich beim vorsichtigen Eindampfen im Wasserbade in einen stark sauren Syrup vom spez. Gew. 1,215, der beim Verdünnen sehr rasch seine Säure verliert, in konzent. Zustande aber sogar die Chloride zerlegt und Salzsäure frei macht. Würde man obigen Brei von milchs. Kalke noch einige Tage bis zum Dünnflüssigwerden der Maische vergähren lassen, so entstünde unter Wasserstoff- und Kohlensäure Entwicklung auf Kosten des höher oxydirten verrotteten Fermentes (faulenden Käsestoffs) butters. Kalk durch den Vorgang der sogenannten Buttersäuregährung, welche als weitere Phase der Kohlenhydratverdauung und Assimilation im unteren Theile des Darmkanals vorherrscht, und die daselbst auftretende Gasentwicklung erklärlich macht. Da sich der Rohrzucker sehr rasch in Traubenzucker umwandelt, von dem aus eigentlich jede Gährung ihren Ablauf nimmt, so kann man die beiden Gährungen durch folgendes Schema darstellen: $C_{12} H_{12} O_{12} = 2 C_6 H_5 O_5 . HO = C_{12} H_{10} O_{10} . 2 HO$; $C_{12} H_{10} O_{10} . 2 HO = C_8 H_7 O_3 . HO, 4 H, 4 CO_2$; aus der verdampften Lösung des butters. Kalks kann durch Destillation mit Schwefelsäure die Buttersäure, und durch Destillation mit Schwefelsäure und Alkohol der Butteräther oder Rhumsprit gewonnen werden. Die Milchsäure koagulirt in der Kälte die Milch spät und unvollständig, beim Erhitzen aber selbst in kleinster Menge rasch und völlig; im konzent. Zustande koagulirt sie selbst Eiweiss; sie ist in ihren verdünntesten Lösungen und selbst denen ihrer sauren Salze ein sehr kräftiges Lösungsmittel der Phosphate der alkalischen Erden; ihre Salze haben gewöhnlich 5—6 Aequivalente Wasser, und unterscheiden sich in manchen Gliedern wesentlich von den Paralaktaten. Die Paramilchsäure $C_6 H_5 O_5$, im Uebrigen der Milchsäure sehr ähnlich, ist einbasischer Natur, enthält in ihren Salzen gewöhnlich 4 Aequivalente Wasser, und findet sich nur in der sauren Fleischflüssigkeit und dem Imbibitionswasser des Organenparenchyms im Thierkörper; den entschiedensten Unterschied beider Säuren bildet das Zinksalz, durch Digeriren der freien Säure mit kohlens. Zinkoxyde in deutlichen Krystallen darstellbar, von welchen beiden Zinksalzen das milchs. Zinkoxyd $C_{12} H_{10} O_{10} . 2 Zn O . 6 HO$ sich bei 150° C. zersetzt, sich in 58 Theilen kalten und

6 Theilen kochenden Wassers auflöst, während das paramilchs. Zinkoxyd erst bei 210° C. sich zersetzt, die Formel $C_6 H_5 O_5$ Zn O . 2 HO besitzt, und sich schon in 6 Theilen kalten und 3 Theilen siedenden Wassers auflöst. Das Auftreten der Bilaktate an der Stelle neutraler Paralaktate im Blasteme und Wasser der Parenchyme, bedingt durch eine Anomalie des Stoffwechsels, d. i. unverhältnissmässige Einfuhr von Kohlenhydraten, die auf der ersten Phase der Verdauung stehen bleiben („Säure in den ersten Wegen"), muss nothwendig eine Maceration und Erdphosphatverarmung der Gewebe, einen Verlust dieser wichtigen Skelettsalze der Zellen und Fasern bedingen, die dann gelöst in den Exkreten ausgeschieden und dem Körper entzogen werden, und vielleicht die erste Ursache jener pastösen Beschaffenheit bilden, welche die pathognomonische Constitution skrophulöser und rhachitischer Prozesse darstellt; vielleicht dass auch in den sogenannten rheumatischen und gewissen arthritischen Prozessen der macerirende Einfluss der Bilaktate auf Myolemma und Muskel von kausalem Belange ist, worüber man, wie leider in so vielen Fällen, in so lange nicht klar werden kann, so lange die Pathologie so bunte aufgeblasene Wechselbälge von Begriffen, wie Rheumatismus und Arthritis mit den ursprünglich verschiedensten Krankheitsformen vollpfropft.

**Weinsäuregruppe** $C_n H_n — 2 O_4 5.$

Eine neue bedeutungsvolle Klasse org. Säuren entrollt sich in der **Weinsäuregruppe**, welche in formeller Beziehung, wenn von der Polybasicität abgesehen wird, aus zwei Paaren isomerer Säuren als Hauptrepräsentanten besteht, durch deren Spaltung und weitere Zerlegung die übrigen Glieder dieser für das Pflanzenleben so wichtigen Gruppe hervorgehen. Das eine Paar von der Formel $C_4 H_2 O_5$ umfasst die Trauben- und Weinsäure, das andere Paar von der Formel $C_4 H_2 O_4$ umfasst die Aepfel- und Citronensäure.

**Weinsäure, Tartrylsäure** ($C_4 H_2 O_5$) **zwei basisch** $C_8 H_4 O_{10} 2 HO.$

Die Weinsäure, Weinsteinsäure oder Tartrylsäure, zweibasischer Natur und im höchsten Grade geneigt, saure, schwer lösliche Salze zu bilden, krystallisirt in gut ausgebildeten Krystalldrüsen des prismatischen Systems, schmeckt rein und stark sauer, ist in Wasser und Weingeist leicht löslich, schmilzt beim Erhitzen, bläht sich auf, bräunt sich, fängt Flamme und verbrennt endlich rückstandslos unter Verbreitung stechend saurer, aber zugleich an gebrannten Zucker oder Caramel erinnernder Dämpfe; sie fällt Chlorcalcium in völlig neutraler Lösung, und die weisse Fällung von weins. Kalke lösst sich sowohl in Aetzkali als in Salmiak mit grosser Leichtigkeit; durch Kali und Ammoniak entstehen in der Weinsäurelösung weisse krystallinische Cremorfällungen, die im Ueberschusse der Alkalien löslich sind, und durch Natron überhaupt nicht entstehen; die Weinsäure verhindert durch ihre Gegenwart und Bildung löslicher Doppelsalze, die Fällbarkeit der Metalloxyde aus ihren Salzlösungen durch Alkalien; ihre wässerige Lösung schimmelt sehr leicht, wobei sich die Säure unter Essigsäurebildung zerlegt; in alkalischer Lösung längere Zeit digerirt, geht sie in Traubensäure über, die sich bei völliger Isomerie in Bezug auf die Krystallform wie rechts und links polarisirende hemiedrische Hälften verhält und Reduktionsprozesse vollbringt, welche die Weinsäure nicht zu leisten vermag, wie z. B. die glykoseähnliche Reduction des Kupferoxyds in alkalischer Lösung. Die Weinsäure scheint in der Fruchtreife und Obstgährung sich zunächst aus den Pektinaten unter dem Einflusse der Pektase zu entwickeln, und als Mittelglied die Zucker- und Aetherbildung oder das Süss- und Duftigwerden der Früchte zu bedingen; sie ist desshalb mit der Aepfel- und Citronensäure sehr verbreitet in vielen Beeren und Obstsorten, und wird im Grossen aus dem doppeltweins. Kali oder rohen Weinstein gewonnen, der sich mit etwas weins. Kalk, Hefe und Pigment gemengt in den Lagerfässern alternder Weine absetzt, indem man den Weinstein mit Thon entfärbt, hierauf mit Chlorcalcium und Kreide zerlegt, die entfärbte Fällung von weins. Kalke vorsichtig mittelst Schwefelsäure zersetzt, die gelöste Weinsäure vom Gyps dekantirt und in flachen Bleipfannen zur Krystallisation versiedet. Sie ist am reichsten in der Traube, Maulbeere, Himbeere, Erdbeere und Brombeere, also in den Geschlechtern Vitis Rubus, Morus und Fragraria theils frei, theils als Kali und Kalksalz enthalten, wesshalb sich die genannten Beeren am Besten zur sogenannten Trauben- oder Erdbeerenkur Arthritischer eignen, die eigentlich mit der reichlichen Zufuhr alkalischer Salze, Erhöhung der Blutalkalicität und dadurch beschleunigtem Stoffwechsel und Eliminationsprozess zusammenfällt, da sich die pflanzens. Alkalien dieser Gruppe unter dem oxydirenden Einflusse des Blutes unter Aufnahme von Sauerstoff und Abgabe von Wasser in kohlens. Alkalien verwandeln, gerade so wie sie dies ausserhalb des Körpers durch Glühen thun, wodurch man aus dem Weinstein das sogenannte Sal tartari, Oleum tartari per deliquium, das heisst reines kohlens. Kali bereitet, das, so lange es noch mit Kohle gemischt ist, den sogenannten schwarzen Fluss der pyrochemischen Analyse, eines der kräftigsten Reduktionsmittel, darstellt. In schmelzendes Kalihydrat eingetragen, verwandelt sich die Weinsäure in Kleesäure, Kohlensäure und Wasser; bei ihrer trocknen Destillation sublimirt unter partieller tieferer Zersetzung wasserfreie Weinsäure oder Tartrelsäure, und Brenzweinsäure oder Lipinsäure, die bereits bei der Bernsteinsäuregruppe Erwähnung fand.

*Citronensäure ($C_4 H_2 O_4$) dreibasisch $C_{12} H_6 O_{11}$ 3 HO.* Die dreibasische Citronensäure theilt, wie die Aepfelsäure, die meisten Charaktere der Weinsäure, wesshalb nur das Unterscheidende kurz angeführt werden soll. In neutraler Lösung lässt sie sich kalt mit Chlorcalcium mischen, ohne es zu fällen, erhitzt man aber die Mischung, so entsteht ein weisses, flockiges, mikrokrystallinisches Gerinnsel von citronens. Kalke, der im heissen Wasser weit weniger löslich ist als im kalten. Dieser Weg kann zur Darstellung der Säure benützt werden, indem man die durch Stürme abgeschüttelten unreifen Früchte der Limonien, Citronen, Limetten und Bergamotten, die sogenannten petit grain, oder die sonst zum Genusse verdorbenen Früchte zuerst schält (aus der Schale wird durch Abpressen oder Destilliren das entsprechende ätherische Oel ein Kohlenwasserstoff nach der Formel $C_5$ n $H_4$ n gewonnen), das Fruchtfleisch hierauf vollständig ausgepresst, den abgepressten Saft mit geschlemmter Kreide völlig neutralisirt, die Lösung des citronens. Kalks filtrirt und das Filtrat zum Kochen erhitzt. Der gewonnene citronens. Kalk wird mit heissem Wasser gewaschen, und hierauf wie der weins. Kalk vorsichtig mit Schwefelsäure zerlegt, die Lösung der Citronensäure vom Gyps abgegossen und zur Krystallisation verdunstet. Die Citronensäure findet sich am reichsten in allen Citronen- und Orangenfrüchten, überdiess in kleinen Mengen in vielen Obst- und Beerengattungen, namentlich vor vollendeter Reife, so insbesondere in den rothen Weinschädlingbeeren von Berberis, in den Hagebutten der Rosen und in den Cornelkirschen. Bei der

*Citrakon-Akonit- und Equisetsäure.* trockenen Destillation liefert die Citronensäure ein Sublimat mehrerer Brenzsäuren, zu welchen die Citrakon-Akonit- oder Equisetsäure gehören; während die Citrakonsäure blos ein künstliches Zersetzungsprodukt darstellt, findet sich die Akonit- oder

Equisetsäure, wie schon der Name andeutet, präformirt im Pflanzenreiche, und zwar in den Ranunkulaceen, Akonit oder Eisenhut-
arten, und in den sauren Gräsern versumpfender Wiesen, wie
in den Binsen und Schachtelhalmen.

Die Aepfel- oder Maleïnsäure, in allen eigentlichen Poma-
ceen, im Crataegus, Sorbus, Cotoneaster und vielen andern Beeren
und Früchten vorkommend, wird in neutraler Lösung weder kalt
noch kochend durch Chlorkalcium gefällt; das Gemische fällt aber
sogleich bei Alkoholzusatz weiss als äpfels. Kalk, der in ähnlicher Weise zerlegt, zur Darstellung der Aepfelsäure dienen kann,
die im reinsten und konzent. Zustande einen stark sauren zer-
fliesslichen krystallinischen Brei darstellt; die Aepfelsäure und ihre
Salze, die Maleate, werden durch Bleisalze weiss, amorph als äpfels.
Bleioxyd gefällt, welche Fällung die charakteristische Eigenthümlichkeit besitzt, in kochendem Wasser zu einem klebrigen Harz-
klümpchen zu schmelzen, woran die Aepfelsäure leicht zu erkennen
ist. Die Aepfelsäure liefert bei ihren trocknen Destillationen Subli
mate von Paramaleïn- und Brenzäpfelsäure, unter welchen die
Fumar- oder Boletsäure in vielen krautartigen Gewächsen, wie
z. B. im Erdrauch, Fumaria und in den meisten Schwämmen
und Kryptogamen vorkommt. Von dieser Säuregruppe sind nun
noch einzelne Salze hervorzuheben, die zu einer besondern diätetischen und therapeutischen Wichtigkeit gelangten; hierhin gehört 1) das Seignettesalz, der Tartarus natronatus, $C_8 H_4 O_{10}$ .
KO NaO, ein leicht lösliches Salz, das im Blute zu kohlens.
Kali und kohlens. Natron verwest, gelinde purgirend wirkt, und
den gewöhnlichen aus Weinsäure und doppeltkohlens. Natron
bestehenden Brausepulvern beigegeben, die berüchtigten Seidlitzpulver bildet. 2) Der Brechweinstein, weins. Antimonoxydkali,
ein krystallisirbares, mässig lösliches Salz, das erhalten wird,
wenn man Antimonoxyd mit doppeltweins. Kali kocht; dieses
Salz, das rationellste Antimonialpräparat, erzeugt in den ersten
Wegen ein Krampfspiel revulsivischer Reflexbewegungen der
Nerven der Bauchpresse, das subjektiv als Ekel und Brechreiz
empfunden wird, und objektiv je nach der Gabe zur Expektora-
tion oder Emese führt; endermatisch (im Unguentum Authenrithii)
angewandt, oder in's Blut gebracht, erzeugt es lokale, oder nach
dem Laufe der Gefässe disseminirte Verschwärungsprozesse, deren Hervorrufung zur Torturgeschichte der obsoleten Therapie

Aepfelsäure
$C_4 H_2 O_4$ HO.
$C_8 H_4 O_8$ 2HO.
(zweibasisch.)

Fumar- und
Boletsäure.

Seignettesalz.

Brechweinstein.

zählt. Das Antimonoxyd $Sb\,O_3$ kann in diesem Salze durch arsenige Säure $A_3\,O_3$, Wissmuthoxyd $Bi\,O_3$, Borsäure $BO_3$ und Molybdänsäure $Mo\,O_3$ vertreten werden, was nur ein chemisches, aber kein biologisches Interesse erregt. 3) Citrons. Magnesia $C_{12}$ $H_5\,O_{11}$ 2 MgO HO, erhalten durch Auflösen von kohlens. Magnesia in kalter Citronensäurelösung, gehört zu den vorzüglichsten und gelindesten Abführmitteln, die namentlich bei geschwächten und reizbarem Darmkanale, gegenüber den drastischen Harzen und plumperen salinischen Purganzen, alle therapeutische Würdigung verdient. 4) Digerirt man feinste Eisenfeile mit einem zerquetschten oder geschabten Brei saurer Aepfel, so löst sich das Eisen unter Wasserstoffentwicklung auf, und kocht man die Masse zur Extraktdicke ein, so entsteht das Extractum ferri pomatum, das gewöhnlich in Folge der Oxydation durch die Luft nicht mehr Eisenoxydul, sondern Oxyduloxyd oder reines Oxyd enthält; dieses auch in der Tinctura malatis ferri therapeutisch angewendete Salz schmeckt sehr herbe, ist ein vorzügliches topisches Adstringens in chronischen Magenkatarrhen und Dispepsien, wird aber nicht in's Blut resorbirt und kann daher, wie die übrigen Martialien, nur indirekt als Absorbens der Gase an der Kur der Chlorose und Aglobulose sich betheiligen.

Als eine weitere, dem Thierleben eben so fremde, dem Pflanzenleben aber eben so wichtige Klasse org. Säure treten die Gerbstoffe auf, denen bei dem Schwankenden vieler einzelner Formeln hier nur die allgemeine muthmassliche Gruppenformel $C_{2n}\,H_{n-1}\,O_m$ HO ertheilt werden mag. Die Gerbstoffe sind sämmtlich unkrystallisirbar, in Wasser, Weingeist und Aether löslich, sehr vielgliedrig und äusserst verbreitet in den verschiedensten Pflanzenfamilien; sie geben sämmtlich mit Eisenoxydsalzen in neutralen Lösungen dunkle Fällungen, die theils der grün-, theils blauschwarzen Farbe angehören, und im letzteren Sinne die Tinte liefern; sie haben alle die Eigenthümlichkeit, nicht nur die Protëinate, sondern auch die Collagenstoffe, den Leim aus seinen Lösungen zu fällen, und das Bindegewebe (thierische Häute) in der Fäulniss trotzende dichte Massen zu verwandeln, welche rothgahres Leder genannt werden; dadurch wirken sie therapeutisch als kräftige Adstringenzien, tonisiren laxe, chronisch erkrankte Schleimhäute, bekämpfen Katarrhe, Capillarblutungen und chronische Exudativprozesse und erwerben

*(Marginalia:)*
Citronsaure Magnesia.

Aepfelsaures Eisenoxyd.

Gerbsäuregruppe oder Tannine. $C_{2n}\,H_n - 1\,O_m$ HO.

sich so als tonica adstringentia einen gegründeten therapeutischen Rang. Mit ätzenden Alkalien verwandeln sie sich sehr rasch unter Sauerstoffaufnahme und Bräunung in Gallhuminsäuren, Ulmin und Humin; mit ätzenden alkalischen Erden bilden sie blaue und grüne Verbindungen, die, durch Säuren zerlegt, eine Säure abscheiden, die roth ist, aber blaue basische Salze bildet, die Blaugallus- oder Erythrogallsäure. Durch verdünnte Säuren und durch die Contaktwirkung gewisser Fermente spalten sich die Gerbsäuren wohl sämmtlich in Gallussäuren und Kohlenhydrate; und eben in diesem Umstande liegt die grosse Bedeutung dieser Gruppe für den Phytochemismus, da eben diese Gerbstoffe wahre organische Glykogene oder Zuckerbilder darstellen. Die Gallus- säuren, die Gährungs- und Verwesungsprodukte der Gerbsäuren sind sämmtlich krystallisirbar, bilden das aktive sauere Princip der Gerbstoffe, in welchen das Kohlehydrat nur der indifferente Paarling ist, geben mit Eisenoxydsalzen dieselben dunklen Reak- tionen wie die Gerbsäuren, aber, zum wesentlichen Unterschiede von diesen, keine Fällung mehr mit Leim und gerben nicht die thierischen Häute, adstringiren nicht erschlaffte Gefässe und Membranen und stillen kein Blut. Aus diesen Gründen theilen die Gallussäuren weder den technischen noch therapeutischen Werth der Gerbestoffe. Weil aber die Gerbsäuren vor ihrer vollständigen inquilinen Verathmung und Zerstörung zuerst unter Zersetzung ihres Zuckerpaarlings zu Gallussäuren verwesen und nur als solche, wenn überhaupt durch die Niere in den Harn austreten, so können Gaben von Gerbestoff nicht, wie die übel berichtete Empirie aus einem chemischen Missverständnisse folgert, zur Stillung von Nierenblutungen benützt werden, in welchen Fällen sie wirksam durch die Adstringenzien der Alaunreihe substituirt werden. Bei der trocknen Destillation der Gallussäuren und folg- lich auch der Gerbsäuren entstehen krystallinische, meist fett- bis perlmutterglänzende Sublimate von wasserärmeren und koh- lenreicheren Brenzsäuren. Die Pyrrogallussäuren, welche in Was- ser, Alkohol und Aether löslich, unzersetzt flüchtig, schmelzbar und brennbar sind und in alkalischen Lösungen viele Male ra- scher als die Gerbsäuren Sauerstoff aus der Luft aufnehmen und damit dunkelbraune, schwarze kohlenreiche Humuskörper bilden, wesshalb sie eben so gut als Absorptionsmittel und Reagenzien des Sauerstoffs, als zum Schwarzfärben und zum Fixiren der

*Gallussäuren.*

*Pyrrogallussäu-
ren.*

Lichtbilder benützt werden, die Pyrrogallsäuren, namentlich in
alkalischer Lösung, vollbringen noch leichter als die Gallus- und
Gerbsäuren die kräftigsten Reduktionsprozesse in den Lösungen
der Metalle, wie z. B. in Gold-, Silber- und Kupferlösungen, sie
gerben nicht und geben mit Eisenoxydsalzen vorwaltend dunkelbraune Reaktionen. Als Gerbstoffe der pflanzlichen Natur sind
Querzitannsäure beispielsweise folgende namentlich aufzuführen: 1) Die Eichen-
gerbsäure oder Querzitannsäure, die in Eichen, Pappeln und
Weiden vorkömmt und die mannigfachen Arten der Lohe des
Gallotannsäure. Rothgärbers liefert. 2) Die Gallgerbsäure, Gallotannsäure, welche
sich pathologisch in der Pflanzenwelt entwickelt, als Gallbeule,
Gallapfel, Knopper, Bedeguar an Eichen und Rosen, veranlasst
durch den Einstich eines kleinen Insekts, der Gallwespe oder
Cynips in das Parenchym der Pflanze, von welchen Gallwespen
verschiedene Arten existiren, wie Cynips Quercus, Glandis, Pe-
tioli, folii und Cynips rosae; das trächtige Weibchen dieses
Insektes bohrt seinen Legstachel in die Pflanze und legt in das
Parenchym seine Eier; die dadurch gesetzte Verwundung bedingt
gesteigerte Exosmose, vermehrten Säftezufluss und Abkapse-
lung der parasitischen Brut, die in einem mit Gallgerbsäure gefüllten, ihr zur Wohnung und Nahrung dienenden Gehäuse sich
zu kleinen Maden entwickelt, welche die gerbstoffige Beule
der Pflanze nach allen Richtungen miniren, um endlich nach ab-
gelaufener Verpuppung als flügge Gallwespen ihre bisherige Brut-
und Entwicklungsstätte zu verlassen; ausser diesem pathologischen Vorkommen dürfte die Gallgerbsäure auch ein normales
in Bablah, Divi divi und ähnlichen zum Gerben benützten exoti-
schen tanninhältigen Pflanzensubstanzen aufzuweisen haben. Die
Gallotannsäure unterscheidet sich von der Querzitannsäure chemisch am Besten dadurch, dass sie die Brechweinsteinlösung
Mimotannsäure. reichlich fällt. 3) Mimotannsäure oder Catechugerbsäure, die neben der Catechusäure (ihrer Gallussäure) und dem Catechin in
dem braunen eingetrockneten Safte der Mimosa catechu der soge-
Kinotannsäure nannten Terra japonica vorkömmt. 4) Die Kinogerbsäure, Kino-
Cinchotannsäure tannsäure, im officinellen Gummi Kino. 5) Die Cinchotannsäure
oder Chinagerbsäure in den Cinchonabäumen neben Chinasäure
Koffeotannsäure. an Chinin, Cinchonin, Arizin und Kalk gebunden. 6) Die Koffe-
gerbsäure oder Koffeotannsäure, welche neben Viridinsäure an
Thëin und Kalk gebunden in der leguminreichen grünen Kaffee-

bohne vorkömmt und sich beim Rösten derselben in eine Pyrogallsäure verwandelt. 7) Die Theegerbsäure oder Boheotannsäure, **Boheotannsäure.** welche in den Blättern des Theestrauches Thea bohea neben Thëin und Theeöl vorkömmt und im schwarzen Thee einem theilweisen Röstungsprozesse unterworfen erscheint. 8) Die Geotannsäure, in vielen Rosaceen, namentlich in Geum Potentilla **Geotannsäure.** und Fragraria enthalten. 9) Die Moringerbsäure oder Morotann- **Morotannsäure.** säure, im Färbermaulbeerbaum enthalten, welche die Bildung eines gelben Pigmentes bedingt. 10) Die Leditannsäure oder **Leditannsäure.** Porstgerbsäure in Ledum palustre, dem Sumpfporst oder wilden Rosmarin. 11) Die Rubitannsäure oder Krappgerbsäure, in **Rubitannsäure.** der Färberröthe oder Rubia tinctorum, welche die Bildung des Alizarins oder Purpurins zweier rother Pigmente bedingt. 12) Die **Cramerotann-** Ratanhiagerbsäure oder Cramerotannsäure, in der Crameria ent- **säure.** halten, durch den Umstand ausgezeichnet, dass sie das unlöslichste Salz in der Mineralchemie den schwefelsauren Baryt in etwas aufzulösen vermag u. s. w, wie denn überhaupt die Gliederzahl der Gerbstoffe eine äusserst grosse ist. Erwähnenswerth dürfte vielleicht der Umstand sein, dass die Gerbstoffe, welche zugleich ziemlich wirksame Antidote gegen alkaloidische und narkotische Gifte darstellen, sich in den meisten Genussmitteln, wie im Thee, Kaffee und Rothwein, vertreten finden; vielleicht, da sie nicht nur bei der Bildung der Kohlenhydrate, sondern auch bei der Bildung der stickstoffhältigen Alkaloide sich unter dem Einflusse der Ammonverbindung funktionell betheiligen. Erwähnenswerth ist schliesslich noch die einzige Säure dieser Gruppe, die auch im Thierreiche vorkommt, obwohl gewiss nur aus dem Gerbstoffe der Pflanzennahrung stammend, nemlich die Bezoar- oder Ellag- **Bezoar- oder** säure $C_{14} H_2 O_7$, welche in der einen Gattung von Bezoaren **Ellagsäure.** (Darmconcretionen der Gazellen und Antilopen und ähnlichen Herbivoren), die nicht leicht brennbar und schmelzbar ist, vorkömmt, und die sich bei der trocknen Destillation in Glaucomelansäure $C_{12} H_2 O_6$ umwandelt, deren fast schwärzliche Krystalle mit purpurner Farbe in Kali löslich sind.

Die Benzoesäuren und Harzsäuren, die zwar allerdings **Benzoesäuren-** vorwaltend, aber nicht ausschliesslich dem Pflanzenreiche ange- **und Harzsäuren-** hören, bilden eine sechste Klasse der organischen Säuren, welche **gruppe** in einem merkwürdigen chemischen Bezuge zu einer eigenen $C_n H_n — 9 O3/5$ Klasse von Alkoholen und Aldehyden und zu den ätherischen **HO.**

Oelen des Pflanzenreiches steht. Ihre allgemeine Formel liefert das Radikal $Cl\ H_{n-9}$, von dem gewöhnlich zwei Oxyde, eine Säure mit dem Sauerstoffgehalte $O_3$ und eine mit dem Sauerstoffe $O_5$ bekannt sind; in den höheren Gliedern mit grösserem Kohlenstoffgehalte ist der Sauerstoff auch in 9 und 10 Aequivalenten vertreten. Muthmasslich existirt für jedes Radikal $C_n\ H_{n-9}$ als Ketyl ein wasserstoffreicheres Aethylradikal $C_n\ H_{n-7}$, so dass die Oxydhydrate von $Cl\ H_{n-9}$ oder die ätherischen Oele dieser Klasse eigentlich die Aldehyde der Alkohole oder Oxydhydrate des Radikales $C_n\ H_{n-7}$ darstellen. Die Oxydhydrate des Säureradikals dieser Gruppe, die zweifellos existiren und theils künstlich dargestellt, theils präformirt vorgefunden worden sind, haben die Formel $HO\ C_n\ H_{n-9}\ O$; früher hatte man ihnen, in Verkennung der Rolle der Radikale, ein sauerstoffhältiges Ternärradikal angemuthet, von der Formel $C_n\ H_{n-9}\ O_2$, dessen Wasserstoffverbindung $C_n\ H_{n-9}\ O_2 . H = C_n\ H_{n-8}\ O_2$ das ätherische Oel, dessen Sauerstoffverbindung $C_n\ H_{n-9}\ O_2 . O = C_n\ H_{n-9}\ O_3$ die Säure darstellen sollte. Seit man von der Unzulässigkeit sauerstoffhältiger Ternärradikale überzeugt ist, hat man die ätherischen Oele als Aldehyde den Ketylsäuren beigeordnet, für die Säuren mit $O_5$ muss man nun allerdings eine neue Aldehydformel mit $C_n\ H_{n-9}\ O_4\ HO = C_n\ H_{n-8}\ O_4$ aufstellen. Der Repräsentant dieser Säure in den niederen Gliedern ist die Benzoesäure oder Benzoylsäure $C_{14}\ H_5\ O_3\ HO$, welcher Säure das Bittermandelöl, der frühere Benzoylwasserstoff, jetzt Benzoyloxydhydrat oder Benzaldehyd $C_{14}\ H_6\ O_2 = C_{14}\ H_5\ O\ HO$ gegenübersteht. Das höhere Oxyd desselben Radikals ist die Salicylsäure $C_{14}\ H_5\ O\ HO$, deren ätherisches Oel $\tilde{C}_{14}\ H_6\ O_4$, der frühere Salicylwasserstoff, die heutige salicylige Säure ist, isomer mit dem Benzoesäurehydrat. Die Benzoesäure ist, wie fast alle Säuren dieser Gruppe, krystallisirbar, ohne Zersetzung flüchtig (was nur den niedern Gliedern zukömmt), leicht schmelzbar, mit Flamme verbrennlich, unter Verbreitung balsamischer, aromatischer, aber sehr erstickender Dämpfe, die wie die der Bernsteinsäure zum Husten reizen, von denen sie sich nur durch den Geruch unterscheiden. Die Säuren sind schwierig, manche gar nicht in Wasser, viele leicht, manche gar nicht in Aether, alle aber in Alkohol löslich. Die Benzoesäure in neutraler Lösung fällt die Eisenoxydsalze bräunlich, die Mangansalze

**Benzoesäure.** (margin note, at left of paragraph beginning "dern ist die Benzoesäure")

nicht, und kann daher in ähnlicher Weise wie die Succinate zur analytischen Trennung beider Metalle benützt werden. Eine mässig konzent. Lösung benzoes. Salze im Wasser scheidet auf Salzsäurezusatz in der Kälte krystallinische Benzoesäure aus. Die Benzoesäure findet sich im Benzoeharze, im Storax, im Tolu- und Perubalsam, in den Schoten der Vanigliepflanze, in vielen ätherischen Oelen und Harzen in kleinerer Menge, und mit Glycin, Glykokoll oder Leimzucker gepaart, als Hippursäure im Harne der meisten Grasfresser. Löst man Bittermandelöl in alkoholischer Kalilösung und schüttelt das Gemische längere Zeit mit Luft oder leitet Ozongas durch, so erstarrt die Lösung zu einem Krystallbreie von benzoes. Kali.

Die Salicylsäure, die sich vielleicht schon in der Weidenrinde fertig findet, wird am Besten durch Destillation des Salicins mit oxydirenden Mitteln erhalten, und findet sich neben dem sogenannten Salicylwasserstoff in dem Gauleriaöl Oil of winter green an Aethyloxyd gebunden. Ihr ätherisches Oel, die salicylige oder spiroylige Säure $C_{14} H_6 O_4$ findet sich präformirt in dem Oele der Blüthen von Spiräa ulmaria. Alle Salicyl- und Spiroylverbindungen sind daran leicht erkennbar, dass sie mit Eisenchlorid eine prachtvoll violette Reaktion geben. In ähnlichen Beziehungen stehen Cuminsäure und Cuminylwasserstoff oder Kümmelöl in Cuminum cyminum, Anissäure und Anisylwasserstoff im Anisium, Zimmtsäure und Cinnamylwasserstoff in Cassia Cinnamomum und Canella, Angelikasäure und Angelikaöl in der Angelica peucedanum, Levisticum und vielen Umbelliferen, Tolusäure und Toluylwasserstoff im toluidanischen Balsam und Storax und endlich Coumarinsäure und Coumarylwasserstoff oder Coumarin, auch Tonkastearopten oder Melilotenkampfer genannt, in der duftenden Tonkabohne von Dipterix odorata, im Waldmeister Asperula odorata, der das Gewürz des Maitranks liefert, in Melilotusgattungen, dem Schotenklee, vorzüglich dem griechischen und orientalischen, der auf den Abhängen des Balkans Hymettus und Paropamisus wächst, und zur Saucirung des türkischen Tabaks benützt wird, und endlich in den besseren Sorten des Bienenhonigs, wahrscheinlicher Weise in kleinen Mengen auch an dem Geruche vieler Wiesenblumen der Papilionaceen, Klee- und Wickensorten und dem Heudufte sich betheiligend, und verwandt mit dem ätherischen Theeöle. Auch die Copaiv-

Salicylsäure, salicylige oder spiroylige Säure.

Cuminsäure. Kümmelöl. Anissäure. Anisöl. Zimmtsäure. Zimmtöl. Angelikasäure. Angelikaöl. Tolusäure. Tolüöl. Coumarinsäure Coumarin.

säure und das Copaivöl des Copaivbalsams gehören hieher. Aus allen diesen so mannigfach in der Pflanzenwelt vertheilten Säuren und ätherischen Oelen dürfte sich jene Benzoesäure durch einen fortlaufenden Oxydationsprozess bilden, welche mit Glycin gepaart als Hippursäure im Harne der Grasfresser wieder austritt.

Als Repräsentant der höher bezifferten Glieder dieser Reihe mag wegen ihrer grösseren biochemischen Dignität die **Cholsäure.** Cholsäure gelten, von der Formel $C_{48} H_{39} O_{10}, (O_9)$, die als Zersetzungsprodukt aller Säugethiergallen auftritt, aus ihrer alkoholischen Lösung durch Aether gefällt wird, mit Schwefelsäure und etwas Zuckerlösung eine zwar empirische, aber sehr charakteristische purpurne Reaktion liefert, unter schrittweisem Wasserverlust sich in Cholalsäure und endlich in das unlösliche, harzähnliche Dislysin umwandelt; ihre wichtigen Paarungen die an Natron gebunden in den Thiergallen vorkommen, werden später **Lithofellin-** besprochen. Ferner gehört hierher, die Lithofellinsäure, einer an-**säure.** dern Art von Bezoaren, die sich leicht in Alkohol auflösen; diese Säure von der Formel $C_{.0} H_{31} O_5$ 2 H O, schmilzt, brennt mit Flamme und ist vielleicht nichts als ein Umwandlungsprodukt der Cholsäure; den fälschlichen Namen L i t h o - f e l l i n erhielt sie, weil man die Bezoare oder Darmsteine früher für Gallenconcretionen gehalten hatte.

**Anhang.** Die ätherischen Oele der Pflanzenwelt, erzeugt in den **Ätherische Oele** metabolischen Zellenlaboratorien des Blätterdiachyms, der Samen **und Harze.** und Blüthen, oft selbst des Achsen- und Wurzelparenchyms, gewöhnlich in eigenthümlich geformten, drüsig zusammengehäuften Zellencomplexen, Lagunen oder Oelbehältern, aufgehäuft, haben meistens die Eigenschaft, bei dem Verwunden der Pflanzen, wodurch sie mit dem Sauerstoff der Atmosphäre in Berührung treten, unter Aufnahme desselben (bei theilweiser Verdunstung in die umgebende, dadurch ozonisirte Atmosphäre) einzudicken, nachzudunkeln und sich in sogenannte Harze zu verwandeln; weil dadurch nun auch viele Harzsäuren entstehen, die nach ihrer Formel und ihrem sonstigen chemischen Verhalten entschieden zur Benzoe- oder Harzsäuregruppe gehören, so dürfte hier der geeignetste Platz sein das Wenige, was sich von wissenschaftlich biochemischem Standpunkte aus über Oele und Harze im Allgemeinen sagen lässt, kurz zur Sprache zu bringen.

Die ätherischen Oele, zerfallen in mehrere Gruppen: 1) Carbole, Kohlenwasserstoffe von der Formel $C_n H_n$, Isomerien des Leuchtgases, wohin wissenschaftlich strenge, auch alle Aethylene gehören, wie $C_4 H_4$ das eigentliche Aethylen oder Elaylhydrür oder Leuchtgas, das Methylen mit seinem Hydrür, dem Sumpfgase, das Propylen, Butylen, Amylen, Cetylen bis hinauf zum Melissylen des Wachses $C_{60} H_{60}$; hieher gehören auch die sauerstofffreien Antheile mancher ätherischer Pflanzenöle und das fossile Steinöl, das Petroleum der Naphtaquellen bei Baku, dessen Oxydationsprodukte der Ozokerit oder Bergtheer, Bergwachs und das Bitumen oder Asphalt sind, gleichsam die ätherischen Oele und Harze der vermoderten Braunkohlenwälder der Urwelt. 2) Die Terebene mit ihren Oxyden, den Camphern oder starren Stearoptenen, von der Formel $C_{5n} H_{4n}$ und als Campher $C_{5n} H_{4n} O$ und $H O$. Auch hieher gehört eine grosse Zahl der sauerstofffreien Antheile ätherischer Pflanzenöle, wie z. B. das Terpentinöl mit seinen beiden Kohlenwasserstoffen Dadyl und Peucyl, das Rosenöl, das Citronen-, Limette- und Orangenöl. 3) Aldehydöle von der Formel $C_n H_n — 8 O_{2/4}$ wozu die eben früher besprochenen Oele der Benzoesäuregruppe zählen. 4) Dekrementbasen von der allgemeinen Formel des Radikales $C_n H_n — 1$, geneigt sich mit Schwefel zu verbinden, wie das Knoblauch-, Senf- und Asandöl. 5) Aethyloxydsalze von der allgemeinen Formel $C_n H_n O_4$ auch zusammengesetzte Aetherarten, Aroma, Bouquets, Frucht- oder Obstöle genannt; die Arten 4 und 5 werden bei den Halidbasen noch eine nähere Würdigung erfahren. An die Kohlenwasserstofföle der Pflanzenwelt, die sämmtlich flüchtige nervenbelebende, Reflexbewegungen veranlassende Reizmittel des thierischen Lebens darstellen, und wahre Se- und Exkrete des Pflanzenlebens zu sein scheinen, reiht sich zunächst ein Paar von Kohlenwasserstoffen, welche in Form feiner Milchkügelchen in albuminösen Flüssigkeiten aufgeschlemmt, den Milchsaft oder Inhalt der Milchgefässe, Vasa laticis, gewisser Pflanzen bilden, der eingetrocknet zu einer gelblichen, fadenziehenden, elastischen Masse erstarrt. Diese Körper kommen wohl in allen Milchsaft führenden Gewächsen, so im Taraxacum, Leontodon, Euphorbia, Lactuca, Papaver, Chelidonium etc. vor, in einer Menge aber, die ihre technische Gewinnung gestattet, nur in wenigen Pflanzengeschlechtern.

Aus dem Milchsafte von Syphonia und Ficus elastica, wird

**Kautschuck und Guttapercha.** das Gummielastikum, das Federharz oder der Kautschuck gewonnen. Aus dem Milchsafte eines Baumes der Sapotaceen, Isonandra gutta, wird die Guttapercha oder das Guttatuban gewonnen; der Kautschuck ist an und für sich ziemlich elastisch, und die Wärme und höchst konzent. Säuren und Alkalien ausgenommen, ziemlich unangreifbar; die Guttapercha bietet mehr die Eigenschaften eines äusserst zähen, tragfähigen Leders, und besitzt im warmen Wasser erweichend, eine äusserst leichte und erwünschte Formbarkeit. Durch Behandlung mit Schwefelkohlenstoff, der einige Prozente Chlorschwefel enthält, oder durch Aussetzen der genannten Körper an heisse Schwefeldämpfe und nachheriges Ausziehen mit verdünnten Laugen, um den Schwefelüberschuss zu entfernen, nehmen diese Stoffe in ihre aufgequollenen Poren eine beträchtliche Menge Schwefel auf, der vielleicht chemisch, vielleicht nur molekulär gebunden wird; in diesem Zustande heissen sie vulkanisirt, und besitzen einen Grad von Elastizität und Widerstandsfähigkeit gegen Hitze und Einflüsse aller Art, dass Bandagistik, Maschinenkonstruktion, Chemie und Industrie sie nicht genug auszubeuten vermögen. Beide Körper lösen sich im nativen Zustande in Schwefelkohlenstoff und Chloroform am Leichtesten und Vollständigsten zu dickflüssigen Lösungen, welche beim Verdunsten des Menstruums als häutigen zusammenhängenden Hautüberzug Kautschuck und Guttapercha zurücklassen, und desshalb statt der alten, stets unangenehm riechenden Steinkohlentheerlösung der Makintoshe, zur Anfertigung wasserdichte Zeuche, und als Traumaticin in Chirurgie und Medizin, zur Einpinslung und zum Verbande benützt werden.

**Harze.** Die Harze scheinen als Oxyde der ätherischen Oele nicht eigentlich mehr dem Stoffwechsel der lebendigen Pflanzen anzugehören, sondern todte äussere Verwesungsprodukte, der aus den geborstenen Oelbehältern der verwundeten Pflanzen in Berührung mit der Atmosphäre getretenen ätherischen Oele zu sein. Die Harze, eine begreiflicherweise höchst unsystematische und wissenschaftlich wenig gekannte Klasse, hat man empirisch auf die mannigfaltigste Weise einzutheilen versucht, so gibt es Hartharze, wie z. B. das sehr schwer lösliche, in Schwefelkohlenstoff und Aether nur aufquellende Copalharz, das geschmolzen mit siedendem Leinöl und Terpentin gemischt, die Copallacke der Firnissfabrikation darstellt, welche die Dauerhaftesten und Besten sind;

das Sandarakharz, wird zum Glätten radirter Papierstellen, um das Fliessen beim Ueberschreiben zu verhüten, benützt; der Mastix als Zahnkitt und Zahnplombe verwendet, das Drachenblutharz, als harziges Färbemittel; das Damarharz, gelöst zum Damarlack, als feinster Gemäldefirniss; der Weihrauch von der Ceder und einigen Nadelhölzern abstammend, als bekanntes Räuchermittel benützt. Die Balsame, sind Gemenge von Harzen mit den ätherischen Oelen, aus denen sie sich bilden; hieher gehören der venetianische und gemeine Terpentin, aus Lärchen und Föhren, die bei der Destillation Terpentinöl und im Rückstande Pech und Colophon liefern; der Balsam der kanadischen Fichte, wegen seiner grossen Klarheit zum Verkleben und Balsamiren mikroskopischer Objekte gesucht; der wohlriechende peruvianische und toluitanische Balsam, die neben den eigenen Harzsäuren noch Benzoesäure, Zimmtsäure und die früher erwähnten Oele der Benzoegruppe enthalten. Man unterscheidet ferner noch Gummi- Resinen- oder Schleimharze, welche ausser dem im Alkohol und Aether löslichen Harze noch einen gummiähnlichen, nur im Wasser löslichen Extraktivstoff enthalten, der manchmal indifferent und schleimig (Weichharze), manchmal aber drastisch, kratzendscharf, ja selbst geradezu giftig, jedenfalls ein Träger ausgezeichneter Arzneiwirkungen ist (Scharfharze). Hieher gehört der Stocklack, der den gewöhnlichen Schellackfirniss und die Polituren liefert, und durch Vermittlung thierischer Organismen, der bekannten Lackschildlaus, Coccus laccae, aus der Nopalpflanze hervorgeht, die aromatische Myrrhe und Benzoe, der Storax, das härtere Anime- und weichere Elemiharz, und endlich unter den giftigen Schleim- oder Scharfharzen, das Gummi gutti von Hebradendron cambogioides, als gelbe Farbe benützt, das Jalappenharz als drastisches Purganz von Convolvolus oder Mirabilis jalappa, das Wolfsmilchharz der Euphorbiaceen, der Träger des Giftes dieser Pflanze, und die Asa foetida, das Stinkasand von einer Umbellifere, Ferula asa, welche die Schwefelverbindung eines eigenen org. Dekrementradikales des Ferulyls enthält, und das von blasirten Feinschmeckern bereits als Gewürz, gleichsam als ein Augmentativ des Lauchs in den Küchenschatz aufgenommen und einbezogen wurde. Die meisten Harze sind nicht einfache Substanzen, sondern Gemenge der verschiedenartigsten Harzsäuren, wie denn z. B. das ge-

wöhnliche Fichtenharz schon deren zwei, Silvin- und Pininsäure
enthält, was natürlicherweise die Systematik dieser Körper bedeutend erschwert. Nur wenige Harze haben so ausgezeichnete
chemische Reaktionen, dass sie der chemischen Ausmittlung
leicht zugänglich wären, wie etwa das Gummiguttharz durch
seine prachtvoll gelbe Bleifällung, die durch Ammoniak amaranthroth gefärbt wird, oder das Rhodeoretin des Jalappaharzes,
das mit Schwefelsäure sich purpurn färbt, oder das Quajacharz
von lignum sanctum, das Harz des dichten beinähnlichen Fran-
zosenholzes von Quajacum offic., das durch Ozon, freies Chlor
und Salpetersäure sich blau verfärbt und unter Fluorescenz vergrünt; diese Unbestimmtheit der chemischen Reaktionen erschwert
noch mehr die gründliche Kenntniss der Harze.

Als systemunfähiger Apendix dieser ohnehin wenig ge-
ordneten Klasse mag noch die Euxanthinsäure hier eine Stelle
finden, welche in einer Färberdrogue unbekannten Ursprungs
dem sogenannten Jaune indienne oder Purree, als Magnesiasalz vorkömmt. Das Purree dürfte thierischen Ursprungs sein,
nach einer vereinzelten Angabe der vertrocknete Harn von Ka-
meelen, welche die gelbfleischigen Früchte von Mangostoma ab-
geweidet hatten; die prachtvoll gelbe Säure liefert mit Ammoniak eine hellrothe Farbe und hat in der Färberei eine beschränkte Anwendung gefunden. Die masslose Harztherapie die
im vorigen Jahrhunderte modern war, und mit den sesquipeda-
len indianischen Namen amerikanische Harze, wie Oppopanax,
Takamahaka, Kinkekunemalo auf den ellenlangen Rezepten ihr
gelehrtes Unwesen trieb, ist glücklicherweise ein überwundener
Standpunkt, und haben die Harze ausser ihrer beschränkten
nüchternen Verwendung als Klebe-, Kitt- und Färbemittel keine
andere pharmaceutische und biochemische Bedeutung mehr, als
eine geschichtliche, da sie es hauptsächlich waren, denen wir zufolge des
heute unbekannten egyptischen Einbalsamirverfahrens die Con-
servirung mehr als tausendjähriger Mumien aus den Zeiten Psa-
metichs und der Pharaonen verdanken; eine Methode, die heutzutage durch Arsenverbindungen, Chlorzink, Thonerde und Queck-
silbersalze, aber kaum in so nachhaltiger Weise verdrängt und
ersetzt ist. Mit Uebergehung der bloss zweigliederigen Säuregruppe n $(C_3 H_2) O_m$ welche die künstlichen Zersetzungsprodukte
der Kohlenhydrate durch konzent. Salpetersäure, nemlich die

*(Marginal note at left:)* Purree Euxanthinsäure
$C_{40} H_{16} O_{21}$.

Zucker- und Schleimsäure begreift, stehen wir nun vor der sie-
benten und letzten Klasse organ. Säuren, nemlich vor den kopulirten oder Paarlingssäuren.

Copula oder Paarling, der in der Formel durch eine Schleife Copulirte oder<br>Paarlingssäuren.
bezeichnet wird, heisst jedes organische Atom, oder jeder Com-
plex von Elementen, der eine aktive chemische Verbindung
(Säure oder Base) in alle ihre Salze hinüberbegleitet, ohne die
Sättigungskapacität derselben zu ändern, so paart sich die Schwefelsäure mit Aethyloxyd oder Aether zur Aetherschwefelsäure
mit dem Indigblau oder Indenoxydul in verschiedenen Verhältnissen zur Coerulin- und Purpurinschwefelsäure des sogenannten
Sächsischblau's, mit wasserfreiem Traubenzucker zur Zuckerschwe-
felsäure und nimmt alle diese drei Paarlinge in ihre Verbindungen mit Basen oder in ihre Salze hinüber; allein in diesen
Salzen fordert sie wie gewöhnlich genau so viel Base zur Sättigung, als sie bei Abwesenheit des Paarlings gefordert hätte, oder
mit andern Worten, denkt man sich aus dem Paarlingssalze
plötzlich den Paarling vollständig hinweg, so bleibt ein neutra-
les schwefels. Salz zurück. Da die aufgeführten und eine grosse
Zahl anderer gepaarter Mineralsäuren chemischen und technischen
Interesses der Biochemie völlig fremd sind, die stickstoffhältigen
gepaarten Säuren aber in einer spätern Abtheilung zur Sprache
kommen, so sind von dieser Klasse hier nur zwei Säuren zu erwähnen, nemlich die Oleophosphorsäure und die Glycerinphosphorsäure.

Die Oleophosphorsäure ist eine dreibasische Phosphorsäure, Oleophosphor-<br>säure.
deren Paarling Olëin ist. Sie ist im Gehirne und Nervenmark
aufgefunden worden; ihr Lipyloxydsalz heisst Lecithin, und bildet Lecithin.
das phosphorhältige Fett des Gehirns, des Eidotters, des Saamens,
der Milch und des Roggens bei Fischen.

Die Glycerinphosphorsäure $C_6 H_7 \overline{O_5} . PO_5. 3 H O$ ist Glycerinphos-<br>phorsäure.
gleichfalls im Gehirn und Nervenmark der Thiere aufgefunden
worden, und hat die Eigenthümlichkeit, dass ihr Kalksalz, das
im kalten Wasser vollständig löslich ist, beim Erhitzen gerinnt
und sich abscheidet.

Die basischen stickstofffreien org. Körper, die nur im Ent- Basische stick-<br>stofffreie orga-<br>nische Körper.
bindungsmomente oder in ihren Verbindungen und Salzen den
spät erkannten basischen Charakter verrathen, im freien Zustande abgeschieden aber die Rolle indifferenter Substanzen spie-

Halidbasen.
1) Inkrementra-
dikale oder Ae-
thyle $C_n H_n - 1$.

len, werden Halidbasen genannt, und nach ihrer Formel in drei Hauptgruppen eingetheilt: 1) in die Inkrementradikale oder Aethyle $C_n H_n +_1$; 2) in die Dekrementradikale $C_n H_{n-7}$; 3) in die Phenyle $C_n H_{n-7}$ und ihre Aldehyde die Benzoyle $C_n H_{n-9}$.

1) Die Aethyle $C_n H_n +_1$, wobei n eine gerade Zahl bedeutet. Von diesen Radikalen leiten sich allgemein folgende Verbindungen ab: a) das Oxyd des Radikals oder der Aether, Aethyloxyd: $C_n H_n +_1 O$; b) das Oxydhydrat des Radikals oder der Alkohol $C_n H_n +_1 O HO = C_n H_n +_2 O_2$; c) der entwasserstoffte Alkohol, durch Destillation des Alkohols mit Schwefelsäure und Braunstein oder andere Oxydationsmittel, unter Wasserabscheidung gebildet: **Alcohol dehydrogenatus** oder Aldehyd $C_n H_n O_2$, der in ein Oxydhydrat ähnlich dem Alkohol aufgelöst $C_n H_n O_2 = C_n H_{n-1} O HO$; d) ein neues Radikal liefert, das Ketyl oder entwasserstoffte Aethyl $C_n H_{n-1}$, dessen erstes Oxyd als Hydrat e) im Aldehyde enthalten war $C_n H_{n-1} O$; f) das zweite Oxyd dieses neuen Kethylradikals die ketylige Säure $C_n H_{n-1} O_2$ und endlich g) bei gipfeln der Oxydation das dritte und höchste Oxyd des Radikals die Kethylsäure $C_n H_{n-1} O_3$, durch die Halidbasen mit den Säuren erster Gruppe zusammenhängen. Ein concretes Beispiel soll diese allgemeinen Formelbeziehungen versinnlichen. Das Aethyl $C_4 H_5$ liefert als Oxyd den Aether $C_4 H_5 O$ und als Oxydhydrat den gewöhnlichen Alkohol $C_4 H_5 O HO$ oder $C_4 H_6 O_2$. Wird der gewöhnliche Alkohol mit Braunstein und Schwefelsäure destillirt, so geht der obstriechende gewöhnliche Aldehyd über $C_4 H_4 O_2$, der als Oxydhydrat eines neuen Radikales des Acetyls $C_4 H_3 O HO$ betrachtet werden kann, und sich sehr leicht zur Lampensäure oder acetyligen Säure $C_4 H_3 O_2$ und endlich zur Essigsäure $C_4 H_3 O_3$ oxydirt. Erhitzt man einen Alkohol dieser Reihe mit 4 Theilen konzent. engl. Schwefelsäure, so zerfällt er in Wasser, das bei der Schwefelsäure zurückbleibt, und in einen Kohlenwasserstoff, der polimer oder identisch ist mit dem Leuchtgase: $C_n H_n +_2 O_2 = 2 H O, C_n H_n$; aus gewöhnlichem Alkohol und der Schwefelsäure lässt sich auf die Weise reines Leuchtgas bereiten; die verdünnte Schwefelsäure wirkt bei Anwendung von Druck gerade umgekehrt, indem sich unter starkem Drucke bei Gegenwart von Schwefelsäure Leuchtgas im

Wasser zu Alkohol verdichtet $C_4 H_4 + 2 HO = C_4 H_6 O_2$. Destillirt man Alkohol mit zwei Theilen Schwefelsäure, oder lässt man unter thermometrischer Controlle mittelst eines eingesenkten Thermometers in einer Retorte, in welcher Schwefelsäure fortwährend erwärmt wird durch eine Hebervorrichtung einen passend regulirten Strahl von starkem Alkohol zufliessen, so kann in diesem Aetherbildungsapparate mit derselben Schwefelsäuremenge eine ununterbrochene Destillation von Aether erzielt werden. Die konzent. Schwefelsäure veranlasst mit dem Alkohol zuerst die Bildung von Aetherschwefelsäure, die aber bei höherer Temperatur wieder zerlegt wird, so dass der zerlegte Alkohol als ein Gsmenge von Aether und Wasser fortwährend überdestillirt und die Schwefelsäure unverdünnt und mit ungeschwächter ätherbildender Kraft zurückbleibt. Der verdichtete, übergegangene Aether schwimmt auf der mitdestillirten Wasserschichte, wird durch Schütteln mit Chlorkalcium entwässert, durch Schütteln mit gebranntem Kalk entsäuert und entwässert, und durch nochmalige Rektifikation aus dem Wasserbade, wobei man nur circa ³/₄ überzieht, chemisch rein als eine äusserst flüchtige, brennend schmeckende, aromatisch riechende Flüssigkeit vom spez. Gew. 0,75 erhalten, deren Dampf mit Luft gemengt, auf das Heftigste explodirt. Er verbrennt mit leuchtender russloser Flamme zu Kohlensäure und Wasser und afficirt die Pflanzenfarben nicht im mindesten; er ist im Wasser nur wenig löslich, etwa wie $1 : 10$, löst aber in ähnlichen Verhältnissen selbst etwas Wasser, worauf eigene Aetherprüfungsröhren konstruirt werden können. Destillirt man ein Salz einer flüchtigen Säure mit Schwefelsäure und Alkohol, so treffen sich Säure und Aether im Entbindungsmomente, da die Schwefelsäure Ersteren aus dem Alkohol und Letztere aus dem Salze frei macht; hier entwickelt nun der Aether seine sonst latenten basischen Eigenschaften und geht als flüchtiges Aethyloxydsalz, zusammengesetzter Aether, Bouquet oder Aroma in die gekühlte Vorlage über, und kann durch Rektifikation über Chlorkalcium entwässert und gereiniget werden. Leitet man in die Auflösung einer fixen Säure in einem Alkohole, der möglichst wasserfrei ist, während des dauernden Erwärmens dieser Lösung, getrocknetes chlorwasserstoffs. Gas ein, so destillirt Wasser, Salzsäure mit Spuren von Alkohol und Chloräthyl ab, während das Aethyloxydsalz der fixen Säure zurückbleibt, das durch Waschen mit Wasser gereinigt und durch Schütteln mit geschmolzenem Chlorkalcium oder kalcinirtem Kupfervitriol entwässert wird. Wird ein derartiges Aethyloxydsalz mit Kalihydrat zerlegt, so bildet sich das Kalisalz der fraglichen Säure und der abgeschiedene Aether regenerirt sich mit dem Wasseratome des Kalihydrats zu Alkohol. Befeuchtet man Platinmohr, der bekanntermassen in seinen Poren atmosphärisches Sauerstoffgas verdichtet hat mit einem Alkohole, so entsteht die entsprechende Ketylsäure, die durch den Geruch erkennbar wird und blaues Lakmuspapier röthet. Bringt man auf den reinen Baumwollendocht einer Spirituslampe, dessen capilare Zufuhr von Flüssigkeit entsprechend regulirt ist, einen glühenden Platinschwamm, so glüht er solange fort als der Docht feucht ist, und entwickelt die reizend scharfen, senfähnlichen aromatischen Dämpfe der acetyligen Säure, die von diesem Experimente des Glühlämpchens her, den Namen Lampensäure erhielt, und viele Metalle aus ihren Lösungen regulinisch fällt. Giesst man Aether auf ein Gemenge von Schnee und Salmiak und zündet ihn an, so verbrennt er mit einem schwachblauen Flämmchen gleichfalls zu acetyliger Säure, giesst man Aether auf dunkel erhitzte Metall- oder Steinflächen, so entzündet er sich von selbst und verbrennt gleichfalls zu acetyliger Säure. Giesst man verdünnten Alkohol über frisch ausgeglühte, verschlossen erkaltete, mit Essig getränkte Holzkohlen, so läuft er nach kurzer Digestion als reine, angenehm riechende verdünnte Essigsäure oder Essig ab; dasselbe erfolgt im Grossen, wenn man ein von Lufttröhren durchzogenes Fass mit gut ausgesottenen, getrockneten und hierauf mit starken Essig getränkten Buchenspänen füllt, und oben den Lutter, Vorlauf oder verdünnten Branntwein mittelst einer Brause in gleichförmiger Vertheilung zufliessen lässt, wobei er wegen der ungeheuern Berührungsfläche mit dem Sauerstoff der Luft und der dadurch äusserst beschleunigten Oxydation unten als fertiger Schnellessig abläuft. Die Essigbildung ist somit nicht wie man fälschlich glaubt eine Gährung, sondern eine einfache Verwesung, Oxydation oder Sauerstoffaufnahme die von entsprechender Wärmeentwicklung begleitet ist. Die Essigbildung aus Alkohol erfolgt aber nicht sprungweise, sondern schrittweise in drei Absätzen; zuerst entwickelt sich das obstähnlich riechende Aldehyd, in dem zwei Atome Sauerstoff ein — aber gleich als zwei Atome Wasser wieder austreten $C_4 H_6 O_2 + 2 O = C_4 H_4 O_2, 2 HO$, sofort bildet sich unter etwas verzögerter Oxydation durch Aufnahme von einem Atome Sauerstoff acetylige Säure $C_4 H_4 O_2 + O = C_4 H_4 O_3 = C_4 H_3 O_2. H O$, welche schliesslich durch abermaligen Sauerstoffzutritt zur Essigsäure verwest $C_4 H_4 O_3 + O = C_4 H_4 O_4 = C_4 H_3 O_3 HO$. Im Ganzen sind somit 4 Atome Sauerstoff nöthig, um aus Alkohol Essig zu bilden. Die früher als Ferment der angeblichen Essiggährung betrachtete Essigmutter aus Schleimalgen, Mykoderma aceti und Essigälchen, also aus einer infusoriellen Flora und Fauna bestehend, ist nur ein zufälliges durch Verwendung stickstoffhältiger Fruchtsäfte, Bier, Wein, Himbeeren u. s. w. bedingtes Symptom, an das sich die Bildung der Essigsäure nicht kausal knüpft, und das die Haltbarkeit und Reinheit des Essigs entschieden beeinträchtigt. Der Alkohol bildet sich durch eine wahre Spaltung des Traubenzuckers und aller Kohlenhydrate, die sich in Traubenzucker zu umwandeln vermögen, unter dem katalytischen Einflusse eines stickstoffhältigen Fermentes, das bei der geistigen Gährung gewöhnlich eine individualisirte botanische Form trägt, als mikroskopische Pilzzelle mit dichotomem, in den Potenzen von zwei fortschreitenden proliferen Wachsthume auftritt, und in seinen Hüllen aus Cellulose, lösliches, leicht zersetzliches Pflanzeneiweiss eingeschlossen enthält, das den eigentlichen chemischen Erreger dieser Spaltung darstellt. Dieser Pilz der in Wein, Bier und künstlicher (Press-)Hefe im Ober- und Unterzeug, im Sauerteige wesentlich derselbe ist, hat den Namen Torula cerevisiae, oder Cryptococcus fermentum erhalten und findet sich auch im gährenden diabetischen Harne. Die Gährung dürfte überhaupt so aufgefasst werden, dass ein stabiles, für sich nicht leicht zersetzliches Kohlenhydrat in den Kreis der Zersetzung hineingeräth, welche, angeregt durch den Sauerstoff, die Feuchtigkeit und die Wärme, ein labiler stickstoffhältiger Proteinkörper erleidet. Da nun chemische Zersetzung ohne molekuläre Bewegnng nicht denkbar ist, so kann man sich eine derartige rapide Zersetzung nicht anders als in Form molekulärer Wirbel denken, die endlich auch die benachbarten trägen Zuckeratome erfassen, in den Strudel der Bewegung hineinreissen, aber da diese aufgezwungene Bewegung nur eine durch den Kontakt mitgetheilte katalytische ist, nichts anderes bewirken, als eine Gleichgewichtsveränderung, Spaltung und Gruppirung der Atome zu stabileren neuen Complexen, deren Summe dem Gewichte des vergohrenen Körpers gleich ist, ohne dass irgend ein neuer fremder Stoff in den Kreis der Verbindung eintrete. Die Gähruug ist eine wahre Ansteckung eines Stoffes zur Zersetzung, der Anstoss zu einer Bewegung von Aussen, die er dann in sich und völlig unabhängig vom Erreger durchführt und vollendet. Obwohl die geistige Gährung und der Alkohol nirgends im lebenden Pflanzen- oder Thierkörper mit Sicherheit als eingebürgert gefunden wurde, so ist doch die strenge Begriffsbestimmung und das innige Verständniss der Gährung als eines sehr allgemeinen im organischen Haushalte, bei der Ernährung der Organe, bei den Erkrankungen durch Miasmen und Contagien vielseitig vertretenen, echt vitalen Prozesses von höchster biochemischer Wichtigkeit, wodurch die Breite dieser Darstellung sich rechtfertigen mag. Ausser dem abgehan-

2. Methyl $C_2 H_3$. delten Aethyl gehört hieher das **Methyl $C_2 H_3$**, das bei der trockenen Destillation der Kohlenhydrate (des Holzes) sich bildet, mit dem dampfförmigen Methyloxyde oder Holzäther $C_2 H_3 O$, mit dem flüssigen Holzgeiste $C_2 H_4 O_2$, der wie Alkohol zum Brennen verwendbar, aber wegen seines widerlich brenzlichen Geruches und seines häufigen Gehaltes an dem giftigen Stoffe Fagin, der Genussfähigkeit entbehrt; das Metaldebyd oder Formaldehyd $C_2 H_2 O_2$. die formylige Säure $C_2 H O_2$ und endlich die Ameisensäure $C_2 H O_3$, in welcher die Oxydation des

3. Propyl $C_6 H_7$. Kethyls, des Methyls $C_2 H$, des Formyls kulminirt. Weiter gehört hieher das **Propyl $C_6 H_7 O$**, welches an Fettsäuren gebunden, die Propylfette des Lebertranes und als Substitutionstype des Wasserstoffs im Ammoniake, das Propylamin der Häringslake bildet; sein Kethyl das Propionyl $C_6 H_5$ führt in höchster Oxydation zur Propion- oder Metacetonsäure.

4. Das Butyl $C_8 H_9$. Das **Butyl $C_8 H_9$**, dessen Alkohol $C_8 H_{10} O_2$, das Kornfuselöl, dessen Ketyl das Butiryl $C_8 H_7$ und dessen höchste Oxydation die Buttersäure ist. Das **Amyl $C_{10} H_{11}$**, dessen Alko-

5. Das Amyl $C_{10} H_{11}$. hol das Kartoffelfuselöhl $C_{10} H_{12} O_2$, dessen Ketyl das Valyl $C_{10} H_9$ und dessen höchste Oxydationsstufe die Baldriansäure

6. Das Caprinyl $C_{20} H_{21}$. darstellt. Das **Caprinyl $C_{20} H_{21}$**, dessen Ketyl gleichen Namens $C_{20} H_{19}$ als Oxydhydrat das Caprinaldehyd $C_{20} H_{20} O_2$ oder das Rautenöl, das ätherische Oel von Ruta graveolens liefert.

Das Cetyl $C_{32} H_{33}$, dessen Oxydhydrat das Aethal, dessen Ketylsäure die Palmitinsäure und dessen Oxyd die Aethalfette des Wallraths bildet.

Das Stetyl $C_{36} H_{37}$, dessen Oxyd sich gleichfalls an der Bildung des Wallraths betheiligt, dessen Oxydhydrat das Stetal und dessen Ketylsäure die Stearophansäure liefert. Das Cerossyl $C_{54} H_{55}$ und das Melissyl $C_{60} H_{61}$, deren Oxyde und Ketylsäuren das Bienen- und Pflanzenwachs bilden helfen.

8. Das Stetyl $C_{36} H_{37}$.

9. Das Cerossyl $C_{54} H_{55}$ und das Melissyl $C_{60} H_{61}$.

2) Die Dekrementradikale von der allgemeinen Formel $C_n H_n - 1$, die man wieder in zwei Familien abtheilen kann, in die Ketonyle und Olëyle. Die Kethonyle entstehen aus org. Säuren unter Verlust von Kohlensäure in Form von Alkoholen; denkt man sich 2 Atome essigs. Kalks trocken destillirt, so bleibt kohlens. Kalk in der Retorte zurück und Aceton geht als geistige alkoholähnliche Flüssigkeit über: $2 C_4 H_3 O_3 Ca O = 2 CO_2 Ca O$, $C_6 H_6 O_2$; dieses $C_6 H_6 O_2$ wäre in der Aethylreihe bei den Inkrementradikalen das Aldehyd des Propylalkohols, hier aber in der Reihe der Dekrementradikale ist es ein eigener Alkohol und führt den Namen eines Ketons; denkt man sich dasselbe in ein Oxydhydrat nach Art der Alkohole aufgelöst, so stellt sich seine Formel auf $C_6 H_5$. O HO, worin das Ketonylradikal $C_6 H_5$, in diesem Falle isomer mit dem Propyonil, dem Ketyl des Propyls entsteht, das ziemlich unpassend Oenyl genannt wurde. Das Oenyl bildet ein Oxyd, das Oenyloxyd, das sich aber nicht, wie das isomere Propionyloxyd, wenn es existirte, thun müsste, sauer, sondern entschieden basisch verhält, mit den mannigfaltigsten Säuren, Salze bildet und auch Verbindungen seines Radikals mit elektronegativen Radikalen liefert, wie z. B. das von mir in dem Destillate der Hollunderblüthen nachgewiesene Schwefelcyanoenyl oder Oenylrhodanür $C_8 H_5 N S_2$, das dem Senföl isomer ist; ähnliche Ketone sind das Butyron, Lacton, Margaron, deren einzelne Gliederungen aber noch sehr gründlicher Forschungen entbehren. Die zweite Gruppe der Dekrementradikale, oder die Olëyle haben vorzüglich zwei bemerkenswerthe Repräsentanten. Das Lipyl oder Glyceryl von der Formel $C_3 H_2$, bildet im oxydirten Zustande als Lipyl- oder Glyceryloxyd die Basis aller echten verseifbaren Fette, die Aetherfette des Wallraths, die Cerossylfette des Wachses und die Propylfette der Thrane ausgenommen, die eine nur beschränktere

Verbreitung geniessen. Die gewöhnlichen Neutralfette des Thier- und Pflanzenreiches sind somit wahre Lipyloxydsalze und theilen sich in zwei Hauptgruppen in die starren Fette $C_n + 3 H_n + 1 O_4$ und die flüssigen Fette oder Oehle $C_n + 3 H_n - 1 O_4$; Verseifung oder Saponifikation heisst die Verdrängung der Lipyloxydbasis durch eine kräftigere mineralische Basis; ist diese Basis Kali, so entstehen die weichen, hykroskopischen, sogenannten Schmierseifen, die als kräftige Hauterregungsmittel nicht bloss bei Hautleiden, sondern auch bei vielen mit gestörter Hautfunktion einhergehenden inneren Krankheiten, eine nicht leicht zu hohe therapeutische Würdigung finden können; durch Sieden der Kaliseife mit einer gesättigten Kochsalzlösung geht eine wechselseitige Zerlegung vor sich, das sogenannte Aussalzen des Seifenleims und auf der Unterlauge von Chlorkalium scheidet sich die trockene, erhärtende Natronseife aus, welche die gewöhnliche Waschseife liefert; ist die Basis Ammoniak, so entstehen, bei ziemlich unvollkommener Verseifung die sogenannten flüchtigen Seifen und Linimente; ist die Basis Kalk oder sonst eine alkalische Erde, so entstehen unlösliche Kalkseifen, wie sie Behufs der Darstellung der Stearinsäure erzeugt werden, und bei der Prüfung kalkreichen harten Wassers durch Spiritus saponatus als flockige Trübungen sich abscheiden; ist die Basis Bleioxyd, gegenüber den Oehlsäuren nicht trocknender fetter Oehle, so entstehen die sogenannten Pflaster, und ist die Basis Bleioxyd, gegenüber der Elaidinsäure trocknender Oehle, so entstehen die sogenannten Oehlfirnisse. Das bei den verschiedenen Verseifungsprozessen abgeschiedene Lipyloxyd, nimmt im Momente seines Freiwerdens Hydratwasser auf, das aber fast die Rolle von Constitutionswasser zu spielen scheint, und bildet damit ein Sesquihydrat von der Formel $2 C_3 H_2 O + 3 HO = C_6 H_7 O_5$, das sich unter dem Namen Glycerin, Fettzucker, Oehlsüss, Scheel'sches Süss am Besten gewinnen lässt, wenn man Olivenöhl durch Kochen mit Bleioxyd und Wasser zu dem bekannten Diachylonpflaster verseift, aus der wässerigen Lauge durch Schwefelwasserstoff das gelöste Bleioxyd ausfällt, und das bleifreie Filtrat anfänglich im Wasserbade, gegen Ende unter dem Rezipienten der Luftpumpe über Schwefelsäure vollständig entwässert und konzentrirt. Es stellt einen gelblichen, dickflüssigen Syrup von süssem, hintennach fettigen Geschmacke im reinen Zustande

*Glycerin Acroleïn. Lipyl und Acryl.*

ohne Geruch dar, ist des Eintrocknens und der ranzigen Verderbniss völlig unfähig, eignet sich daher vorzüglich zu einem Schmiermittel, zur Beölung schmerzender, trocken heisser, entzündeter Schleimhäute, zum cosmetischen Teintverschönernden Crême der Toilettenkunst und als Constituens mannigfaltiger Salben und Linimente; auf bekannte Weise behandelt, liefert es ein bitter schmeckendes, fast giftig wirkendes, sehr explosives Fulmin, das Glenoidin; es verhindert die Fällung der meisten Schwermetalle aus ihren Salzen durch Alkalien, ohne so geneigt zu Reduktionsprozessen zu sein, wie Weinsäure und Kohlenhydrate; erst nach längerem Kochen mit konzent. Salpetersäure reducirt es in alkalischer Lösung das Kupferoxyd; von konzent. Säuren wird es in der Kälte wenig angegriffen, aber sehr leicht als Paarling aufgenommen, wie Glycerin Phosphorsäure und Glycerinschwefelsäure beweisen; es ist ein der geistigen Gährung unfähiges Süss, vergährt aber bei andauerndem Contakte mit Bierhefe zu Propion- oder Metacetonsäure: $C_6 H_7 O_5 = C_6 H_5 O_3 + 2 HO$; bei der trocknen Destillation zerfällt es in Acrolëin und Wasser: $C_6 H_7 O_5 = C_6 H_4 O_2 + 3 HO$; das Acrolëin stellt im reinsten Zustande eine farblose, erstickend riechende, die Schleimhäute des Auges und der Respirationsorgane hart und dauernd verletzende brennbare Flüssigkeit dar, die mit ihren weitern Zersetzungsprodukten unter denen aller Fette aufzutreten pflegt; das Acrolëin lässt sich als das alkoholähnliche Oxydhydrat eines neuen Radikals, des Acryls, betrachten, das gleichsam das Ketyl des Lipyls darstellt $C_6 H_4 O_2 = C_6 H_3$ . OHO. Von diesem Radikale kennt man auch die andern Oxydationsphasen, die acrylige Säure $C_6 H_3 O_2$ und die Acrylsäure $C_6 H_3 O_3$, die gleichsam eine mit dem Kohlenstoffkern $C_2$ gegepaarte Essigsäure darstellt; wie aus der Cholsäure das unlösliche Dislysin, so geht aus dem Acrolëin durch Verlust von $C_2 H$ das unlösliche Disacryl $C_{10} H_7 O_4$ hervor.

Der zweite hier erwähnenswerthe Repräsentant der Olëyle ist das **Allyl**, eine Isomerie des Oenyls $C_6 H_5$. Dieses Radikal, das sich durch wasserfreie salzs. Dämpfe indigoblau färbt, besitzt ein Oxyd $C_6 H_5 O$, welches in einigen Cruciaten, ein Sulfür und Sulfid $C_6 H_5 S$, $C_6 H_5 S_2$, welche in den Alliaceen oder Lauchgattungen und ein Rhodanür oder eine Schwefelcyanverbindung $C_6 H_5 . C_2 NS_2 = C8 H_5 NS_2$, welche aus einigen Cruciaten

Allyl schwefelhaltige Oele des Pflanzenreichs Lauchöl, Senföl.

sich entwickeln und vorkommen. Das Knoblauch-, Zwiebel- und Senföl sind schwefelhältige, flüchtige, äusserst reizende, in grösserer Gabe giftige ätherische Oele des Pflanzenreichs, die als Genussmitteln und Würzen der Speisen angenommen wurden; wegen des Vorkommens des Schwefelcyans oder Rhodans, das ein inquiliner Stoff des Speichels ist, dürfte dem Senf der biochemische Vorzug über die verwandten Allylgewürze gebühren. Während aber die Lauchsorten das Schwefelallyl fertig gebildet enthalten, entsteht das Rhodanallyl in der schotentragenden kreuzblütigen Pflanzenfamilie, wohin Sinapis, Raphanus, Cochlearia, Senf, Rettig und Kren oder Möhrrettig gehören, durch einen der Amygdalingährung täuschend ähnlichen Vorgang aus einem stickstoff- und schwefelhältigen Körper, dem Myrosin. Mischt man Senföl $C_8 H_5 NS_2$ mit Ammoniak, so krystallisirt, indem sich beide Formeln in Eine vereinigen, das schwefelhältige Thyosinnamin heraus, dem durch Kochen mit Bleioxydhydrat sein ganzer Schwefelgehalt entrissen werden kann, wodurch der Anstoss zur Bildung neuer schwefelfreier Körper gegeben ist, des Sinnamins und Sinapolins, welche Körper sämmtlich zu den Alkaloiden zählen.

Ferulyl,Asandöl.    Aus einigen Umbelliferen, namentlich der Ferula asae foetidae, die das Weichharz des Stinkasands liefert, lässt sich gleichfalls die Schwefelverbindung eines hieher gehörigen Radikales, das Schwefelferulyl oder Asandöl gewinnen, das nur in so ferne Interesse besitzt, als es selbst der hypergastronomischen Einführung des Stinkasands als Würze des Rostbeafs einen chemisch stofflichen Grund unterbreitet und den Beweis liefert, dass alle Schritte und Deviationen des Instinkts, weit entfernt von Willkürlichkeit und Wahl, die naturnothwendigen Consequenzen chemischer Bedingungen sind.

Stickstoffhältige org. Körper. Saure azothältige org. Substanzen stickstoffhältige. (gepaarte) org. Säuren.    Gepaarte org. Säuren mit Stickstoffgehalt beginnen die zweite grosse Klasse der org. Verbindungen zusammengesetzter Radikale. Mit Ausnahme der eigentlich dimeren Cyansippe, ihrer Paarungen und Derivate, mit Ausnahme vielleicht der Harnsäure, in der man etwa nur eine gepaarte oder substituirte Cyansäure zu suchen hat, und den aus derselben hervorgehenden Zersetzungssäuren, hat sich als Grundsatz der org. Chemie herausgestellt, dass der Stickstoffgehalt org. Säuren nicht dem aktiven sauren Theile der Verbindung, sondern einem indifferenten

RhodanwasserstoffsäureSchwefelcyangehalt des Speichels; sein sNachweis und eine biochemische Rolle.

Paarlinge gehöre, so sehr zwingen die Erscheinungen, dem Stickstoffe eine entschieden basische Rolle, die der Ammone und Alkalide beizulegen.

1) Die Schwefelblausäure, Rhodanwasserstoffsäure $S_2$ Cy H, vielleicht $C_2$ NS . SH, so dass auch hier die saure Type stickstofffrei wäre, kommt wahrscheinlich nie frei, sondern an Basen gebunden, sowohl in der thierischen als pflanzlichen Welt zweifellos vor; in der pflanzlichen Welt, im Schwefelcyanoenyl der Hollunderblüten, und kopulirt und gebunden in dem Myrosin der Cruciferen, das durch Gährung Schwefelcyanallyl producirt; im Thierreiche aber, namentlich in dem Speichelsekrete des Menschen und wahrscheinlich der meisten Omni- und Herbivoren der höheren Thierklassen; versetzt man das von den Speicheldrüsen des Mundes gelieferte möglichst schleimfreie Sekret mit Eisenchlorid, so entsteht eine blutrothe Färbung, welche sich nach dem Ansäuern mit verdünnter Salzsäure behauptet und beim Versetzen mit Ferrocyankalium sogleich blaues Eisencyanürcyanid abscheidet, ohne sich beim Kochen zu zerlegen und Eisenoxydhydrat fallen zu lassen; dampft man grössere Mengen möglichst reinen Speichelsekretes im Wasserbade zur Trockne ein und destillirt den Rückstand aus einer Retorte mit verdünnter Phosphorsäure in eine gutgekühlte Vorlage, so kann man mit dem Destillate nicht nur die angeführten Reaktionen der Schwefelblausäure anstellen, sondern auch durch Kochen des Destillates mit reiner rauchender Salpetersäure mittelst Barytsalz darin Schwefelsäure nachweisen, die sich aus dem Schwefel des Rhodans durch Oxydation gebildet hat; da das Schwefelcyan bisher überhaupt ausser dem Speichel nirgends, insbesondere nicht im Blute nachgewiesen werden konnte, wenn es darin nicht etwa im Haematin als Rhodaneisen verlarvt vorkömmt, so bleibt nur die Annahme übrig, dass dasselbe aus den schwefelhältigen Protëinkörpern, dem Natronalbuminat des Blutes durch die metabolische Kraft der acinösen Speicheldrüse als Schwefelcyannatrium sich entwickle; obwohl die Schwefelblausäure in grösseren Gaben giftig wirkt, so hat doch diese Giftigkeit durchaus keine graduelle Aehnlichkeit mit der viele Male stärkeren Wirkung der Blausäure, und kann die Spur des Rhodans in den Speichelsekreten nach dieser Richtung hin in keiner Weise befremden. Ueber die biochemische Rolle des Schwefelcyans hat mich eine eigene dar-

über angestellte Versuchsreihe zu folgenden Resultaten geführt: 1) Das Schwefelcyan betheiligt sich nicht an der dem Speichel eigenen Verdauung der Kohlenhydrate und unterstützt das Speichelferment oder die Ptyalase durchaus nicht in der Zuckerbildung, 2) Es betheiligt sich gleichfalls nicht an der Magenverdauung der Protëinate, in deren Bereich es durch das Verschlucken des Speichels gelangt, und unterstützt nicht die Lösung geronnener Eiweisswürfel in peptaschältigen Flüssigkeiten, 3) Es fehlt in keinem Speichel völlig gesunder Personen, häufig aber in dem der Kranken, stets bei Aften und Soor, bei Diphteritis der Kinder, bei starker Caries der Zähne und Stomacace, endlich bei der echten, namentlich merkuriellen Ptyalorrhoe, in welchen Fällen, namentlich den Letzteren, ich stets Harnstoff und Schwefelwasserstoff neben Tyrosin in dem foetiden Speichelsekrete nachzuweisen vermochte; da ich aus Schwefelcyanammonium durch Kochen mit frisch gefälltem Bleioxydhydrat, namentlich dann künstlichen Harnstoff darzustellen vermochte, wenn das Schwefelcyanammonium, so zu sagen im Entbindungsmomente, durch Digeriren von Schwefelkohlenstoff mit alkoholischem Ammoniak dargestellt wurde (wobei wohl das Urénoxyd auftreten mochte), so liegt die Vermuthung nahe, dass die stete Gegenwart von Harnstoff und Schwefelwasserstoff im Speichelflusse der Mundfäule, aus der Zersetzung des gleichzeitigen Rhodans und Ammoniums nach folgendem Schema herrühre: $NH_4 . C_2 NS_2 + 2 HO = C_2 H_4 N_2 O_2, 2 SH$. 4) Das Schwefelcyan des Speichels vernichtet, in kleinen Mengen angewandt, das kryptogame Leben und die Keimfähigkeit vieler Pilzsporen; hieraus erklärt sich vielleicht ein Theil seiner biochemischen Rolle, nemlich die Verhinderung infusorieller, parasitischer Thier- und Pflanzenwucherungen in der gesunden Mundhöhle, die wegen ihrer Wärme, Feuchtigkeit, steter Berührung mit Luft, und wegen des in ihr fast nie fehlenden Alimentärdetritus geneigter zu Pilz-, Infusorien-Entwicklungen, Gähr- und Fäulnissprozessen sein dürfte, als irgend eine andere Provinz des Leibes. Zur Verhütung dieses parasitischen Afterlebens in der Mundhöhle dürfte nun das Schwefelcyan des Speichels um so wahrscheinlicher beitragen, als bei den sogenannten Schwämmchen, der Pilzwucherung in der kindlichen Mundhöhle, wirklich der Schwefelcyangehalt des Speichelsekretes sinkt und verschwindet. Ich hielte daher in der-

artigen Erkrankungen der Mundhöhle, selbstverständlich neben
der strengen Einhaltung der Reinlichkeitsindikationen und neben
der allgemeinen Kur eine lokale Behandlung durch Einpinseln
mit einer alkoholischen Lösung von Rhodankalium für weit em-
pfehlenswerther, als die üblichen borsäurehältigen Schlecksäfte.
5) Wie Versuche an blosgelegten Nerven gezeigt haben, ist das
Schwefelcyan ein sehr kräftiges Reizmittel derselben und von
gewaltigem Einflusse auf den Elektrotonus der Nerven. Es wäre
möglich, dass es als normales, stetes Reizmittel, sei es der sen
sitiven Geschmacks- oder motorischen Zungennerven, dieses fast
ruhelos thätigen Organs seine biochemische Rolle ergänzte.

2) Die zweite stickstoffhältige Säure, die jedenfalls innig mit **Harnsäure, Harn-**
den Körpern des org. Halogenradikales mit dem Cyan in for- **stoff-Urylsäure.**
meller genetischer und dyalitischer Beziehung zusammenhängt, **Murexid.**
und deren aktiver saurer Theil zusammt dem Paarlinge, wenigstens nach dem jetzigen Stande der Wissenschaft, für stickstoffhältig erklärt werden muss, ist die Harnsäure, welche im Blute
der meisten Carnivoren und des Menschen sich bildet, aber so
gleich durch die Nierenthätigkeit im Harne ausgeschieden wird,
weshalb ihr Nachweis im Blute und den daraus hervorgehenden
Transsudaten unter die grössten analytischen Schwierigkeiten
zählt. Die Säure, zu den schwer Löslichsten zählend, die sich
kaum in Wasser, gar nicht in verdünnter Salzsäure, Alkohol und
Aether, leicht in konzent. Schwefelsäure, ätzenden und kohlens.
Alkalien, und unter Zersetzung in Salpetersäure löst, krystallisirt
in rhombischen Prismen, die sich sehr leicht zu Pallisaden-,
Kamm- und Fassformen aneinander legen und verzerren, verbrennt auf Platinblech unter Cyangeruch ohne Flamme und
rückstandslos, und liefert bei der trocknen Destillation neben
kohlens. Ammon und Cyanammonium, Cyammelid und die weisse
schwer lösliche Cyanursäure, die als dreibasische polymere Cyansäure $C_6 N_3 O_3$ betrachtet werden kann. Beim Kochen mit
Bleihyperoxyd und Wasser entsteht aus der Harnsäure Klee-
säure, Allantoin und Harnstoff: $\underbrace{C_{10} N_4 H_6 O_8}_{\text{Harnsäure}} + 2\, PbO_2 =$

$\underbrace{2\, PbO\, .\, C_2\, O_3}_{\text{Kleesäure}}, \underbrace{HO,\, C_2\, N_2\, H_4\, O_2}_{\text{Harnstoff}}, \underbrace{C_4\, N_2\, H_3\, O_3}_{\text{Allantoin}};\ \text{das Allan-}$

toin, in der Allantoisflüssigkeit der Kuh zuerst gefunden, ist

gleichsam ein Cyanhydrat, das durch weitere Aufnahme von
1 Atom Sauerstoff und 1 Atom Wasser zu Kleesäure und Harnstoff oxydirt wird, so dass die schliesslichen Oxydationsprodukte
der Harnsäure, die sie nicht blos beim Kochen mit Bleihyperoxyd, sondern auch im lebenden Thierblute liefert, Kleesäure
und Harnstoff sind; da der Harnstoff als die wesentliche Form
der Stickstoffausfuhr des lebenden Thierleibes gilt, so ist die
Harnsäure, als chemische Amme desselben, der erste Vermittler
des Azotstoffwechsels im Blute; dieser innerhalb den Gefässen
erfolgende Spaltungsprozess, vermittelt durch den disponiblen
Sauerstoffgehalt der arteriellen Blutzellen, hat aber, wie jeder
organische oder chemische Prozess, seinen Zenith, in dem er cul-
minirt und von wo an er abnimmt; reicht die Menge des disponiblen Blutsauerstoffes, die im Blute herrschende Intensität der
Oxydation im individuellen Falle nicht hin, alle Harnsäure zu
zersetzen, so scheidet sich der Ueberschuss im Harne aus, ist
aber bei seinem Missverhältnisse zur beschränkten Alkalimenge
des Blutes, wegen der Schwerlöslichkeit der Biurate und freien
Harnsäure, äusserst geneigt, Ausscheidungen und Niederschläge
zu bilden, die erst im erkühlenden gelassenen Harne auftretend,
das sogenannte Brechen desselben bedingen, aber schon in den
Nierenkanälchen erfolgend die primären harns. Steinkerne der
Niere oder Harnsand und Harngries bilden, die, entweder in der
Niere zurückgehalten die schmerzhaften unheilbaren Nierensteine
oder häufig unter Harnkoliken durch die Uretheren in die Harn-
blase niedersteigend und daselbst sich in einer Schleimhautfalte
fixirend, die zwar eben so schmerzhaften, aber doch dem Heil-
verfahren zugänglichen Blasensteine darstellen. Mir ist ein Fall
bekannt geworden, wo ein Nierenstein, wahrscheinlich durch
Suppuration und Schmelzung der ihn umgebenden Harnkanälchen-
provinz, in den einen Harnleiter gerieth, sich daselbst einkeilte
und seiner Grösse wegen durch die Peristaltik des Urethers nicht
oder wenigstens nicht rasch genug in die Blase gelangen konnte.
Durch einen der unheilvollsten und seltensten Zufälle besass der
sonst rüstige Kranke durch eine foetale Hemmungsmissbildung
nur eine Niere, ein Umstand, der bis zur Sektion begreiflicher
Weise verborgen blieb; das verkeilte Steinchen, das bei einem
Andern gelegentlich unter Harnkoliken entfernt worden wäre,
staute den Abfluss des Harns; der fortwährend neu entwickelte

Harnstoff zerfiel rasch in kohlens. Ammoniak, es entstand eine akute uraemische Blutvergiftung, die unter schweren Gehirnsymptomen aus einem so geringfügigen Anlasse in wenig Tagen ein Leben vernichtete, das sonst noch Jahrzehente hätte bestehen können. Der in die Blase gelangte Stein wirkt daselbst auf die empfindliche Schleimhaut wie ein fremder Körper, bedingt dadurch katarrhalische und zuletzt phlegmonotische Entzündungen derselben, der dadurch abgesonderte vermehrte und anomale Blasenschleim wirkt wie ein Ferment und bedingt die rasche Fäulniss des Harnstoffes unter Wasseraufnahme zu kohlens. Ammoniak. Der dadurch alkalisch gewordene stinkende Harn des symptomatisch eingetretenen Blasenkatarrhs beleidigt neuerdings, wie früher der Stein mechanisch, in noch ärgerer Weise und chemisch die erkrankte Schleimhaut der Blase, und erklärt somit den Blasenkatarrh für permanent; zugleich aber fallen aus dem zersetzten Harne uratische, phosphatische und kohlens. Salze der alkalischen Erden nieder, welche sofort den Stein mit einer Rinde, sogenannter sekundärer Schichte inkrustiren und vergrössern und auch dadurch wieder die Höhe aller Krankheitssymptome steigern. Man hat die mannigfaltigsten, chemisch auflösenden Mittel bei der Urolithiase oder dem Steinleiden in Anwendung gebracht, allein durch das Blut kommen alle Lösungsmittel oft bis zur Unwirksamkeit verändert, jedenfalls höchst verdünnt in die Niere, und auch die gereizte Blase verträgt nur Injektionen der indifferentesten und verdünntesten Art; die chemische Lithodyalyse hat daher zur Tilgung der Crase und im Beginne des Uebels, der meistens gar nicht zur Kenntniss des Arztes gelangt, entschiedenen Werth, aber bei entwickelter Urolithiase keine Zukunft. Mehr verspräche schon die elektro-chemische Dialyse, die aber bisher nicht über den Grad einer genialen Hypothese hinausgekommen ist, bei Blasenurolithiase, durch Einspritzen einer passend gewählten indifferenten Salzlösung, Fassung des Steines durch eingeführte von einander isolirte Elektroden, durch die ein kräftiger galvanischer Strom ohne Unterbrechungen geht, wobei durch Elektrolyse aus der indifferenten Salzlösung an den beiden Polen, unmittelbar am umklammerten Steine die betreffenden nöthigen sauern und basischen Lösungsmittel entbunden und sogleich ohne Schaden für die Blase zur Lösung des Steines benützt würden. Die einzigen bisher praktisch ausführbaren Heilmethoden des Blasensteines sind die verschiedenen Arten des Blasenschnittes und die unblutige Operationsmethode der Lithothripsie, die als rein chirurgische Momente nicht weiter in unser Bereich gehören. Die beiden Zersetzungsprodukte der Harnsäure müssen nun weiter verfolgt werden. Der Harnstoff wird bei den thierischen Alkalien zur Sprache kommen. Die Kleesäure aber, als eine org. Säure, hat ein Recht, an diesem Platze besprochen zu werden. Gewöhnlich

Kleesäure $C_2$ $O_3$.<br>HO.

zählt man die Kleesäure zu den Oxyden eines hypothetischen Radikals des Oxalyls, das als $C_n$ $O_n$ sich wegen des Hinkens der gezwungenen Formel bald in $C_2$ $O_2$ bald in $C_4$ $O_4$ bald in $C_7$ $O_7$ verwandeln muss; ich kann in keiner Weise die Annahme eines sauerstoffhältigen Radikals begreifen und annehmen, und halte daher die Kleesäure nicht für 2 (CO) . O für Oxalyloxyd, sondern für die niederstmögliche Säure der Bernsteinsäuregruppe, deren Formel $C_n$ $H_n$ — 2 $O_3$, wenn man n $= 2$ setzt, sich in die Formel der Kleesäure verwandelt; da sich nun jede Bernsteinsäure als eine Ketylsäure kopulirt mit $C_2$ H betrachten lässt, so läge in der wasserhältigen Kleesäure das Radikal $C_2$ H selber vor, durch 4 Atome Sauerstoff substituirt, oder der Kohlenstoffkern $C_2$, der häufig in org. Verbindungen auftritt, in seiner höchsten Oxydation $O_3$. Die Kleesäure, systematisch und genetisch verwandt mit der Melithsäure in der honigstein. Thonerde oder dem Mellith der Braunkohlen, mit der Rhodizon- und Krokonsäure des sogenannten schwarzen Kohlenoxydkaliums, das ich für Kaliumcarburet halte, findet sich präformirt sowohl im Pflanzen- als Thierreiche; im Pflanzenreiche in dem sauern Safte der Rumex- und Oxalisarten (woher sie auch den Namen Oxalsäure erhielt) als oxals. Kalk in den Raphiden der Rheumwurzel und ähnlicher, ferner in vielen Flechten und Kryptogamen, in unreifen Beeren, selbst in der Traube, je nach dem Standorte und der Reife, wo sie selbst in den gegohrnen Wein als Oxalsäureäther übergehen soll. (Selbst im Mineralreiche ist sie als Oxalat des Kalks oder Thierschit, als Oxalat des Eisens oder Humboldtit eingebürgert, obwohl sicher pflanzlichen Ursprungs.) Im Thierreiche findet sie sich normal in den Exkrementen mancher Avertebraten und der Saurierfamilie unter den Amphibien und Kaltblütern der Vertebraten; im Krokodile bildet sie, an Kalk gebunden, steinige Concretionen, die normal zwischen den Muskelbündeln und Sehnenzügen eingebettet liegen; in den Exkrementen der Schlangen findet sie sich gleichfalls als Kalksalz, obwohl es da noch ungewiss ist, ob sie sich darin nicht erst später durch Oxydation des harns. Kalkes entwickle; im Körper der Warmblüter endlich, namentlich der Fleischfresser, ist sie, wie bei der Gelegenheit der weiteren Harnsäureumwandlung gezeigt wurde, ein steter biochemischer Indigena. Sie wird künstlich erzeugt durch Oxydation der Kohlenhydrate, entweder durch rauchende Salpetersäure, oder unter Wasserstoffentwicklung durch schmelzendes Kalihydrat. Sie ist leicht krystallisirbar, im Wasserstoff- und Kohlensäurestrome selbst unzersetzt sublimirbar, zerfällt mit Schwefelsäure allein erwärmt unter Wasserverlust in Kohlenoxyd und Kohlensäure, liefert mit Braunstein und Schwefelsäure erwärmt blos Kohlensäure, verglimmt in ihren Salzen mit starken Basen der Alkali- und Alkalierdreihe ohne Schwärzung zu Carbonaten und mit den andern Basen zu Oxyden, Oxydulen oder regulinischen oft pyrophoren Metallen. Sie fällt durch Chlorbaryum aus ihren neutralen Lösungen weiss, die Fällung ist in Salzsäure löslich; durch Kalksalze entsteht eine weisse, unter gewissen Umständen selbst krystallinische Fällung, die in Essigsäure unlöslich, in Salzsäure und Salpetersäure aber löslich, und beim Abrauchen dieser Lösungen in den bekannten Quadratoktaedern krystallisirbar ist; die salzs. Lösung der Oxalate reducirt beim Kochen aus Goldlösungen regulinisches dichroisches Gold, das bei auffallendem Lichte violett erscheint; sie bildet mit Harnstoff ein schwer lösliches, krystallinisch sich abscheidendes Salz, das zur Ausmittlung und Darstellung des Harnstoffes benützt werden kann; der Kleesäure wohnt ein Bestreben inne, saure Salze zu bilden, wie z. B. das Sauerkleesalz, doppeltklees. Kali $C_2 O_3$ KO $C_2 O_3$ HO, das im Sauerklee, Sauerampfer vorkömmt, als Avvivirungsmittel der Färberei und zum Verlöschen der Tintenflecke dient. Im freien Zustande ist sie, und auch im schwächeren Grade das Kleesalz, wegen ihrer starken Säure, ein topisches Gift, gegen welches Magnesiamilch und Kalkwasser die besten Antitode abgeben. Nach dieser Kenntniss über die Kleesäure handelt es sich nun um ihre weiteren Schicksale im Blute. In normaler Weise wird sie im Blute des Warmblüters rasch vollständig zu Kohlensäure oxydirt, da ihre Existenz sich nirgends in völligem Normalzustande nachweisen lässt; diess liefert

einen Beweis mehr für die Thatsache, dass das breite Schlagwort Respirationsmittel keinen exclusiven Begriff ausdrücke, dass
die stickstoffhältigen plastischen Alimente und Gewebstoffe, aus
welchen die Harnsäure und aus der wieder schliesslich die Kleesäure sich bildet, eben so gut ihr bedeutendes und unvermeid-
liches Contingent zur inquilinen Wärmeerzeugung und zur Koh-
lenausathmung durch Lunge und Haut stellen, als die Kohlenhydrate und Fette. Mangelt aber die zur völligen Verwesung der
Kleesäure nöthige Sauerstoffmenge im Blute, etwa durch Mangel
an freier Bewegung, welche die impulslose, träge Bewegung und
folgegemässe Arteriellisirung und Sauerstoffung des Venenblutes
so sehr kräftigt und fördert, oder aus irgend einem andern chemischen oder mechanischen Grunde, so folgt die Kleesäure dem
Zuge ihrer Affinität und verbindet sich mit der Base org. Kalksalze zu klees. Kalke; obwohl dieses Salz im abgeschiedenen
dichten oher wohl gar krystallisirtem Zustande in Wasser, alkalischen Flüssigkeiten und verdünnten org. Säuren fast geradezu
unlöslich ist, so bleibt doch der in sehr verdünnten Lösungen
eben gebildete klees. Kalk, wie Versuche von Andern und mir
lehrten, eine geraume Weile über gelöst; endlich entsteht eine
so feine moleculäre Trübung, dass sie die feinsten Filter passirt und selbst endosmotisch thierische Membranen durchdringt;
ich habe den Versuch so angestellt, dass ich in eine Thierblase
eine verdünnte Lösung von klees. Ammoniak einfüllte, diese gefüllte Blase hing ich in eine grössere Thierblase, die mit Gyps-
lösung gefüllt war, und diese endlich hing. in das gläserne
Standgefäss des Endosmometers hinein, das mit destillirtem Wasser
gefüllt war; nach einiger Zeit (etwa 2 Tagen) fand ich ausge-
bildete mikroskopische Quadrat-Oktaeder von oxals. Kalke auf
dem Boden des Glasgefässes. Dieser Umstand macht uns die
Sedimente vom oxals. Kalke im klargelassenen Harne und die
Bildung klees. Steine begreiflich. Die Oxalurie oder das Auftreten
von klees. Kalke im Harne, ein Symptom jener Crase oder
Diathese, welche auch die Bildung klees. Steine bedingt und
begleitet, kann aber eine ganz abweichende doppelte Pathogenese
besitzen, die Eine, welche die Kleesäure als ein unvollendetes
Oxydationsprodukt der überschüssigen Harnsäure darstellt, fällt
mit der uratischen Diathese der harns. Gicht, der Arthritis des
Schlemmer und Wohlleber zusammen; die Andere, welche die

Kleesäure durch einen anomalen Gährungs- oder Dauungspro-
zess der Milchsäure, der Kohlenhydrate oder überschüssiger
Pflanzenkost bei mangelnden plastischen Alimenten entstehen
sieht, fällt mit der phosphatischen Gicht, der Arthritis des Man-
gels, mit dem skrophulösen und rhachitischen Prozesse der Kindheit zusammen; nach der erstern Weise bilden sich die oxalu-
ratischen Harnsteine der Schwelger, nach der Zweiten die oxals.
und phosphatischen Harnsteine schlecht ernährter Kinder; die Phosphate der Pflanzenkost erscheinen dann auch in den Exkreten
und Concretionen, weil sie wahrscheinlich nur dann assimilations-
fähig sind, wenn sie von einer entsprechenden Menge plastischer
Blutstoffe oder Proteinate begleitet werden; geschieht diess bei
fehlerhafter Ernährung nicht, so nützt ihre Einfuhr in den pro-
teinarmen Pflanzenstoffen nichts, sie bleiben unassimilirbar, und
verfallen dem Transito der Ausfuhr oder den Concretionen. Der
klees. Kalk ist seltener, aber doch in relativ grossen Krystallen
in kleine Cysten oder hydatische Blasen eingekapselt, bei Herbivoren, namentlich bei Pferden vorgefunden worden.

Mit verdünnter Salpetersäure erwärmt, löst sich die Harnsäure unter Entwicklung von Stickoxyd (salpetriger Säure) und
Kohlensäure zu P a r a b a n s ä u r e auf; dampft man die Lösung ein, $\quad$ Parabansäure
so bildet sich an den Rändern der erwärmten Schale ein zwie- $\qquad$ C₆ N₂ O₄
belrother Anflug, und bringt man endlich den nahe zur Trockne
verdunsteten Rückstand in Ammoniakdampf, oder spritzt man
etwas Ammoniak in die Schale, so entsteht ein prachtvoll pur-
purrother Körper, dessen Lösung beim vorsichtigen Abdampfen
mittelst Luftpumpe und Exsiccator in dunkel grannatrothen, mit
grünem Metallglanze und Goldschimmer geschmückten Krystallen
anschiesst, die zu dem Schönsten gehören, was die org. Chemie
bisher dargestellt hat. Dieser Körper wurde von Murex, der Pur-
purschnecke zur Erinnerung an die untergegangene Kunst der
phönicischen Purpurfärberei zu Sidon und Tyrus M u r e x i d ge- $\quad$ Murexid C₁₂ H₆
nannt und in neuerer Zeit sogar auf Wolle und Seide gefärbt; $\qquad$ N₅ O₆.
versetzt man die rothe Masse mit starrem Aetzkali oder Aetzna-
tron, so entsteht eine prachtvoll blaue Reaktion, die aber durch
Verdünnen mit Wasser, durch violett in die ursprüngliche Pur-
purfarbe zurückkehrt. Bringt man Harnsäure mit Königswasser
zusammen, so löst sich dieselbe auf, und erstarrt allmählig, namentlich in der Kälte zu einem krystallinischen Breie von fein-

blätterigen Krystallen des **Alloxans**, dessen farblose Lösung auf die Haut eingerieben, beim allmähligen Verdunsten und Eintrocknen, durch Oxydation sich ziemlich dauernd röthet, was seine Anwendung in Färberei und als Schminkmittel verspricht; das Alloxan, etwa mit Salzsäure und Zink, oder sonst mit Wasserstoff im Entbindungsmomente zusammengebracht, nimmt denselben auf, und verwandelt sich dadurch in **Alloxantin**. Die weiteren sehr zahlreichen, und für die dyalitische Richtung der org. Chemie sehr lehrreichen Zersetzungsprodukte der Harnsäure entbehren eines speziellen biochemischen Interesses. Die Harnsäure wird aus einem Gemenge org. Stoffe (Schlangenexkrementen, Vogelkoth, Guano), im Blute und Transsudaten am Sichersten ausgemittelt, indem man die fraglichen Körper zuerst mit Salzsäure ansäuert, einige Zeit erwärmt und digerirt, das entstandene Coagulum, oder die darin unlöslichen Stoffe mit verdünnter Boraxlösung auskocht, das Filtrat mit Salzsäure ansäuert und stehen lässt, wobei sich die Harnsäure nach einiger Zeit als unlöslich abscheidet; sind keine Proteinate zugegen, oder dieselben bereits abgeschieden, so kann man die org. Massen auch in Aetzkali auflösen, filtriren, und das Filtrat mit kohlens. Gase sättigen, wobei in der alkalischen Lauge des kohlens, Kalis alle Verunreinigungen und fremden Stoffe gelöst bleiben, während doppeltharns. Kali als krystallinische weisse Masse sich abscheidet, die auf einem Filter gesammelt mit Wasser erschöpfend ausgewaschen und schliesslich wieder in Kali gelöst wird; säuert man nunmehr die kalische Lösung mit Salzsäure an, so entsteht eine weisse krystallinische Fällung von Harnsäure, die noch mit Wasser ausgewaschen und getrocknet wird. Die Harnsäure löst sich nicht bloss in ätzenden und kohlens. Alkalien, sondern auch in bors., phosphors. und arsens. Salzen, namentlich in dem basisch phosphors. Natron c $PO_5$ 2 Na O HO, wie diess und die daraus folgernden Reaktionsverhältnisse des Harnes bereits bei den Phosphaten angegeben wurden. Im phosphors. Natron gelöst, ist die Harnsäure im Normalharne in der Menge von circa $1\%_0$ enthalten (ein kleiner Ueberschuss, der sich stets der inquilinen Oxydation im Blute entzieht). Vermischt man ein gemessenes Volumen Harn mit circa $\frac{1}{10}$ Volumen rauchender Salzsäure, und lässt das Gemenge etwa 12—24 Stunden in einem bedeckten Cylinderglase absitzen, so hat sich alle Harnsäure des

---

*Marginal notes:*

Alloxan $C_8$ $H_4$ $N_2$ $O_{10}$

Alloxantin $C_8$ $H_5$ $N_2$ $O_{10}$

Harnsäure Harnstoff-Urylsäure $C_8$ $H_4$ $N_2$ $O_2$. $C_8$ $N_2$ $O_4$.

Harns als mikrokrystallinischer festhaltender Beleg an Boden und Wänden des Glases abgeschieden, der haften bleibt, wenn man den harnsäurefreien salzs. Harn abgiesst; er kann dann mit destillirtem Wasser und einer scharf zugeschnittenen Federfahne vom Glase losgebürstet auf ein tarirtes Filter gespühlt, getrocknet und gewogen werden. Die Harnsäure ist aber in diesem Zustande noch nicht chemisch rein, sondern braunroth und violett gefärbt, da Harnsäure und ihre Salze, die nur aus sauern Flüssigkeiten krystallisiren oder fallen, ein grosses Bestreben haben, sich mit Extraktivstoffen und Pigmenten zu vereinigen, wesshalb sie mit kochendem Alkohol und Aether gewaschen, oder gar auf früher erwähnte Weise in kalischer Lösung durch Kohlensäure gefällt und gereinigt werden müsste, wenn es sich um eine absolut genaue quantitative oder elementar analytische Bestimmung handeln sollte. Dampft man den Harn circa auf $\frac{1}{4}$ bis $\frac{1}{10}$ seines Volumens ein, und versetzt ihn dann mit Salzsäure, so scheidet sich neben der Harnsäure auch noch in längeren prismatischen Krystallen Hippursäure ab, welche als in Aether löslich, durch Behandeln mit warmen Aether von der Harnsäure geschieden werden kann. Die Murexidprobe ist so empfindlich, dass ein kaum sichtbares Stäubchen von Harnsäure auf Platinoder Porzellanplättchen geprüft, noch einen deutlich erkennbaren Purpurfleck liefert, der sich beim Berühren mit Aetskali bläut. Die Harnsäure bildet zwei Reihen von Salzen, neutrale oder Monourate und saure oder Biurate. Die Salze der alkalischen Erden und schweren Metalloxyde sind geradezu unlöslich im Wasser, gleichviel ob Mono- oder Biurate, ob kalt oder siedend; die Monourate der Alkalien sind im kalten Wasser löslich, die Biurate darin zwar unlöslich oder doch schwer löslich, im heissen Wasser aber vollständig löslich, ebenso in kalter Ammoniakflüssigkeit; am schwerlöslichsten darunter ist das Biurat des Natrons; die im Harne gelösten Monourate, namentlich eine etwas reichlichere Menge von harns. Ammoniak und Natron erzeugen beim Ansäuern des Harns mit was immer für einer Säure, also auch mit Essigsäure sehr leicht eine wolkige Trübung, indem die zugesetzte Säure dem Monourat die Hälfte der Base entzieht, und ein unlösliches Biurat fällt; tritt diese Erscheinung bei der Reaktion mit Salpetersäure auf, so darf diese Fällung von Biurat nicht für eine Coagulation von Eiweiss genommen werden, von der sie sich

12 *

durch folgende Momente unterscheidet: Das Eiweiss bildet bei
der Berührung von Harn und Salpetersäure (natürlich bei vor-
sichtigem Eingiessen der Salpetersäure) einen scharf abgegrenz-
ten opaken weisslichen Gürtel, während die Biurate, falls beide
zugegen wären über dem Eiweisse von demselben durch eine
klare schmale Harnschicht getrennt, als wolkige diffuse Trübung
auftreten. Die Biurate, aus dem erkühlenden Harn (der sich
„bricht") in Form thongelber wolkiger Trübung fallend, sind
häufige Bestandtheile von Harnsedimenten und gehen auch in
die Bildung der sekundären Blasensteinschichten ein; unter dem
Mikroskope stellen sie sich nie in deutlichen Krystallen, sondern
als molekuläre Punktmassen, oder als knollige, buchtige, warzige
Massen, Sphaeroide mit innerer und äusserer peripherischer Strah-
lenstruktur, oder in den sehr beliebten Bisquit- und Dumbbell-
formen dar. Fallen sie aus einem Harne, der Uroerythrin (oder
rosige Säure) enthält, so reissen sie das extractive Pigment
bei ihrer Abscheidung mit und bilden ziegelrothe bis rosenrothe
Sedimente, das Sedimentum lateritium der Alten, das häufig für
kritisch gehalten wird, woran nur so viel Wahres ist, dass, alles
Uebrige gleich gesetzt, das Erscheinen uratischer Salze und damit zusammenhängender Extraktivstoffe im reichlichem Masse in
dem kopiöser entleerten Harne das Flottwerden zurückgehaltener
Mauserstoffe, die Befreiung des Blutlebens von denselben und
somit das Wiederaufleben des Stoffwechsels ganz allgemein be-
zeichne. Zur Gruppe der Harnsäure gehören mit hoher Wahrscheinlichkeit noch folgende Körper: das Hypoxanthin, das Xanthin,
das Uroerythrin, das Guanin und vielleicht auch das Liënin.
Das Hypoxanthin ist in dem Blute und der Milz Bleichsüchtiger
aufgefunden worden, könnte als unterharnige, hypurylige Säure
betrachtet werden, und dürfte aus einem anomalen Zersetzungsprozesse der plastischen Blutstoffe und der Harnsäure, bei Sauerstoffmangel im Blute Aglobulotischer und bei gesunkener Intensität der vitalen Verwesung hervorgehen. Das Xanthin oder Xan-
ticoxyd steht der Harnsäure in ihrem Verhalten schon näher,
liefert aber bei der Murexidprobe keinen purpurnen, sondern
bloss orangegelben Rückstand, und ist zwar in Kali, aber nicht
im kohlens. Kali zum Unterschiede von der Harnsäure löslich.
Es stellt gleichsam die harnige oder urylige Säure dar, und trat
nur äusserst selten in menschlichen Harnsteinen auf; auch dieser

Hypoxanthin, Xanthin, Uroe-rythrin (Liënin) Guanin.
Hypoxanthin $C_5 H_2 N_2 O$.
Xanthin $C_5 H_2 N_2 O_2$
Guanin $C_{10} H_5 N_5 O_2$?
$C_{10} H_4 N_4 O_6$ $=(C_5 H_2 N_2 O_4)$?

Körper scheint einer tiefgesunkenen Oxydation des Blutes seine lokale Entstehung zu verdanken. Das Guanin vielleicht als Ueberharnsäure, oder Hyperurylsäure oder aber gar als Subalcaloïd zu betrachten, findet sich neben verwesten Alimentärresten, Extraktivstoffen, einer kleinen Menge harns. Salze, reichlichen Mengen von Phosphaten und Ammoniaksalzen, im Guano oder Huano, den tausendjährigen Exkrementen der Südseevögel auf den Küsten von Chile und Peru und den zerstreuten Inseln des australischen Archipelagus, welcher Guano zur Darstellung des Alloxan- und Murexidroths in der Färberei benützt wird, sich auch lokal an der Bildung des Chili- oder Natronsalpeters betheiligt, und wegen seines hohen Phosphor- und Stickstoffgehaltes als ausgezeichneter Kunstdünger der modernen Agrikultur ein bedeutender Artikel des überseeischen Handels geworden ist; ausserdem findet sich das Guanin im Harne der Spinnen und mancher Insekten. Das Uroerythrin oder die rosige Säure ist ein sauer reagirendes, in Wasser und Weingeist lösliches extraktives Pigment das aber im offenbaren Zusammenhange mit den Zersetzungsgliedern der Harnsäure steht, im streng normalen Harne nicht auftritt, aber häufig die leisesten Fieberbewegungen gleichsam als kritische Ausscheidung im Harne beantwortet, bei Arthritis uratica, Arthrorheuma, Endokarditis und Intermittens die höchsten Grade der Vermehrung erreicht, und bei rheumatischen Personen im lokalen Schweisse gewisser Körperstellen auftritt, wo dann der Schweiss, wie z. B. unter den Achselhöhlen die Wäsche hartnäckig gelb oder roth färbt; es ist auch aus allen Sedimenten in die es eingeht durch verdünntes Ammoniak leicht ausziehbar, und durch Bleilösungen, fleischroth bis rosa fällbar; auch in manchen Leberleiden tritt ein ähnliches extraktives Pigment auf, das verwandte Reaktionen liefert, von dem es aber noch unbestimmt blieb, ob es eher zu den Zersetzungsgliedern der Harnsäure oder den Metamorphosen des Biliphäins gehöre. Das Liënin ist erst in neuester Zeit in dem Parenchyme der Milz, dieser wichtigen Blutdrüse von grösstentheils noch unbekannter biochemischer Funktion aufgefunden worden, und lässt sich über seine stoffliche Betheiligung am Lebensvorgange dieses Organs noch keinerlei Vermuthung äussern.

Zu den gepaarten stickstoffhältigen Säuren, deren gesammter Stickstoffgehalt dem Paarling zufällt, gehören die Inosinsäure, die Hippursäure und die Paarungen der Cholsäure. Die Inosinsäure findet sich in der Fleischflüssigkeit; wird ein Muskel mit dem Hackmesser verkleinert und der Farsch abgepresst oder mit Wasser ausgezogen, hierauf die deutlich sauer reagirende Flüssigkeit bis zur Gerinnung der eiweissartigen Stoffe erhitzt, das Filtrat mit Barythydrat neutralisirt, von der Fällung abfiltrirt, eingedampft und krystallisiren gelassen, so krystallisirt neben Kreatin und Kreatinin und neben Inosit oder Muskelzucker auch inosins. Baryt heraus, aus dem durch Zerlegung mit Schwefelsäure die freie Inosinsäure gewonnen werden kann. Sie lässt sich ihrer Zusammensetzung nach als eine gepaarte Doppelsäure betrachten, von der Formel $C_{10} H_7 N_2 O_{11}$, deren Paarling Harnstoff, deren Doppelsäure aber $C_6 H_3 O_6$ Kleesäure und Essigsäure vorstellt, so dass ihre rationelle Formel folgendermassen zu schreiben wäre: $C_2 N_2 H_4 \overline{O_2} . 2C_2 O_3 . C_4 H_3 O_3$; sie ist die saure elektro-negative Zersetzungstype des Syntonins, der funktionirenden arbeitenden und dabei sich abnützenden Muskelfibrillen, während das Kreatin und Kreatinin die basische Komponente dieser Zersetzung darstellt. Durch ihre komplexe Zusammensetzung wird sie vom höchsten Interesse für das Verständniss vitaler Prozesse, und stellt neben und nach der Harnsäure eine zweite chemische Amme der Stickstoffmauser und Harnstoffbildung vor, und macht endlich die Entstehung oxals. Muskelsteine bei dem Kaltblüter mit träger Oxydation direkt begreiflich; der bei ihrer weitern Zersetzung, welcher alles Organische während des Lebens unterliegt, frei gewordene Harnstoff wird wahrscheinlich durch die Lymphe rasch aufgenommen und dem Blutstrome zur schleunigen endlichen Ausscheidung übermittelt; die freigewordene Doppelsäure, Kleeessigsäure, wird entweder je nach der Höhe lokal herrschender Oxydation, die wieder von der Arbeitsgrösse und Bewegung des Muskels abhängt, durch Aufnahme von 12 Atomen Sauerstoff vollständig zu Kohlensäure verbrannt, oder bei geringerer Aufnahme von nur 3 Atomen Sauerstoff zur Paramilchsäurehydrat $C_6 H_6 O_6$ verwest, das, wie bekannt, in dem sauern parenchymatischen Liquor des Muskelfleisches inquilin und eingebürgert erscheint.

Hippursäure.
$C_{18} H_8 NO_5. HO$

Die **Hippursäure**, welche sich im Harne der Pferde und der meisten Herbivoren findet, ist eine gepaarte Glykobenzoesäure, deren Paarling Glykokoll, Leimzucker oder Glycin, ein Alkalid des thierischen Stoffwechsels ist, deren Säure die Benzoesäure $C_{14}H_5O_3$ darstellt. Woher die Benzoesäure in den Körper der Grasfresser komme, ist bei dem betreffenden Abschnitte derselben bereits erörtert worden. Kommt nun Benzoesäure oder irgend ein Körper, aus dem sich Benzoesäure bilden kann, eine andere Säure oder ein ätherisches Oel der Benzoegruppe in den thierischen Organismus, so wird sie innerhalb gewisser Grenzen weder weiter oxydirt noch verwest, noch unverändert als Transitomittel ausgeschieden, sondern sie paart sich mit einem stickstoffhältigen subbasischen Zersetzungsprodukte des leimgebenden Bindegewebes, das so zu sagen allgegenwärtig im Thierkörper ist, zu einer neuen zusammengesetzten Säure, der Hippursäure; obwohl das Glycin präformirt im Thierkörper noch kaum nachgewiesen ist, so ist es doch unwahrscheinlich anzunehmen, dass die schwache Benzoesäure gerade allein seine Neubildung im Körper bedinge; weit wahrscheinlicher ist die Annahme, die das Glycin zunächst immer als Zersetzungsprodukt des Bindegewebes entstehen, aber auch sogleich im Entbindungsmomente weiter zu Harnstoff verwesen lässt, so dass nur Letzterer zur schliesslichen Ausscheidung gelange. Tritt nun die Benzoesäure mit ihrer chemischen Affinität dazwischen, so rettet sie das eben gebildete Glycin vor seiner weiteren Verwesung zu Harnstoff, paart sich mit demselben zur Hippursäure und drängt somit den Strom der Stickstoffausfuhr in ein ganz neues Bett. Von der Anwendung der Benzoesäure in fortgesetzten hohen leicht verträglichen Gaben könnte sich die rationelle Therapie noch die einzige gründliche Hilfe in einem Krankheitsprozesse erwarten, der eben so häufig als gefährlich in den verschiedenartigsten Krankheiten das Leben bedroht, so selten er auch selber eine selbstständige Krankheit bildet, nemlich in der Urämie, eben deshalb, weil dadurch ein grosses Contingent des stets anwachsenden aber gestauten Harnstoffs koupirt, der Stickstoffmauser ein anderer Weg gewiesen und die bereits gebildete Ammoniakmenge durch die angeregte Hautthätigkeit aus dem Blute entfernt werden könnte, wobei das diaphoretische und diuretische Moment der Benzoesäure nur auf das Günstigste zu veranschlagen wäre. Um aus einer Flüssigkeit Hippursäure auszuscheiden, wird dieselbe auf $1/20$ ihres Volumens eingedampft, hierauf mit konzent. Salzsäure versetzt und längere Zeit sich selbst überlassen; hierbei krystal-

lisirt die Hippursäure aus der Flüssigkeit heraus; die gesammel-
ten Krystalle werden in Aether gelöst, die Lösung, wenn nöthig,
zur Entfärbung über Thierkohle filtrirt und aus der entfärbten
Lösung durch freiwilliges Verdunsten des Aethers an der Luft
die Hippursäure in farblosen nadelförmigen prismatischen Kry-
stallbüscheln erhalten. Die Säure, die in Wasser schwer (aber
vielmal leichter als Harnsäure) in Alkohol und Aether leicht
löslich ist, zersetzt sich beim Kochen mit Bleihyperoxyd, wobei
das Glycin zu kohlens. Ammoniak verwest, in frei werdende
Benzoesäure, die auf bekannte Weise nachgewiesen werden kann;
beim Erhitzen auf Platinblech schmelzen die Krystalle sehr
leicht, brennen mit leuchtender Flamme, unter spezifisch aroma-
tischem Geruche, und liefern, mit rauchender Salpetersäure behandelt, eine Nitrohippursäure, deren Salze auf Kohlen verpuffen.
In kleiner Menge findet sich die Hippursäure fast stets im Menschenharne, ihre Gegenwart ist übrigens nur von der Wahl der
Alimente abhängig und scheint keine weitere biochemische oder
semiotische Bedeutung im gesunden oder kranken Zustande zu
besitzen.

Paarungen der
Cholsäure:
Taurocholsäure,
Glykocholsäure,
Hyocholinsäure,
Chenocholin-
säure.

In den Gallen der höheren Thierklassen findet sich ein
diesem Sekrete eigenthümlicher und wesentlicher Stoff, das Pi-
cromel, Bilin, Gallensüss, Gallenbitter, Gallenstoff genannt, das
aus den Natronsalzen gepaarter Cholsäuren besteht, zu denen die
Taurochol-, Glykochol-, Hyocholin- und Chenocholin-
säuren gehören. Diese Säuren sind sämmtlich in dem Niederschlage
enthalten, welchen in der durch Alkohol vom Schleim befreiten
Galle verdünnte Schwefelsäure hervorruft; in gefaulten oder verwesten Gallen ist nur mehr freie Cholsäure neben den Zersetzungsprodukten ihrer Paarlinge aufzufinden, unter welche kohlens. Ammoniak, schwefels. Ammoniak und essigs. Ammoniak
gehören; alle vier Säuren theilen die Reaktion der Cholsäure,
die bei den Benzoë- und Harzsäuren angegeben wurden, sie
sind aus der alkoholischen Lösung durch Aether fällbar, betheiligen sich an der sogenannten Entkohlung oder Vergährung des
Pfortaderblutes, aus dem sie durch die metabolische Kraft der
Leberzellen abgeschieden und bereitet werden; der Theil der
Taurocholsäure, welcher bei dem Akte der Dünndarmverdauung
völlig zersetzt wird, betheiligt sich durch sein schwefelhältiges
Taurin an der Ausfuhr jenes Schwefels, der von der Umwand-

lung und Verwesung schwefelreicher Proteïnkörper abfällt, während die bei der Zersetzung frei werdende Cholsäure sich wahrscheinlich in harzige Produkte umwandelt, welche als fäulnisswidrige Stoffe dem Kothballen auf seinem weiten Wege durch den Darmkanal das Geleite geben; der bei der Dünndarmverdauung in's Blut resorbirte, vielleicht nicht unbedeutende Theil der Galle muss entweder im Duodenum selbst oder doch gleich in Blut und Lymphe einer völligen Umwandlung anheimgefallen sein, weil trotz der praegnanten Reaktion auf Cholsäure dieselbe und ihre Paarungen mit Ausnahme der Galle noch nirgends im gesunden Organismus nachgewiesen werden konnten; selbst bei gewöhnlichem Icterus fehlen die Choleïnate im Serum des Venesektionsblutes und im Harne, nur bei sogenannter Cholämie, im gelben Fieber, im Typhus Icterodes und bei einigen sehr akuten Desorganisationen der Leber sind neben reichlichem Biliphäingehalte Spuren von Choleïnaten im Serum und Harn aufgefunden worden. Der zähe Gallenschleim, der zugleich zur Formung des Kothballens mechanisch dient, betheiligt sich gewiss auch als Ferment mit dem Darmschleim und enterischen Safte an den Dauungs- und Gährungsvorgängen der tieferen Darmparthie; die alkalischen, seifenähnlichen gepaarten Choleïnate der Soda obliegen spezifisch der Verdauung der Fette, die aber mehr auf einem molekulären und physikalischen als strenge chemischen Wege zu erfolgen scheint; in die fortwährend mit wässerigen Feuchtigkeiten benetzten, zur Aufsaugung des Chylus bestimmten gefässreichen Zotten der Darmschleimhaut könnte kein unverseiftes unzersetztes Neutralfett eindringen, geschweige endosmotisch hindurchdringen, gerade wie durch ein wasserfeuchtes Filter kein Oel filtrirt; die alkalische, ins Duodenum zufliessende Galle, die mit Hilfe der peristaltischen Bewegung der Gedärme das Fett zur feinsten Emulsion aufschlemmt, benetzt zugleich die Darmzotten und macht sie permeabel für das emulsirte Fett, das ungehindert endosmotisch in die Gefässanfänge der Zotte eindringt, gerade wie eine Befeuchtung nasser Filter mit gelöster Seife die Filtrirbarkeit des Oeles wieder herstellt. Während die Tauro- und Glykocholsäure fast in allen untersuchten Gallen gemeinschaftlich auftreten, und die bekannten Paarlinge Taurin und Glycin enthalten, die bei den Alkalien zur Sprache kommen, findet sich die Hyocholinsäure nur in der Schweinsgalle, die

Taurocholsäure
$C_4 H_8 NS_2$
$O_5 . C_{48} H_{39} O_9$
Glycocholsäure:
$C_{52} H_{42} NO\ 11$
$HO- C_4 H_8$
$NO_2 . C_{48} H_{39}$
$O_9 HO$
Hyocholinsäure:
$C_{54} H_{43} NO_{10}$
Chenocholinsäure:
$C_{54} H_{43} NO_{12} S_2 ?$

Chenocholinsäure nur in der Gänsegalle und ist über den Paarling beider Säuren noch nichts Näheres mit Bestimmtheit bekannt.

**Cerebrinsäure.**
$C_{54}$ $H_{50}$ $NO_{13}$ P?· $C_{48}$ $H_{39}$ $O_9$. $\overbrace{PNH_2}$. $^3C_2$ $H_3$ $O$?

Im Gehirne findet sich eine stickstoffhältige org. Säure mit konstantem Phosphorgehalte, die Cerebrinsäure, deren Vorkommen zwar zweifellos und unter die interessantesten chemischen Thatsachen gehörig, deren Kenntniss aber noch äusserst prekär ist; mit Oleophosphaten, Glycerinphosphaten, fetten und Proteinkörpern gemischt, als Resultat noch ungenauer Analysen, führt sie Couerbe in seinen phosphorhältigen Gehirnfetten als Encephalot, Stearokonot und Cerebrot auf; erst in neuester Zeit gelang ihre Isolirung und Reindarstellung, nur weiss man die 0,9% ihres steten Phosphorgehaltes noch nicht in ihrer Formel zu placiren; bei der fast totalen morphologischen Unkenntniss der funktionellen Verhältnisse des labyrinthischen Gehirnes wäre es wohl verfrüht, vom biochemischen Standpunkte aus die Rollen der chemisch gekannten Gehirnstoffe auszutheilen, nur so viel ist gewiss, dass alle phosphorhältigen org. Stoffe, da sie nur in Organen vorkommen in denen sich die Geheimnisse des thierischen Lebens vollziehen, wie im Saamen, im Ei und im Nervenmark eine zwar noch dunkle aber unermessliche biochemische Tragweite besitzen müssen, deren Entzifferung, gleichsam die Lösung des org. Sphynxräthsels, der Zukunft unserer Wissenschaft vorbehalten bleibt.

**Ansichten über die Constitution der Hippursäure.**

Wie mannigfaltig der Standpunkt gewählt werden kann, von dem aus die empirische Formel hoch zusammengesetzter organischer Körper erklärt und in rationelle Formeln aufgelöst wird, mag sich aus den fünf kundgewordenen Anschauungen über die Zusammensetzung der Hippursäure ergeben, deren jede eine gewisse formelle Berechtigung besitzt, ohne dass eine derselben mit positiver Bestimmtheit die thatsächliche Constitution dieser Säure angebe. 1) Die ursprüngliche Ansicht über die Hippursäure als eine Glykobenzoesäure $C_4$ $H_3$ $\overbrace{NO_2}$ . $C_{14}$ $H_5$ $O_3$ . HO ist bereits oben im Texte berührt worden. 2) Die Ansicht, welche die Hippursäure, anderen Spaltungsprodukten zufolge, für eine Paarung von Bittermandelöl, Blausäure und Ameisensäurehydrat hält, lässt sich in folgender Gleichung schematisiren: $C_{14}$ $H_6$ $O_2$ . $C_2$ N $\overline{H}$ . $C_2$ $HO_3$ . HO $=$ $C_{18}$ $H_8$ $NO_5$ . HO. 3) Eine dritte Anschauungsweise erklärt die Hippursäure für eine Paarung der Fumarsäure mit entwässertem benzoes. Ammoniak oder Benzamid: $C_{14}$ $H_7$ $\overbrace{NO_2}$ . $C_4$ $H_2$ $O_4$ $=$ $C_{18}$ $H_8$ $NO_5$ . HO. 4)

In anderem Sinne lässt sich die Hippursäure als eine mit Benzamid gepaarte Glycolsäure betrachten, da sich die Glycolsäure (der Milchsäuregruppe) von der Fumarsäure (der Weinsäuregruppe) nur durch den Mehrgehalt eines Wasseratoms unterscheidet: $C_{14} H_7 \overbrace{NO_2 C_4} H_3 O_5 = C_{18} H_8 NO_5 . 2 HO.$ 5) Endlich lässt sich die Hippursäure sogar als Glycolamidsäure auffassen, da $C_{18} H_8 NO_5$ HO gleichgesetzt werden kann $C_{18} \, {}^{H_6}_{NH_2}$ $O_5$. HO; welche Formel der Glycolsäure entspricht, deren ein Atom Sauerstoff durch Amid zu einer sogenannten Amidsäure vertreten ist.

Haben auch derartige Formelbeziehungen anfänglich nur einen theoretischen Werth, und stellen sie auch keine Wirklichkeit der Zusammensetzung, sondern blosse Möglichkeiten der Spaltung dar, so sind doch sie es eben, welche am gewaltigsten das Studium der Zersetzungsprozesse anregen, in welchem ausschliesslich Zukunft und Verständniss der organ. Chemie zu liegen scheint.

Die basischen stickstoffhältigen Substanzen werden zum Unterschiede der stickstofffreien Halidbasen in der organ. Chemie Alkalide genannt. In dieser Klasse existirt der vielleicht einzige kohlenstofffreie organ. Körper, das Ammoniak. Der Stickstoff geht mit dem Wasserstoffe vier Verbindungen ein, von denen die niedersten Glieder NH Imid, Jd, und NH$_2$ Amid, Ad, elektronegativer Natur sind, vorzüglich den Sauerstoff und das Chlor substituiren und im isolirten Zustande unbekannt sind. Die Amide organ. Säuren entwickeln sich, wenn man die Ammoniaksalze derselben mit wasserentziehenden Mitteln (trockene Destillation, glasige Phosphorsäure, Chlorphosphor etc.) behandelt; das allgemeine Schema ihrer Entstehung bei den Säuren mit 3 Atomen Sauerstoff, kann folgendermassen aufgefasst werden: $C_n H_x O_3 . NH_3 . HO - 2$ aq. $= C_n H_x O_2 - NH_2 = C_n H_x + 2$ $NO_2$; sie sind meist neutrale ziemlich indifferente Substanzen und nicht ausschliesslich Kunstprodukte, sondern viel häufiger im Pflanzenreiche und vielleicht auch im Thierkörper verbreitet, als man vor der Hand sich träumen lässt; ja es scheint als ob eben sie in dem pflanzlichen Stoffwechsel die chemischen „Ammen" der Protëin- und Alkaloiderzeugung aus den stickstofffreien Säuren unter Mitwirkung des Ammoniaks vorstellten, so ist z. B. das im Eibisch, den Rübengattungen und dem Spargel ziemlich weit verbreitete Asparagin faktisch nichts anderes, als das Amid der Aepfelsäure. Die Körper dieser vielgliederigen Gruppe in welche die Mehrzahl der stickstoffhältigen, indifferenten Extraktiv- und Bitterstoffe des intermediären Stoffwechsels von Thier und Pflanze gehören dürften, haben drei prägnante chemische Eigenthümlichkeiten gemein: 1) Beim Kochen mit wässerigen Lösungen von Alkalien, verwandelt sich jedes Amid, unter

Stickstoffhältige basische organische Substanzen: Alkalide.

Entwicklung von Ammoniak in das entsprechende Kalisalz der organ. Säure: $C_n H_x O_2 . NH_2 + KO + HO = C_n H_x O_3 . KO, NH_3$; so liefert das Asparagin mit Kali behandelt unter Entwicklung von Ammoniak das neutrale Kalisalz der zweibasischen Aepfelsäure: $C_8 H_8 N_2 O_6 + 2 KO HO = C_8 H_4 O_8 . 2 KO, 2 NH_3$. 2) Beim Einleiten von salpetriger Säure in die Lösungen der Amide entsteht unter Stickgasentwicklung und Wasserbildung die freie organ. Säure: $C_n H_x O_2 . NH_2 + NO_3 = 2$ aq, 2 N, $C_n H_x O_3$; so regenerirt sich aus dem Asparagin durch Einleiten von salpetriger Säure die Aepfelsäure: $C_8 H_8 N_2 O_6 + 2 NO_3 = 4$ aq. $+ 4$ N, $C_8 H_4 O_8$. 3) Die neutralen Amide der organ. Säuren haben eine grosse Begierde sich mit den homologen Säurehydraten zu kopuliren, und damit die gepaarten Amidsäuren darzustellen: $C_n H_x + 2 \overline{NO_2} . C_n H_x O_3 . HO$. Die Entwässerung der Ammoniaksalze organ. Säuren lässt sich aber noch schrittweise weiterführen, wodurch die Imide mit der Componente NH, und schliesslich die Nitrile mit der Componente $\bar{N}$ hervorgehen, lauter indifferente Substanzen, von denen in beschränkterer Weise dieselbe biochemische Rolle wie bei den Amiden erwartet werden kann; um den Zusammenhang dieser Stoffe klar zu machen, diene folgendes Beispiel: benzoes. Ammoniak liefert bei der ersten Entwässerung Benzamid durch Verlust von 2 Atomen Wasser $C_{14} H_5 O_3 . NH_3 . HO - 2$ aq $= C_{14} H_7 NO_2$; bei der zweiten Entwässerung unter abermaligem Austreten eines Wasseratoms, also unter dem Totalverluste von 3 Atomen Wasser Benzimid: $C_{14} H_5 O_3 . NH_3 . HO - 3$ aq $= C_{14} H_6 NO = C_{14} H_5 O . NH$, und endlich bei gipfelnder Entwässerung unter dem Totalverluste von 4 Atomen Wasser, das sauerstofffreie indifferente Benzonitril, die Stickstoffverbindung des Benzoylradikals, die ähnlich dem Bittermandelöl in der Parfumerie Verwendung findet: $C_{14} H_5 O_3 NH_3 . HO - 4$ aq. $= C_{14} H_5 . N$. Wie interessant häufig der Bezug dieser Nitrile zu andern Stoffgruppen sich herausstellt, wird aus dem Beispiele der totalen Entwässerung des ameisens. Ammoniaks klar, da das hiebei entstehende Formonitril sowohl mit der Blausäure, als mit dem Urén von Berzelius, dem Radikale des Harnstoffs isomer ist: $C_2 HO_3 . NH_3 . HO - 4$ aq. $= C_2 H . N = C_2 N . H$.

Die nächste Verbindung des Stickstoffs mit dem Wasserstoffe ist das Ammoniak $NH_3 = Ak$, von entschieden flüchtigen und basischen Eigenschaften, der Repräsentant aller flüchtigen sauerstofffreien Alkalide. Mit Sauerstoffsäuren bildet der Ammoniak nur unter der gleichzeitigen Gegenwart eines basischen Wasseratoms Salze, so dass dieses Wasseratom ein wahres Constitutionswasser der Salze darstellt und die Formel der Ammoniakbasen in den Amphidsalzen $NH_3 . HO = NH_4 O = Am O$ geschrieben werden muss, was zunächst auf die Vermuthung der

Existenz der höchsten Wasserstoffverbindung des Stickstoffs geführt hat, deren Formel $NH_4 = Am$, deren Name Ammonium
ist. Isolirt ist diese Verbindung noch nicht dargestellt worden,
wohl aber in ihrer Verbindung mit Quecksilber als Amalgam,
indem man Salmiak oder Chlorammonium im Kontakte mit Quecksilber elektrolysirt oder durch Kaliumamalgam zerlegt. Das Am-
moniumamalgam ist eine silberglänzende, fettigschlüpfrige, sehr
voluminöse schwammige Masse, die sich an der Luft unter enor-
mer Volumsverminderung und Entwicklung von Ammoniak und
brennbarem Wasserstoffgase in das angewandte flüssige Quecksilber zurückverwandelt. Die Existenz dieses Amalgams spricht mit
hoher Wahrscheinlichkeit für die metallische Natur der organ.
Type $NH_4$, deren Oxyd ähnlich dem Natron als Natriumoxyd,
das Ammon oder Ammoniumoxyd die salzfähige Basis der Ammoniaksalze bildet. Die Existenz eines derartigen organ. Metalles
kann nicht Wunder nehmen, da nicht bloss die Radikale der
Stickstoffbasen, sondern auch die der stickstofffreien Halidbasen
metallischen Charakter zeigen, wie die interessanten Untersuchungen der Neuzeit über Stannaethyl, Stibmethyl lehren, welche
Legirungen des Wasserstoffs in den Aethylradikalen mit
anderen Metallen darstellen, so dass sich zwei Gesetze immer klarer zum Bewusstsein drängen: 1) dass der Wasserstoff
ein gasförmiges Metall sei, und 2) dass alle basischen Körper
durch Oxydation aus Metallen, gleichviel ob einfachen oder zusammengesetzten, und alle sauren Körper durch Oxydation von
Metalloiden oder Nichtmetallen des elementären oder radikalen
Typus hervorgehen. Wie das Ammoniak $NH_3$ Ak der Repräsentant der sauerstofffreien flüchtigen Alkalide ist, so vertritt das
Ammon, oder Ammoniumoxyd $NH_4$ O Am O, die ganze Reihe
der kaliähnlichen stickstoff- und sauerstoffhältigen fixen Alkalide.

Das Ammoniak bildet sich: 1) durch elektrisch veranlasste
direkte Vereinigung der Elemente Stickstoff und Wasserstoff, in
kleiner wohl nur theoretisch bedeutsamer Menge. 2) Durch die
trockene Destillation oder thermische Zersetzung von was immer
für stickstoffhältigen organ. Substanzen. 3) Durch die Fäulniss,
d. h. hydratische Zersetzung stickstoffhältiger organ. Substanzen,
wobei es von andern wasserstoffreichen Typen und höheren Sub-
stitutions- und Paarungsprodukten begleitet, die lebensfeindlichen
und gesundheitsschädlichen Effluvien und Miasmen der Fäulnissprozesse im Grossen darstellt. 4) Durch äusserst kräftige Reduktionsprozesse, in welche Salpetersäure und ihre Verbindungen
eingeschaltet werden, so vermag die Pflanze den Stickstoffgehalt
des Natronsalpeters beim Kunstdünger gerade wie das Ammoniak der Luft oder des Bodens zu azothältigen Körpern zu assimiliren, so entwickelt sich endlich aus der Salpetersäure unter
Mitwirkung des Wassers und der kräftig wasserzerlegenden Metalle Ammoniak. 5) Bei dem Zerfallen der Alkalide, Amide und

Protëinate in niederere Typen, namentlich unter dem Einflusse fixer Alkalien, wird gleichfalls Ammoniak gebildet und in Freiheit gesetzt.

Das Ammoniak verwest unter dem Einflusse eines kräftigen Oxydationsprozesses, unter Aufnahme von 8 Atomen Sauerstoff oder Ozon, zu Salpetersäurehydrat $NH_3 + O_8 = NO_5 \cdot 3\,HO$. Es findet sich im gesunden Thierleibe nirgends frei, und wirkt wo es auftritt deletär auf Blut- und Nervenmasse. Obwohl in dem Organismus wurzelnd, gehört seine Bildung dennoch dem Anorganismus an; es ist die Brücke, auf welcher der abgenützte Stickstoffgehalt todter Thierstoffe zum Pflanzenleben hinübertritt, um den kaum geschlossenen Kreislauf von Neuem zu beginnen. Der Nachweis seiner präformirten Existenz in organ. Massen bedarf wegen der äusserst leichten Neubildung dieses Stoffes aus stickstoffhältigen Substraten, ganz besonderer Vorsicht, der folgende Methode gerecht wird: Die organ. Masse, passend vorbereitet und in Lösung gebracht, wobei alle Agentien stärkeren chemischen Momentes, wie Mineralsäuren und Alkalien zu vermeiden sind, wird mit einer Lösung von doppeltkohlens. Natron schwach alkalescirt, und aus einer Retorte im Wasserbade in eine Vorlage destillirt, in welcher sich Salzsäure vorgeschlagen befindet, die so weit mit Wasser verdünnt ist, dass sie eben nicht mehr raucht; alles in der organ. Masse wirklich präformirte Ammoniak, geht als kohlens. Ammon über, und bleibt in der Vorlage als Salmiak gebunden; aus diesem ist dann der Nachweis des Ammoniaks auf gewöhnliche Weise leicht; durch Platinchlorid entsteht eine krystallinisch gelbe Fällung von Platinsalmiak, die beim Glühen Platinmohr liefert; mit Kali destillirt, entwickelt der Salmiak Aetzammoniak, das an dem ätzend laugenhaften Geruche und daran leicht erkannt wird, dass sein Dampf alkoholische Sublimatlösung und alkoholische Weinsäurelösung weiss fällt, Curcuma bräunt, das rothe Lakmus bläut, den Veilchensaft vergrünt, und die Brasiltinktur purpurn verfärbt. Ob das Ammoniak auch durch die inquiline Oxydation im Thierkörper, wie es von einer Seite her behauptet wurde, zu Nitraten oxydirt werden könne, ist zwar wahrscheinlich, aber noch nicht zweifellos bewiesen; jedenfalls ist aber die Menge, die der Stoffwechsel durch seine Verwesungskraft etwa bewältigt, nur eine geringe und das Ammoniak selbst in mässiger Gabe ein deletäres Gift.

Eintheilung der Alkalide.

Die höher zusammengesetzten Alkalide zerfallen zunächst in zwei grosse Gruppen, zwischen denen durch eine dritte kleinere, ein formeller Uebergang vermittelt wird; die erste dieser Gruppen umfasst die sauerstofffreien oder flüchtigen Alkalide, auch Amine genannt, nach dem Typus des Ammoniaks gebaut; die zweite Gruppe, die sauerstoffhältigen fixen Alkalide, dem Typus der Ammone entsprechend. Die zwischen Beiden stehende Vermittlungsgruppe umfasst sauerstoffhältige, krystallisirbare, aber

noch flüchtige Alkaloide, die sämmtlich praeformirt im Pflanzenreiche vorkommen, und in physiologischer Beziehung eine merkwürdige Erregung der Regenbogenhaut des Auges, und dadurch
Erweiterung des Sehlochs oder Pupillenstarre gemein haben. In
ihren sonstigen physiologischen Wirkungen verknüpfen sie die
flüchtigen Alkaloide mit den fixen. Hierher gehören: Hyos-
ciamin (Saubohne) im Bilsenkraute, zunächst an das Alkaloid
der Schierlings sich anlehnend, die Pupillenstarre am mächtigsten
bedingend; das Atropin in der Atropa belladonna der Toll-
kirsche und in Datura stramonium, dem Stechapfel, vorkommend,
wesshalb es auch früher Daturin genannt wurde: $C_{34} H_{23} NO_6$:
endlich das Solanin von den Solanumarten, auch in den Kar-
toffelkeimen enthalten, das die Pupillenstarre am schwächsten
erregt, sich bereits an das Morphin der fixen Alkaloide anschliesst, Gold und Silber aus ihren Lösungen reduzirt, Schwefelsäure prachtvoll röthet und die Formel $C_{84} H_{73} NO_{28}$ zeigt.
Sämmtliche drei Uebergangsalkaloide stammen in botanischer
Hinsicht von der Pflanzenfamilie der Solaneen.

Die beiden Hauptgruppen der Alkaloide werden beiderseits
in praeformirte und künstliche eingetheilt, von denen die Ersteren
im Stoffwechsel von Thier und Pflanze eingebürgert getroffen
wurden, während die Letzteren vor der Hand wenigstens einem
chemischen Zersetzungsprozesse ihre Entstehung verdanken; einzelne Glieder jedoch sind bereits aus der zweiten Colonne in
die erste hinübergeschritten, so gebührt Tyrosin und Leucin bereits dem thierischen, und Propylamin sowohl dem thierischen
als pflanzlichen Stoffwechsel. Die praeformirten Alkaloide haben
drei Momente gemein: 1) Dass ihre Sättigungscapacität oder die
Ziffer ihrer Basicität mit der des Ammoniaks zusammenfällt, der
aus ihrer Formel berechnet werden kann, wodurch sich die kon-
stitutionelle Beziehung dieser Körper zur Amin- und Ammon-
sippe auf's Klarste herausstellt. 2) Dass sie sämmtlich Excre-
tionsstoffe, Mauserprodukte des regressiven Stoffwechsels in Thier
und Pflanze darstellen, die den überschüssigen, verbrauchten
oder verschlackten Stickstoff se- oder excerniren. 3) Endlich dass
sie, obwohl in äusserst verschiedener Intensität, die wie ihre basische Natur bald kräftig hervortritt, bald bis zum Verschwinden
sich abschwächt, sämmtlich eine eigene Klasse von Nervengiften
statuiren, die bald vorwaltend auf das Gehirn, bald vorwaltend
auf das Rückenmark, bald endlich überwiegend auf den sympa-
tischen Nerv, seine splanchnischen Ganglien und Geflechte und
die Schleimhäute der Eingeweide einwirken. Ohne dass die Wissenschaft von heute im Stande wäre, die Causalität dieses verschiedenen Ausschlags oder wohl gar das Symptomenbild jedes
Einzelngiftes abzuleiten und zu erklären, so steht doch so viel
fest, dass die Grundwirkung der Narkose, die nicht nur den
stickstoffhältigen Basen oder Alkalien, sondern auch in geänderter

Weise den stickstofffreien Halidbasen oder Alkoholen gebührt, mit einer kapillären Asphyxie zusammenfalle, deren schwächere Grade einzelne dieser Körper sogar zu dem Range von Genuss- und Heilmitteln erhebt.

Die sauerstofffreien praeformirten Alkaloide sind nur drei an der Zahl, sämmtlich dem Pflanzenreiche eigen; sie sind blitzähnlich wirkend, nach Art der Blausäure, und eine gemeinsame Methode ihrer Darstellung liesse sich etwa in Folgendem geben: Die verkleinerten, möglichst frischen Pflanzentheile werden mit verdünnter Essigsäure ausgekocht, die Decocte im Wasserbade koncentrirt, mit Aether nach dem Erkalten überschichtet, mit starker Kalilauge übersättigt und geschüttelt; die nach dem Absetzen oben aufschwimmende Aetherschichte wird abgehoben, und das nach spontaner Verdunstung des Aethers zurückbleibende, bräunlichgelbe Oel, mit verdünnter Salzsäure gesättigt, im Wasserbade zur völligen Trockne verdunstet; der trockne Rückstand zur Abscheidung des Harzes im kalten Wasser gelöst, filtrirt, abermals im Wasserbade zur Trockne verdunstet; der abermalige Rückstand mit absolutem Alkohol zur Abscheidung des Salmiaks ausgezogen; die alkoholischen Extrakte wieder verdunstet; der salzige Rückstand mit Aetzkali destillirt und das Destillat über Chlorcalcium rektificirt; so dargestellt bilden die flüchtigen Alkaloide fast farblose Oele, deren Geruch und Alkalicität erst bei Wasserzusatz hervortritt, die aber bei Luftzutritt sich unendlich rasch bräunen, verdicken und verharzen. Hierher

**Nikotin.** gehören: 1) Nikotin $C_{10} H_7 N = C_{10} \overline{H_4} . NH_3$ vom spez. Gew. 1048, dem Siedepunkt von 200° C., mit Wasser, Alkohol und Aether in fast allen Verhältnissen mischbar, von betäubendem tabakähnlichem Geruche, in dem Genus Nicotiana enthalten, die Stärke und betäubende Kraft, aber auch den eigentlichen Werth des Tabaks als Genussmittel bedingend; es färbt sich mit Schwefelsäure violett bis bräunlich, reagirt in den meisten Fällen gegen die Metallsalze wie Ammoniak, trübt sich aber zum Unterschiede mit Jodlösung erst gelb, ehe sich das Gemische entfärbt und klärt; es wird auch künstlich durch Destillation des Solanins, oder vergohrner verfaulter Kartoffelschalen mit Kalk gewonnen. **Coniin.** 2) Das Coniin in Conium maculatum, dem gefleckten Schierling von dem spez. Gew. 0,89, dem Siedepunkte von 150° C. in 100 Theilen Wasser löslich, Jodlösung kaum trübend, durch Salpetersäure blutroth und später orange verfärbt, von der Zusammensetzung $C_{16} H_{15} N = C_{16} \overline{H_{12}} . NH_3$, welche Formel auch die charakteristische Zerlegung des Coniins durch Salpetersäure in Buttersäure, salpetrige Säure und Ammoniak erklärt: $C_{16} H_{15} N + 2 NO_5 + 4$ aq. $= NH_3, 2 NO_3, 2 C_8 H_7 O_3 . HO$. **Lobelin** 3) Das Lobelin, in der amerikanischen Pflanze Lobelia inflata und syphilitica, dürfte wahrscheinlich mit dem Nikotin identisch sein.

Die künstlichen sauerstofffreien Alkaloide sind entweder Ammoniake, die mit organ. Radikalen oder Kohlenwasserstofftypen gepaart auftreten, kopulirte Amine,- oder Ammoniake, in welchen ein, zwei oder drei Atome Wasserstoff durch ein, zwei oder drei Aequivalente eines und desselben, oder verschiedener Kohlenwasserstofftypen oder Radikale substituirt oder vertreten erscheinen, Substitutionsamine. Das Piperidin, ein Zersetzungsprodukt des praeformirten Piperins der Pfefferarten $C_{10} H_9 N$ liefert ein Beispiel einer kopulirten Basis $C_{10} \overline{H_8} . N H_3$. Das Aethylamin $C_4 H_7 N$, das flüssig, von Ammoniak kaum zu unterscheiden, aber brennbar ist (wie die meisten flüchtigen Alkaloide), das die Nickeloxydulsalze wie Ammoniak fällt, aber im Ueberschusse nicht löst, das Thonerdehydrat aber, zum Unterschiede vom Ammoniak, auflöst, ist ein Beispiel substituirter

Ammoniake $C_4 H_7 N = C_4 H_5 . NH_2 = N \begin{cases} H \\ H \\ C_4 H_5 \end{cases}$ in der For-

mel des Ammoniaks ist 1 Atom Wasserstoff durch den Kohlenwasserstoff Aethyl $C_4 H_5$ vertreten. Die ganze sehr zahlreiche Klasse, zu welcher der letztere Körper gehört, wird im Allgemeinen dargestellt, indem man die homologen aetherschwefels. Ammoniaksalze mit Kalk destillirt, oder die betreffenden Aldehydammoniake mit Schwefligsäure sättigt und mit Kali destillirt; obwohl kein Zweifel mehr obwalten kann, dass diese Körper sich auch unter den spontanen Zersetzungsprodukten der Fäulniss und trocknen Destillation stickstoffhaltiger org. Körper einfinden. So

tritt das Trimethylamin $C_6 H_9 N = N \begin{cases} H_3 \\ C_2 H_3 \\ C_2 H_3 \end{cases}$ isomer dem Pro-

pylamin $C_6 H_9 N = N \begin{cases} H \\ H \\ C_6 H_7 \end{cases}$ oder dieses im Mutterkorn Secale

cornutum (die Kriebelseuche bedingend), in der Häringslacke, in der Pflanzenfamilie Chenopodeae (gänsefussartige Patchoulikräuter) und unter den Zersetzungsprodukten des Ochsenblutes und Fisch-

fleisches auf; so ist das Butylamin $C_8 H_{11} N = N \begin{cases} H \\ H \\ C_8 H_9 \end{cases}$ als

Petinin oder flüchtigste Theerbase längst in dem Dippel'schen Knochenöl und dem Steinkohlentheere eingebürgert. Einen Beweis, wie vielseitig die Beziehungen und Bildungsweisen dieser Körper sind, liefert das Anilin, das auch Krystallin, Kyanol, Benzidam, Amidophenas oder Amaphenas genannt wird; Krystallin, wegen der ausgezeichneten Krystallisationsfähigkeit seiner Salze, Kyanol wegen seiner Eigenschaft durch Chlorkalklösung gebläut zu werden, Benzidam wegen seiner Bildung aus Benzid

und Ammoniak, Amidophenas oder Amaphenas wegen seines Be-
zuges zu dem Amide der Phensäure in den kreosotartigen Körpern des Theeres, Anilin endlich wegen seiner Bereitung aus
dem Indigo (Anil indigofera); seine beste und einfachste Darstellung ist die Destillation von Isatin (oxydirtem Indigblau) mit
Kalihydrat, wobei Wasserstoff und Anilin entweichen, während
kohlens. Kali zurückbleibt: $C_{16} H_5 NO_4$ (Isatin) $+ 4$ KO HO $=$
$4 CO_2$ KO, $2$ H, $C_{12} H_5$ . $NH_2$ Phenylanin oder Anilin, d. h.
ein Ammoniak, dessen 1 Atom Wasserstoff durch das Radikal
Phenyl substituirt ist. Eine interessante Reihe aber, schwefel-,
selen- und phosphorhältiger, sauerstofffreier Alkaloide, ist durch
die Einwirkung der Hydrüre des Schwefels und Selens auf Aldehydammoniak, Thialdin, Selenaldin dargestellt worden, und
vorläufigen Versuchen gemäss kann bereits die Behauptung ausgesprochen werden, dass auch die Darstellung des homologen
Telluraldins, Phosphaldins, Arsaldins und Stibaldins durch zweckmässige Einwirkung des Tellur-, Phosphor-, Arsen- und Anti-
monwasserstoffgases auf Aldehydammoniak gelingen werde.

Wie mannigfaltig und zahlreich die Glieder dieser Gruppe
überhaupt sein können, mag schliesslich nur noch ein formelles
Beispiel beweisen: der Körper $C_{30} H_{25} N$, eine dem Ammoniak
sehr homologe, ätzendlaugenhafte, flüchtige, sauerstofffreie Basis
darstellend, die ein entsprechendes Mercuramid, einen Platinsalmiak und auf elektrolitischem Wege selbst ein Amalgam aus
dem Chloride liefert, ist Amylo-butylo-phenylamin, d. h. ein
Ammoniak, dessen erstes Atom Wasserstoff durch Amyl, dessen
zweites durch Butyl und dessen drittes durch Phenyl substituirt
erscheint; seine rationelle Formel ist daher: $N\begin{cases} C_{10} H_{11} \\ C_8 H_9 \\ C_{12} H_5 \end{cases}$; ja es
ist in einigen Fällen sogar gelungen, auch noch den Stickstoff
dieses Ammoniaks durch das verwandte Phosphorelement zu ersetzen, so dass von dem vielzifferigen, mehrelementigen substi-
tuirten Ammoniake nichts mehr konstant bleibt, als das Gerüste,
mit ihm aber auch die chemische Rolle, ein Umstand, welcher
der Typentheorie von Dumas, Gerhardt und Laurent auf entschiedene Weise das Wort redet.

Sauerstoffhältige fixe Alcaloide.

Pflanzenalka-loide.

Die praeformirten, sauerstoffhältigen fixen
Alkaloide kann man in zwei grössere Hauptabtheilungen
bringen; 1) in die Alkaloide der Pflanzen, und 2) in die Alkaloide des thierischen Stoffwechsels. Die Alkaloide der
Pflanzen zerfallen in vier Colonnen: 1) Die Colonne der Gehirngifte; 2) in die Colonne der Rückenmarksgifte; 3) in die
Colonne der Gangliengifte (Schleimhautgifte) und 4) in die Alkaloide der Genussmittel; Letztere subbasische, schwach alkalische
Körper bilden sowohl in Bezug auf ihre Formel und Zusammensetzung, als auch in Bezug auf ihre chemischen Reaktionen und

Zersetzungsprodukte eine ungezwungene Brücke und den leitenden
Uebergang zu den Alkaloiden des thierischen Stoffwechsels.
Während die flüchtigen praeformirten Alkaloide sämmtlich ölig-
flüssig sind, sind die fixen Alkaloide alle starr, zu allermeist
krystallisirt und mit ziemlich leicht krystallisirenden (nur höchst
selten amorphen) chemisch gut charakterisirten Salzreihen begabt. Ihr Geschmack ist nicht so feurig brennend wie der der
flüchtigen, sondern mehr minder nachhaltig bitter, bei der Klasse
der Schleimhautgifte zugleich mehr scharf; eine allgemeine Methode ihrer Darstellung, die aber häufig im speziellen Falle entsprechend modifizirt und individualisirt werden muss, wäre etwa
folgende: die verkleinerten Pflanzentheile werden mit Salzsäure
oder Schwefelsäure hältigem verdünnten Branntwein erschöpfend
ausgezogen; aus den Extrakten wird sofort der Weingeist abde-
stillirt und die alkoholfreien, konzentrirten Extrakte werden mit
Magnesia usta, oder Kalkmilch, oder Aetzkali, oder Ammoniak,
oder doppeltkohlens. Natron alkalescirt und ausgefällt; die entstandenen Fällungen, die unreinen Alkaloide, werden entweder
durch Umkrystallisiren aus Alkohol, oder durch Entfärben der
siedend alkoholischen Lösung durch Thierkohle, oder durch wiederholtes Lösen in Säuren und Wiederfällen durch Alkalien gereinigt. Zur Entfärbung mittelst Thierkohle dürfen weder kalte
noch wässerige Lösungen verwendet werden, weil den beiden
genannten Lösungen die Knochenkohle durch einen molekulären
Akt von Flächenwirkung das Alkaloid entzöge, ein Umstand,
welcher selbst die antidote Anwendung des Spodiums in den
narkotischen Vergiftungsfällen mit Alkaloiden veranlasste. Sind,
wie häufig, mehrere Alkaloide in einer Pflanze vertreten, so werden dieselben aus dem, auf obigem Wege dargestellten Gemenge,
nach speziellen analytischen Regeln geschieden, wobei häufig die
verschiedene Löslichkeit oder Unlöslichkeit der Alkaloide in verschiedenen Menstruen, Wasser, Alkohol, Aether, Chloroform,
doppeltkohlens. Natron, Kali und Kochsalz, die wesentlichsten
Scheidungsdienste leisten.

Gehirngifte.

Aus der Klasse der Gehirngifte erwähnen wir die Alkaloide der Papaveraceen und Menispermeen. In den mohnarti-
gen Pflanzen tritt zuerst das als orientalisches Genuss- und occi-
dentalisches Heilmittel hochwichtige Opium in den Vordergrund,
das, neben einer Reihe von Alkaloiden, Harze, Extraktivstoffe
und Kautschukstoff enthält. Die Alkaloide des Opiums sind hauptsächlich an Mekonsäure oder Mohnsäure gebunden, welche durch
ihre blutrothe Reaktion gegen Eisenoxydsalze erkannt wird. Die
Opiumbasen sind speziell folgende: 1) Morphin $C_{35} H_{20} NO_6$,
durch Kochsalzlösung und Kalkmilch nicht, durch transitorisch, und
durch Ammoniak fällbar; mit neutralem Eisenchlorid sich bläuend, mit
jods. Stärke blaues Jodamylum liefernd, der Hauptrepräsentant
der alkaloidischen Gehirnnarkose, um 1 Atom Sauerstoff reicher

als das verwandte, häufig beigemengte 2) Codein, mit dem es circa $^1/_4$ des Opiums ausmacht, das in seiner Wirkung schwächer, durch Ammoniak nicht fällbar, und nach der Formel $C_{25} H_{20} NO_5$ zusammengesetzt ist, und die blaue Eisenreaktion nicht zeigt. 3) Das subbasische, schwach wirkende Narcein $C_{28} H_{20} NO_{12}$. 4) Das in Aether lösliche, durch Kochsalz fällbare, fast 2 % vom Opium betragende Narcotin $C_{40} H_{20} NO_{12}$, aus welchem durch theoretisch interessante Spaltungsvorgänge die Opiansäure und zwei neue künstliche Alkaloide Narcogenin, und Kotarnin, hervorgingen. 5) Das schwächer wirkende Opianin $C_{66} H_{36} N_2 O_{21}$, in höheren Gaben noch immer tödtend. 6) Das analoge Papaverin $C_{40} H_{21} NO_8$, das auch in andern, nicht opiumliefernden, abendländischen Mohnpflanzen vorkömmt; ferner 7) das subbasische Pseudomorphin $C_{54} H_{18} N_2 O_4$, das nur in wenigen Fällen in Opium auftritt, und in der Mehrzahl Sorten dieser Drogue fehlt. 8) endlich gehört hierher das ziemlich starkbasische Thebain, früher Paramorphin genannt, von der Formel: $C_{25} H_{14} NO_3$, das aber aus der Klasse der Gehirngifte heraustritt und sich dem Brucin analog als echtes Rückenmarksgift bekundet. In der Familie der Papaveraceen finden sich noch vier andere Alkaloide in den Geschlechtern des Hornmohns und Schwalbenkrautes und der kanadischen Schlangenwurzel Glaucium, Chelidonium und Sanguinaria, von denen das Glaucin und Glaucopikrin noch problematisch sein dürften, während in dem gelben und rothen Milchsafte von Chelidonium und Sanguinaria das Chelidonin $C_{40} H_{20} N_3 O_6$ und das Chelerythrin $C_{37} H_6 NO_8$ mit rothgefärbten Salzen zweifellos nachgewiesen sind. Die vier letztgenanten Glieder der Papaveraceen bleiben aber auch nicht der genuinen Rolle eines Gehirngiftes getreu, sondern stellen sich mehr in die Colonne der Schleimhaut- oder Gangliengifte, so dass in der Klasse der Mohnbasen alle drei Wirkungsweisen narkotischer Gifte repräsentirt erscheinen. In der Familie der Menispermeen sind Menispermin, Cocculin und Pikrotoxin zu nennen, in Memispermum cocculus, Cocco di Levante, den Schwindelkörner) vorkommend, die zum narkotischen Fischfang benutzt werden; das betäubend wirkende Menispermin hat die Formel $C_{18} H_{12} NO_2$.

**Rückenmarksgifte.** Unter den Rückenmarksgiften verdienen gleichfalls zwei Pflanzenfamilien hervorgehoben zu werden, die Cinchonaceen (Rubiaceen) und die Strychneen. In ersterer Familie, den Cinchona-Chinaarten und ihren Verwandten (Calisaia fusca, regia, exostemma) finden sich folgende Basen: 1) Cinchonin $C_{38} H_{22} N_2 O_2$ ($C_{20} H_{12} NO$), das in Aether unlöslich ist, und die Farbenreaktion des Chinins nicht zeigt. 2) Das Chinin, gleichsam ein höheres Oxyd desselben Paarlingradikales $C_{38} H_{22} NO_4$ ($C_{20} H_{12} NO_2$), in Aether löslich, das bekannte Febrifugum, von ausgezeichnet spinaler Wirkung; durch Chlorwasser und Ammoniak liefert es das grüne Dalleichochin, durch Chlorwasser, rothes Blutlaugensalz und Ammoniak das rothe Rusiochin, durch Jodlösungen eine kermesbraune Fällung, durch Kali eine permanente Fällung, zum Unterschiede von Morphin, und aus saurer Lösung durch doppeltkohlens. Natron eine Fällung. Bei der trocknen Destillation entwickelt es die herbbittern benzoylähnlich riechenden Dämpfe von Chinolin, einem aus seiner Zersetzung hervorgehenden flüchtigen Alkaloide. 3) Das Aricin, gleichsam das höchste Oxyd dieser Gruppe, $C_{38} H_{22} N_2 O_6 (C_{20} H_{12} NO_3)$, vorzüglich in der China de Cusco zu finden. Daran reihen sich das Pitoyin in der China pitaya, das Blanchinin in der China blanca, das Chinidin in der China de Bogotta, und endlich das durch Oxydation der praeformirten Chinabasen künstlich abgeleitete Chinicin und Cinchonicin. In der Familie der Strychneen finden sich folgende Alkaloide: 1) Das Strychnin, das wirksamste tödtlichste Rückenmarksgift, in den Brechnüssen (oder Krähenaugen), den Ignaziusbohnen und allen wahren Strychnosarten enthalten; es ist fast unlöslich im freien Zustande, fällt durch Kali permanent durch doppeltkohlens. Natron, aus saurer Lösung nicht und liefert beim Zusammenbringen mit Schwefelsäure und einem Oxydationsmittel, wie Braunstein, Bleihyperoxyd oder Chromsäure eine prachtvolle höchst empfindliche Farbenreaktion, die mit Blau beginnt, durch Violett in einen herrlichen Purpur übergeht und endlich mit einem schmutzigen Gelbroth schliesst. Es besitzt die Formel $C_{42} H_{22} N_2 O_4$. 2) Sein steter Begleiter, das Brucin, dem Thomas Bruce zu Ehren benannt, hat die homologe Formel $C_{44} H_{25} N_2 O_7$, die sich von obiger um $C_2 H_3 O_3$ unterscheidet, es ist von gleichartiger, aber weit chwächerer Wirkung und zeigt die Farbenreaktion des Strychnins nicht, wohl aber wird es von Salpetersäure feuerroth gelöst, und in dieser Lösung durch Zinnchlorür violett gefärbt. 3) und 4) gehören noch hierher Igasurin und Courarin, zwei Alkaloide von unbekannter Zusammensetzung, von denen das Letzere in dem Safte einer amerikanischen Liane enthalten, das indianische Pfeilgift darstellen soll. Die Cinchonabasen sind an Chinasäure und Chinagerbsäure, die Strychnosbasen, an Milchsäure gebunden.

Die Alkaloide aus der Klasse der Ganglien- oder Schleimhautgifte, mit narkotisch scharfer Wirkung, bei der Schmerzempfindung des Gemeingefühles und konvulsivische Entleerungen in den Vordergrund treten, die ferner in ihren Pflanzen an eine Säure der Weinsäuregruppe, Aepfelsäure, Fumarsäure, Aconitsäure gebunden erscheinen, mögen in folgenden Gruppen eine beiläufige Erwähnung finden: 1) Gruppe Veratrin, Sabaillin, Jervin, Colchicin. 2. Gruppe. Aconitin, Delphinin, Ranunculin. 3. Gruppe. Corydalin, Fumarin, 4. Gruppe. Emetin, Violin, Convolvulin. 5. Gruppe. Daphnin, Euphorbicin, Agrostemnin.

Ganglien- oder Schleimhautgifte.

Das Veratrin, der Hauptrepräsentant der ganzen Klasse ist amorph, und selbst in seinen Salzen nicht geneigt zur Krystallisation. Es besitzt die Formel $C_{34} H_{22} NO_6$, und eine unwägbare Menge seines feinen Staubes reicht hin, um ein krampfhaftes lange anhaltendes Niesen und Husten zu erregen. Innerlich genommen erzeugt es Erbrechen und Durchfall unter brennenden Schmerzen, die Narcose des Gehirns und die Krampfspiele in den vom Rückenmarke innervirten willkührlichen Muskeln treten mehr in den Hintergrund zurück; es fällt durch Kali permanent, durch doppeltkohlensaures Natron aus saurer Lösung nicht, ballt sich in konzentrirter Schwefelsäure harzähnlich zusammen, um sich sofort mit rothgelber Farbe zu lösen, die endlich einem satten Blutpurpur Platz macht. Das Colchicin ist namentlich in den Saamen und Zwiebeln der Herbstzeitlose, dem Colchicum autumnale enthalten, während das Veratrin in den Niesswurzarten Veratrum und Helleborus, und das Sabadillin und Jervin $C_{60} H_{45} N_2 O_5$ in dem sogenannten Sabadillsaamen vorkömmt, der von seiner Aehnlichkeit mit Gerstenkörnchen den spanischen Namen Cebadilla erhielt. Das Aconitin $C_{60} H_{47} NO_{14}$ findet sich in den Aconitum oder Eisenschierlingarten, das Delphinin $C_{27} H_{19} NO_7$ in den Ritterspornaten, das Ranunculin in den Hahnenfuss und Küchenschellenarten; alle drei Alkaloide bilden das Gift der Ranunculaceen. In dem Haubenlerchenkraute Corydalis bulbosa findet sich das Corydalin $C_{68} H_{44} N_3 O_{22}$, und in den Fumariaarten (des Erdrauchs) das verwandte analoge Fumarin. In den Gattungen Ipomea, Viola und Convolvolus findet sich das Emetin (Gift der Brechwurzel oder Ipecacuanha) $C_{37} H_{27} NO_{10}$ das Violin und das Convolvulin, lauter brechenerregende subnarkotische Alkaloide. In den Daphnegattungen (Kellerhals, Seidelbast) ist neben einem grünen scharfen Weichharze das Daphnin Ursache der Schärfe; ebenso ist in der Familie der Euphorbiaceen oder Wolfsmilcharten das überwiegende Harz von einem scharfgiftigen Alkaloide dem Euphorbicin begleitet. In manchen Lychnisarten, namentlich in der als Getreideunkraut des Kulturbodens sehr verbreiteten Kornrade Agrostemma githago findet sich ein giftig scharfes Alkaloid des Agrostemnin, das ähnlich dem Ergotin des Mutterkorns oder Secale cornutum bei stärkerem Auftreten eine locale Vergiftung der Brotfrucht und des Mehles und dadurch endemische Kriebelseuche hervorrufen kann.

Alkaloide der Genussmittel.    Die vierte und letzte Classe der präformirten Pflanzenalkaloide umfasst die Alkaloide der Genussmittel, die schwach alkalische, fast indifferente Alkaloide darstellen, die sich in formeller Beziehung und in Hinsicht auf Zusammensetzung und Reactionen sehr nahe verwandt den Alkaloiden des thierischen Stoffwechsels zeigen, ja gerade dem Kreatin, Harnstoff und der Harnsäure analoge Zersetzungsproducte liefern. Auch in dieser schwachgliederigen Classe sind alle drei Hauptwirkungen der

Alkaloide vertreten. 1) Theobromin in Theobroma Cacao enthalten, lehnt sich am nächsten an die Classe der Gehirngifte an, ist aber ein sehr schwachbasischer, krystallisirbarer Körper, welcher den alkaloidischen Bestandtheil der fettreichen emulsinhältigen Cacaobohne bildet, die unter den Genussmitteln noch am Nächsten den Nahrungsmitteln steht. Die Formel dieser Substanz unterscheidet sich von der des Caffëins nur um 1 Atom Kohlenwasserstoff. $C_7 H_4 N_2 O_2$ 2) Das Caffëin, identisch mit Thein und Guaranin, im Kaffestrauch, Bohnen und Blättern, in den Blättern des Theestrauchs, im Paraguaythee enthalten, von der Formel $C_8 H_5 N_2 O_2$, stellt einen der stickstoffreichsten Körper dar, von dem man eben desshalb aus ganz irrthümlichen Gründen schloss, dass er zu den nahrhaftesten Stoffen gehöre; beim Abdampfen mit verdünnter Salpetersäure liefert das Caffëin mittelst Ammoniak eine murexidähnliche rothe Reaktion; das Caffëin scheint den Kreatingehalt des Herzmuskels und der andern Muskeln zu erhöhen und lehnt sich durch das von ihm erregte Muskelzittern, Herzklopfen, und die nicht zu verkennende Spinalirritation zunächst an die Rückenmarksgifte an. 3) Das Piperin in den mollukischen Gewürzen, in den Pfefferarten, neben einem scharfen ätherischen Oele enthalten, ist sehr schwachbasischer Natur, liefert unter dem Einflusse von Oxydationsmitteln Alloxansäure wie die Harnsäure, besitzt die Formel $C_{10} H_{37} N_2 O_{10}$ und schliesst sich zunächst unter den Genussmitteln an die Classe der Gangliengifte an, in welche das Capsicin in Capsicum annum oder dem Cayennepfeffer, fast schon vollständig hineinragt.

Ausser dem Platinchlorid und dem Sublimate, mit welchen die meisten Alkaloide oft krystallinische Fällungen von Doppelsalzen geben, ausser ferner dem Schwefelcyankalium, das auch in konzent. Lösung viele Alkaloide fällt, ist noch die Gerbsäure ein fast allgemeines Fällungsmittel und Reagens der alkaloidischen Sippe; da die gerbsauren Alkaloiden weit schwerer löslich sind als die andern Salze derselben, so wird dadurch allerdings die Raschheit der Resorption und die Itensität der Vergiftung verlangsamt und abgeschwächt, was bei dem gänzlichen Fehlen aller spezifischen Antidote der Gerbsäure und allen gerbstoffigen Mitteln einen gegründeten Ruf unter den Gegengiften der Alkaloide erworben hat.

Die Alkaloide des thierischen Stoffwechsels zerfallen in folgende Gruppen. 1) Die Urén- oder Cyanilsippe, Alkaloide von schwachbasischer Beschaffenheit, welche einen stofflichen und formellen Bezug zu den Cyanverbindungen und der Harnsäure nicht verkennen lassen; hieher gehören: Harnstoff, Alantoin und Guanin, welch Letzteres selbst nach Art einer schwachen Säure, Verbindungen mit Alkalien eingeht, und unmittelbar in die Harnsäuregruppe hineinragt. 2) Die Kreatin- *Alkaloide des thierischen Stoffwechsels.*

gruppe, die wenigstens in ihren Derivationen stärkere Alkalicität verräth, zu welcher Kreatin und das aus demselben durch Wasserverlust abgeleitete Kreatinin, ferner das neuerlich in der Thymusdrüse des Kalbes aufgefundene Thymin gehören. Das Sarcosin, aus dem Kreatin darstellbar, bildet den unmittelbaren Uebergang zur nächsten Gruppe. 3) Die Glycingruppe, von der allgemeinen Formel $C_n H_n + 1 NO_4$ mit Glycin, Sarcosin und Leucin; aus dem Sarcosin scheint durch Substitution eines Wasserstoffatoms durch 2 Schwefelatome das anomale schwefelhältige Cystin hervorzugehen; und wahrscheinlich ist auch das Tyrosin hier eingebürgert, dessen Formel auf ein Glycinalkaloid, kopulirt mit einem indifferenten Paarling hinzudeuten scheint.

Harnstoff. Der Harnstoff $C_2 H_4 N_2 O_2$ wird künstlich durch Abdampfen von cyansaurem Ammoniak im Wasserbade erhalten, wobei sich dieses Salz in metameren Harnstoff umsetzt: $C_2 NO . NH_4 O = C_2 H_4 N_2 O_2$; er kann auch als Urenoxydammoniak betrachtet werden: $C_2 H N, O_2 . NH_3 = C_2 H_4 N_2 O_2$ und läst sich auf diesem Wege aus Schwefelkohlenstoff und Ammoniak oder aus Schwefelcyanammonium künstlich bereiten, indem man diesem Salze auf passende Weise, etwa durch Silberoder Bleioxyd in erhitzten zugeschmolzenen Röhren, den Schwefelgehalt entzieht, $S_2 C_2 N . NH_4 + 2 Ag O = 2 Ag S$, $C_2 H_4 N_2 O_2$; in anderer Weise lässt sich der Harnstoff als ein Doppelatom des Amides der Kohlensäure auffassen: $C_2 H_4 N_2 O_2 = 2 CO . NN_2$, und wirklich verwandelt er sich unter Aufnahme von 2 respective 4 Atomen Wasser in ein Doppelatom kohlensauren Ammoniaks, theils unter dem Einflusse von Alkalien und Hitze, theils durch Wasser allein in einem Prozesse wahrer Fäulniss, der Harnstoff findet sich wie bereits erwähnt, stets unter den Zersetzungsproducten der Harnsäure, mögen sie durch künstliche Mittel, oder aus der inquilinen Oxydation hervorgehen; er entsteht als die allgemeinste und bedeutendste Mausertype der Stickstoffausfuhr wohl im ganzen Capillargefässsysteme an allen Brennpunkten der Wechselwirkung zwischen Blut- und Organenparenchym, findet sich daher bei hinlänglich scharfer Untersuchungsmethode in der Mehrzahl aller Transsudate, wird aber durch das mit seinen Wundernetzen der Renalarterie thätige Nierenfilter mit solcher Schnelligkeit aus dem Blute abgeschieden, dass er sich im normalen Zustande wohl nie darin aufhäufen kann; geschieht diess dennoch, und folgt dieser Stauung seine weitere Zerlegung, so entsteht Uraemia, auf die wir im II. Theile ausführlicher zurückkommen. Der Harnstoff krystallisirt in rhombischen Blättchen in salpeterähnlichem Geschmacke und grosser Löslichkeit von Weingeist und Wasser. Mit Kleesäure und Salpetersäure geht er leicht krystallisirbare, schwer lösliche Verbindungen ein, die zur annähernd quantitativen Bestimmung dieses Körpers dienen können, und deren

Letztere perlmutterglänzende Schuppen bildet, die beim Erhitzen schwach detoniren; die Salpetersäure, die zur Darstellung des salpeters. Harnstoffes dienen soll, muss aber völlig frei von salpetriger Säure sein, da letztere Säure den Harnstoff durchgreifend und gründlich in Kohlensäure, Wasser und Stickgas zersetzt: $C_2 H_4 N_2 O_2 + 2 NO_3 = N_4, 4 aq, 2 CO_2$; das hiebei entwickelte Stickgas, dessen Hälfte genau dem Harnstoff entspricht, kann in der Quecksilberwanne in kalibrirten Gefässen aufgefangen werden, nachdem es früher über Aetzkali und Chlorcalcium gestrichen war, um seine Feuchtigkeit und seinen Kohlensäuregehalt zu verlieren; aus dem gemessenen und korrigirten Gasvolumen lässt sich die Menge des Harnstoffs berechnen. Wird Harnstoff mit mässig konzent. Schwefelsäure gekocht, so zerfällt er unter Kohlensäureentwicklung in Ammoniumoxyd, das mit der Schwefelsäure verbunden bleibt; $C_2 H_4 N_2 O_2 + 2 SO_3 + 4 HO = 2 CO_2, 2 SO_3 . NH_4 O$; aus der verkohlten Masse lässt sich durch Wasser das Ammoniaksalz ausziehen, und durch Platinchlorid in bekannter Weise quantitativ bestimmen; etwa praeformirte Kali- oder Ammoniaksalze, müssen, da sie eine gleiche Fällung mit Platinchlorid erzeugen, durch einen vorläufigen Versuch bestimmt und in Abschlag gebracht werden; auch die entweichende Kohlensäure bei diesem Akte der Harnstoffzersetzung, könnte eine ungefähre quantitative Bestimmung dieses Stoffes vermitteln; durch salpeters. Quecksilberoxyd, wird der Harnstoff gleichfalls gefällt, in einer Doppelverbindung die Salpetersäure, Quecksilberoxyd und Harnstoff enthält; die unter Umständen stets gleiche Zusammensetzung der Fällung, und der Umstand, dass der kleinste, eben beginnende Ueberschuss des Fällungsmittels sich dadurch leicht und sicher verräth, dass ein Tropfen der ausgefällten Harnstofflösung erst jetzt mit einem Tropfen Kalilauge zusammenfliessend orange wird (vom Quecksilberoxyd), während er vor der Sättigung stets weiss blieb (Quecksilberharnstoff), markiren mit Schärfe das Ende des volumetrischen Prozesses, und machen es möglich, uns dem Verbrauche der titrirten Quecksilberoxydlösung in Cubikcementern auf die ungefähre Menge des Harnstoffs zu schliessen. Zu erwähnen ist, dass vorerst die phosphorsauren (und kohlensauren) Salze, die auch eine Fällung der Quecksilberlösung bedingen, entfernt werden müssen, was beim Harne durch Versetzen mit einer gemessenen Menge von Barytwasser geschieht, wobei die selbstverständlich resultirende Verdünnung durch eine passende Vermehrung des zu titrirenden Flüssigkeitsvolumes rekompensirt wird. Das Kochsalz erzeugt eine weitere Fehlerquelle dieses Liebig'schen Verfahrens, die aber sogar zur Titrirung des Kochsalzes selbst benützt werden kann; salpetersaures Quecksilberoxyd nämlich und Kochsalz setzen sich um in Natronsalpeter und Sublimat, von denen keines den Harnstoff fällt; arbeitet man somit mit umso genaueren verdünnteren Titrirflüssigkeiten, so wird beim anfänglichen Zutröpfeln der Quecksilberlösung zur Harnprobe keine Fällung eintreten und der Harn so lange klar bleiben, als sein Kochsalzgehalt zur Sublimatbildung ausreicht; hält man im Momente der ersten bleibenden Trübung inne, und liest den Cubikcentimeterverbrauch der Quecksilberlösung ab, so kann man daraus auf die ungefähre Menge des Kochsalzes schliessen, und erhält zugleich die weitere Harnstofftitrirung in weit richtigerer und korrigirter Ziffer. Ein völlig genaues Resultat gibt die Harnstofftitrirung allerdings in reinen Harnstofflösungen, aber wohl niemals im Harne, da viele extractive Materien in gleicher Weise durch die Quecksilberlösung gefällt werden. Der Harnstoff findet sich bis zu 3% im Normalharne des Menschen, worin er nach Verdampfung des Wassers, beiläufig die Hälfte des festen Rückstandes ausmacht; er findet sich ferner im Harne der Fleischfresser, somit auch der säugenden Thiere der Pflanzenfresser, da dieselben während des Saugens, Milch also wahre Fleischnahrung geniessen, ferner im Harne der Batrachier, nicht aber im Harne der fliegenden und kriechenden Thiere, der Vögel, Ophidier, Schmetterlinge und Raupen, wo er durch die Harnsäure vertreten ist; er geht selbst mit Kochsalz eine krystallisirbare Verbindung ein, die vielleicht für den intermediären Stoffwechsel nicht ohne Bedeutung ist, und liefert bei der trocknen Destillation, seine Abstammung von der Cyanilsippe beurkundend, cyanurs. Ammoniak: $3 (C_2 H_4 N_2 O_2)$ $= C_6 N_3 O_3 . 3 NH_4 O$.

Allantoin.

Das Allantoin $C_8 H_5 N_4 O_5$ enthält, wie die Formel zeigt, 4 Atome Cyan und 5 Atome Wasser und tritt als Spaltungsproduct der Harnsäure auf, ist aber zugleich in der Flüssigkeit der Allantoisblase der foetalen Entwicklung als praeformirter Bestandtheil aufgefunden worden.

Guanin.

Das Guanin $C_{10} H_5 N_5 O_2$, steht im nächsten Bezuge zur Urensippe und zur Harnsäure $(5 C_2 HN . O_2)$ und findet sich im Guano und im Harne vieler Artherozoen, in denen es als Stickstoffmausertype, wie namentlich bei den Spinnen, Harnstoff und Harnsäure zu vertreten scheint.

Kreatin.

Das Kreatin $C_8 H_9 N_3 O_4$, findet sich als eigentliche Fleischbasis im Muskelsafte, ist aber auch im Harne bereits nachgewiesen, und verwandelt sich unter Wasserverlust in das weit basischere Kreatinin $C_8 H_7 N_3 O_2$, das sich nur durch 1 Amidatom von Caffein unterscheidet; in dem unablässig thätigen Herzmuskel scheint es am reichlichsten enthalten zu sein. Durch Behandlung mit Chlorzink, mit dem es eine warzenförmig krystallisirbare Verbindung eingeht, wird es vorzüglich abgeschieden, von andern Stoffen getrennt, und aus dieser Verbindung durch Kochen mit Bleioxydhydrat, wobei sich Zinkoxyd und basisches Chlorblei abscheiden, isolirt und rein dargestellt

Das Thymin von noch unbekannter Zusammensetzung ist in neuester Zeit in der Thymusdrüse des Kalbes aufgefunden worden, und dürfte vielleicht für die Drüsen dieselbe Rolle, wie das Kreatin für die Muskeln spielen. Das Sarcosin $C_6 H_7 NO_4$, durch seine Formel $C_n H_{n-1} NO_4$ zweifellos zur Glycingruppe gehörig, lässt sich künstlich aus dem Kreatin durch Kochen desselben mit Barythydrat gewinnen: $C_8 H_9 N_3 O_4$ $+ 2$ Ba O HO $+ 2$ HO $= 2$ $CO_2$ Ba O, 2 $NH_3$, $C_6 H_7 NO_4$. Denkt man sich in letzterer Formel 1 Atom H durch $S_2$ vertreten, so entsteht $C_6 H_6 S_2 NO_4$ das Cystin oder Cysticoxyd, Blasenoxyd, das in relativ seltenen Fällen bei einem abnormen Stoffwechsel als Blasenstein- bildend auftritt; es ist blassgelblich, krystallisirt in sechsseitigen regulären Blättchen, isomorph dem Jodblei, steht an der Grenze der basischen Körper, löst sich in Ammoniak, aus dem es beim Verdunsten krystallisirt, erzeugt auf Silberblech geschmolzen einen schwarzen Fleck von Schwefelsilber, und brennt mit blasser grünlichblauer Flamme unter Ausstossung eines die widerlichen Geruches, der an Odmylverbindungen des Schwefelbalsams erinnert; jedenfalls enthält es den Schwefel in labiler Form, und nicht in einer stabilen Sauerstoffverbindung, weshalb auch sein Schwefelgehalt nicht wie der des Taurins lange übersehen werden konnte, und eben desshalb halten wir die Ansicht für gerechtfertigt, diesen Schwefelgehalt in Form einer Wasserstoffsubstitution aufzufassen. Leitet man in eine Lösung von Aldehydammoniak, schweflige Säure, bis zur Uebersättigung, und krystallisirt man das entstehende saure schwefligsaure Aldehydammoniak so erhält man eine Isomerie des schwefelhaltigen Taurins der Galle, das in der normalen Taurocholsäure der Galle $C_{52} H_{46} NS_2 O_{16}$ als konstanten Paarling der harzähnlichen Cholsäure auftritt. Dieses Taurin $C_4 H_7 NS_2 O_6$ scheint die Rolle eines intermediären Verkehrsmittels des Schwefelgehaltes inquiliner sich umwandelnder Proteinate zu spielen, und ist gleichsam ein geschwefeltes Glycin ohne Wasser; sein Schwefelgehalt ist stabil, wahrscheinlich im oxydirten Zustande vertreten, da es beim Schmelzen auf Silberblech keinen schwarzen Fleck von Schwefelsilber erzeugt und nicht einmal bei der Fäulniss Schwefelwasserstoff entwickelt; bei seiner Zersetzung in faulender Galle, entsteht unter Aufnahme von Sauerstoff und Wasser, Essigsäure, und schwefels. Ammoniak: $C_4 H_7 NS_2 O_6 + 4 O + HO = 2 SO_3 . NH_4 O, C_4 H_4 O_4$.

Sarcosin, Glycin, Leucin und Tyrosin entstehen als häufige fast nie fehlende Zersetzungsproducte aus den Proteinaten beim Kochen mit verdünnten Säuren, oder beim Schmelzen mit Alkalien, wohl aber auch bei dem Fäulnissprozesse, und vielleicht in vielen Fällen, theils normalen, theils pathologischen Stoffwechsels, u. z. stets neben flüchtigen Gliedern der Benzoylreihe und neben den Gliedern der ersten Säurengruppe: so entwickelt sich

Thymin.

Sarcosin.

Cystin.

Taurin.

Glycin    Leucin
Tyrosin.

vorwaltend Essigsäure und Sarcosin als Zersetzungsproduct des
Fleischfaserstoffes; Ameisensäure und Glycin bei der Zersetzung
des Collagens und der leimgebenden Gewebe; Baldriansäure und
Leucin bei der Zersetzung der albuminoiden Substanzen, Tyrosin
und Buttersäure bei der Zersetzung des Käse- und Harnstoffes;
formell läst sich das Glycin das als Paarling der Glycocholsäure
in der Galle und Hippursäure im Harne der Grasfresser auftritt,
als Amid der Glycinsäure betrachten, $C_4 H_3 O_5 . NH_4 O$ —
2 aq. $= C_4 H_3 O_4 . NH_2 = C_4 H_5 NO_4$. Das Sarcosin stellt
dann das Amid der Milchsäure vor, oder ist isomer dem Lactamid $C_6 H_5 O_4 . NH_2 = C_6 H_7 NO_4$. Das Leucin lässt sich
als Amid der Leucinsäure betrachten $C_{12} H_{11} O_5 . NH_3$ — $HO$
$= C_{12} H_{11} O_4 . NH_2 = C_{12} H_{13} NO_4$; in anderer Weise lassen sich diese drei Subalkaloide des thierischen Stoffwechsels
aber auch als Halidbasen auffassen, die nur dadurch stickstoffhältig wurden, dass ihr actives Sauerstoffatom durch $NO_4 = X$
substituirt erscheint. Das Glycin entspräche dann dem Aethyl-
oxyde, das Sarcosin dem Propyloxyde, und das Leucin dem Ca-
prinyloxyde, eine Ansicht, die vorzüglich den schwachbasischen
zu Paarungen geneigten Character dieser Stoffe erklären würde;
von beiden Auffassungen schliesst sich derzeit das Tyrosin aus,
dessen Formel $C_{18} H_{11} NO_6$ um $C_{10} H_2 O_2$ also um ein formelles Kohlehydrat höher ist, als das Butyloxyd, dessen Sauerstoff durch $NO_4$ substituirt erscheint; vielleicht dass im Tyrosin
bereits ein Paarling versteckt ist; dieses Tyrosin ist der treue
Begleiter des Leucins, und vorzüglich bei Anomalie des Stoffwechsels in der Leber, bei Caries und Mundfäule, in dem schlech-
ten Eiter der Knochenkrankheiten und in neuerer Zeit selbst
mehrfach im Harne aufgefunden, da es unter den Körpern seiner Gruppe das zugänglichste ist, mit salpeters. Quecksilberoxydul dem einzigen Fällungsmittel des Leucins eine rothe Reaction,
(wahrscheinlich das Princip der Millon'schen Proteinprobe) mit
Eisenvitriol oder Eisenchlorid, nach dem längeren Digeriren mit
konzentrirter Schwefelsäure und erfolgter Paarung zu Tyrosin-
schwefelsäure, eine prachtvoll blauviolette Reaction erzeugend.
Nirgends wird der gewaltige Einfluss der Lehre von den Zersetzungsproducten und den Amiden klarer und fruchtbarer als
in dem eben skizzirten Abschnitte der Alkaloide des thierischen
Stoffwechsels, deren allgemeine Darstellung hauptsächlich auf
folgendem Wege gelingt: Die organische Masse wird entweder
mit Wasser ausgekocht, oder tüchtig ausgepresst, der gewonnene
Saft durch Ansäuerung mit etwas Essigsäure und Aufkochen von
den Proteinaten befreit; das geklärte Filtrat je nach Umständen
mit Barythydrat, oder Bleisalzen ausgefällt, aus dem abermaligen
Filtrate der Baryt- und Bleiüberschuss durch Kohlensäure- oder
Schwefelwasserstoff-Einleiten, gefällt, und das schliessliche Filtrat zur Syrupdicke verdunstet, der freiwilligen mehrwöchent-

lichen Krystallisation überantwortet. Die rohen Krystalle der ersten Ausbeute werden gelöst, in dem für sie geeigneten Menstruum, und entweder zuerst durch Filtriren über Thierkohle, oder sogleich durch wiederholtes Umkrystallisiren gereinigt.

Die **stickstoffhältigen Pigmente** scheinen fast alle eisenhältig zu sein, und nur unter Vermittlung des Eisens sich bilden zu können, obwohl man sie andererseits, wenn sie einmal in den organischen Körpern gebildet waren, auch auf chemischem Wege eisenfrei darzustellen vermag. Sie dürften von zwei wesentlichen Gruppen abstammen, vom Haematin und Chlorophyll, so dass wir zwei Reihen solcher Pigmente unterscheiden: die Haematinreihe der thierischen Pigmente, und die Chlorophyllreihe der pflanzlichen. Stickstoffhältige Pigmente.

Zur **Haematinreihe** gehören: das **Haematin**, das **Haemaphaein**, das **Biliphöin**, und **Biliverdin**, das **Urophaein**, das **Melain**, und das **Sepiin**. Das Haematin oder Haematosiderin stellt das eisenhältige Blutroth der Blutkörperchen aller Wirbelthiere dar, wovon vielleicht nur der niederste, weissblütige Fisch Amphioxus lanceolatus eine Ausnahme macht. Es hat die Formel $C_{44} H_{22} N_3 O_6 Fe$ und kommt mit dem Krystallin oder Globulin als Haematoglobulin chemisch verbunden in den Blutkörperchen des rothen Thierblutes eingezellt vor; aus dem Cruor lässt es sich durch schwefels. Alkohol vom Globulin trennen und durch Ammoniak aus der schwefels. Lösung abscheiden; bringt man Haematin mit konz. Schwefelsäure zusammen, und verdünnt nach einiger Zeit mit Wasser, so löst sich das Eisen unter Wasserstoffentwicklung auf, während das Haematin unverändert roth, aber eisenfrei erhalten werden kann. Das Haematin bildet sich aus dem eisenhältigen Chylus der Chylusgefässe unter Mitwirkung der Lunge, der Milz, und vielleicht auch der Leber; es verwandelt sich theilweise schon innerhalb der Blutbahn in das Haemaphaein, das im Blutwasser gelöst die bernsteingelbe Farbe des normalen Serums liefert. In der Galle erscheint das Biliphaein oder Cholepyrrhin, wahrscheinlich ein aus dem Haematin untergegangener Blutzellen durch die Thätigkeit der Leberzellen hervorgehendes Zersetzungsprodukt von der Zusammensetzung $C_{32} H_{18} N_2 O_6 Fe$, das eine braune Farbe besitzt, schon die Rolle einer schwachen Säure spielt, in Alkalien sich mit tiefbrauner Farbe löst, hieraus durch Säuren gefällt wird, mit Kalk eine unlösliche Verbindung eingeht, die als Biliphaeinkalk sich an der Bildung der Gallensteine betheiligt, und durch Untersalpetersäure, Chlor, Ozon und ähnliche Oxydationsmittel zuerst ein grünes Oxydationsprodukt, das Biliverdin liefert, das mit dem pflanzlichen Chlorophyll in vielen Beziehungen übereinstimmt, und für eine gemeinsame Wurzel beider Pigmentreihen zu sprechen scheint; dieses grüne Biliverdin wird aber unter fortwährender Oxydation blau, violett, roth und endlich dauernd Pigmente der Haematinreihe. Haematin.<br><br><br><br><br>Haemaphaein.<br><br><br>Biliphäin Biliverdin.

orange gefärbt, und liefert wie der Indigo bei seiner gründlichen Oxydation durch Salpetersäure schliesslich Nitranil- und Pikrinsäure.

Urophaein.

In dem Sekrete der Niere tritt ein neues stickstoff- und eisenhältiges Pigment auf, das zu den sauern Extraktivstoffen gehört: das Urophaein, das annähernd auf folgende Weise rein erhalten werden kann. Der Harn wird im Wasserbade zur Trockne verdunstet; der trockne Rückstand mit Alkohol absol., dem man $\frac{1}{10}$ seines Gewichtes an Aether zusetzt, erschöpft, wobei die Harnsäure und fast alle Mineralsalze ungelöst bleiben. (dieser mit Alkohol vollständig erschöpfte Harnrückstand wird sich stets, auch bei lange fortgesetzter Eisentherapie als völlig eisenfrei erweisen; aber auch die alkoholischen Extrakte verrathen an die Reagenzien kein Eisen, das erst nach der Einäscherung der organ. Massen nachgewiesen werden kann, wodurch die einfache Resorption der Eisenmittel gänzlich in Abrede gestellt wird). Die alkoholischen Extrakte werden hierauf mit einer siedenden konzent. Lösung von Kleesäure in absolutem Alkohol im Ueberschusse versetzt, und das Gemische längere Zeit stark abgekühlt der Ruhe überlassen. Aller Harnstoff und die etwa noch vorhandenen Basen krystallisiren als Oxalate aus, die braune Lösung wird mit reinem kohlens. Kalk bis zum Aufhören aller Efferveszenz gesättigt, im Wasserbade zur vollständigen Trockne verdunstet; der trockne Rückstand wird mit Aether vollkommen erschöpft, worin sich das sogenannte Aetherextrakt des Harnes, d. i. eine Spur von Fett, eine äusserst geringe Menge flüchtiger Säuren der Carbolsäuregruppe und ein eigenthümliches Chromogen auflöst, das unter Behandlung mit Säuren, die Entstehung blauer und rother Pigmente bedingt; der mit Aether erschöpfte Rückstand wird wieder mit absolutem Alkohol ausgekocht, wobei die Kalksalze ungelöst bleiben, während das nahezu reine Urophaein sich auflöst, das beim Verdunsten der alkoholischen Lösung als eine glänzend braune hygroskopische stickstoff- und eisenhältige sauer reagirende Masse zurückbleibt, die beim Erhitzen unter Entwicklung spezifisch urinös riechenden Dämpfe verbrennt; dieses Urophaein, das braune extraktive Pigment des Normalharns, scheint gleichfalls ein Zersetzungsprodukt des Haematins des Blutes zu sein; es vermehrt sich in den meisten Entzündungsprozessen, die mit Fieber einhergehen, vielleicht aber nur relativ im Harne, da weniger, wasserärmerer, dunklerer Harn in Fiebern gelassen wird; vielleicht dass eben dieser und ähnliche Extraktivstoffe durch ihre normale Anhäufung im Blute den ersten Anstoss zu jener anochalen Reaktion des Fiebers geben, die sich in den sogenannten Krisen durch reichliche Diaphorese und Diurese bricht und ausgleicht; auch in organischen Krankheiten der Leber erscheint eine diagnostisch wichtige, u. z. absolute Vermehrung des Urophaeins im Harne, die vielleicht dadurch erklärlich wird, dass nach dem Gesetze der Vicarirung die Niere den sonst von der Leber geleisteten Mauserantheil des eisenhältigen Blutrothes übernimmt. Wir besitzen keine bestimmte Reaktion auf Urophaein; eben so wenig kann seine absolute chemische Reinheit und Individualität behauptet oder seine Formel aufgestellt werden; aber für die gewöhnlichen diagnostischen Zwecke leistet eine empirische Reaktion genüge, die sich auf den verschiedenen Grad der Bräunung stützt, die der ursprüngliche Harn beim Vermischen mit dem doppelten Volumen englischer Schwefelsäure erfährt, und die, wenn auch nicht ausschliesslich, so doch vorzugsweise unter den Harnstoffen diesem braunen Extraktivstoffe gebührt. Von einem andern stickstoffhältigen Pigmente des Harnes, das auch in arthritischen und rheumatischen Schweissen aufzutreten pflegt, dem Uroerythrin oder der rosigen Säure, die an Urate gebunden das Sedimentum lateritium der Praktiker bildet, ist es derzeit noch ungewiss, ob dasselbe dem Biliphaein, dem Urophaein oder vielmehr der Harnsäure angehöre, an letzterem Orte ist desselben bereits Erwähnung geschehen.

Das Melain scheint in verschiedenen, durchaus nicht identischen Modifikationen die schwärzliche Färbung thierischer Organtheile zu bedingen. Es gehört hierher: das Augenschwarz, das als optische Blendung die Traubenhaut des Auges überkleidet; das wenig gekannte Dermomelan der Negerhaut und das wieder von beiden verschiedene Melanin, das schwarze Pigment der Krebswucherung und des melanotischen Markschwammes. Da das Melain insonderheit das Ophthalmomelan bei grossen Verdünnungen und guter Beleuchtung unter dem Mikroskope dunkel pomeranzenfärbig erscheint und nur durch Massenanhäufung schwarz färbt, so wäre es möglich, das es sich in relativen Mengen an den Farbennuancen der Haare und denen der Haut verschiedener Racen gleichförmig betheilige, womit auch der nachgewiesene grössere Eisengehalt dunklerer Haare in ursprünglichem Zusammenhange stünde. *Melain.*

Das Haematin, das wie etwa in apoplektischen Cysten oder Quetschwunden ausserhalb den Kreislauf versetzt wird, durchläuft eine Reihe von Zersetzungs- und Oxydationsstufen mit entsprechenden Verfärbungen, wie sie heilende Sugillationen zeigen; in einer dieser Phasen stellt es ein orangerothes Pigment dar, das in verödenden apoplektischen Cysten einigemahle sogar krystallisirt gefunden und Haematoidin genannt wurde. Bei der Fäulniss wird der Eisengehalt des Haematins allmählich zu schwärzlich grünem Schwefeleisen umgewandelt, das mit dem Violett des flüssigen, transsudirenden Leichenblutes gemischt, die bekannten Todtenflecke, lividines mortuorum erzeugt. *Haematoidin.*

Der Tintenfisch Sepia offic., zu den Cephalopoden, den entwickeltsten Avertebraten der Molluskenreihe zählend, entzieht *Sepiin.*

sich seinen Verfolgern im Meere durch eine braune Flüssigkeit, die er von sich gibt, wodurch er das Wasser trübt und Zeit zur Flucht gewinnt; diese vertrocknete Masse wird als Sepiabraun in der Malerei benützt und enthält ein stickstoffhältiges Pigment, das Sepiin, das gleichfalls in diese Reihe gehört. Ob · die berüchtigten Blutkrystalle, die man durch Eintrocknen und theilweises Wiederauflösen von Blut erhält, der Classe der Pigmente zuzuzählen sind, oder ob sie etwa gar krystallisirte Proteinate vorstellen, lässt sich vor der Hand nicht bestimmen, obwohl Letzteres analogienlos und im höchsten Grade unwahrscheinlich ist. Viele sogenannte Pigmente der Thierwelt, wie das Pigment der Schnäbel, Füsse und Kämme vieler Vögel, stellen sich als gefärbte in Aether lösliche Fettmassen dar; auch das Pigment der Federn und Haare ist innig an das Markfett des Schaftkanales gebunden, so dass sich über die chemische Natur dieser Pigmente derzeit so wenig etwas Sicheres angeben lässt, als über die buntschimmernde Farbenpracht der Insektenwelt, die vielleicht theilweise ihren Farbenschmuck direkt aus dem Pflanzenreiche entlehnt.

**Pflanzliche stickstoffhältige Pigmente. Chlorophyll.** Die zweite Reihe, die stickstoffhältigen pflanzlichen Pigmente, umfasst wesentlich nur zwei wohlgekannte Glieder, das Chlorophyll und den Indigo. Das Chlorophyll $C_{18} H_9 NO_8$ oder richtiger ($C_{36} H_{18} N_2 O_{16}$) Fe findet sich als Blattgrün in allen dem Lichte dargebotenen flächenförmigen Ausbreitungen und Entwicklungen der Pflanzenachsen; es ist harziger Natur, in Wasser fast unlöslich, in Alkohol, am leichtesten aber in Aether löslich; es wird durch Alkalien bräunlich gelöst, und aus dieser Lösung durch Salzsäure in grünen Flocken gefällt; mit Wasserstoff im Entbindungsmoment, also mit Zink und Salzsäure behandelt, liefert es ein farbloses Chromogen, wahrscheinlich dem Indigo analog ein Hydrür, das durch Oxydation an der Luft wieder vergrünt. Stärkeren Oxydationsmitteln (Untersalpetersäure, Chlor) oder dem Ozongehalte der Luft (den Herbstnebeln) ausgesetzt, durchläuft es höhere Oxydationen, die das bekannte Roth und Gelb die schönen herbstlichen Tinten der Laubwälder darstellen. Es scheint, wahrscheinlich durch seine grüne Farbe, der im Pflanzenreiche so sehr verbreiteten Reduktion in physikalischem Sinne zu dienen.

**Indigo.** Der Indigo, Pigmentum indicum, der jetzt auch in Westindien gepflanzt ist, wird aus den Pflanzengattungen Anil, Nerium und Jsatis (der europäische Waid) durch Gährung und Verwesung gewonnen, in welchen Pflanzen er als farbloses Chromogen zugegen ist, das sich nach erfolgter Oxydation als leichtes blaues Pigment schaumartig abscheidet und in Kuchen geballt mit kupferrothem Striche in Handel kommt. Der Indigo des Handels besteht aus folgenden Substanzen: 1. aus Indigoblau, dem sogenannten Isaténoxydul $C_{16} H_5 NO_2$, das mit Schwefel-

säure zwei gepaarte Säuren liefert; die Phoenicin- und Caerulin-
schwefelsäure, die man im unreinen Zustande durch Auflösen des
Indigos in Nordhauseröl als sogenanntes Sächsischblau erhält
und als substantives Pigment auf Schafwolle verwendet, und deren Kalisalz den sogenannten blauen Carmin (Waschblau) darstellt. Das reine Indigoblau sublimirt in purpurnen Dämpfen und
liefert ein rothschimmerndes dunkelblaues krystallinisches Sublimat; mit Wasserstoff im Entbindungsmomente zusammengebracht,
liefert es ein farbloses Hydrür, ein Chromogen $C_{16} H_6 NO_2$ das
Indenoxydul oder Indigoweiss, das sich in Alkalien zu einer
gelblichen Flüssigkeit auflöst (Indigoküpe) und durch Oxydation
an der Luft vergrünt und schliesslich wieder blaues, unlösliches
Indigoblau abscheidet. (Praktisch geschieht diese Reduction durch
faulen Harn, Kleie, Zinnoxydul, Auripigment oder Eisenvitriol,
unter gleichzeitiger Anwendung von Pottasche, Soda und Kalk;
die geklärte gelbliche Lösung, die Indigoküpe wird zur Darstellung des echten Küpenblaues benützt.) Das Indigblau geht
in keiner Form, trotz vielen gegentheiligen Behauptungen nach
einer von mir durchführten umfassenden Versuchsreihe in den
Harn über, und besitzt in Epilepsien, Krämpfen und Neurosen
durchaus nicht den behaupteten Werth eines Nervinum alterans
oder Heilmittels. Durch schmelzendes Kalihydrat, Ozon oder andere passende Oxydationsmittel, verwandelt es sich in das gelbe
krystallisirbare Isatin oder Isaténoxyd $C_{16} H_5 NO_4$ das bei der
Destillation mit Kalihydrat Anilin liefert; mit Chlor liefert es
Chlorisatin, das weitere Chlorungen zu Dichlorisatin etc. zulässt
und mit konzent. Salpetersäure abgeraucht, stellt es die Nitranil-
oder Pikrinsäure dar, das Welter'sche Bitter, das in grösseren
Gaben giftig wirkt, ein echtes Gelb auf Seide und Wolle liefert
und dessen schwerlösliches orangegelbes Kalisalz beim Erhitzen
salpeterähnlich verpufft. Mit dem Indigblau wahrscheinlich identisch ist ein Spaltungsproduct des sogenannten Uroxanthins, eines
farblosen Chromogenes des Normalharns, das im Aetherextracte
desselben gelöst erscheint. Behandelt man dieses Aetherextract,
oder wohl auch den nativen Harn mit rauchender Salzsäure im
Ueberschusse, so nimmt das Gemische nach einiger Zeit eine
violette Färbung an, durch längeres Stehen und öfteres Filtriren,
scheidet sich auf dem Filter ein dunkel violetter Körper ab, der
mit siedendem Wasser dem man etwas Ammoniak zusetzt vollständig ausgewaschen und getrocknet wird; behandelt man diesen Körper nun bis zur Erschöpfung mit Aether, so löst sich
ein rothes Pigment auf, das nach Verdunsten des Aethers als
schwache Harzsäure zurückbleibt, und in vieler Hinsicht mit dem
gleich später zu erwähnenden Indigoroth Aehnlichkeiten besitzt.
Der mit Aether erschöpfte Filterrückstand löst sich im schwä-
cherem kochenden Alkohol ziemlich schwer mit kornblumenblauer
Farbe und fällt nach dem Erkalten und längeren Stehen in tief-

blauen unter dem Mikroskope spinnenförmigen krystalloiden Formen, als sogenanntes Uroglaucin heraus. Dieses Uroglaucin stimmt in allen damit bisher versuchten Reactionen so vollkommen mit dem Indigblau überein, dass es völlig gerechtfertigt erscheint demselben den Namen des Harnindigs beizulegen. Die nahe Verwandtschaft des Indigradicals $C_{16} H_5$ mit dem Benzoyl- und Phenylradicale $C_{14} H_5$ und $C_{12} H_5$ die sich nur um den Kohlenstoffkern $C_2$ von ihm unterscheiden, und die in fast allen thermischen und spontanen Zersetzungsproducten stickstoffhältiger Substanzen auftreten, macht einerseits dieses Vorkommen des Indigoblaues im Harne begreiflich, andererseits deutet es vielleicht darauf hin, dass auch das Pittakal das prachtvoll blaue Pigment des Steinkohlentheers vielleicht mit dem Indigoblau identisch sei oder doch mit ihm zusammenhänge. Das Uroglaucin und Urrhodin oder der Harnindig, das Spaltungsproduct des farblosen Chromogens, (Hellers Uroxanthin) vermehrt sich vorzüglich in allen Entzündungsprozessen seröser Häute, bei hochgradigen Nierenleiden und in allen Spinalneurosen. 2. Ein fernerer Bestandtheil des käuflichen Indigs, ist das Indigoroth. 3) Das Indigobraun und 4. der Indigoleim, lauter stickstoffhältige Körper, die theils durch Schwefelsäure verkohlt, theils durch Alkalien und Alkohol ausgezogen werden können, um den eigentlich färbenden Bestandtheil des Indigs, nämlich das Indigoblau in reinem Zustande zurücklassen.

**Stikstoffhältige Extraktivstoffe.** Die stickstoffhältigen Extraktivstoffe von denen in wissenschaftlicher Beziehung dasselbe erwähnt werden muss, was von den stickstofffreien gesagt wurde, theilen sich in drei Hauptgruppen; 1. in die gepaarten Körper; 2. in die Peptasen, und 3. in die Zomidine.

**Gepaarte Extraktivstoffe.** Die gepaarten Extraktivstoffe dürften eine weit grössere Verbreitung in der pflanzlichen und thierischen Natur besitzen, als das beschränkte Wissen über dieselben heutzutage vermuthet. Als zwei belebrende Beispiele dieser Gruppe heben wir das Amygdalin und Myron hervor. Das Amygdalin findet sich in den Bittermandeln neben fettem Oele und Emulsin, es hat die Formel $C_{40} H_{27} NO_{22}$, löst sich im kochenden Weingeist, ist krystallisirbar, von rein bitterm Geschmacke, völlig geruchlos, neutral und unlöslich in Aether, durch den es aus der alkoholischen Lösung in fettglänzenden Schüppchen gefällt wird; an und für sich ist es auch in hohen Gaben nicht giftig; beim Kochen mit Alkalien liefert es unter Entwicklung von Ammoniak die krystallinische aber gummiartig eintrocknende Mandelsäure $C_{40} H_{26} O_{24}$. Beim Zusammenbringen mit dem Oxyde des Emulsins oder Mandeleiweisses, dem sogenannten Synaptas zerfällt das Amygdalin durch einen Act polimerer Spaltung in Blausäure, Zucker und Bittermandelöl $C_{40} H_{27} NO_{22} = C_{14} H_5 O_2, C_2 NH$ $2 C_{12} H_{10} O_{10}$; das Amygdalin ist daher ein Mittel, Blausäure

im Entbindungsmomente in den Körper einzuführen, wenn es
gleichzeitig mit Emulsin oder Süssmandelmilch verabreicht wird;
in diesem Falle tödtet auch eine kleine Dosis die Versuchsthiere
schnell unter allen Erscheinungen einer Blausäurevergiftung. Aus
dem Amygdalin entsteht somit auch unter dem katalytischen Einflusse des Emulsins das Bittermandelöl, das in der Mandel nicht
präformirt ist, sondern erst nach dem vorhergegangenen Ein-
maischen mit Wasser durch Destillation aus den Bittermandeln
gewonnen werden kann. Die Untersuchungen über die Gesetze
der Blattstelluug oder Phyllotaxis, scheinen darauf hinzudeuten,
dass sich die Gegenwart des Amygdalins in den Drupaceen und
Rosaceen mit einem gewissen Winkel der Blattwendung (der
epagogischen Prosenthese) zusammenfinde, wodurch ein neuer
Beweis einer organisch chemischen Isomorphie gewonnen wäre.

Eine ganz ähnliche Zusammensetzung in die aber noch
Schwefel eingeht, hat der schwachsaure balsamähnliche, dick-
flüssige Extractivstoff des Senfsamens und vieler Cruciaten, der
eben desshalb auch häufig Myronsäure genannt wird. Unter dem
Einflusse des gleichzeitig im Senfsaamen vorkommenden Myrosins, eines emulsinartigen Proteinates, zerfällt das Myron in ein
Kohlehydrat und in das Rhodanür des Allyls, oder das Senföl;
derartige gepaarte azothältige Extractivstoffe dürften durch ihre
mannigfaltigen Spaltungsprozesse tief in den pflanzlichen und
vielleicht auch in den thierischen Stoffwechsel eingreifen, und
die Rolle chemischer „Ammen“, die Rolle von Kohlenhydrate-
Oel- und Alkaloid- bildenden Stoffen, Glycogenen, Oleogenen und
Alkalogenen spielen.

Die zweite Reihe der **Peptase** ähnlichen **Extractiv-**
**stoffe**, dürfte vorwaltend dem thierischen Organismus angehören,
die Körper dieser Gruppe scheinen aus Abkömmlingen der Pro-
teinfamilien hervorzugehen, an die sie sich unmittelbar anschlies-
sen, sie sind sämmtlich amorph, unfähig einer Organisation, und
stellen vielleicht weitere Verwendungen des Schleimstoffes dar,
geneigt mit Säuern und Basen vereinigt aus solitären krypten-
förmigen oder acinösen Drüsen abgeschieden zu werden; über
die chemische Constitution dieser veränderlichen Körper ist sehr
wenig bekannt; wir führen hier zwei Repräsentanten der Gruppe
auf: das Pepsin und Ptyalin.

Das Pepsin oder Chymosin ist in dem Magensafte aller
Carnivoren und in den Labdrüsen gewisser Mägen der Herbivoren enthalten, so z. B. in dem Labmagen der Wiederkäuer,
es ist eine amorphe, gummiähnlich vertrocknende Masse, innig gemengt mit Milchsäure und Chloriden und stellt in diesem Gemenge das Digestionsprincip der Proteinverdauung dar, dieses
Gemenge oder die Peptase des Magens verwandelt die Proteinate
der Nahrung mit oder ohne vorhergegangene Coagulation durch
einen Akt gährungsähnlicher Katalyse in Peptone d. h. in ge-

14*

rinnungsunfähige, leicht endosmosirende, lösliche Körper, die sich erst wieder nach ihrer Resorption, innerhalb der Bahn der Chylus- und Blutgefässe in die coagulabeln Proteïnate zurückverwandeln. Ein Würfel hart gesottenen Eiweisses, schwillt in einer derartigen natürlichen oder künstlich bereiteten, sauren peptasehältigen Flüssigkeit von den Kanten her auf, wird durchscheinend, und löst sich nach mehrstündiger Digestion in mässiger Wärme vollständig; diese Lösung durchdringt zum Unterschiede von dem ursprünglichen löslichen Eiweisse mit grosser Leichtigkeit thierische Membranen auf dem Wege der Endosmose. Das Ptyalin spielt wahrscheinlich dieselbe Rolle in dem alkalischen natronreichen Speichelsecrete der acinösen Ohrspeichel-Unterzungen und Unterkieferdrüse, welche das Pepsin im sauern Magensafte spielt. Es würde dann dieses Ptyalin in alkalischer Lösung eine Ptyalase oder ein Speichelferment darstellen, das das Princip der Kohlenhydrateverdauung ist; unter dem Einflusse dieses Fermentes quillt das im Wasser unlösliche Stärkekorn auf, wird durchscheinend und endlich in Zucker verwandelt; die umwandelnde Wirkung dieses Fermentes behauptet sich auch, obwohl im schwächeren Grade noch bei dem verschluckten Speichel im sauern Magensafte; eben desshalb ist ein langsames Verkauen und kräftiges Einspeicheln der Speisen dem Kaumechanismus der Wiederkäuer eigen und bei vorwaltender Pflanzenkost überhaupt empfehlenswerth. Wahrscheinlich existiren im Pankreassafte, dem Sekrete der Rauchspeicheldrüse, und in dem enterischen Safte, dem Sekrete der solitären Folikel- und Drüsenplaques des Darmrohres in seinen verschiedenen Gliederungen in Zwölffingerdarm, Dünndarm, Dickdarm und Mastdarm ähnliche Extraktivstoffe von gleichartiger Wirkung; insbesondere scheinen

*Faecin.*

die Drüsen des Blind- und Mastdarms einen eigenthümlichen Körper zu liefern, der entweder zur Classe der flüchtigen Fettsäuren oder zu dieser Gruppe gehört, und den eigenthümlichen Faekalgeruch vermittelt, der den normalen Exkrementen gebührt und sich wesentlich von dem ammoniakalisch fauligen Geruche colliquativer Diarrhoen, von dem süsslich aashaften Gestanke dyssenterischer Stühle, und der fast völligen Geruchlosigkeit echter Choleraentleerungen unterscheidet. Dieses Faecin tritt bei gleichzeitiger Blasen und Mastdarmparese auf dem Wege einfacher Transsudation durch die paretischen Membranen in den Harn über und erscheint daselbst als äusserst schweres Symptom, erkennbar durch den characteristischen Faekalgeruch, den der durch Schwefelsäure versetzte Harn entwickelt.

*Zomidine.*

Die dritte und letzte Reihe der stickstoffhältigen Extraktivkörper sind von untergeordneter Bedeutung und stellen wahrscheinlich nur künstliche Zersetzungsproducte der präformirten organischen Körper vor; es gehören hierher: das Osmazon und Zomidin, braune amorphe Körper, die man aus Fleischbrühen, gebratenem und geröstetem Fleische ausziehen und darstellen kann, und die ähnlich wie das Assamar und der Caramel bei den gerösteten Kohlenhydraten als thermische Zersetzungsproducte den pikanten Geruch und Geschmack der Brühen und Braten vermitteln mögen.

**Die Gewebe bildenden oder plastischen azot-** **hältigen Stoffe des Thierkörpers**, stammen vielleicht sämmtlich einer gemeinschaftlichen Wurzel dem **Protëin** $C_{36} H_{23} N_4 O_{10}$ ab; ihre rationelle Constitution ist noch vollständig dunkel, unter ihren Zersetzungsproducten treten auf: 1. Die Säuren der ersten Gruppe $C_n H_{n-1} O_3 HO$ namentlich Ameisensäure, Essigsäure, Propionsäure, Buttersäure und Baldriansäure; 2. die subbasischen Alkalide des thierischen Stoffwechsels: Leucin, Glycin und Tyrosin; 3. flüchtige Alkaloide oder Amine wie Aethylamin, Methylamin, Butylamin und Phenylamin; 4. die Glieder der Benzoyl- und Phenylgruppe $C_{14} H_5$ und $C_{12} H_5$; und endlich 5. die einfachsten dimeren organischen Körper in ihren Sauerstoff- und Wasserstoffverbindungen des Kohlenstoffs nebst Cyan und Ammoniak. Erst wenn die verworrenen Acten über die Untersuchungen dieser Körper in denen sich das Geheimniss der Gewebebildung und Organisation des Thierleibes vollzieht, berichtigt und geschlossen sein werden, wird die biochemische Doctrin im Stande sein, näher in dieses dunkle Gebiet einzugehen und das bestimmtere Detail zu verfolgen. Vorläufig müssen alle die tausendfältigen offenen Fragen, die oft widersprechenden Einzelangaben über diese Stoffe der speziellen Fachthätigkeit des Chemikers überantwortet bleiben, um nicht den ruhigen Faden des Verständnisses zu einem unauflöslichen Knäuel zu verwirren. Nur einzelne wenige Thatsachen und Stoffe ragen wie Inseln aus diesem Meere der Ungewissheit hervor, und sie sind es die im folgendem eine möglichst fassliche Erwähnung finden sollen. Die plastischen Stoffe werden eingetheilt, 1. in Protëine; 2. in Protëinoxyde, 3. in Protëintritoxyde, 4. in Schleimstoffe, 5. in Harnstoffe, 6. in Leimstoffe oder Collagen, und 7. in Stoffe, welche zum Unterschiede von den Vorigen in Alkalien unlöslich sind, und die wieder in das elastische Gewebe und das Chitin zerfallen.

I. **Protëine**. Die echten Protëine oder albuminoiden Substanzen werden sämmtlich aus ihrem löslichen Zustande durch Salpetersäure unter passenden Umständen coagulirt oder in den

*Marginal notes:*

Organisationsfähige, plastische oder Gewebebildende Stoffe, Protëin und seine Derivationen.

Protëine.

Unlöslichen überführt; aus essigs. Lösung werden sie durch Ferrocyankalium gelblich weiss und flockig gefällt; sie sind sämmtlich schwefelhältig, einige darunter auch phosphorhältig, und wie es scheint enthalten sie wenigstens den Schwefelgehalt häufig in doppelter Form, einen Theil als labilen Schwefel, der beim Schmelzen der Substanz mit Kali auf Silberblech einen schwarzen Fleck von Schwefelsilber erzeugt, und einen anderen Theil als stabileren Schwefel, als Sauerstoffverbindung des Schwefels der nur durch Schmelzen mit Salpeter in Form von Schwefelsäure nachweisbar wird. Von dieser Gruppe allein ist es bei allen Gliedern derselben zweifellos sicher gestellt, dass sie Stickstoffnahrmittel der Thiere bilden und in irgend einer Weise in verwandten Gliedern fertig vorgebildet in der Pflanze sich befinden. Der Biochemismus des Thieres vermag aus anderen stickstoffhältigen Körpern keine Gewebsstoffe zu bilden, er muss das Protein fertig aufnehmen, wohl aber ist es ihm gestattet, innerhalb des Kreises dieser ersten Reihe Umwandlungen und Ableitungen der Stoffe dieser Klasse zu erzeugen d. h. die Ernährung und Gewebebildung zu bewirken und aus dem proteinreichen gemeinschaftlichen Nahrsafte des Körpers, dem Blute, das Parenchym der verschiedenen Organe zu differenziren und abzuscheiden. In diese Gruppe gehören vorwaltend sechs Körper: 1) Das

Albumin. Albumin des Thierbluts und des Eies, der schwefelreichste und zugleich phosphorhältige Proteinkörper von grösster Labilität seines chemischen Schwerpunktes, höchst geneigt, Zersetzungen einzugehen, von sehr komplexer Zusammensetzung, wovon die derzeit versuchte Formel desselben einen Begriff geben mag: $20 (C_{36} H_{25} N_4 O_{10} + 2 HO) 8 SNH_2 . PNH_2$ d. h. mit Worten ausgedrückt: an 20 Atome des Stammkernes Protein im Hydratzustande lagern sich noch 8 Atome des hypothetischen Sulphamid und 1 Atom Phosphamid an, wobei aber nicht vergessen werden darf, dass diese Formel eben nur ein Versuch ist, die wirre Zusammensetzung dieser Substanzen von einem einheitlichen Gesichtspuncte aus zu ordnen. Der Körper hat zwei Zustände, einen löslichen, in welchem er im Blute und Klaren des Eies enthalten ist, und einen unlöslichen oder coagulirten, in den er aus dem löslichen übergeht, wenn er bis 75⁰ erhitzt oder mit Salpetersäure, oder mit starkem Alkohol behandelt wird. Das Albumin bildet mit Säuren und Alkalien salzähnliche Verbindundungen, zufolge seines ziemlich unbestimmt chemischen, indifferenten Characters; die erstern Verbindungen sind grösstentheils im Wasser unlöslich und enthalten häufig das Albumin im geronnenen Zustande, die Letztern sind in Wasser löslich und rücken den Gerinnungspunct des Eiweisses immer höher hinauf. Eine Verbindung dieser Art, das Natronalbuminat ist im Blutserum und Hühnereiweiss, in den meisten Transudaten und in den echten Choleraentleerungen nachgewiesen. Lagert das Albumin in stark alkalischen Lösungen lange Zeit ausserhalb der Blutbahn, und des regeren Stoffwechsels in abgesackten Exsudaten, Cysten u. dgl., so büsst es gewisse Eigenthümlichkeiten seiner Gerinnung und Fällbarkeit ein, und liefert die pathologischen Modificationen der Paralbumins und Metalbumins, deren Vorkommen in Paracenthese-Flüssigkeiten nicht selten ist. Auch mit metallischen Basen geht das Albumin Verbindungen ein, die meist in Wasser unlöslich sind; diesem Umstande verdankt das Albumin seine Rolle die es unter den allgemeinen Antidoten bei Metallvergiftungen spielt. Ist das entstandene Metalloxydalbuminat in alkalischen Lösungen von Natronalbuminat gleichsam zu einem Doppelsalze löslich, so steht der Resorption des Metalles kein Hinderniss im Wege, die antidote Wirkung des Eiweisses ist keine vollkommene, das gelöste Metallgift gelangt durch den Blutstrom in die mannigfaltigsten Organprovinzen und äussert dort als Resorptions- oder Blutgift seine deleteren Wirkungen. Das Eiweiss, das an Verdaulichkeit hinter dem Caséin zurückstehen dürfte, ist das nahrhafteste aller echten Protëinate und dürften sich aus ihm, als einer gemeinsamen Wurzel alle die andern Glieder dieser Gruppe im thierischen Stoffwechsel entwickeln. 2) das Phytalbumen oder Pflanzeneiweiss, schwefelärmer *Phytalbumen.* als das thierische Eiweiss, ist äusserst verbreitet in den Säften des Dirachyms und Parenchyms der Pflanzen und angehäuft in vielen Sämereien. Es scheint verschiedene, vielleicht sehr zahlreiche Modificationen dieses Körpers zu geben, wozu in den *Emulsin.* *Myrosin.* öligen Saamen grosser Pflanzenfamilien das Emulsin oder Mandeleiweiss (auch im Lein- und Mohnsaamen vorkommend) und das Myrosin der Cruciaten (Senf, Rettig etc.) gehören. 3) das Syntonin oder Muskeleiweiss, früher fälschlich zum Faserstoff *Syntonin.* gezählt, nur im gewebten oder organisirten Zustande, als sogenannte Muskelfibrille gekannt; es bildet den eigentlichen Nahrstoff der Fleischkost, die um so nahrhafter und verdaulicher erscheint, je kürzere Zeit Wasser oder Hitze auf sie eingewirkt haben, welche Einwirkung überhaupt nur, theils einer Forderung des Geschmacks, theils der Zerstörung beginnender Faulungsprozesse und parasitischer Keime Rechnung trägt. Liebt es das Albumin, sich vorwaltend, wenn auch nicht ausschliesslich an Alkalien zu binden, und unter diesen wieder an Natron, so zieht das Syntonin dagegen die Phosphate der Erden namentlich der Magnesia, und unter den Alkalisalzen das phosphors. Kali als Skelett- oder Aschensalz vor, mit dem es in reichlicher Menge verbunden, die Fleischfaser bildet. Die Fleischfaser fault im feuchtem Zustande ziemlich leicht, aber doch schwieriger als Eiweiss, sie haucht bis zu ihrer hereinbrechenden Zersetzung Kohlensäure aus und schluckt begierig Sauerstoff ein; gegen elektrische und Nerveneinflüsse zeigt sie die bekannten Kontractilitäts- und Irritabilitäts-Reactionen; ein bald nach dem Tode des Thieres erfolgender eigentlicher Gerinnungsvorgang des Syntonins dürfte sich an der sogenannten Todtenstarre der Muskeln betheiligen; durch Phenylsäure oder Kreosot, (die auch Bestandtheile des Holzrauches sind) wird die Fleischfaser spröde und Fäulniss unfähig (geräuchertes Fleisch); durch den Einfluss eines Salzüberschusses erfährt sie ähnliche Veränderungen (Pöckelfleisch), in beiden Fällen verliert sie, was sie an Dauerhaftigkeit gewinnt, weit. aus an Verdaulichkeit und Nahrhaftigkeit. 4) Das

Gliadin Kleber.

Gliadin oder der Kleber in den phosphatereichen Cerealien und Gramineen, der fleischbildende Bestandtheil des Brotes und Mehles, ist das einzige Protëinat dieser Gruppe das sich sogar in Weingeist löst; mit Wasser befeuchtet bildet es eine klebrige Masse und erzeugt die Teigfähigkeit des Mehles, welcher Eigenschaft es seinen Namen verdankt; es fault und verwest sehr leicht (wodurch das Stärkmehl aus den Körnern gewonnen wird) und bedingt als Ferment bei Gegenwart löslicher Kohlenhydrate

Casëin.

die Milchsäuregährung. 5) Das Casëin oder der lösliche Käsestoff der Milch aller Säugethierweibchen: dieses leicht verdaulichste phosphorfreie Protëinat, das die Natur zum ersten Alimente des säugenden Thieres bestimmt hat, gerinnt aus seinen Lösungen, in denen es gewöhnlich als Casëinnatron vorkömmt, selbst durch die schwächsten Säuren, namentlich unter Mitwirkung der Hitze (saure Labung) und durch die Peptase oder das Chymosin in

den Mägen der Fleischfresser, oder den Labmägen der Wiederkäuer (süsse Labung); durch Erhitzen für sich allein gerinnt es nur
oberflächlich an der Grenze von Flüssigkeit und Luft in Form von
Membranen, es ist mit 3 bis 6⁰/₀ phosphors. Kalks, als seinem Aschen-
oder Skelettsalze verbunden, und fördert so rasch den Knochenaufbau im säugenden Thiere. Als Modificationen des Caséins
dürften das Krystallin der Krystalllinse und das Globulin der            Krystallin,
Blutkörperchen angesehen werden. 6) das Legumin oder der               Globulin,
Bohnenstoff, findet sich namentlich in den Hülsenfrüchten, den          Legumin.
sogenannten Leguminosen aus der Pflanzenfamilie der Papilionaceen u. z. in so reichlichem Masse, dass diese Saamen mit
Recht die vegetabilische Fleischkost heissen. Auch seine Verdaulichkeit ist unter d e r einen Voraussetzung völlig gewährleistet,
dass die cellulosehältigen Bälge der weichgekochten Hülsenfrüchte
entfernt wurden, da sie nicht nur selbst der Verdauung trotzen,
sondern auch die Einwirkung der Dauungssäfte auf das Legumin erschweren, wodurch unverdaute Hülsenfrüchte in die tiefern
Darmparthien gelangen, dort einer fauligen Zersetzung anheim-
fallen und Veranlassung zur Entstehung der Darmgase bilden.
Wie das pflanzliche Gliadin ein Spiegelbild des Sintonins im Bezug auf Aschensalze ist, geradeso wiederholt das Legumin als
Pflanzenkäse (der auch wirklich in China aus Bohnen bereitet
wird) das thierische Caséin, in Bezug auf seinen reichlichen Gehalte an phosphors. Kalke.

II. Die zweite Reihe der plastischen Stoffe umfasst die Pro-          Die Proteïnoxyde.
teïnoxyde, die den Stammkern $C_{36} H_{25} N_4 O_{11}$ enthalten;
es gehören hierher: 1) das eigentliche Fibrin oder der Blut-          Fibrin.
faserstoff, der im Blutliquor des lebenden Blutes gelöst ist,
aber im extravasirten Blute spontan gerinnt; der geronnene Faserstoff löst sich in salpeterhältigem Wasser, ein Umstand der
vielleicht wissenschaftlich das alte Nitrum der empirischen Anti-
phlogose rechtfertigt. Bei seiner Vermehrung im Blute bildet er,
namentlich in entzündlichen Krankheiten die sogenannte Speckhaut oder Entzündungshaut des Aderlassblutes, die beim Pferd-
blute eine normale Erscheinung darstellt; er ist auch in der
coagulabeln Lymphe und in einigen meist acut gesetzten Exsudaten enthalten; vielleicht dass sich eine Modification desselben
auch an der Zusammensetzung des männlichen Saamens betheiligt; er
ist nicht mehr nahrhaft und scheint ein Verwesungsproduct des

Eiweisses innerhalb der Blutbahn, die erste Phase einer retrograden Metamorphose zu sein. Im Blute zu Tode gehetzter Thiere, mit Blausäure Vergifteter und vom Blitze Erschlagener soll er fehlen, wenn er sich nicht wahrscheinlicher bereits in den Gefässen ausgeschieden hat. Eine Modification des Fibrins dessen spontane Gerinnung sehr verzögert ist, dürfte das sogenannte **Fibrinogen** mancher Exsudate vorstellen. 2). Das **Vitellin**, **Dotterfaserstoff**; das gelbe, schwefel- und phosphorhältige Fett des Eidotters ist in ein Stroma eingebettet, das einen Stoff dieser Gruppe repräsentirt, der in vieler Hinsicht mit dem Blutfaserstoff analog ist. 3) Auch die Milch enthält in den käsestoffartigen Hüllen ihrer Butterkugeln einen Protëinkörper, der sich zum gelösten Käsestoffe der Milchflüssigkeit etwa so verhalten dürfte, wie Faserstoff zum Eiweiss, und den man passend **Käsefaserstoff** nennen könnte. Alle drei Faserstoffarten haben das gemein, dass sie im Gegensatze zur vorhergehenden Gruppe sich nicht mit Aschensalzen sondern vorwaltend mit Fetten legiren; so ist der Faserstoff des Blutes sehr fettreich, so umschliesst der Käsefaserstoff das Butterfett, und der Dotterfaserstoff das Dotterfett.

Zwischen diese und die folgende Gruppe, vielleicht in beide hinüberragend, stellen sich die **Fermente**, die Gährungserreger, die sämmtlich stickstoffhältige Körper von der Familie des Protëins sind, und sich in einem Zustande von Verwesung oder Verrottung d. h. molekulärer Bewegung befinden, den sie in Form von Gährungsprozessen auf indifferente stabile Kohlenhydrate oder andere organ. Substanzen übertragen, mit welchen sie in Berührung gerathen. Nach einer dritten Richtung hin fallen diese Stoffe mit dem peptaseartigen Extractivstoffe zusammen. So disponirt ein Oxyd des Pflanzeneiweisses, eingezellt in die Pilzsporen des Torulapilzes (Kryptococcus fermentum der gewöhnlichen Bärme oder Hefe) den Traubenzucker zur geistigen Gährung, d. h. zur Spaltung in Alkohol und Kohlensäure; so disponirt das sich oxydirende Casëin und Gliadin die Kohlenhydrate zur Milchsäuregährung, — in einem stärkeren Grade der Verrottung aber die Milchsäure selbst zur Spaltung in Wasserstoff, Kohlensäure und Buttersäure; so veranlasst ein Oxyd des Glyadins in der gekeimten Gerste oder dem Malze, das sogenannte **Diastas**, die Bildung von Zucker aus Stärke und Gummi; so

*Marginal notes:* Vitellin. Käsefaserstoff. Fermente.

spaltet das Oxyd des Emulsins und Myrosins in den fetten Saamen, das sogenannte Sinaptas oder die Mandelhefe, des Myron in Kohlenhydrat und Senföl, das Amygdalin in Zucker, Blausäure und Bittermandelöl: so disponirt der anomale, weniger gerinnungsfähige lockere Faserstoff des typhoiden Blutes den gestauten Harnstoff zur Aufnahme von Wasser, und veranlasst dadurch die Uraemie; so setzt endlich vielleicht die Oxydation des Vitellins im bebrüteten Eie mannigfache Gährungsvorgänge in dem zusammengesetzten Complexe in Bewegung, die Spaltungen und Differenzirungen von Substanzen zur Folge haben, als deren letztes Resultat das ausschlüpfende Hühnchen erscheint. Ein genaueres Studium der Fermente, das uns vielleicht die Zukunft bringt, wird wundervolles Licht in die dunkelsten organ. Vorgänge werfen, in die Lehre von der Zeugung, in die Lehre von der Ernährung und in die medizinische Lehre der Contagien und Miasmen. III) Die Protëintritoxyde. Zu der wenig bekannten Classe der Protëintritoxyde gehört das Piin, ein weder in der Hitze coagulirbarer, noch auch durch Ferrocyankalium aus essigs. Lösung fällbarer Körper, der sich häufig im Eiterserum findet, dem man früher die sogenannte Eitervergiftung des Blutes, die Pyaemie aufbürdete, der aber doch in weit unschuldigerer Weise, wenn nicht identisch, so doch verwandt ist mit der Gelenkschmiere oder Synovia, welche die überknorpelten Gelenksenden der Knochen schlüpfrig erhält, dadurch die Reibung und Usur in den Gelenken aufbebt, und durch ihre dickliche Consistenz bei hohem Wassergehalte und sehr geringer fester Masse, die in einem eigenthümlichen Zustande der Quellung begriffen ist, das unerreichte Ideal aller Schmiermittel darstellt. Die Protëintritoxyde drehen sich um den Stammkern $C_{36} H_{25} N_4 O_{13}$; ein Glied dieser Reihe dürfte auch in der Speckhaut des Entzündungsblutes vorkommen. IV) Die Schleimstoffe. Während die echten Protëinate theils gelöst als Nahrungsmittel und Säfte, theils starr und organisirt als Gewebe — bildend vorkommen, während ferner die Protëinoxyde, Tritoxyde und Fermente so zu sagen ganz der Organisation entrückt sind, stehen die Schleimstoffe gleichsam an der Grenze der Webung; ohne je wahre Organisation und Struktur zu zeigen, befinden sie sich auch nie in wirklicher Lösung, sondern stets in einem eigenen Zustande der Quellung, und stellen so zu sagen improvisirte strukturlose

*[Marginalia:]* Protëintritoxyd.

*[Marginalia:]* Piin.

*[Marginalia:]* Schleimstoffe.

Membranen dar; der Schleim, von den Schleimdrüsen abgesondert, vielleicht eine blosse Modification des Keratins oder des Epitels auf dem er sich vorfindet, umhüllt schon im Munde den gekauten Bissen, ihm eine schlüpferige Bahn bereitend; ebenso hüllt er scharfe Substanzen zum Schutze für die Schleimhaut ein, überkleidet die aufsaugenden Zotten des Darms und formt und Mucin. fördert die Kothballen. Hierher gehört das Mucin, der Gallenschleim, der Darmschleim. Durch Erhitzen, Ferrocyankalium und Salpetersäure erfolgt keine Gerinnung oder Fällung; durch Essigsäure und Gerbsäure aber werden die Schleimstoffe gefällt und verdichtet; es ist wahrscheinlich, dass hierher auch das Li- Limacin. macin gehört, das den schleimigen Körper der Schnecken und vielleicht der meisten niedern Mollusken bildet; so dass sich die Natur der strukturlosen Schleimstoffe gleichsam zur Improvisi- Hornstoffe. rung der niedersten Organismen bediente. V) Die Hornstoffe. Die Stoffe dieser Gruppe kennt man nicht in Lösung, sie sind stets organisirt und bilden die äussersten Decken und Schutzmittel des Thierleibes, theilweise zu furchtbaren Waffen organi- Keratin. sirt; hierher gehören: die dichte nerven- empfindungs- und gefässlose Oberhaut, die feinen Epithelialüberztge der Respirations- Verdauungs-, Harn- und Geschlechtsorgane, die Haare, Wolle und Federn der Thierwelt, die Nägel, Klauen und Hörner. Die Stoffe dieser Gruppe sind meist schwefelhältig, in Kali löslich; aus der kalischen Lösung entsteht durch Säuren eine protëinähnliche Fällung, die diese Stoffe als wahre histoplastische Abkömmlinge der Protëinate darstellt; keiner dieser Stoffe ist nahrkräftig oder für höhere Thiere verdaulich; sie sind sehr stabil und trotzen mächtig der Fäulniss. Als Anhang gehören in diese Sericin. Gruppe: Das Sericin oder der Stoff der Seide, identisch in chemischer Hinsicht mit den Gespinnstfasern aller Spinnen und In- Fibroin. sekten, ferner das Fibroin oder die Substanz des Badschwamms, den weichen Polypenstock oder das Hautskelett der Leder- und Hornkorallen bildend. Das Keratin liebt es, Kieselsäure und Eisenoxyd als Skelettsalz aufzunehmen; die Kieselerde ist am reichlichsten in den Federn, das Eisenoxyd am reichlichsten in den Haaren vertreten. Das Fibroin enthält vorzüglich kohlens. Kalk und Jodmagnesium als Aschensalz, letzterem Umstande verdankte die Schwammkohle ihre therapeutische Verwendung. VI) Die Leimstoffe oder Collagene. Leimstoffe oder Collagene. Die Stoffe dieser Gruppe geben sämmtlich bei längerem Kochen mit Wasser eine Lösung die bei einiger Concentration nach dem Erkalten gelatinirt und Leim heisst. Der Leim ist entweder eine Isomerie oder ein Hydrat der Stoffe, aus denen er hervorgeht, und die bei dieser Behandlung mit Wasser alle Spuren ihrer Webung oder Structur verlieren. Man kennt zwei Hauptarten des Leimes, das Glutin, Ossëin, und das Chondrin, oder wie sie gewöhnlich heissen, den Knochen- oder Knorpelleim. Beide Leime coaguliren selbstverständlich nicht beim Erhitzen und gelatiniren beim Erkalten ihrer Lösungen, sie werden durch Gerbsäure als gerbs. Collagen oder sogenanntes künstliches Leder gefällt, die sicherste Unterscheidung beider Leime ist die, durch Essigsäure, welche das Chondrin fällt, das Glutin aber ungetrübt lässt. Beim Kochen mit Kupfersalzen und Alkalien entsteht eine violette Lösung, eine Reaction, welche die Leimarten mit allen Protëinkörpern theilen und dadurch indirect ihre Abstammung und ihren Zusammenhang damit verrathen. Beim Eintragen in schmelzende Alkalien entsteht unter Ammoniakentwicklung Glycocoll oder Glycin, das süsslich schmeckende basische Alkalid, der Leimzucker; beim Destilliren mit Schwefelsäure, oder Schwefelsäure und Braunstein tritt neben Benzoylkörpern unter den Säuren der ersten Gruppe, vorzüglich Ameisensäure auf. Die Leime verlieren durch öfteres Aufkochen die Gelatescenz, durch Behandeln mit Oxydationsmitteln z. B. Salpetersäure büssen sie dieselbe gleichfalls ein, und erhalten das Vermögen lange flüssig zu bleiben ohne an Klebekraft zu verlieren, was ihre technische Benützung als flüssige Leime bedingt. Das Glutin hat die Formel $C_{13} H_{10} N_2 O_5$; das Chondrin $C_{32} H_{26} N_4 O_{14}$; das Chondrin zeigt in seiner Formel, wie leicht es durch Oxydation und Kohlensäureverlust sich aus dem Protëin ableiten lasse; das Glutin hingegen hat eine Formel die weniger die Verwandtschaft mit Protëin verräth, obwohl sie gleichfalls formell auf dieselbe zurückzuführen wäre. Dem Glutin entspricht als histologischer Repräsentant das im Körper überall verbreitende Bindegewebe, das sich entweder schichtenweise zu Membranen verdichtet, wie die eigentliche Haut, in welche Nerven, Drüsen, Haarbälge und Gefässe eingebettet sind, wie die Schleimhäute und serösen Häute des Körpers, oder das die wesentlichen Gewebstoffe der Organe zu einem Parenchyme zusammenwebt und löthet, wodurch es

Glutin, (Ossëin) Chondrin, Ichthiocolla, Kolloid.

Bindegewebe.

eben den Namen Bindegewebe erhielt, oder endlich von der Natur zum Ersatze etwaigen Substanzverlustes, zur Verlöthung von Wunden und Geschwüren als sogenanntes Narbengewebe benützt wird; der zweite wichtige histoplastische Repräsentant des Glutins ist das Skelett der Wirbelthiere, das Knochengewebe, dessen circa 30% betragende organ. Grundlage, der Knochenknorpel oder des Ossëin eine Isomerie des Glutins ist; dieses Ossëin kann man erhalten, wenn man von der Beinhaut befreite, möglichst blutfreie ausgewässerte Knochen in sehr verdünnte Salzsäure oder stärkere Essigsäure einlegt, welche Säuren die Knochenerde, d. i. die Phosphate und Carbonate von Kalk und Magnesia mit Spuren von Kieselerde und Fluorkalcium auflösen, worauf das knorpelige Gerüste des Knochens zurückbleibt. Die Hausenblase oder der Fischleim Ichthyocolla, die Schwimmblase der Hausenfische und verwandter Fischgattungen liefert beim Kochen einen Leim, der am nächsten dem Glutin steht, sie zeigt aber bei ihrer Auflösung im Wasser oder im verdünnten Weingeist, worin sie sich unter allen Leimen am besten löst, beim Erkalten der Lösung eine netzähnlich fadige Gerinnung, zieht sich aus der grössten Verdünnung allmälig wieder in eine Masse zusammen und eignet sich daher vorzüglich zu Klärungen von Flüssigkeiten. Der histoplastische Repräsentant des Chondrins ist das wahre nicht ossificirende Knorpelgewebe der Organenknorpel, wie der Kehlkopfknorpel, der Nasen- Ohr- und Augenlidknorpel. Der eigenthümliche leimähnliche Inhalt der sogenannten Colloidcysten und vielleicht sogar der des Gallertkrebses oder Collonems dürfte eher den Schleimstoffen als der Collagengruppe zuzuzählen sein. Die nährende Kraft der Collagenstoffe ist trotz ihrer leichten Verdaulichkeit doch nur eine problematische, gewiss ist, dass sie als einziges Stickstoffaliment auf die Dauer des Leben nicht zu unterhalten vermögen.

Die bisherigen Protëinstoffe waren sämmtlich in mässig konzent. Kalilauge beim Erwärmen leicht und vollständig löslich; mit rauchender Salzsäure erwärmt, färbten sie sich blau, roth oder violett; mit salpeters. Quecksilberoxydul digerirt, nehmen sie eine rothe Färbung an; bei der nunmehr folgenden letzten Gruppe, fallen auch diese allgemeinsten Reaktionen der Protëinfamilien theilweise weg. VII) 1) das elastische Gewebe, in Faserform unter dem Mikroskope erscheinend, deren Fibrillen markiger

und schärfer konturirt als die zarteren lockiggeschwungenen Bin-
degewebsbündel erscheinen, zeigt zwar noch die letzterwähnten
Reakzionen, ist aber in Kali schon so schwer löslich geworden,
dass es einer mehrtägigen Digestion damit bedarf, bis es aufquillt; beim anhaltenden Kochen mit Wasser, namentlich über
100°C., also in geschlossenen Räumen, löst sich das elastische
Gewebe zwar zu einer leimähnlichen Flüssigkeit, die aber nicht
gelatinirt und weder Glutin noch Chondrin enthält. Das elastische Gewebe ist hie und da zerstreut im Haut- und Zellge-
webe, seine Fasern sind wie straffere Befestigungsmittel einge-
webt in das Parenchym; die mittlere Arterienhaut ist hauptsächlich aus den elastischen Fasern gewebt, wesshalb diese Gefässe
nach dem Durchschneiden klaffen; diese Haut ist es namentlich
welche die Lebensgefährlichkeit der Arterienschnitte, die Aneuris-
men, und apoplectischen Aderbrüche bedingt, sie fehlt bei den
Venen. Als kompakte Masse tritt das elastische Gewebe am deut-
lichsten in dem sogenannten Nackenbande hervor, welches das
Hinterhaupt an die Wirbelsäule befestigt. 2.) das Chitin oder
Entomoderm $C_{16} H_{11}, NO_{11}$ bildet das Hauptskelett aller Arthero
zoen oder Gliederthiere, trotzt am längsten der Fäulniss unter
allen Protëinaten, zeigt keine der Reaktionen des Protëins, löst
sich gar nicht in kochender Kalilauge, und tritt am entwickeltsten hervor in den Schalen der Crustaceen (Krebse) und in den
Flügeldecken und Panzerschildern der Insekten; es liefert bei
der trocknen Destillation ausnahmsweise unter allen stickstoffhältigen Stoffen, kein Ammoniak. Aus diesen mit den Reaktionen der Protëinfamilien unvereinbaren Eigenschaften hat man
gefolgert, dass in dem Chitin ein indifferentes Kohlenhydrat,
etwa Cellulose oder Holzfaser enthalten sei; über die rationelle
Zusammensetzung und die nähere Formel dieses interessanten
Körpers lässt sich vorderhand bei dem gänzlichen Mangel bestimmter Zersetzungsproducte nichts aussagen. Gewiss ist, dass
das Chitin auch den stärksten Dauungssäften völlig Trotz biete,
wie man denn auch in dem Guano, den Excrementen der Südseevögel noch wohlerhaltene Käferschilder und Flügeldecken
findet, die sogar noch eine genaue zoologische Bestimmung zu-
lassen.

## II. Abtheilung:

# SYNTHETISCHE BIOCHEMIE.

### Chemie der biochemischen Prozesse.

Die Geschichte der Chemie hat in ihrer mittleren Epoche, namentlich in der zweiten Periode derselben im sechzehnten und der ersten Hälfte des siebzehnten Jahrhunderts eine Phase durchgemacht, die man mit allem Recht mit dem Namen der Chemiatrie belegte. Nicht lange vorher war sie Alchymie gewesen, und hatte den feinsten Scharfsinn und den ausdauerndsten Fleiss ihrer grössten Jünger der unfruchtbaren Chimäre des Goldmachens geopfert. Viel hat sich seither geändert, gar manches ist in der Theorie und Praxis dieser Wissenshaft ganz anders geworden, grosse Dunkelheiten haben sich aufgeklärt und eine kolossale Summe von Beobachtungen aller Art hat sich dem forschenden Geiste geoffenbart, und — wenn wir uns jetzt, die Hand ans Herz gelegt, ehrlich fragen, wer denn von den modernen Chemikern für die unverrückbar elementäre Natur, für die Unzersetzbarkeit und Einfachheit der Metalle allen Ernstes in die Zukunft einzustehen wage, so dürfte die Antwort leicht im verneinenden Sinne ausfallen. Post tot et tanta discrimina rerum befinden wir uns im Prinzipe gerade da, wo die Adepten des fünfzehnten Jahrhunderts standen; wir haben von den Erynnien unserer eigenen wissenschaftlichen Skepsis verfolgt den Glauben an unsere eigene Axiome, den ernsten unerschütterlichen überzeugenden Glauben an unsere Elemente verloren. Die Theorie unserer Wissenschaft kennt keine Elemente mehr, und weil sie sie zum Scheine anzunehmen gezwungen ist, so entschlüpft sie rasch mittelst einer syllogistischen Volte durch ein geheimes Hinterpförtchen, nichts dem erstaunten Neophyten zurücklassend, als die fadenscheinige durchsichtige Definition; das moderne chemische Element ist nicht der unzerlegbare, sondern einfach der bisher noch nicht zerlegte Stoff; mag der überraschte Jünger mit seiner Ueberzeugung nur selber fertig werden. Dies und Aehnliches sind die Angriffspunkte jener kaustischen Alles zersetzenden Kritik, die so gerne zu beweisen strebt, dass es keinen Fortschritt gebe, und dass die Wissenschaft, wie die Menschheit, dem Esel der Tretmühle gleich, in den ewigen Kreis sich wiederholender Albernheiten gebannt sei. Diese dämonische Kritik, die alles entwerthet, was wir herrliches haben, und die die Reliquien der Wissenschaft und der Geschichte zur Charpie der von ihr geätzten Wunden zerzupft, erfüllt, ohne es zu wollen, und vielleicht selbst ohne es zu wissen, im Drange unvermeidlicher Nothwendigkeit, eine heilige Pflicht und einen erhabenen Zweck, indem sie das einzige Mittel wird, jene alberne Aristokratie des Zeitgeistes, jene absprechende nihilistische Suffisance des Gelehrtenthums, die keine Vergangenheit achtet und keine Zukunft glaubt, zu geisseln und zu zertreten; indem sie vielleicht gerade im Widerspruche mit ihrer Absicht, den Triumph des ursächlichen Zusammenhangs feiern hilft, des einzigen und höchsten Gesetzes aller Wissenschaften, das uns in den Irrthümern der begrabenen Geschlechter die Prämissen unserer Erkenntnisse achten und in unseren eigenen Leistungen nur fragile fliegende Nothbrücken zu ferneren Fortschritten erkennen lehrt. Und so verhält es sich denn auch im angezogenen Falle: ohne die kindliche Neugier, ohne den sonderbaren Fleiss, ja ohne die Habsucht des Adepten wäre, man kann es kühn behaupten, die Wissenschaft der Chemie nicht auf ihrem heutigen Standpunkte. Ausser der unbeschränkten Pietät gegen das Alte gibt es nichts Widersinnigeres und Perfideres, als die Impietät gegen die Alten. Wie weit wir aber trotz der an Alchemie erinnernden Unsicherheit unserer Begriffe über Elemente vorgeschritten sind, das bedarf in realer Hinsicht keines andern Beweises, als eines Blickes in die Handbücher unserer Wissenschaft; in formeller Hinsicht wollen wir aber als Zeugen unseres Fortschrittes, den Umstand hervorheben, dass, wenn wir auch nicht mit zweifelfreier Stirne auf die Einfachheit des Goldes schwören können, nichts desto weniger keiner von uns je mehr dem unfruchtbaren Adeptenwesen nachjagen wird, da uns die Zeit gelehrt hat, dass man das Gold auf ganz andere Weise mache, als im Schmelztiegel des Alchemisten, da wir wissen, dass die

Industrie der einzige berechtigte, praktische Adept des Jahrhunderts ist.

Und so kehren wir denn nach dieser unerlässlichen principiellen Abschweifung zurück, zu dem Plane dieser Einleitung. So wie die Chemie in Verkennung ihres Zweckes als eine unbeholfene Magd der Schwärmerei und Habsucht des Adepten gefröhnt hatte, so fröhnte sie kurze Zeit darnach der Medicin in ihrer chemiatrischen Epoche, und es birgt die Thatsache einen tiefen Sinn, dass sich die Chemiatrie herausbildete aus der Alchemie.

Der Stein der Weisen, die echte Goldmachertinctur, wurde zum elyxirium vitae aeternae, es entstand das aurum potabile und mit ihm die neue Phase unserer Wissenschaft, und gerade so wie damals, entwickelt sich jetzt, nach dem ungeheuren Aufschwunge der technischen Chemie und aus ihm, also aus der modernen Alchemie die physiologische und pathologische Chemie, als die moderne Jatrochemie.

Die Medizin der Gegenwart und der nächsten Zukunft fühlt sich zu demselben Prinzipe hingezogen, wie die alte Medizin eines Albertus Magnus, Basilius Valentinus und Theophrastus Hohener, aber wie verschieden sind ihre Prämissen, wie geläutert ihre Erkenntnisse, wie üppig der Schatz ihrer Erfahrungen?! Das alte Princip, das der Mangelhaftigkeit seiner Stütz- und Strebepfeiler zum Opfer fiel, wird auf festerem Terrain und mit besseren Baumaterialien als ein dauerndes Gebäude systematischer Medizin wieder auferstehen und so wird es kommen, dass die verhöhnte und verlassene Chemiatrie des sechzehnten Jahrhunderts im neunzehnten Jahrhunderte als Jatrochemie neue und glänzende Triumphe feiert.

In den Vordergrund des wissenschaftlichen Bewusstseins der Medizin hat sich das Axiom gedrängt, dass jede organische Funktion ursächlich gebunden sei an physikalische und chemische Veränderungen: an messbaren und wägbaren Stoffverbrauch.

Jede Muskelfibrille, die da zukt unter dem Einflusse der Innervation, gibt Stoffliches ab, verbraucht sich, und muss sich unter der Annahme ihrer Integrität durch die Wiederaufnahme von Stofflichem rehabilitiren. Jene wunderbaren mit phosphorhaltigem Fett gefüllten Eiweissschläuche, die Nervenfäden, mögen sie nun das dioptrische Netzhautbildchen zum Bewusstsein leiten, oder die Amplitude der Schallwellen auffassen, oder als Leitungsdrähte vom Telegraphenamt des Willens fungiren oder centripetal Empfindungen vermitteln, ja, mag sich in ihrer geheimnissvollen Werkstätte selbst der ewige Sklave und ewige Meister des Stoffs, der Gedanke entwickeln, sie sind in alledem dem unausweichlichen Gesetze des Stoffumsatzes unterworfen, wägbare Theile treten ein und treten aus. — Ueberall, wohin wir in der organischen Natur den Blick wenden, hat sich die Abhängigkeit organischer Thätigkeit vom Willen in entschiedener Weise gezeigt, und wo die Wissenschaft sie noch nicht auf der Wagschale gravitiren lassen, und nach Millimetern messen konnte, wo also die Quantitätsrelationen des Gesetzes unerforscht sind, da konnten wenigstens für die allgemein gültige Qualität des Gesetzes die triftigsten Gründe erhoben werden.

Und eben dieses Prinzip, das Stoff und Kraft, Materie und Leben, Wägbares und Thätiges zu correlaten Begriffen stempelt, dieses wunderscheue, nüchterne und fruchtbare Princip aller modernen Wissenschaftlichkeit involvirt in seiner Anwendung auf die Medizin zwei in ihrer Formulirung neue, ihrem Keime nach uranfängliche Wissenschaften, die Jatrochemie und Jatrophysik, zwei ebenbürtige Doctrinen, die kaum eine positive Gegenwart, wohl aber eine gewaltige Zukunft besitzen und in die sich einst das übliche in bunter Willkür zerstückelte Aggregat medizinischer Collegienhefte auflösen, und sich ihnen unterordnen wird.

Nachdem wir das Prinzip dieser Wissenschaft ausgesprochen, müssen wir auch ihre Methode kennen lernen, sie besteht: in Experimenten; ein oft genanntes, aber fast ebenso oft missverstandenes Wort, das die Empirie, die es fälschlich auf ihr Programm setzte, so diskreditirte, dass sich mit antinomischen Hasse der sogenannte Rationalismus der Medizin entwickeln konnte.

V

Wie wir aus der Geschichte aller Zeiten im Grossen und aus der Entwicklungsgeschichte jeder Wissenschaft im Einzelnen kennen lernen, löst sich jedes Paar von Antinomien, jedes Paar unversöhnlich scheinender Widersprüche in ein Drittes, Höheres auf, das die Vollendung und Versöhnung der streitenden Interessen darstellt, und eben dieses Problem, welches die streitenden Gegensätze der Empirie und des Rationalismus in der Medizin versöhnt und zum Abschluss bringt, ist das echte wissenschaftliche Experiment, d. h. die Herrschaft des Geistes über die Thatsache, die willkürliche Erfahrung, die da alle Bedingungen eines Geschehens überwacht, und während sie die Reihe aller übrigen unveränderlich fixirt, nach einander jede einzelne Bedingung wechselt. Vieles, was manchmal mit gutem Glauben und treuherzigem Eifer für ein Experiment ausgegeben wird, ist kaum eine Karrikatur desselben zu nennen. Wenn Jemand während eines Regens mit einem unechtfärbigen grünen Schirme ausginge und mit grünen Flecken auf seinen Kleidern heimkehrend, mit naiver Unerschütterlichkeit an die Thatsache eines grünen Regens glaubte, so würde dies doch Jedermann ein mitleidiges Lächeln abnöthigen, und doch würde der gute Mann von einer Thatsache, von einer Erfahrung sprechen, und sich etwa für einen Empiriker halten. Die grünen Flecke seiner Kleider sind allerdings der reale Inhalt einer Erfahrung; aber zwischen sie und das arrogirte Causalmoment des grünen Regens schiebt sich der fatale grüne Regenschirm ein, als eine von seiner kurzsichtigen Empirie nicht gewürdigte Bedingung, derer Ausfall das Experiment vereitelt.

So lächerlich das Beispiel klingt, so kann man mit gutem Gewissen sagen, dass zwei Dritttheile aller medizinischen Erfahrungen Daguerreotypien desselben seien. Der Erfolg, diese blinde Themis des medizinischen Tribunals, das post hoc, ergo propter hoc, was ist es anders, als der unechtfärbige Regenschirm unseres Gleichnisses? Es ist allerdings wahr, dass nirgends das Experiment so massenhafte Schwierigkeiten bietet, als in der Medizin und diess sei zur Rechtfertigung der Individuen, nicht aber des Schlendrians gesagt. Der Physiker und Chemiker spielt in seinen Experimenten im Vergleiche mit dem Arzte; die Pathogenese des Katarrhs, wenn sie einmal wissenschaftlich begründet ist, ist ein Herkuleswerk gegenüber allen astronomischen, optischen und technischen Entdeckungen; denn das unabsehbare Chaos an- und abschwellender, ewig wechselnder sich durchschlingender Bedingungen, wie sie das Leben eines Mäuschens bietet, findet sich im ganzen Kosmos weder grösser, noch verwirrter.

Das Leben ist eben das verschleierte Bild zu Sais; an der Lüftung seines Schleiers werden noch die spätesten Urenkel vergangener Geschlechter arbeiten; aber es ist doch besser, Schritt für Schritt, wenn auch noch so mühsam und langsam, an der Aufrollung dieses Vorhangs werkthätig zu sein, als auf denselben geistlose Carricaturen dieses geheimnissvollen Bildes zu klecksen. Die Schwierigkeit eines Werkes ist kein Grund der Zurückweisung, nur ein Grund der Nachsicht für den Arbeiter. Der berüchtigte blinde Erfolg, dieser Götze der bisherigen Medizin, muss von seinem usurpirten Throne gestossen, und auf ihn das einzig legitime echte Experiment erhoben werden. Ohne die zähe Gewissenhaftigkeit und die von vorne herein skeptische, alle Bedingungen umfassende Genauigkeit des Experimentes bleibt die Empirie eine trunkene Bachantin und der Rationalismus eine faselnde Somnambule. Die Erfahrung ist überhaupt keine feile Dirne, die sich brevi manu von Jedermann in den Busen greifen lässt; sondern eine sittige Jungfrau, die geliebt, belauscht und gewonnen sein will, ehe sie dem Auserkohrenen ihre heiligen Reize enthüllt.

Die ungeheure Kluft, welche lange Zeit zwischen der unorganischen und organischen Chemie de facto und in der Ueberzeugung ihrer Jünger bestanden hatte, wurde ausgefüllt durch Wöhler's entscheidende Entdeckung, den Harnstoff, der bisher als ein ausschliessliches Produkt der mystischen Lebenskraft des Thieres gegolten, künstlich darzustellen. Es war diese Entdeckung in mehr als einer Beziehung unendlich folgenschwer, sie hat gezeigt, dass einer und derselben empirischen Formel, einem und demselben Bilde procentarischer Zusammensetzung zwei ganz verschiedene rationelle Formeln, in Folge der abweichenden Gruppirung relativ und absolut gleicher Elemente entsprechen können. $C_2 N_2 H_4 O_2$ drückt eben so gut die Zusammensetzung des cyansauren Ammoniaks als die des Harnstoffs aus, welcher auch wirklich aus Ersterem während des Abdampfens und Verdunstens der wässrigen Lösung hervorgeht.

Wir glauben nun zu wissen, dass die Gruppirung der Atome im cyansauren Ammoniak durch folgendes Schema gegeben werden könne: $C_2 NO . NH_4 O$, worin $C_2 NO = Cy O$ die Cyansäure und $N H_4 O = N H_3 HO$ Ammoniak mit seinem basischen Wasseratome vorstellt, deren Summe wirklich zur empirischen Formel $C_2 N_2 H_4 O_2$ führt. Wenn man cyansaures Ammoniak mit concentrirter Schwefelsäure versetzt, so entwickeln sich die giftigen und stechend sauren Dämpfe der Cyansäure, ein Umstand, der bei der gleichen Behandlung des isomeren Harnstoffes wegfällt, was den strikten Beweis liefert, dass Letzterer andere nähere Bestandtheile, eine andere Atomengruppe haben müsse, als Ersteres. Wenn nun auch die Anschauungsweise, die im Harnstoffe ein Doppelatom Carbamid sieht $C_2 O_2 N_2 H_4 + H_2 O_2 = 2 (CO_2 . NH_3)$ ebenso hypothetisch ist, als die Berzel'sche Ansicht, die in ihm ein Urenoxydammoniak erblickt $C_2 HNO_2 . NH_3$, wofür seine Darstellung aus Urensulphid und Ammoniak geltend gemacht werden kann, so ist es doch im Principe gewiss, und wurzelt in der Ueberzeugung aller heutigen Chemiker, dass auch da, wo wir nicht die leiseste Ahnung einer Atomengruppirung besitzen, wie bei Stärkmehl und bei Zucker ($C_{12} H_{10} O_{10}$) jede dieser unbegreiflichen Isomerien, diese absolute Gleichheit chemischer Zusammensetzung bei differenten chemisch physikalischen Eigenschaften sich in klar verständliche Metamerien auflösen, und durch Verschiedenheit der näheren Bestandtheile begreifen lassen werde.

Die gewichtigste Folge aber der Wöhler'schen Entdeckung wird die bleiben, dass der unversöhnliche Gegensatz der anorganischen und organischen Schöpfung im Principe durch sie ausgeglichen wurde. Durch dieses Faktum ward zuerst die heilige, jede Forschung hemmende Scheu vor den eleusinischen Geheimnissen der Dynamis des Lebens, der Glaube an das Specifische der vis vitalis in seinen Grundfesten erschüttert; der nüchterne Forschungsgeist betritt als Geschichtsforscher Quellenkundiger und Antiquist die tausend Jahre verschlossenen unnahbaren Räume der heiligen Tempel und Mausoleen. Das Leben ist dem Experimente unterthan geworden, und muss, wenn auch zögernd und widerstrebend, Antwort geben auf die Frage der Forschung. Als man bei der Electrolyse des Salmiaks die leitende Quecksilberschicht auf dem Boden der Schaale, während sich Chlor am positiven Pole entwickelte, am negativen Pole amalgamartig schwellen sah, als man den gleichen Vorgang bei der chemischen Zerlegung des Salmiaks durch Kaliumamalgam beobachtete und — somit an die Existenz einer metallartigen aus $NH_4$ bestehenden Verbindung, an das Ammonium zu glauben gezwungen war, da sank mit einem Male das blinde Vertrauen in die elementäre Natur der übrigen Metalle, wenigstens schien die Metallicität kein Kriterium mehr des Elements zu sein. In analoger Weise, zufolge der induktiven Methode aller Naturforschung, muss, nach der künstlichen Darstellung des Harnstoffes die Hoffnung Raum gewinnen, auch andere striktorganische Verbindungen und vielleicht alle der chemischen Synthese zu unterwerfen. Die grössten Forscher unserer Zeit sind darüber einig: in dem Chemismus der Organisation und dem des Minerals keine wesentliche Qualitätsdifferenz mehr anzuerkennen.

Alles, was sich von der Identität der chemischen Gesetze im Organischen und Unorganischen sagen lässt, findet seine gleiche Anwendung auf die physikalischen Gesetze. So wie der organische Körper gleich dem Steine gravitirt, so hat auch die Krystalllinse des thierischen Auges ihren Brechungsexponenten, die Blutwoge ihr manometrisches Mass, und die Endosmose und Athmung ihre physikalischen Diffusionsgesetze gefunden: wenn irgend Etwas, so wird nur der Verein der Jatrochemie und Jatrophysik das Sphynxräthsel des Lebens enthüllen; jede dieser Doctrinen für sich in exclusiver Weise angewandt, ist ohnmächtig und unfruchtbar, und hierin eben fehlt man am häufigsten und am schwersten.

Die heutige Physik kennt zwei grosse Reihen von Kräften; die Glieder der einen Reihe lassen sich graphisch darstellen, ihr Differenziale und Integrale lässt sich finden, ein Koordinatensystem schematisirt sie; jede Funktion, die proportional dem Quadrate der Distanz abschwillt, also durch $\frac{M}{D^2}$ formulirbar ist, der Wurf, der Fall der Körper, das Wachsen der Expansivkräfte erhitzter Gase, diess alles lässt sich in Curven aufzeichnen, die die konkrete Auffassung diskreter Tabellen liefern.

Eine andere Reihe von Kräften wirkt nur in unmessbar kleiner Distanz, beim Kontakte, wie der trivielle Sprachgebrauch sich ausdrückt; die Brennweite ihrer Wirkung, die Distanz D wird gleich $\frac{1}{\infty} = O$ und somit unsere obige Formel, das allgemeinste Kräfteausmaass $\frac{M}{D^2}$ selber gleich Null. Demzufolge ist die graphische Darstellung dieser Kräfte und ihrer Wirkungsgesetze in Kurven eine Unmöglichkeit, man fasst sie unter den Kollectivnamen Molekularkräfte zusammen. Ein spezielles Glied dieser Reihe ist die sogenannte chemische Affinität, denn auch sie wirkt nur auf unmessbar kleine Distanzen, ähnlich der Kohäsion, der Adhäsion. Sie unterscheidet sich aber wesentlich von den übrigen Molekularaktionen der Physik dadurch, dass sie ein konkretes, homogenes Produkt, die Verbindung heterogener Theile liefert, während letztere eine diskrete Summe, ein heterogenes Gemenge oder ein Agregat homogener Theilchen veranlassen. Denkt man sich eine blank und spiegelnd polirte Eisenplatte, parallel dem Horizonte im betretenen Raume aufgehangen, so wird die spiegelnde Fläche bald matt und undeutlich werden, indem sie bestäubt, d. h. indem sich ein Heer kleiner Molekel an sie heftet, deren Entfernung eine messbare Kraft in Anspruch nimmt. Analysirt man das Phänomen schärfer, so ist es klar, dass diese Moleküle, die nichts mit der Materie des Eisens gemein haben, wohl aber gravitiren, an der blanken Fläche dem Zuge ihrer Schwere entgegen, nur durch die Thätigkeit einer Kraft erhalten werden können. Brächte man ein solches Molekül, es von der äusseren Platte lösend, in eine, wenn auch noch so kleine, doch messbare Entfernung von derselben, so fiele es in ruhiger Luft, dem Zuge seiner Schwere folgend, nach abwärts; die Kraft, die es also an die Stahlplatte gefesselt hielt, wirkte nur aus unmessbarer Distanz, und gehörte somit zu der Reihe der Molekularattraktionen. Es ist dies ein Phänomen der Adhäsion. Betrachtet man die bestaubte Eisenfläche näher, so ergibt es sich, dass der Staub nicht eine konkrete ununterbrochene Schichte, sondern nur eine diskrete Summe sei, in welcher auf den ersten Blick das heterogene Gemenge und jeder einzelne Bestandtheil mit seinen unveränderten materiellen Eigenschaften erkannt werden könne.

Ist nun dieselbe blanke Eisenfläche längere Zeit einer feuchten kohlensäurereichen, oxygenhaltigen Luft ausgesetzt, so erblindet sie gleichsam und bedeckt sich mit einer Schicht braunen Oxydhydrates. Auch hier, hat sich das Sauerstoffmolekul entgegen seinem Gravitationszuge und seiner Expansion an das Eisenmolekul gefesselt: die Aktion einer Kraft ist somit ausser Zweifel; auch hier bleibt das Phänomen, wenn die kleinste messbare Distanz zwischen der Luft und dem Eisenmolekule durch eine abwehrende Schranke eingehalten wäre; auch hier also ist von einer Molekularaktion die Rede; aber in dem braunen Roste, der die Platte zerfrisst, kann man mit dem schärfsten Mikroskope und mit den feinsten mechanischen Trennungsmitteln weder eine diskrete Anreihung, noch Luft und Eisenmolekule mit ihren inhärenten Eigenschaften wieder erkennen; hier hat sich ein konkretes homogenes Produkt aus heterogenen Faktoren gebildet, die eben in diesem Produkte mit allen ihren Eigenthümlichkeiten untergegangen sind: wir stehen vor der chemischen Verbindung, vor dem Phänomen der Affinität, deren Schema somit durch die Multiplikation des Mathematikers A. B ausgedrückt werden sollte, und nicht, wie es so oft (irriger) Weise zu geschehen pflegt, mit dem Zeichen der Addition A + B.

So sehr wir uns im Vorhergehenden bemüht haben, das wesentlich Differente der Affinität von den übrigen Molecularaktionen anschaulich zu machen, in eben so hohem Masse müssen wir die gegenseitige Abhängigkeit aller Molekularaktionen, die ewige Verschlingung und Kreuzung aller Phänomene behaupten und vertheidigen, die vielleicht nirgends grösser ist, als eben in den organischen Vorgängen. Vielleicht, dass erst dann, wenn unsere Erkenntniss über die Molekularvorgänge im lebenden Organismus vorschreitet, das Dunkel sich hellt, welches noch gegenwärtig auf dem Akte der Sekretion lastet. — Wenn man den Gyps von Montmartre auf mannigfache Weise zu Filtern formt und brennt, so dass die Disposition und der Diameter seiner Poren wechselt, so kann man durch solche Filter, mit Hilfe der Molecularaktion chemische Scheidungen durch den mechanischen Akt der Filtration vollbringen; gewisse Salze gehen in wässeriger Lösung durch diese Filter, während andere auf ihnen zurückbleiben, ohne sich mit der Substanz des Filters zu vereinigen oder sie zu decomponiren. Hat diese

Thatsache einen andern Sinn, als den, dass durch die normal constituirte Membran, durch das gesunde Filter, aus dem Blute, Harnstoff und Kochsalz in die Nierenpyramiden filtrire, während das Albumin jenseits des Filters zurückbleibt?! — Ja noch mehr, wenn man durch poröse Röhren gemengte Flüssigkeiten mit wechselndem Drucke und wechselnder Schnelligkeit durchfliessen lässt, so ändern sich in überraschender Weise die qualitativen und quantitativen Verhältnisse der durchschwitzenden Salze: da wir nun wissen, dass die Ursprungswinkel sich theilender Röhren, Stellung, Kaliber und Elastizität der Wandungen derselben auf Druck und Schnelligkeit der in ihnen strömenden Flüssigkeit modifizirend zurückwirken, warum sollte nicht in der Konstruktion der Wundernetze, in den stumpfen oder spitzen Winkeln der Maschen einer Kapillarprovinz, in die grössere Gefässe sich auflösen, warum sollte endlich nicht in geringen Differenzen der Wandungselasticität dieser kleinen Gefässchen die wissenschaftlich strenge Erklärung so mancher Besonderheit der Sekretionsvorgänge liegen, die uns vielleicht später begreifen lehrte, warum die Speicheldrüse nur Speichel, die Krypte nur Schleim, der Hode nur Same, die Leber nur Galle und die Niere nur Harn secernire.

Wenn es sich nun darum handelt, das Terrain der Verwerthbarkeit der Chemie in dem grossen Heerlager der Medizin abzustecken und auszumessen, so scheitert jeder Versuch dieser Art: denn die Chemie als die Wissenschaft des Stofflichen dringet in alle Räume; sie ist inkoërzibel für herkömmliche systematische Trennungen und Scheidemarken; sie wird in nicht gar ferner Zeit selbst in die obskursten Winkel des rein spekulativen Wissens ihr Licht senden, und da ihr Objekt, — „das Stoffliche", allgegenwärtig und unvermeidlich ist, da ohne Stoff kein Gedanke, keine Kraft zur Erscheinung kömmt; der Stoff aber in alle seine Verbindungen, mögen sie was immer für Larven-Zustände darstellen, seine unveräusserlichen, ewigen unverletzlichen Urkräfte und Eigenschaften mit hinüber nimmt. — So wird auch sie allgegenwärtig und unvermeidlich werden, und als die Gesetzeskünderin des Stoffes im Meeting des Industriellen so gut Sitz und Stimme haben, wie im Studierzimmer des Philosophen und in der Sphäre des Arztes.

Für sie wird es kein „hucusque et non plus ultra“ geben; sie wird und muss so weit reichen, als die Herrschaft des Stoffes, der sich keine Wissenschaft entschlagen und kein Individuum entziehen kann.

Jenseits des Stoffes gibt es keine menschliche Erkenntniss mehr. — Unlängst brachten öffentliche Blätter eine lange vermisste, wieder flügge gewordene Ente von der Frau Engeltje van der Vliess aus Pinaker bei Delft, die seit 30 Jahren, wenn ich nicht irre, weder esse noch trinke, aber lebe ... Wenn diess nicht etwa ein Turandot'sches Räthsel, sondern eine Thatsache vorstellen soll, dann muss man wirklich erstaunen, dass es überhaupt noch Federn gibt, die sich dazu herleihen, solche Abgeschmacktheiten zu kopieren, dass es überhaupt noch möglich ist, den bündigsten Unsinn und die greifbarste Albernheit in die indifferente Oeffentlichkeit zu schleudern.

Die Chemie studiert den Stoff in der Unmittelbarkeit; der Stoff ist das unerlässliche Substrat jeder Thätigkeit, der organischen der geistigen nicht ausgenommen, jeder Funktion. Alle Wissenschaften aller Funktionen, folglich auch alle Doctrinen der Medizin müssen deshalb vom Geiste der Chemie beseelt und durchdrungen werden; die Chemie braut nicht nur als Famulus der Pharmazie, die immer einfacheren und — seltneren Tränkchen der lateinischen Küche — sie walkt nicht bloss wie ein fleissiger Geselle aus der Gutta Tuban des fernen Indiens die elastischen Bougies und die vervollkommneten Apparate der modernen Akiurgie — sie tritt mit ein in das Heiligthum der Diagnostik, schreitet in die Arbeitsstube des experimentirenden Physiologen, sie erforscht die Uranfänge des Erkrankens, unterstützt die schwierige Pathogenese und offenbart sich endlich dem grossen Volke in der Form einer streng wissenschaftlichen, aber dennoch populären Diätetik, der Wissenschaft des Lebens und des Genusses.

So wie der ganze Apparat des Gesetzes keinen anderen Zweck haben kann, als sich selbst überflüssig zu machen, wenn er ihn auch nicht ganz erreichen dürfte, so ist es die consequente Aufgabe der Medizin, sich selbst entbehrlich zu machen. Ein Arzt, der diess läugnen wollte, wäre in dem Falle eines Richters, der ein Verbrechen, das er verhindern könnte, geschehen lässt, um nachher lege juris abzuurtheilen.

Eine Medizin als Wissenschaft existirt nicht; was wir heute so nennen, ist nur ein praktisch gebotenes Aggregat der mannigfaltigsten Wissenschaften und Fertigkeiten, die in ihrer völligen Heterogenität und Unabhängigkeit Ein Band zusammenhält: Die Humanität. Der Arzt hat, wie diess immer geschieht und geschehen musste, mit dem Heilen der Krankheit (dem Spätern) begonnen, und sich (in der That ohne seine Schuld) durch zwei Jahrtausende darin mit sehr zweifelhaftem Glücke versucht — er wird es allmählig und mit bei weitem grösserem Glücke mit dem Verhüten der Krankheit (dem Früheren) versuchen; er wird zum physischen Lykurg des Volkes werden, das er gesund sein und vernünftig geniessen, d. h. edel, geistig und schön sein lehren wird.

Man pflegt selbst in denkenden Kreisen oft eine kaum zu bewältigende Scheu vor der Popularität zu haben, ein Umstand, der sehr zu bedauern ist und viel verderbliche Folgen nach sich zieht.

Freilich, wenn man in medizinischer Hinsicht die Popularität mit jener marktschreierischen Schreibseligkeit identifizirt, die da die tausend und abertausend Brochüren produzirt „keine Hämorrhoiden mehr, die Lungenschwindsucht heilbar" etc. etc. — wenn man mit andern Worten populär mit trivial, albern und banal übersetzt — dann mag man mit jener Scheu sein Recht behalten.

Aber die rechte Popularität ist nichts anders, als die vollendete Klarheit des Gedankens, seine Erscheinung in sinnfälliger Form.

Das mattgeschwärzte Diaphragma des Teleskops empfängt auch den Lichteindruck von aussen, aber es absorbirt ihn ohne Nutz und Frommen seiner Umgebung; trifft aber der schwingende Strahl des Aethers den blanken Reflektor, o da wird es licht rings umher und hellt den Blick und kündet die Erscheinungen.

Wie wenn ein Maler uns versicherte, dass er landschaftliche Ideale von ungewohntem Schwunge im Hirne trage, dass tausend Studienköpfe ihm im Kopfe spucken, dann aber wenn er zur Palette griffe, nichts producirte als eine wundersam beklekste Leinwand, aus der es dem nüchternen Beschauer anspräche, wie das leibhaftige Conterfey des Chaos — wie rasch und einstimmig würde ein solcher Künstler verurtheilt, aus der Akademie würde er ins Bedlam verwiesen.

Und gerade da, wo diese klare, geordnete, sich völlig bewusste Deutlichkeit zum höchsten und unentbehrlichsten Bedürfnisse wird — da sollte es erlaubt sein, sich hinter das zweideutige Bollwerk unverständlicher Phrasen zu verschanzen? — Nie und nimmer! Gerade in der Wissenschaft, die den unerschöpflichen Inhalt der Erkenntniss im Begriff und Wort wieder gibt und festhält, gerade in ihr ist Popularität — Gemein-Verständlichkeit der höchste Zweck und die sicherste Garantie eigener Klarheit.

Was man völlig weis, dessen man sich völlig klar ist, das fliesst leicht von der lehrenden Lippe; wie von selbst gliedert sich der Begriff und rasch umhüllt und veranschaulicht ihn das schlagendste Wort.

Der mühsame Gang der Forschung, auf dem die neue Erkenntniss errungen wurde, der ist oft nur dem Forscher verständlich, der ihn selber entdeckt — aber das echte Gold und die vielen herrlichen Dinge, die er heimgebracht, die laben Aller Auge, sind allen Händen greifbar. Es ist nicht nöthig, dass der Gelehrte alle Faserzüge, alle Zellengänge, alle Maschennetze der Pflanze darlege dem blödern Auge, aber die reife, duftende Frucht muss er bieten können dem verlangenden Mund des Volkes! —

Wer eine, Allen geniessbare Frucht seines Strebens nicht aufzuweisen vermag, wer nicht hinaus ins grosse Leben treten kann mit einer ehrlichen, gemeinnützigen Gabe, wer die grossen letzten Wahrheiten seiner Forschung nicht gemeinverständlich dem lauschenden Ohre seiner Zeitgenossen mitzutheilen vermag: — dessen Denken ist faul und vermodert, sein Hirn ist zu schwach, um den lebensfähigen Gedanken zu gebären; mag er sich und sein wissenschaftliches Treiben mit allem Aufwande transzendentaler Phrasen und mystischer Schnörkel verbalhornen, er thäte besser, abzutreten; denn er mag wohl für die Wissenschaft sein, aber die Wissenschaft ist nicht für ihn.

Darum fort mit der beschämenden Ehrfurcht vor dem Unverständlichen, fort mit der schändenden Scheu vor wahrer Popularität der Erkenntniss! Möge der Arzt vor Allem sich klar bewusst werden, dass er der populärste Gelehrte, der echt volksthümliche Forscher sein und werden müsse, da es ihm vorbehalten ist, das Volk in der Wissenschaft der Pathogenese und Diätetik die allmählige aber sichere Prophylaxe vor der Seuche, dem Verbrechen und dem Wahnsinn zu lehren.

Wenn nun die Chemie mit ihren obwaltenden Drängen zur Gemeinverständlichkeit die ganze Medizin durchdringt und durchgeistet, so muss sie andererseits nicht irrthümlich überschätzt werden, indem man sie etwa als ein Ausschliessliches, Ganzes aufzustellen versuchte.

Keine Diagnostik im vollendeten Sinne des Wortes ohne Chemie — aber die Chemie ist nicht die ganze fertige Diagnostik. —

Das, was die physikalische Diagnostik heute als Pneumonie hinstellt, ist ein Aggregat mancher in Nichts zusammengehöriger Processe, die nur den mechanischen Akt der raschen Infiltration in die Lungenbläschen gemein haben; die ewig fortschreitende Förderin medizin. Wahrheit, die pathologische Anatomie hat dies schon zu einem guten Theile erkannt: der Fortschritt der Chemie wird das Uebrige zu thun haben, um den Collectivnamen Pneumonie, der nicht viel besser ist, als in der Mineralogie ein systematischer Abschnitt unter dem Namen: „Blaue Steine" wäre, in seine heterogenen Theilglieder aufzulösen, von denen jedes einen differenten Platz im diagnostischen Systeme erhalten wird.

Wer aber die Chemie zur diagnostischen Kartenaufschlagerin und Harnsatzdeuterin machen zu können glaubt, der setzt die Bornirtheit des Fachlehrlings und die Charlatanerie des gewinnsüchtigen Spezialisten an die Stelle echter ehrlicher Wissenschaftlichkeit.

Wie hier von der Diagnostik, so lässt sich das Gleiche von Therapie, Pathogenese, Physiologie und Diätetik nachweisen.

Immer ist ohne Chemie absolut kein Verständniss dieser Doctrinen mehr möglich, immer ist aber auch die Chemie nicht die ausschliessliche Vollendung derselben. Chemie und Physik, diese beiden ebenbürtigen Geschwister des Tages, sie müssen zusammengehen auf dem steilen Pfade der Forschung, wie ein siamesisches Zwillingspaar; eins ist ohne das andere unmöglich, kraftlos, unsinnig : in ihrem innigen Vereine aber liegt die Zukunft der Erfüllung aller Wissenschaft.

Das, was wir als „organisches Reich" dem anorganischen Reiche gegenüber stellen, spaltet sich in einen räthselhaften Dualismus, der sich eben so sehr bedingt als ausschliesst, der sich eben so zu ergänzen als zu vernichten scheint: „in Pflanze und Thier."

Gewiss ist, dass unser Erdball eine masslose Zeit hindurch ohne den Schmuck der organischen Bildung den tobenden Kampf seiner Elemente kämpfte, ehe die bis auf einen gewissen Grad gesunkene Energie des chemischen und physikalischen Kräftespieles jene ruhigere Entwicklung gestattete, die zur Entstehung alles Organischen unerlässlich scheint: gewiss ist ferner, dass eine üppige alle Begriffe moderner Wälder weit hinter sich zurücklassende Vegetation durch grosse Zeiträume allein auf der abgekühlten, mit Niederschlägen aus dem eben abfluthenden Meere bedeckten Rinde unseres Planeten ihre riesigen Farrenwedel und Kronen in die schwere kohlensäurereiche Luft hineinstreckte, um aus ihr jene unermesslichen Kohlenschätze zu assimiliren, die jetzt in der Form der Steinkohle die Dampfkessel unserer Maschinen heitzen.

Lange Zeit später erscheint erst das Thier als Bewohner dieser Erde, und wieder ganze Perioden hindurch in gigantisch-abentheuerlichen Formen und Geschlechtern, von denen jetzt kaum mehr Andeutungen in lebenden Arten vorhanden sind, bis endlich mit den jüngsten Revolutionen unseres Planeten die Ur-formen von Thieren auftreten, deren gleichsam unmittelbare Fort-setzung die geschichtliche Fauna bildet.

Es ist also gewiss, dass sich aus dem Anorganischen die Pflanze und nach der Pflanze das Thier auf der Erde entwickelt und eingefunden hat.

Wirklich ist auch die Pflanze der Jetztzeit noch mit dem bewunderungswürdigen Vermögen begabt, aus stabilen anorganischen binären Stoffen, die tausendfaltigen Glieder ihres chemischen Leibes zu bilden.

Mit den Wurzeln in die Erde geheftet und mit der erstaunlich grossen Saugfläche ihrer Kronen in das lichte Meer der Luft getaucht, entlehnt sie aus ersterer ihren Schwefel- und Stickstoffgehalt in Form von Ammoniaksalzen und Sulfaten und ihren ganzen Bedarf an Kieselerde, die den Halm steift, an Kali oder Natron, die als chemische Prozessleiter fungiren dürften, an Erd- und Alkaliphosphaten, die im Samen der Pflanze gleichsam die Zukunft des Thierknochens darstellen, — während sie aus letzterer nämlich der Luft, in Form von Kohlensäure den ganzen unermesslichen Reichthum ihres Kohlenstoffes assimilirt und unter dem Einflusse des Sonnenlichtes Sauerstoff zurückgibt: der geringe Gehalt der Athmosphäre an Kohlensäure, gegenüber der gigantischen Masse der terrestrischen Vegetation schwächt diese scharf bewiesene Ansicht von der elementären Ernährung der Pflanze nicht im geringsten, da eine einfache Berechnung den scheinbaren Widerspruch hebt.

Bei Annahme überall mit der an der Meeres-Oberfläche gleicher Luftdichte müsste die Athmosphäre zu Folge ihres bekannten Druckes eine Höhe von einer geographischen Meile (nach Abschlag des in ihr enthaltenen Wasserdampfes) erreichen. Den Radius der Erde gleich 860 geogr. Meilen gesetzt: ergebe sich das Volum der Athmosphären-Hohlkugel zu 9.307,500 Kubikmeilen, worin bei 0,001 V. C. $O^2$ Gehalt der Luft nicht weniger als 3862 Kubikmeilen Kohlensäure enthalten sind, die an 38 Billionen Centner wiegen; eine Menge, die weitaus der gesammten terrestrischen Vegetation ihren Kohlenstoff zu liefern vermöchte.

Eine ähnliche Berechnung bestätigt selbst die Ammoniakquelle der vegetabilischen Stickstoff-Assimilation aus der Luft, aus welcher das Ammoniak durch die meteorischen Präcipitationen mitgerissen, ausgewaschen und dem Pflanzenboden übermittelt wird, um entweder vom Humus oder vom Gypse des Composts fixirt und als pflanzensaures oder schwefelsaures Salz durch die Fibrillen der Wurzel in den Zellencomplex der Pflanze zu treten. Nimmt man als mittleren Ammoniakgehalt der Luft 0,00000133 Gewichtstheile an, und setzt das Gewicht der Luft gleich 5.263623.000000,000000 Kilogrammen, so wäge bei stetig gleichem Ammoniakgehalte die gesammte disponible Ammoniakmenge in ihr 2.646,400 Kilogramme.

Oder verleiht man einem Regenwasserpfunde einen halbgranigen Ammoniakgehalt, und entlehnt der Ombrometrie das jährliche Regenmass von 1000 Pfund pr. Quadratmeter, so erhält ein Feld von 2500 Quadratmeter durch den jährlichen Regen allein eine Zufuhr von 80 Pfund Ammoniak, in welchen 65 Pfund Stickstoff enthalten sind.

26 Centner Holz, 28 Centner Heu, 200 Ctr. Runkelrüben als Erträgniss der 2500 Quadratmeter oder des einen Morgens theils als Forst, theils als Wiesengrund, theils als Fruchtacker enthalten in ihrem Gesammtgehalte an Kleber und Albumen bei weitem nicht obiges Gewicht von Stickstoff.

Ist es nun bewiesen, dass die Atmosphäre das Kohlenstoffmagazin der Pflanzenwelt sei, so drängt sich die weitere Frage auf, ob bei dem ungeheueren Verbrauche dieser Verbindung der Gehalt der Luft an Kohlensäure in stetem Sinken begriffen sei oder ob sich der Verbrauch dieses Gases fortwährend compensire? Seit der christlichen Aera wenigstens, vermag die Wissenschaft die erste Alternative entschieden zu läugnen; denn die in den Aschenkrügen des 79 J. v. Ch. verschütteten Pompeii enthaltene Luft zeigte bei der Analyse annähernd und hinreichend genau die Zusammensetzung unserer Atmosphäre, gleichen Sauerstoff — und gleichen Kohlensäure Gehalt: dieses überraschende Resultat ist nur aus dem antinomischen sich bedingenden und ergänzenden Einflusse von Thier und Pflanze auf die Luft unserer Erde begreiflich. Sauerstoff und Kohlensäure, ja selbst der Stickstoff, der als Ammoniak das Luftmeer durchzieht, also wohl die gesammte Atmosphäre mit Ausnahme des indifferenten trägen gleichsam blos verdünnenden Vehikels und Menstruums: des gasigen freien Stickstoffes befindet sich auf einer ewigen kreisförmigen Bahn durch die organische Schöpfung. Das Thier respirirt Sauerstoff und expirirt Kohlensäure; es scheidet Ammoniak-Typen in seinen Exkretionen aus, um sie nach dem Einflusse der Verwesung und Fäulniss als kohlensaures Ammoniak der Luft zurückzugeben. Die Pflanze nimmt Kohlensäure und Ammoniak auf, und scheidet Sauerstoff unter dem Einflusse des Lichtes ab; sie regenerirt gleichsam

2 *

die vom Thiere verbrauchte Lebensluft; während das Thier für seinen Theil wieder die von der Pflanze verbrauchte Kohlensäure regenerirt; ein Thieraequivalent und ein Pflanzenaequivalent bedingen, verzehren und — erhalten sich gegenseitig, eine Thatsache, die man sogar im Kleinen experimental darzustellen vermochte und die im Grossen den ewigen Kreislauf der Masse darstellt, den wir in seiner phaenomenologischen Zweiheit als Animalisation und Vegetation die organische Schöpfung der Erde nennen.

Dächte man sich bloss das athmende Thier auf der Erde, allerdings eine ontologisch unmögliche Abstraktion, so würde in 800,000 Jahren längstens aller Sauerstoff aus der Luft verschwunden sein.

Dächte man sich blos die Kohlensäureschlürfende Pflanze auf der Rinde des Planeten entwickelt, wie es allerdings in einer der jüngsten Perioden desselben gewesen sein mochte, so würde längstens in gleicher Zeit fast alle Kohlensäure der Atmosphäre entrissen sein.

Allein der hieraus nothwendig folgende Untergang der letzten Pflanzengeneration würde in den Pflanzenleichen, die er in der oxygenstrotzenden Luft darbietet, eine ergiebige Quelle neuer Kohlensäure eröffnen, so dass die abstrakte Negation des Thieres keinen zureichenden Grund für den Untergang der Pflanze abgibt, während doch die Negation der Pflanze den sicheren Tod des Thieres nach sich zöge.

Die Pflanze ist das Prius; sie ist das selbstständigere: das Thier ist das Posterius und Abhängigere: die Pflanze schlägt ihre Wurzel in fast noch rauchende Trümmer glühender Lava und aufgeschlemmter Meeressedimente, während sie mit ihren Saugöffnungen, den Blättern, die üppigen Schwaden schwerer erstickender Kohlensäure einer präadamitischen Luft in durstigen Zügen schlürft, und endlich begraben durch vulkanische oder neptunische Revolutionen des Erdballes in der ungeheuren Masse der Kohlenflötze eine fühlbare Verarmung der Atmosphäre an Kohlensäure, eine Bereicherung derselben an Lebensluft d. h. die Thierfähigkeit der Erde bewirkt. Ja noch mehr, nicht bloss die Luft schaffte die Pflanze dem Thiere — sie schafft ihm auch den ganzen fertigen Leib: sie, die sie es vermag aus der Kohlensäure des Vulkans, aus dem Ammoniak der Fäulniss die Lebensluft und die Zellen und Gewebe ihres eigenen Wunderleibes zu schaffen und zu bilden, sie

schaltet sich ein zwischen den anorganischen Stein und das pul-
sirende Herz, indem sie in Zucker, Stärke, Fett und Protein
die einzig zulässige Nahrung des Thieres braut und wie durch
eine wundervolle Extraktions- und Konzentrations-Technik die ungeheueren Verdünnungen an löslichen Salzen im mineralischen
Boden sammelt und vorbereitet, um in assimilirbarer Weise dem
thierischen Knochen seinen Kalk, dem menschlichen Gehirne seinen
Phosphor zu überliefern, die ihn ohne sie nie bezogen hätten,
die ohne sie überhaupt nie geworden wären.

Wenn das Thier zerfällt in eine herbivore, und in eine
carnivore Sippe, so ist dieser Unterschied, so gross er Anfangs
scheint, nur ein gradueller, durchaus kein wesentlicher; denn die
Pflanze, die das herbivore Thier verzehrt, bietet ihm die Substanzen seines eigenen Leibes; — das Thier frisst immer nur
sich selbst: — die Pflanze immer nur binäre Typen der anorganischen Natur. Diese Doppelerscheinung des Organischen, die sich
ja gleichsam nur fortsetzt und ergänzt, wie schroff scheint sie
sich andererseits zu trennen? wie morphologisch verwandt sind
beide in der histogenetischen Einheit der Zelle? wie schwer gelingen oft die Unterscheidungs-Versuche in den mikroskopischen
Gliedern beider Reihen?!

Wie oft stösst man nicht auf gleichsam vereinbarende Mittel-
verhältnisse: so bei dem Pilze, der Sauerstoff ein- und Kohlensäure aushaucht, wie das Thier; und in der Euglena viridis, jenen
Schutzelfen der Wassertropfen, die die Kohlensäure respiriren und
freien affinen Sauerstoff expiriren gleich den Pflanzen, wodurch
alle Fäulniss, diese sonst unvermeidliche Pest aller Quellen in eine
rasch beendete reinliche Verwesung überführt und vernichtet wird.

Und doch trotz dieser zweifelhaften Uebergangsbrücken, trotz
dieser morphologischen Verwandtschaft, scheint es, als gebe es
keinen vollendeteren Gegensatz als Thier und Pflanze: denn das
Thier ist ein Oxydations-Apparat und die Pflanze ein Reduktions-
Apparat. So formulirt sich das berüchtigte Schlagwort, mit dem
kaum weniger Unfug getrieben wurde, als mit dem Begriffe sogenannter Respirations-Mittel.

Das System ist ein Kind der Trennung — die Analyse erzeugt es; in dilemmatischen Antinomien gefällt es sich; alle Brücken
reisst es ab und aller konkreten Filiation sprechen seine diskreten
schroffgezogenen Rubriken Hohn.

Die Natur ist stets konkreter Vermittler; unmerkliche Vermittlung der ärgsten Contraste, der differentesten Qualitäten, die Indifferenzirung und Differenzirung zweier Pole, das ist eben ihr wesentlicher Inhalt, dem gerade wegen seiner runden Stetigkeit die scharfwinklige Interruption des Systems nie folgen kann.

Wer also hofft in dem Kasten seiner organischen Systematik eine Lade für alle Thiere, die andere für die Pflanze zimmern zu dürfen, und die erste mit Oxydation und die zweite mit Reduktion bezeichnen zu können, für den sind die grössten Errungenschaften aller Wissenschaften verloren, weil ihm in dem engherzigen Dünkel seiner rastrirenden und rubrizirenden Diurnistenseele der Maasstab des Erkennens gänzlich fehlt, weil er es wohl leicht zu einem vollendeten Entomologen, Mikroskopiker, Experimentirer etc., aber nie zu einer würdigen Naturanschauung bringen wird. — Wie die Pole des Magnetes, die an den Enden des Stabes in hoher Spannung differenzirt sind, allmälig gegen den Indifferenzpunkt der Stabesmitte abschwellen, so ist auch im Reduktions- und Oxydationsprozesse für die organische Phaenomenologie nur ein Paar von Polen angedeutet, die sich gegenseitig beeinflussen, beherrschen und indifferenziren können.

Wenn wir auch so eben mit groben Strichen die äussersten Umrisse des biochemischen Begriffes „Thier" und „Pflanze" skizzenhaft entworfen, so wäre es jetzt eine heuchlerische Unterlassungssünde, wollten wir stillschweigend die Einschränkungen jener allgemeinen Formel übergehen, um die Richtung und Schärfe einer Unterscheidung der beliebten Abrundung von Thatsachen und Ansichten zu opfern.

Hatten wir also als das grellste Colorit im Bilde der Pflanze den chemischen Reduktionsprozess geltend gemacht, so dürfen wir doch die bedeutungsvollen anderen Nuancen dieses Bildes nicht ignoriren und hier haben wir vor allem Anderen von jener merkwürdigen Umkehrung der Erscheinung zu sprechen, dass dieselbe Pflanze, die unter dem Einflusse des Lichts als ein kräftiger Reduktions Apparat sich darstellte, die aus Kohlensäure und Wasser unter dem prädisponirenden Einflusse mineralischer Basen die bei weitem sauerstoffärmeren organischen Säuren, das Stärkmehl die Zuckerarten darstellte, nunmehr des gewaltigen Lichtreizes beraubt in der Dunkelheit der Nacht, Sauerstoff aus der umgebenden Luft aufnimmt und Kohlensäure aushaucht. Fast scheint es, als sei die nächtliche Oxydation die Vernichterin der täglichen Reduktion der Pflanze. Der Chemismus derselben gliche dann einer Arbeit der Penelope, die Nachtsüber auflöste, was sie Tagsüber gewebt hatte; ja — man möchte glauben, dass sich die Zeitdifferenzen der Tageslänge und Nachtdauer unter die gewaltigsten Förderungs- und Hemmungsmittel der Vegetation einreihen, so dass, wenn mit der Länge des Tages die Insolation der Erde zunimmt, auch die Reduktion, d. h. die Kräftigkeit der Pflanzenbildung, die Fülle der Vegetation im Frühling erwacht, im Sommer kulminirt, und unter dem Aequator mit allem Zauber tropischer Farben und Formen sich entfaltet; während, wenn mit der grösseren Nachtdauer die Zeit des Lichtabschlusses von der Erde anwächst und somit die bildungsfeindliche Oxydation im Organismus der Pflanze übergreift, die rückschreitende Vegetation im Herbste welkt, im Winter und Gletscherfirne erstirbt, und im Polareise mit einigen kärglichen krüppelhaften Formen untergeht. Allein alle diese Folgerungen sind mindestens verfrüht, so lange die Art und das Mass dieses retrograden Oxydations-Prozesses der Pflanzen-Nacht nicht chemisch erkannt und gegeben ist. Man weiss ja noch nicht, ob dieses Phänomen allen Blatttheilen zukommend, der einfache Ausdruck der Allgewalt des alles in sein Bereich ziehenden Sauerstoffes, also eine so zu sagen anorganische Verzehrung, Verwitterung des gegenhaltslosen Pflanzenkörpers ist, der er nur unter dem Schutze der Lichterregung zu trotzen vermag, so, dass doch nur die Reduktion das volle organische Gepräge der Pflanze wäre, das sich sublata causa nach Verglimmen des letzten Sonnenstrahles auf kurze Zeitspanne verwischt: so, dass also die Pflanze ein intermittirendes Leben mit unterbrochenen Pulsationen führte.

Anderseits wäre es möglich, dass, während die grünen Axentheile, die allein im Lichteinflusse die Kohlensäure einschlürfen und Sauerstoff aushauchen, diesen Vorgang bei Absein des nöthigen Lichtreizes in der Nacht einstellen, gerade die anders färbigen Blüthentheile, das auch in der Dunkelheit fortsetzen, was sie selbst im Lichte leisten, nämlich die Aufnahme von Sauerstoff und die Abgabe von Kohlensäure.

Endlich könnte diese Abgabe von Kohlensäure während der Nacht obwohl sie den formellen Gegensatz zur Kohlensäure-Einnahme während des Taglichtes bildet, doch reell nur eine maskirte Reduktion darstellen, wodurch die Alleinherrschaft dieses

Prozesses für die Phytochemie gerettet würde; es wäre dann nur eine zeitlich-verspätete Folge der Tags begonnenen, Nachts vollendeten Reduktion im intermediären Stoffwechsel der Pflanze: Z. B.

1. Alimentärer Stoffwechsel im Lichte. Die Pflanze nimmt 16 Atome Kohlensäure und acht Atome Wasser auf, um sie unter Ausscheidung von 24 Atomen Sauerstoff zu vier Atomen Citron- oder Apfelsäure zu verarbeiten:

$$(CO^2)\ 16 + (HO)\ 8 = (C_4\ H_2\ O_4)\ 4 + O_{24}.$$

2. Intermediärer Stoffwechsel bei Nacht: die Pflanze nimmt vier Atome Wasser auf, und verarbeitet mit diesen die gebildeten vier Säureatome zu Zucker, unter Abscheidung von vier Kohlensäure-Atomen:

$$(C_4\ H_2\ O_4)\ 4 + (HO)\ 4 = C_{12}\ H_{12}\ O_{12} + (CO_2)\ 4.$$

Im ersten Falle nimmt die Pflanze Kohlensäure auf, und gibt Sauerstoff ab, im letzteren gibt sie Kohlensäure ab, und dennoch ist der zweite Abschnitt nur die qualitativ gleiche Fortsetzung des ersten Prozesses; denn die Bildung des sauerstoffärmeren Zuckers der reifenden Frucht aus der sauerstoffreicheren Säure der unreifen Frucht muss jeder Chemiker unter die energischesten Reduktions-Prozesse zählen, wenn auch das höchste Oxydations-Produkt des Carbons, die Kohlensäure, dabei indirekt gebildet und abgeschieden wird.

Wir verwahren uns feierlichst dagegen, als wollten wir in obiger Formelsprache Wirklichkeiten des geheimnissvollen Pflanzenlebens offenbaren; wir versuchten nur logische Möglichkeiten des Begriffes zu symbolisiren und glauben nur so viel bewiesen zu haben, dass neben dem im Vordergrunde sich ausbreitenden phytochemischen Reduktions-Prozesse, auch (entweder wirkliche totale intermittirende oder scheinbare, partiale, remittirende) Oxydationen mitspielen, und dass es somit ein eben so gefährliches Spiel mit Schlagworten wäre, „Reduktions-Apparat" und „Pflanze" in dürrer ünnatürlicher Abstraktion zu identifiziren, als es anderseits ein unersetzlicher Verlust für das wissenschaftliche Verständniss wäre, wenn man diese prägnante Type (selbst vorbehältlich ihrer nöthigen Einschränkungen) aus dem Sprachgebrauche der Wissenschaft zu streichen sich versucht fühlte.

Obwohl diese Verhältnisse des Pflanzenlebens nicht zum nächsten Zwecke unserer Betrachtungen gehören, so haben wir dennoch ihre ausführlichere Entwicklung, und zwar deshalb unter-

nommen, weil sie ein unentbehrliches Schlaglicht auf ihre zooche-
mische Parallele werfen.

Wir lenken nunmehr zu dem näherliegenden Gegenstande: zum
Stoffwechsel im lebenden Thierleibe ein.

Das Thier athmet Sauerstoff aus der umgebenden Luft oder
dem umgebenden Wasser ein, und gibt Kohlensäure aus. Die
Athmung, geschehe sie durch Lungen, Kiemen oder Tracheen, ist
ein physikalischer Diffusionsprozess zweier verschiedener Gasgemenge,
die ein nach Temperatur- und Constitutionsdifferenzen wechselndes
Bestreben haben, sich durch eine permeable feuchte Trennungs-
membran hindurch in ein statisches Gleichgewicht zu setzen.

Die Wissenschaft hat es erkannt, dass die Kohlensäure der
exspirirten Luft nicht an dem Orte der Diffusion, also nicht in der
Luft- und Wasserlungenzelle gebildet werde: die Brennpunkte des
Gasaustausches und der inquilinen Oxydation fallen nicht zusammen; die Oxydation, die an keinem Punkte des Thierleibes,
selbst dann nicht, wenn sie von lokalen Reduktionsprozessen über-
wuchert wird, ganz verschwinden dürfte, scheint den Bezirk ihres
energischesten Waltens in die Capillar-Provinzen des Gefässsystems,
in das räumliche Nebeneinander von Gefässreiserchen und Organenparenchym zu verlegen; denn nach seinem Durchtritte durch die
Capillarnetze des Körpers hat sich das schlagaderliche Blut, an
Sauerstoff verarmt, mit Kohlensäure überladen und in venöses verwandelt. Diese Einbusse an Sauerstoff im Körper-Capillar-Systeme,
wird ausgeglichen durch den Diffusionsvorgang der Athmung im
Lungen-Capillar-Systeme. — So wahr es ist, dass es einen Stoffwechsel im Stoffwechsel, ein Zerfallen und Bilden des Blutes im
Gefässrohre auch grösseren Kalibers geben wird, so wahr ist es
auch, dass sich andererseits eben so wenig eine vollständige Lokali-
sirung des Athmens in der Lunge durchführen lässt, denn der mit
einer rudimentären Lunge versehene luftschluckende Frosch geht
sehr rasch asphytisch zu Grunde, wenn seine Haut mit einem
luftdichten Firniss überkleidet wird, und eine wahre Hautathmung
ist auch bei den höheren Thierklassen und dem Menschen experimentell erhärtet worden; will man sich überhaupt dazu be-
quemen, die Begriffe „Athmung" und „Diffussion der Gase" im
Organismus zu identifiziren, so ist die Athmung gewiss ebenso
allgegenwärtig im Thierleibe, wie die Oxydation und die Endosmose. — So, wie wir schon früher den Grundsatz aussprachen,

dass in der Natur selbst jene Vorgänge, die unsere wesenlose Abstraktion in dualistisch-exclusiver Schroffheit sich als Gegensätze und Antinomien gegenüberstellt — in unmerkbaren Ab- und Anschwellungen in der mannigfaltigsten Relativität coëxistiren, sich verschlingen, ergänzen und aufnehmen (gleich dem Reduktions- und Oxydationsprozesse), — so gilt dass mit weit grösserer Allgemeinheit von korrelativen Begriffen, von Athmung und Oxydation, die sich wie Stoffaufnahme und Stoffverbrauch, wie Fütterung und Verdauung zu einander verhalten. Wir nennen daher die Lungenkapillare für die Athmung und die Körperkapillare für die Verbrennung (nicht den exclusiven, sondern nur) den prägnantesten Heerd.

Die Beweise eines im Thierleibe herrschenden Oxydationsprozesses drängen sich in Fülle dem Forscher auf, so, dass es begreiflich wird, wie dieser Allbeherrscher der Zoochemie leichter überschätzt, als übersehen werden konnte.

Die so eben in einfachster Form dargelegten Athmungsverhältnisse zeichnen schon in rohesten Umrissen sein Bild: Sauerstoff, das elektro-negativste Element, der souverainste Zünder der Chemie wird aufgenommen; — Kohlensäure, d. h. völlig verbrannte Kohle, die höchste Oxydations-Stufe des Kohlenstoff-Elementes wird abgegeben; es kann nicht anders sein, als dass sich zwischen diese Aufnahme und Abgabe der vollendetste Oxydations-Prozess in aller seiner Macht und Fülle einschalte. — Wenn man auf irgend welche Weise komparative Bestimmungen des Sauerstoffgehaltes der Organtheile ausführt, so zeigt es sich, dass das Blut oxygenreicher sei, als Chylus und Aliment; aus dem es sich gebildet; die Gewebe des Körpers sind sauerstoffreicher als ihre genetische noch indifferenzirte Quelle: das Blut; der Harnstoff endlich (mit seinen verwandten Subalkaloiden des thierischen Stoffwechsels und der Harnsäure), diese Mausertype aller functionell untergegangenen Gewebe, dieser Schlussstein im Gebäude des thierischen Stoffumsatzes, er ist der sauerstoffreichste aller stickstoffhaltigen Bestandtheile des Körpers: wem drängt sich hier nicht das Spiel eines fortlaufenden Oxydationsprocesses auf, der wie die Parabel des Wurfs, in einer Kurve sich bewegt, deren Aszension die Plastik oder progresive Sphäre des thierischen Lebens schematisirt. — Aber nicht blos die genaue Erforschung und begriffliche Verwerthung der unmittelbaren und natürlichen Lebensvorgänge, sondern auch die willkürliche Herrschaft der Wissenschaft über die Thatsache: das Experiment liefert seinen Beitrag zum Beweise der inquilinen Oxydation. Pflanzensaure Alkalien, die in nicht zu grosser, nicht zu kleiner Menge das Blut des Fleischfressers durchsetzen, erscheinen im alkalischen Harne als kohlensaure Salze ihrer Basen. Sie haben das Gepräge der Verbrennung erhalten; denn an der Luft geglüht hätten sie dieselbe Umsetzung in Carbonate erfahren, eine Umsetzung, welche beispielhalber für den neutralen Weinstein einer Aufnahme von fünf Atomen Sauerstoff gleichkömmt $(C_4 H_2 O_5 KO + 5O = {}_2(CO^2); {}_2(CO^2) KO + 2HO)$ — in dem Harne eines Menschen, der Bittermandelöhl $C_{14} H_5 O_2 = C_{14} H_5 O_2 H$ Benzoylwasserstoff in seinen Körper einführt, macht sich eine proportionale Zunahme der Hipursäure geltend, die man wenigstens in formeller Hinsicht als Glycobenzoësäure betrachten mag, und worin die eine Paarungstype, die Benzoësäure $C_{14} H_5 O_3 = C_{14} H_5 O_2 O$: das Benzoyloxyd nur durch Aufnahme von 2 Atomen Sauerstoff und Abscheidung von einem Atome Wasser $(C_{14} H_6 O_2 + 2O = C_{14} H_5 O_3 + HO)$ gebildet worden sein konnte u. s. w.

Es lässt sich also auch durch einfache Experimente das unbezweifelbare Axiom der Zoochemie beweisen, dass im lebenden Thierleibe der Sauerstoff durch seine gewaltige Verwandtschaft zu fast allen Elementen und ihren Complexen, dem gravitirenden Gewichte, dem grössten Schwungrade der Biomaschine, dem rothen Faden des thierischen Stoffwechsels vergleichbar sei. Man hat diese Oxydation eine latente Verbrennung genannt; da aber Verbrennung im wissenschaftlichen Sinne einerseits nicht blos Oxydation, andererseits nur jener chemische Verbindungsakt beliebiger Elemente ist, durch dessen Energie Licht und Wärme frei d. h. die Thätigkeit der Moleküle und ihrer imponderabeln Atmosphären bis zum Ausbrechen und Fernwirken gesteigert wird, so begreift Jedermann, dass in dem Adjectiv „Latent" eine Contradictio in adjecto involvirt, und die Wahl des bezeichneten Schlagwortes keine glückliche zu nennen ist. Eine weit bessere Schilderung und Ausmahlung des Begriffes der inquilinen Oxydation scheint uns der deutsche Sprachgebrauch in einem Worte zu bieten, das seiner etymologischen Legitimität zum Trotz vom Vorurtheile gebrandmarkt und in die ekle Gruft verwiesen wurde, wir meinen in dem Worte „Verwesung." Die Zusammensetzung dieses Wortes aus „Wesen," dem allgemeinsten substanstiven Begriffe des Seienden, und aus der kleinen Vorsilbe „ver," die wie in Verfliessen

Verändern, Verhalten etc. eben so sehr eine Succession in Raum und
Zeit, als einen steten Wechsel des verbundenen Hauptbegriffes andeutet; endlich die nebenläufige Bedeutung des Wortes „Verwesen"
als Verwalten, Regeln und Beherrschen scheint uns wie aus einem
Gusse den formellen Inhalt des Begriffes: thierischer Stoffwechsel
auszufüllen, während andererseits die exacte Wissenschaft der Neuzeit die Verwesung im schneidenden Gegensatze zur Fäulniss als eine
Oxydation organischer Massen erkannt hat. So verwest der Alkohol
zu Essigsäure, so verwest der Ammoniak zu Salpetersäure, während die
Blausäure zu ameisensaurem und der Harnstoff zu kohlensaurem Amo-
niak faulen, d. h. nach den Begriffen moderner Wissenschaft die
Atome des Wassers in den Complex ihrer Formel aufnehmen. So
verwest auch, wenn wir den Schleier des Vorurtheils fallen lassen, die
thierische Nahrung zu thierischem Blute, das Blut zu Geweben (pro-
gressive Verwesung), die zuckende Muskelfibrille, vom arteriellen Blute
mit Sauerstoff gespeist, die empfindende Nervenröhre und das den-
kende Gehirn, wie die secernirende Drüsenzelle, sie alle verwesen
auf Kosten des Sauerstoffes des arteriellen Blutes, dessen Zufuhr
während ihrer Funktionen nicht gehemmt werden darf, zu Harnstoff
und den letzten Verwesungstypen thierischen Lebens (regressive Verwesung), und alle diese Verwesungsprozesse spielen sich nicht nur
unbeschadet des Lebens nach einander ab, sondern bilden selbst die
hervorragendsten Faktoren dieses Lebens; das thierische Leben ist
ein Artunterschied des Gattungsbegriffes der Verwesung, während:
wenn eben der früher genannte durch Verwesung normal entstehende Harnstoff unter Aufnahme von ganz unschuldigen Atomen
indifferenten Wassers ($C_2\,N_2\,H_4\,O_2 + 2\,HO = 2\,[CO^2\,NH^3]$) zu
kohlensaurem Ammoniak innerhalb der Blutbahn abnormer Weise
fault, dieses erste Produkt lebensfeindlicher Fäulniss eines stickstoffhaltigen Körpers in dem klinischen Bilde der Uraemie seine
deletären Wirkungen entfaltet.

Ist nun auch die Oxydation oder Verwesung als der prägnan-
teste und häufigste biochemische Vorgang erwiesen, so wäre es doch
weit gefehlt, sie in exclusiver Weise mit dem thierischen Leben
völlig zu identifiziren. Das Leben des Thieres ist eine so innige
Durchdringung der Verwesungs- und Gährungsprozesse, dass beide
durch den anderen Theil oft dermassen modifizirt werden, dass
ihre Erkenntniss und Sichtung dem Chemiker schwer fällt, und sie
selbst in ihr Gegentheil umzuschlagen vermögen. Während also im

Allgemeinen die Plastik des Blutes ein wesentliches Werk der vitalen Verwesung ist, scheint die lokale spezifisch geartete Ernährung der verschiedenen Organsysteme mit jener auf einem Vorgange katalytischer Spaltung, organischer Gährung, räthselhafter Kontakt-Wirkung zu beruhen. Die Gährung ist zum Unterschiede von der Verwesung, bei welcher Sauerstoff aufgenommen wird, eine Spaltung organischer Substanzen in zwei oder mehrere Atomgruppen, ohne das etwas aufgenommen oder abgegeben würde. Die Summe der Spaltungsprodukte muss daher dem Aequivalente der gespaltenen oder vergohrenen Substanz gleichkommen. Während Alkohol unter Sauerstoffaufnahme zu Wasser und Essigsäure verweset, haben wir Beispiele echter Gährung an der Bildung von Milchsäure im Sauerkraute und der säuernden Milch, in welchen der Zucker $= C_{12} H_{12} O_{12}$ hiebei in zwei gleiche Spaltungstypen zerfällt, nämlich in zweimal $C_6 H_5 O_3$ HO, in zwei Atome Milchsäure. Die Bildung des Alkohols aus Zucker liefert gleichfalls ein Beispiel genuiner Gährung; es bilden sich hiebei zwei ungleiche Spaltungscomplexe, indem aus einem Aequivalente Zucker auf je zwei Atome Alkohol vier Atome Kohlensäure entstehen. $C_{12} H_{12} O_{12} = 2 (C_4 H_6 O_2) + 4 (CO_2)$. Die Milchsäure, wie wir sagen, selbst ein Gährungsprodukt des Zuckers kann nichts destoweniger wieder vergähren, sich in Buttersäure, Wasserstoff und Kohlensäure spalten. (Buttersäuregährung.) Diesem Gährungsvorgange im untern Abschnitte des Darmkanals scheint namentlich das dort beobachtete Auftreten von Wasserstoffgasen zu gebühren. So lehnt sich die Gährung im Prozesse der Alkoholbildung durch das Auftreten der sauerstoffreichen Kohlensäure einerseits an die Verwesung, und andererseits in der Buttersäurebildung durch das Auftreten von Wasserstoff an die Fäulniss an. — Das Amygdalin zerfällt bei dem Akte seiner Gährung in Bittermandelöhl, Blausäure und Zucker ($C_{40} H_{27} NO_{22} = C_{14} H_6 O_2 +$ ($C_2$ NH $+ 2 [C_{12} H_{10} O_{10}]$). Aehnliche pleiomere Spaltungen sind in der Phytochemie, namentlich in der Klasse der sogenannten in differenten Bitterstoffe und der Gerbsäuren sehr häufig beobachtet worden. Nennen wir, was freilich nur eine willkürliche formelle Annahme ist, den Grund aller dieser Gährungserscheinungen und Spaltungen der Kürze halber Katalyse, so ist der Biochemismus der Pflanze eine der sogenannten Fäulniss näher stehende Katalyse, eine Verschmelzung der Katalyse mit Reduktionsprozessen, während der Biochemismus des Thieres eine zur Verwesung hinneigende Katalyse, eine katalystische Verwesung darstellt. Die Ausdehnungs- und Spielbreite katalystischer Prozesse macht es von vorne herein begreiflich, dass eine schroffe Sonderung beider unmöglich wird, was auch die Erfahrung dermassen bestätigt, dass nicht nur alle chemischen Exclusionen, sondern auch alle andern Unterschiedsmerkmale zwischen Thier und Pflanze beim Versuche ihrer allseitigen Anwendung bisher gescheitert sind. Frägt man nun aber nach Ursache und Veranlassung der Katalyse, so müssen wir mit der Beantwortung des zweiten Theils, nämlich mit der Entwicklung der veranlassenden Momente beginnen, da wir über die Causalmomente nichts mehr als Hypotesen besitzen. Es hat sich nämlich gezeigt, dass das Substrat der Spaltungsprozesse und Gährungen stets von ziemlich stabilen, häufig selbst stickstofffreien Körpern gebildet wird, die wie die Zuckerarten, die organischen Säuren, die Bitterstoffe sich selbst überlassen, unter den gewöhnlichen Bedingungen sich schwer, langsam oder gar nicht zersetzen. Kommen sie aber mit labilen, ohne Ausnahme stickstoffhaltigen Substanzen in Kontakt, die zur chemischen Klasse der Proteinverbindungen zählen, und bei sehr hohem Aequivalente ein sehr schwaches Gleichgewicht zeigen, so werden sie im Kreise der über diese hereinbrechenden sogenannten spontanen Zersetzung, die mit Verwesung beginnt, und mit Fäulniss schliesst, in ihrem eigenen weit sichereren Gleichgewichte gestört, und zu eigener Zerlegung disponirt, die weder mit der Verwesung oder Oxydation, noch mit der Fäulniss oder Hydratation etwas gemein hat, sondern in jener charakteristischen Spaltung in summande Theil-Complexe besteht, die wir früher Gährung genannt haben. Man sieht also, dass der blosse Kontakt faulender Proteinate hinreicht, die Gährung einzuleiten und zu unterhalten, ohne das ein nachweisbarer stofflicher Austausch wägbarer Atome zwischen beiden einträte. Die Gährung gehört daher unbestreitbar zu der Klasse der Kontaktwirkungen. Das veranlassende Moment oder die Kontaktsubstanz der Gährung nennt man Hefe, die ohne Ausnahme zu den Verwesungs- und Fäulnisstypen des Proteins gehört, und mit einem ganz brauchbaren Kunstgriffe, mit der Namensendigung auf „ase" bezeichnet wird (Synaptase der Mandeln, Diastase des Malzes, Pektase der Früchte, Peptase der Verdauung, und im allgemeinen Fermentase). Mit der Sicherstellung dieses Veranlassungsmomentes ist keineswegs das Causalmoment oder die wissenschaftliche Erklärung der Gährung gewonnen.

Unter den Hypothesen, die diess letztere zu leisten versuchen, ist die Bewegungshypothese die induktivste und anschaulichste, ohne in wissenschaftlicher Strenge über den Werth eines Gleichnisses hinauszukommen. Wir wollen ohne Weiteres den ganzen Vorgang in ihrem Bilde besprechen. Man denke sich in einem ruhigen tiefen See von mächtiger Ausdehnung, im labilen Gleichgewichtszustande eine gewaltige Pyramide so aufgebaut, dass ihre einzelnen Quadern ohne kittendes Cement nur lose, aber den Gesetzen des Schwerpunktes genügend, mosaikartig an- und aufeinander gereiht sind, und, was das Wichtigste ausmacht, dass der ganze gewaltige Bau mit seiner stumpfen Spitze auf dem Grunde des Sees balancire, während die an Zahl zunehmenden und immer labiler schwebenden Quadern der bis zur Grundfläche anwachsenden Breite fast bis an den oberen Wasserspiegel des Sees sich erheben.

Denkt man sich nun ein kleines Steinchen auf ein Eck der kaum noch balancirenden Pyramide geworfen, so wird dadurch die Schwebe der Pyramide zum Fall gebracht; der ungeheure Bau stürzt donnernd zusammen, seine losen Quadern bilden nach dem Falle je nach ihrer ursprünglichen Schichtung an der Angriffsstelle des ersten Impulses verschiedene, jedenfalls aber stabilere Trümmergruppen am Boden des Sees, dessen Wasser von dem dröhnenden Falle der riesigen Pyramide erschüttert, in wilder Brandung aufwallen und weissen Gischt emporschleudern. Hätte man in denselben See, aber ohne Gegenwart jener labilen Pyramide, dasselbe Steinchen mit gleicher Kraft und von gleicher Höhe geschleudert, so hätte der See nur mit dem leisen und bald verklingenden Spiele immer weiter kreisender ruhiger Wellenringe geantwortet. In diesem Bilde repräsentirt die labil gestellte lose geschichtete Pyramide das labile Gleichgewicht der sehr complexen und zersetzlichen Proteinfermente, die Hefe; das an sich ruhige, sie umgebende Wasser des Sees vertritt den einfacheren, stabileren, von selbst nicht zerfallenden Atomcomplex des zu spaltenden vergährenden Körpers; das auffallende unscheinliche Steinchen spielt die Rolle des Sauerstoffes, der ohnmächtig in seinem Einflusse auf den See (den Zucker) das labile Gleichgewicht der Proteinpyramide aufhebt, und sie jener erschütternden Katastrophe (der Fäulniss) überliefert; wie aber inmitten der brandenden Bewegung während des Sturzes der Pyramide der früher ruhende See sein voriges Gleichgewicht nicht länger zu behaupten vermag, so geräth auch gleichsam wie durch

Mittheilung der Bewegung der indifferentere Zucker im Kontakte mit der faulenden Hefe in eine Störung seines Gleichgewichtes, welche eine andere Lagerung seiner Elementartheile, d. h. eine Spaltung oder Gährung zur Folge hat. So anschaulich dieses Bild zu sprechen scheint, so muss man dennoch mit wissenschaftlicher Scheu vor dem wörtlichen Verständnisse dieser „Bewegungssprache" warnen.

Vielleicht, dass die unbegreifliche Kontaktwirkung der Hefe ohne nachweisbaren stofflichen Verkehr mit dem vergährenden Körper, doch ohne zu der abstrakten Bewegungshypothese seine Zuflucht nehmen zu müssen, sich auf konkretere Weise durch den Verbrauch der Hefe an Imponderabilien, namentlich Wärme und Elektrizität, die sie dem benachbarten Zuckermoleküle zu entziehen genöthigt ist, sich erklären lassen dürfte. Dass aber Wärme und Elektrizität auf Gährung und Fäulniss Einfluss nehmen, ist im Allgemeinen schon jetzt eben so wenig zu läugnen, als es durch unzählige Thatsachen bewiesen ist, dass Zufuhr und Entziehung von Wärme und Elektrizität eine Dislokation der Atome, d. h. Zersetzung, Spaltung und Gährung nach sich ziehe.

Wenn nun auch die schärferen Methoden moderner Untersuchungen ziemlich bedeutende Differenzen in der Zusammensetzung des Blutes der zu- und abführenden Gefässe mancher Organe herausgestellt haben, so hat doch im Grossen und Ganzen genommen das gesammte Körperblut eine mittlere homogene Beschaffenheit, die gleich weit von der Konstitution des Knorpels, wie von der Substanz des Knochens, der Zusammensetzung der Muskeln und der Qualität des Gehirns absteht, und dennoch zwingen uns unbestreitbare Beobachtungen zu dem Schlusse, dass alle Organe des höher entwickelten Thierkörpers direkt oder indirekt aus dem Blute ihre Ernährung finden. Da drängt sich nun die Frage auf, warum die Muskelfibrille aus dem infiltrirten Blastem des Blutliquors immer nur Syntonin (Muskelfibrillen) bilde und aneigne, der Knochen Collagene (Leimstoff) und phosphorsaure Erden, die harte Schmelzfaser des Zahns Fluoride, das Gehirn: Eiweis, Fette und Oleophosphorsäure, der Knorpel Chondrin und Alkalisalze u. s. w., warum es überhaupt eine spezifische lokal begränzte, auf oft kleine Heerde beschränkte Plastik gebe, und wie eine solche aus dem einen und gleichartigen Blute vermittelt werde.

Da bei fast allen Lebenserscheinungen nicht ein Einziges,

sondern ein Complex der verschiedenartigsten Causalmomente sich betheiligt; wie überall im Organischen eine Ursache viele Wirkungen und eine Wirkung viele Ursachen hat, so dürfte es sich auch hier bei diesem grössten biostatischen Geheimnisse verhalten; ohne dadurch den Verschiedenheiten der lokalen Kapillarprovinzen in Webung und Gestaltung ihrer Netze und Maschen, in Dicke und Permeabilität ihrer Wandungen und den dadurch bedingten rein lokalen Schwankungen des Blutdruckes und der Exosmose ihre diesfällige exegetische Berechtigung abzusprechen, glauben wir umsomehr auf den möglichen Einfluss katalytischer Kontaktwirkungen zwischen den fertigen und zu ernährenden Organen und dem gleichsam die vergährende Substanz repräsentirenden Blute aufmerksam machen zu müssen. Im Beispiele: wie bei der Stellung der Bierwürze die zugesetzte Hefe nicht nur den Zucker des Malzes zu Kohlensäure und Alkohol vergährt, sondern sich selbst aus den stickstoffhaltigen Bestandtheilen des Malzes neu bildet und regenerirt, so dürfte die fertige Leberzelle aus dem vergährenden einströmenden Pfortaderblute sich selbst regeneriren (Ernährung der Leber) und als die zwei neuen Spaltungsprodukte die Galle und das zuckerhaltige Lebervenenblut bilden helfen. In so schwierigen Verhältnissen muss man sich einstweilen mit der angedeuteten Möglichkeit eines Vergleiches begnügen, bis eine spätere Zukunft dem fortschreitenden Experimente eine exactere Formulirung dieser dunklen Prozesse abgerungen haben wird. Wir wollen einstweilen nur der Gährung neben der Verwesung ihre grosse biochemische Berechtigung vindiciren, da selbst die Verdauung, dieser erste und mächtigste Hebel des alimentären Stoffwechsels im oberen Abschnitt des Darmkanals der verwesenden Gährung, im untern Darmrohre der (reducirenden Fettsäuren- und Wasserstoffverbindungen erzeugenden) fauligen Gährung gleichkömmt, ohne dass desshalb eben wegen des wachsamen und nie ganz schweigenden Einflusses der Verwesung die Fäulniss selbst in ihrer nackten Scheusslichkeit im lebenden Thierleibe zur selbstständigen Entwicklung komme.

Dass aber neben der Alles beherrschenden Verwesung und Oxidation nicht bloss zufällige und geringfügige, sondern wesentliche und unentbehrliche Reduktionsprozesse von hoher biologischer Dignität stattfinden können, beweiset die im Thierkörper, als aus Stärke und Zucker erfolgend, nachgewiesene Fettbildung. Wer die allgemeine Formel der Fettsäuren $C_n H_n O_4$ mit der der Kohlen-

hydrate Cm Hn On vergleicht und bedenkt, dass n bei den Fett-
säuren um die Zahl 30, bei den Kohlenhydraten aber etwa von
10 bis 24 sich bewegt, dem wird es klar werden, dass formell jede
Fettbildung aus Zucker und Stärke ein gewaltiger Reductionspro-
zess ist. Wenn aus acht Atomen Traubenzucker, dem inquilinen
Repräsentanten der ganzen Gruppe, drei Atome Palmitinsäure des
Thier- oder Menschenfettes werden, so müssen dabei 84 (!) Atome
Sauerstoff frei werden.

8 $(C_{12} H_{12} O_{12})$ oder $C_{96} H_{96} O_{96} = 3 (C_{32} H_{32} O_4)$ oder
3Pa oder $C_{96} H_{96} O_{12} + _{84}O$.

Und diese gewaltige Reduction verbringt der Thierkörper
wirklich (Thiere blos mit äusserst fettarmer stärkereicher Nahrung
geschoppt und gemästet, setzen bei gleichzeitig gehinderter Bewegung viele Pfunde Fett kurze Zeit über in ihren Körper ab,) wenn
auch der wirkliche inquiline Reductionsprozess nicht in einem
Sprunge wie sein obiges formelles Schema sondern in terassen-
förmiger Steigung durch alle Glieder der $C_n$, H n, $O_4$ Reihe vor
sich gehen dürfte.

Nun sage man aber nicht, dieser Reductionsprozess, der bloss
das fasst überflüssige, auf einer niedern Stufe der Entwicklung
und fasst jenseits des plastischen Stoffwechsels stehende Fett zu
bilden hat, falle nicht schwer in die Wagschaale und verschlage
Nichts für die Alleinherrschaft der Verwesung; wir müssen in aller
Feierlichkeit das Fett vor den Verleumdungen dieses theoretischen Nihilismus retten: wir überlassen den Anatomen, dem Fette
als elastische Polsterung, als Stossausgleichung der Tastenden aller
Hautnerven ein Panegyrikum zu halten; — wir haben wichtigere
Gründe für die Unentbehrlichkeit und biochemische Bedeutung des
Fettes aufzubringen: den hohen normalen Fettgehalt des Gehirns,
der ohne die fürchterlichsten Zerrüttungen seiner Funktionen nicht
um $2^0/_0$ sinken darf, und jene häufig noch unauflösbaren Nebelfle-
cken des histologischen Himmels, die mikroskopischen Fettmoleküle,
deren Freiwerden in thierischen Flüssigkeiten durch oberflächliche
Säuerung, Coagulation, die plastischen Stoffe, die Bildung von
Haptogenmembranen und Emulsionskugeln hervorruft und vielleicht
überhaupt das primum movens aller Zellenbildung und Organisation im Thiere ist.

Wir haben somit die oberste beherrschende Leitung der biochemischen Prozesse, als vitale Verwesung und inquiline Oxyda-

19

tion erkannt, ohne aber durch die Brille eines indolenten Vorurtheils die unvermeidliche Coëxistenz wichtiger zoochemischer Reductions-Prozesse zu übersehen.

Forscht man nach dem Maas dieses Stoffwechsels im Thierleibe, sucht man eine numerische Statistik desselben aufzustellen, eine Bilanz zu combiniren, über Import, Export und Transitoverkehr des Organismus, — so kann es sich vorerst auf dem heutigen Standpunkte wissenschaftlicher Entwicklung nur um runde aproximative Ziffern handeln, da die vollendete, quantitative Begründung selbst qualitativ nach räthselhafter Vorgänge einer späten Zukunft vorbehalten bleibt.

Wenden wir uns zuerst zur Athmung, so zeigt sich, dass ein erwachsener Mensch, der etwa 18 Mal in der Minute athmet und dessen mittlerer Inspirationsraum 20 Kubikzoll betragen mag, in 24 Stunden etwa 25000 Kubikzoll Sauerstoff aus der umgebenden Luft consumirt, was im Gewichte an 20 Unzen beträgt. In derselben Zeit athmet er aus über 22000 Kubikzoll oder an 23 Unzen Kohlensäure, worin 6,27 Unzen Kohlenstoff gebunden sind an 16,37 Unzen Sauerstoff; somit wurde mehr Sauerstoff inspirirt, als in Form von Kohlensäure exspirirt und dieses tägliche Plus beträgt etwa 2 — 4 Unzen, die zu weiteren inquilinen Verwesungs-Erscheinungen, zur Plastik und Mauser der Gewebe verbraucht werden. Es ist übrigens hier nicht zu vergessen, dass nicht bloss in der Lunge eine Athmung: ein Gas — (Diffussions-) Austausch erfolgt, sondern dass die gesammte Hautfläche eines Thieres ein Athmungsorgan — einen Diffusionsapparat darstellt, der selbst von grösserer Wichtigkeit werden kann, als die Lunge; so z. B. beim Frosche, der sehr rasch an Asphyxie zu Grunde geht, wenn man seine Haut mit einem Firniss bestreicht, der seine hochgradige Hautathmung erstickt. Gewiss ist, dass auch die Haut des Menschen und der höheren Thierklassen Kohlensäure aushaucht, nur drängt sich bei der Funktion der Haut die Wasserabdunstung so sehr in den Vordergrund, dass ersteres zurückfällt und bisher jedes numerischen Werthes ermangelt.

Was nun diese Wasserausscheidung betrifft, so stellt sie sich mit folgenden arrondirten Mittelwerthen in die statistischen Rubriken ein:

1. Durch die Lunge während des Expiriums verdampfen in Einem Tage 16 Unzen Wasser.

2. Durch die insensible Hautperspiration (ohne sichtlichen Schweiss) in 24 Stunden etwa 32 Unzen.

8. Durch die anderen Excrete, deren grösstes Kontingent der Harn stellt, in Einem Tage an 32 Unzen.

Die Summe der Eintägigen Wasserausfuhr beträgt somit 80 Unzen oder 5 Pfunde.

An der Stickstoffausscheidung scheint sich im Grossen nur die Niere zu betheiligen, da die übrigen Azotaushauchungen untergeordneter Menge durch Lunge und Haut vielleicht nur Rückgaben des mitinspirirten, indifferenten, athmosphärischen Stickgases betreffen und anderseits in der Epidermis- und Epitelialmauser, im Schleime etc. weder leicht numerisch zu verwerthen, noch überhaupt dem Harne gegenüber vor der Hand zu berücksichtigen kommen.

Wirklich hat auch die Erfahrung gezeigt, dass ein Erwachsener eine seiner Stickstoffeinfuhr (in Nahrung und Getränken) gleiche Stickstoffausfuhr im Harne habe. Der weitaus wesentlichste Repräsentant der Stickstoffmauser ist beim Menschen der Harnstoff, da die ihn bei Vögeln und Ophidiern ersetzende Harnsäure im Menschenharne nur 1 pro mille beträgt, während der Harnstoff zu 50 % des festen Harnrückstandes und um 30 per mille des Harnes ausmacht und 46, 7 % Stickstoff enthält.

Bei gewöhnlicher Kost wird nun täglich durchschnittlich eine Unze Harnstoff entleert, worin somit 220 Gran Stickstoff vertreten sind. Man berechnete aus der täglichen Ausfuhr von Kohlenstoff und Stickstoff nach stöchiometrischen Aequivalenten, die zum Leben des Erwachsenen unerlässlichen Mengen der Nahrungsmittel und in jüngster Zeit fand man Gelegenheit, diese theoretischen Schlüsse praktisch durch die ökonomische Statistik grosser Versorgungs- und Pflegehäuser zu kontrolliren; wobei sich das erfreuliche Resultat hinreichend genauer Uebereinstimmung zwischen Theorie und Praxis zeigte. Diese Angaben bestehen in Folgendem: 60 Grammes Eiweis und 430 Grammes Amylon, oder an dessen Statt 250 Grms. Fett, decken völlig das Nahrbedürfniss eines Erwachsenen binnen 24 Stunden. Die 250 Grms. Fett, sind so zu sagen das chemische Aequivalent von 430 Grms. des Kohlenhydrats, der Stärke oder des Zuckers, aber wie gesagt nur in quantitativer Beziehung; bei Weitem nicht in qualitativer Hinsicht, in der es für die Dauer dem Organismus nicht gleichgültig sein kann,

ob er alle die bei dem Fettneubildungsprozesse auftretenden Neben-
produkte und Mittelglieder entbehren, wie bei ausschliesslichem
Genusse von präformirtem Fett oder sie alle verwerthen muss, wie bei
dem Genusse von Stärke. Am richtigsten wäre wohl das Verhältniss oder der diätetische Coefficient, wenn auf 60 Grms. Eiweis
286 Grms. Kohlenhydrat (Stärke) und 84 Gr. Fett täglich genossen
würden, worin alle die sogenannten mineralischen, anorganischen
Salz- und Aschenbestandttheile eingeschlossen gedacht werden, (die
so unverletzlich ihr Einfuhrsgesetz sicher ist, — bisher jeder numerischen Statistik ermangeln) und wofür alle möglichen chemisch
gleichwerthigen Varianten von Nahrungsmitteln gesetzt werden
können. 1 : 5 ist somit im Durchschnitte das Normalverhältniss
der stickstoffhältigen Nahrung zur stickstofflosen. Obiges Gram-
menverhältniss liefert in unsern Gewichte etwa folgende Nahrungs-
werthe für Einen Tag: 3 bis 4 Loth Eiweiss, 15 bis 20 Loth
Stärke (Zucker) und 5 Loth Fett; damit, in welcher — natürlich
assimilationsfähigen — Form dies auch gereicht werden mag, ist
die unvermeidliche Bilanz des Stoffwechsels im erwachsenen Men-
schenleibe eben gedeckt. Bei Kindern, wo Wachsthum, also nicht
blosse Compensation des Exports, sondern Import (bleibend) erforderlich ist, muss dieses Verhältniss selbstverständlich weit überschritten werden, d. h. ein Gramme Kind wird mehr konsumiren
als ein Gramme Mann, bei welch' letzterem Import und Export
so äquipariren, dass sein ganzer Stoffwechsel einer Art von Transito zu gleichen scheint. — Man hüte sich aber sehr, diese anschei-
nende Aehnlichkeit für eine Wirklichkeit zu halten, denn mit Ausnahme des Wassers und weniger Salze kann für kein wirkli-
ches Nahrungsmittel der Name Transito beansprucht werden. Man
hat sich eines glücklicheren Gleichnisses bedient und den Organismus einen Verdrängungsapparat genannt; gerade wie in einem solchen nicht die oben aufgegossene Schichte unmittelbar durchfliesst,
sondern nur durch mechanische Druckfortpflanzung die früher
schwebende unterste (also schon vor ihr vorhandene) Flüssigkeits-
schichte durchpresst und zum Abfluss zwingt, gerade so verdrängt
gleichsam die neuassimilirte Nahrung als exosmosirendes Blutplasma
die stagnirende Schichte sich mausernder Gewebstheile, sie ersetz-
zend und jene (also schon vor ihr vorhandenen) zur Excretion hin-
drängend. Desshalb secernirt der Erwachsene im Harnstoff seines
Harnes so viel Stickstoff, als er in seiner Nahrung genoss, ohne

dass es eben der Stickstoff dieser Nahrung wäre, ohne dass also diese Nahrung einfach den Organismus durchwandelt, ohne dass endlich der inquiline Stoffwechsel Transito zu heissen hätte.

Wird nun diess Maass des Imports nicht eingehalten, sondern weniger an Nahrung eingeführt, so hört desshalb der Export nicht etwa völlig auf, sondern besteht, wenn auch mit gesunkener Energie bis zum unvermeidlichen Tode des Individuums fort, ja er ist eben in Folge einer wahren Selbstverzehrung die Grundursache eben dieses Todes. Noch sind die Verhältnisse der Inanitation nicht erschöpft, noch ist das Studium des Hungertodes nicht vollendet und doch ist eben diess für die Legislatur des Lebens von entscheidender Wichtigkeit; ja dem Arzte selbst wird diese Lehre nach ihrer einstigen Vollendung, an der von den ausgezeichnetsten Kräften eben jetzt wieder rüstig gearbeitet wird, grosse Aufschlüsse bringen und manche verderblichen Illusionen zerstören; denn die Einflüsse der fast in jeder acuten Krankheit platzgreifenden oft vom Arzte selbst protrahirten Inanition auf Kur und Krankheit sind unberechenbar; solange dieses grosse X, dass sich, zum Bewusstsein gelangt, mit antinomischer Ironie, als expectative Methode gerirt, nicht völlig entlarvt ist, wird es sich in alle therapeutischen Erfolge mischen und jedes klinische Experiment zu einer (unbestimmten) Gleichung mit mehr Unbekannten als gegebenen Ansätzen machen.

So folgewichtig auch das Studium der Inanition für die Wissenschaft des Lebens ist, so muss man sich hüten vor dem grossen Fehler, in den selbst geniale Forscher geriethen, die Minimal- oder besser Pessimal-Werthe ihres Stoffwechsels für das Zahlengesetz des Stoffwechsels $\varkappa\alpha\tau'$ $\epsilon\xi o\chi\eta\nu$, für den Optimismus des Lebens zu erklären; es hiesse dies als Nationalökonom das Erträgniss eines ausnahmsweisen Missjahres, als das Normalbedürfniss eines Landes proklamiren.

———————

Aus einer grossen Zahl sehr interessanter Experimente der bewährtesten Forscher lässt sich folgende Hungerskala der Organe abstrahiren:

Im verhungerten Thiere hat der Organtheil verloren an normaler Quantität:

| | |
|---|---|
| Fett . . . . . . | 93 Prozente |
| Blut . . . . . . | 75 „ |
| Milz . . . . . . | 71 „ |
| Pankreas . . . . . | 67 „ |
| Leber . . . . . . | 52 „ |
| Herz . . . . . . | 44 „ |
| Gedärme . . . . . | 42 „ |
| Aeussere Muskeln . . . . | 41 „ |
| Magen . . . . . . | 38 „ |
| Oesophagus . . . . | 34 „ |
| Haut . . . . . . | 33 „ |
| Nieren . . . . . . | 31 „ |
| Lungen . . . . . | 23 „ |
| Knochen . . . . . | 16 „ |
| Augen . . . . . . | 10 „ |
| Gehirn . . . . . . | 1 „ |

Diese Skala zeigt, selbstredend, wie zähe das Centralorgan der Empfindung und Bewegung: das Nervenmark sich bei der Emaciation aller übrigen Organe in einer starren Integrität zu behaupten strebt, wie aber auch, (wenn endlich die Kraft dieses Widerstandes oder die Fähigkeit dieser ausdauernden Stoffanziehung und Ernährung neben verhungernden Geweben und aus erschöpftem Blute zusamenbricht), dann bei der kleinsten Schwankung in der Zusammensetzung dieses heiligen Organes das Leben erlischt.

Die Inanition veringert bei der steten Fortdauer des (selbstmörderischen) Exportes unablässig das Gewicht des fastenden Körpers des hungernden Thieres. Wenn (bei Säugethieren) $\frac{1}{3}$ bis $\frac{2}{5}$ des Körpergewichtes verloren gingen, so erfolgt der Tod. Ein Säugethier büsst durchschnittlich fastend täglich $\frac{1}{25}$ seines Körpergewichtes ein. Berechnet man aus diesen experimentell gewonnenen Daten die Inanitionsfrist des Menschen, so ergibt sich: dass ein erwachsener Mensch von 130 Pfunden Körpergewicht $\frac{130}{3}$ bis $\frac{2 \cdot 130}{5} = 43$ bis 52 Pfunde einbüssen müsse, bis er an Inanitionsfolgen verende; im Mittel verliert er ferner $\frac{130}{25}$ Pfund täglich an Körpergewicht, somit nahe an 5 Pfunde; es folgt daraus, das er in $\dfrac{43 \text{ bis } 52}{5}$ Tagen, also in etwa 9 bis 10 Tagen Hungers gestorben sein müsse, ein Rechnungsergebniss, das wieder mit den vereinzelten traurigen Aufzeichnungen vorgefallener und zur Kenntniss gelangter menschlicher Hungertode hinreichend genau übereinstimmt.

Nachdem wir nun Qualität und Quantität des thierischen Stoffwechsels flüchtig skizzirt haben, wenden wir uns sofort zur Betrachtung des lebensnöthigen Imports oder zur diätetischen Beurtheilung der Alimente.

––––––––

Diese ewige Selbstverbrennung und Selbstvergährung im Thierleibe, die wir L e b e n nennen, setzt zur Erhaltung des statischen Gleichgewichts eine innerhalb gewisser Pausen regelmässig wiederkehrende Stoffaufnahme, einen materiellen Ersatz von aussen, kurz N a h r u n g voraus.

Die N a h r u n g im weitesten Sinn des Wortes ist somit alles Wägbare mit seinen inponderablen Attributen und Molekular-Hüllen, das den Ersatz verbrauchter Organtheile zu leisten, d. h. zu normalen Körperbestandtheilen assimilirt zu werden vermag. Man muss sich vorerst mit dieser teleologischen Definition begnügen. Es gibt viele Stoffe, die durch die peremtorische Aufnahme in den geschlossenen Kreis eines Organismus innerhalb gewisser Quantitätsgränzen wenigstens nach einer Richtung hin, die mannigfaltigsten Funktionen des Lebens anregen und befördern, ohne dass ihnen der Stempel der Assimilationsweihe aufgedrückt würde, ohne dass sie mit ihrem chemischen Massenmomente sich an der Konstitution normaler Körpertheile betheiligen könnten; diese Reihe von Stoffen trägt in allgemeinster Form den Namen der G e n u s s m i t t e l oder Gewürze. Stoffe, die weder assimilirt werden, noch innerhalb gewisser Gränzen in freundlicher anregender Wechselwirkung zu den normalen Lebensfunktionen stehen, sind entweder mehr indifferenter Natur, oder sie behaupten einen spezifisch feindlichen Bezug zu letzteren und heissen dann im Allgemeinen G i f t e. Es ist klar, dass alle Genussmittel ohne Ausnahme jenseits gewisser Quantitätsgränzen zu Giften werden müssen; so wie anderseits aus allen drei Klassen Nahrungs-Genussmitteln und Giften sich der rein teleologische Begriff eines Pharmakons oder H e i l m i ttels rekrutirt. Wir haben es vor der Hand nur mit der Prüfung der Nahrungsmittel zu thun.

Die Imponderabilien der Physik: Licht, Elektrizität, Magnetismus und Wärme gehören, so lange man sie als blosse Zustände der Materie, als Bewegungsphasen eines hypothetischen schwerelosen Aethers zu betrachten gezwungen ist, nicht so eigentlich zu den Nahrungsmitteln im weitesten Sinne, wohl aber zu den Lebensbedingungen.

Sind sie aber mit gravitirenden Massentheilchen zur molekulären Einheit verschmolzen, dann sind sie ein integrirender Theil des Alimentes geworden, wie beispielshalber im Ozon, das mit ziemlicher Sicherheit als elektrischer Sauerstoff betrachtet wird.

Die vom Körper innerhalb der kürzesten Pausen gebieterisch verlangte Nahrung ist der Sauerstoff. Seine Inanition (Mangel an ihm als Nahrungsmittel) heisst Asphyxie und tödtet in raschester Zeit. Die quantitativen Verhältnisse sind bei dem vitalen Diffusionsorgane (der Athmung) bereits besprochen worden.

Die nächstdringende Nahrung ist das Wasser, der Vermittler aller und jeder organischen Endosmose. Sein 24stündiger Umsatz beim Erwachsenen, dürfte als Mittelzahl sich innerhalb 50 bis 80 Unzen durchschnittlich bewegen. Es ist an und für sich klar, dass gerade bei diesem Stoffe die Maximalwerthe seines Verbrauches ziemlich lange ungestraft anschwellen und hinaufrücken können, während die Minimalgränze nicht leicht ohne bedenkliche Störungen nach abwärts überschritten wird.

Seine Inanition, deren Bild eben jetzt von den trefflichsten Forschern skizzirt zu werden beginnt (mit dem Gefühle brennenden Durstes in die Erscheinung tretend) tödtet zwar unverhältnissmässig langsamer als die der Luft, aber immer noch weit aus rascher und schmerzlicher als die Inanition fester Nahrung.

Es darf dies nicht Wunder nehmen, wenn man bedenkt, dass $4/5$ alles Organischen Wasser ist, dass das Blut, das so recht eigentlich der Speiser der Gewebe und Vermittler aller Ernährung ist, eben so wenig ohne hohen stets erneuerten Wassergehalt seine organisch funktionelle Integrität aufrecht zu erhalten vermag, als manche feste Organe von höchster bionomischer Dignität, wie beispielhalber das Nervenmark.

Was nunmehr die feste Nahrung betrifft, so umfasst sie

1. eiweissartige Stoffe; 2. Fette; 3. die sogenannten fettbildenden Kohlenhydrate und 4. Skelett oder Aschensalze.

1. Der Ausschluss der eiweissartigen Stoffe aus der Nahrung oder die Inanition an Proteinverbindungen ist identisch mit
der Inanition an Stickstoff, einem wesentlichen Bestandttheile aller
Gewebe des thierischen Körpers. Der unerbittliche auch während
der vollständigsten Inanition innerhalb etwas engerer Gränzen fort-
wirkende Stoffwechsel (dieses Synonym des Lebens) ertrotzt aus
den sich funktionell verzehrenden Geweben eine immerwährende
Stickstoffausfuhr in Form von Kreatin, Harnstoff, Harnsäure etc.,
so dass, wenn nicht ein baldiger Ersatz nachrückt, der Organismus
in kürzester Frist an dem unentbehrlichen Stickstoffelemente tödtlich verarmt. Alle Erfahrungen und Beobachtungen einigen sich
dahin, dass Albuminoïde- oder Proteinverbindungen die einzige
assimilirbare Form des Stickstoffs für den Thierkörper darstellen.

Die Pflanze resorbirt das mit Amoniakspuren geschwän-
gerte meteorische Wasser; sie geht aber kraft ihrer gewaltigen
chemischen Aneignungsfähigkeit einen bedeutsamen Schritt weiter
und assimilirt auch das resorbirte kohlensaure Ammoniak zu
den mannigfaltigsten Endprodukten: zu ihrem Legumin, ihrem Kleber, ihren Alkaloiden.

Das Thier resorbirt gleichfalls die Ammoniakverbindungen,
aber nur um sie, die zurückgehalten deletär auf Blut und Nervenmark wirken würden, in einem Reaktionssturm kräftiger Schweisse
wieder auszustossen; es vermag aus dem ins Blut aufgenommenen
Ammoniaksalzen nicht ein Milligramme von Eiweiss oder Faserstoff zu bilden; die Ammonsalze in der thierischen Oekonomie, geben
uns somit einen schlagenden Beweis, dass Resorption und Assimilation sehr zweierlei seien, wovon die letztere wohl nicht
ohne die erstere, aber oft die erstere ohne die letztere obwalten
könne. Aber nicht blos die sogenannten anorganischen Azotverbindungen, wie Ammon, Salpetersäure, oder die ohnehin so giftige Cyan — (Kohlenstickstoff) Reihe, sondern auch alle wie immer gearteten Azotverbindungen mit zusammengesetzten Radikalen
aus der sogenannten organischen Chemie sind völlig ungenügend,
dem thierischen Haushalte assimilirbaren Stickstoff zu liefern. Das
stickstoffhältige Indigblau, das azotreiche Chlorophyll, das Chinin,
Amygdalin etc.; sie alle, die Stickstoff enthalten, ohne zur Klasse

der Albuminoide zu gehören, sind unfähig das Leben der Thiere bei Ausschluss von Proteinaten, aber Einschluss aller übrigen stickstofffreien Nahrungscoefficienten auch nur für kurze Zeit kärglich zu fristen. Das Thier erzeugt kein Protein in seinem Leibe; die Darstellung des Proteins aus andern stickstoffhältigen Stoffen übersteigt die enggezogene Kraftgränze seines Chemismus. Es muss die albuminoide unerlässliche Componente seiner Nahrung, den Grundzügen nach fertig aus der Pflanze, die es aus dem kohlensauren Ammon in letzter Instanz reduzirte, oder aus zweiter Hand von sich selbst beziehen und so stellen sich zwei Reihen von Thieren heraus, die Herbivoren und Carnivoren, die bei aller Verschiedenheit der Digestions- und Mastikationsapparate doch darin übereinstimmen, dass sie beide das Protein fertig aufnehmen und nicht uranfänglich bereiten.

Die Natur hat uns zwei Präparate fertig geliefert, die als Muster-Experimente von Diätetik betrachtet werden müssen, die Milch und das Hühnerei. Durch erstere erfolgt oft wochenlange die blühende anwachsende Ernährung des Jungen; aus letzerem, zu dem während der Bebrütung nichts hinzutritt als Oxygen mit den Imponderabilien, entschlüpft nach kurzer Frist das entwickelte Hühnchen. Hat die Wissenschaft einst Milch und Ei, diese beiden complicirten, labilen, beweglichen organischen Moleküle in ihrer ganzen stofflichen Bedeutung in qualitativer und quantitativer Hinsicht erschöpft, so dürfte die Lehre der Alimente vollendet sein. Berücksichtigen wir als Drittes im Bunde das Blut, das dieselbe Rolle für den Mutterkörper spielt, wie Milch und Ei für den Brutkörper, so sehen wir, dass in allen dreien nur wenige aber eben die gewichtigsten Repräsentanten der Proteingruppe vertreten sind: Eiweiss, Käsestoff, (Vitellin), Globulin, dass aber das ziemlich zahlreiche Heer der inquilinen histoplastischen Derivationen gänzlich fehlt. Im Blute ist kein Collagen, kein Syntonin, keine Matrix des Binde- und Muskelgewebes gelöst eben so wenig in Milch und Ei. Da es nun unzweifelhaft ist, dass aus dem Blute die Ernährung aller Gewebe erfolgt, so wie das Hühnchen den Hornstoff seiner Federn und seines Schnabels, das Syntonin seiner Muskeln und die Gallerte seiner Knochen und Knorpel, das Collagen seines Bindegewebes nur aus dem aller dieser chemischen Verbindungen ermangelnden Eie, also aus dessen Eiweiss und Vitellin gebildet haben müsse; — da endlich das milchgesäugte Junge täg-

lich so viel Grammen Muskelfleisch, Knorpel-, Knochen- und Bin-
degewebssubstanz als organisches Gewichtsincrement anbildet, die
es nur in Form von Käsestoff genossen haben konnte: so ist es
klar, dass jener Rigorismus, den wir für die Unersetzbarkeit
des Proteins als Gruppe im Thierleibe geltend machten, innerhalb dieser Gruppe für die einzelnen Glieder der Albuminoiden - Reihe wegfällt, für die es gewiss ist, dass aus wenigen
Repräsentanten der Chemismus des Thieres alle histoplastischen
Varianten abzurollen und zu entwickeln vermag, ohne desshalb zu
läugnen, dass die weiteren Fortschritte der Wissenschaft gewisse
noch verhüllte feinere Nuancen entdecken mögen, die zu einer
diätetischen Charakteristik der einzelnen Glieder in
der Albuminoiden- oder Proteinreihe führen dürften.

Die einzige assimilirbare Form des Stickstoffs für den Thierleib ist, wie wir zeigten, die Reihe der weissartigen Stoffe und
ihrer Derivationen, doch auch hier nicht die ganze. Man hat,
wenn ich nicht irre, in Italien Versuche angestellt, Schaafe mit
dem Niederschlage zu füttern, den Salzsäure in der kalischen
Lösung des Keratins (Klauen, Haare, Hörner, Epidermis) erzeugt
und der im Sinne der Mulders'chen Anschauungsweise noch
immer den wesentlichen Atomencomplex des Proteins darbie-
tet. ($C_{36} H_{25} N_4 O_{10}$ == Protein: 5 ($C_{36} H_{25} N_4 O_{10}$ + 2 HO)
+ $S_2 O_2$ sogenanntes Eiweisprotein und 6 ($C_{36} H_{25} N_4 O_{11}$ +
2 HO) + $S_2 O_2$ sogenanntes Faserstoffprotein); beide letzteren Stoffe
sollen aus der kalischen Lösung des Keratins $C_{36} H_{25} N_4 O_{11}$ +
2 HO + $H_2$ NS durch Salzsäure gefällt werden.)
Diese und ähnliche Fütterungsversuche endeten mit dem Hungertode der Versuchsthiere; ich weiss nicht, ob man den übrigen
gleich unentbehrlichen Alimentär Faktoren, den Salzen, dem Fette,
den Kohlenhydraten und der Herbi- und Carnivoren - Natur des
Versuchsthieres in derlei Experimenten streng wissenschaftliche
Rechnung getragen hat; — hat man es aber, so wäre durch sie
der schlagende Beweis, geliefert, dass es der Wurzel, dem Stammkern der Mulder'schen Hypothese: dem Protein $C_{36} H_{25} N_4$
$O_{10}$ an der Weihe der Assimilationsfähigkeit,, an dem Range des
Stickstoffalimentes par excellence, kurz an der centralen und radikalen Natur seines Atomencomplexes gebreche. Ist doch selbst der
Streit über die Nährfähigkeit und die alimentäre Dignität des Leims,

der Collagengruppe, der verjährte Streit zwischen den Franzo-
sen u. Liebig und Mulder noch nicht zum definitiven Abschlusse
gekommen! Es scheint also mindestens Glieder und Derivate der
albuminoiden Reihe zu geben, die — obwohl ihre Löslichkeits-
und sonstigen Molekularverhältnisse der Resorption und Assimilation günstig wären, wie beispielshalber beim Leime, obwohl ferner
ihr formeller und realer Zusammenhang mit dem Albumin durch
Constitution und Zersetzungsprodukte angedeutet ist, — dennoch
alles und jedes Nahrwerthes verlustig gegangen sind, und die den
Rubicon der Rückbildungsfähigkeit zu Bluteiweiss überschritten zu
haben scheinen. In den Gerichten einer mundgerechten Küche,
findet sich Keratin nicht und doch, welche erstaunliche Masse dieses
Stoffes mausern und regeneriren wir in der periodischen Kürzung von
Bart- und Haupthaar und Nägeln, endlich in der stäten Häutung
der Epitelien und der Desquamation der Epidermis? Es obwal-
tet somit kein Zweifel, dass dieses Keratin aus dem Syntonin- und
Albumingehalte unserer Nahrung in nächster Instanz aus dem Bluteiweiss sich hervorgebildet haben müsse, durch einen Prozess vitaler, histoplastischer Oxydation und Metamorphose. Ganz dasselbe
kann man vom Syntonin des Muskelfleisches bei einem Herbivoren
oder Galactophagen behaupten. Nun erscheint aber plötzlich der
grosse Unterschied beider. Das Syntonin, das sich aus Bluteiweiss
hervorbildete, vermag sich im verdauenden Magen wieder in Bluteiweiss zurückzuverwandeln und den vitalen Kreislauf noch einmal zu beginnen, während das in einer spätern Phase der vitalen
Verwesung befindliche Keratin nicht wieder zu seiner Quelle, dem
Albumen des Blutes zurückzuebben vermag. Man mag sich die inquiline
Oxydation als aufsteigende Bewegung längs eines Segmentes einer
Curve (Parabel) denken; im zweiten Falle hat das Molekül bereits den
höchsten Punkt der Bahn überschritten. Hört die propulsive Kraft
im ersten Falle plötzlich zu wirken auf, so fällt der Körper einfach auf seinen Ausgangspunkt zurück; erreicht sie aber erst im
zweiten Falle ein Ende, so ist an ein Zurückfallen in die alte
Lage nicht mehr zu denken, sondern immer tiefer und weiter lenkt
der Fall den sinkenden Körper ab. So kann sich aus dem Keratin wohl eine grosse Reihe einfacherer stabilerer Zersetzungsprodukte entfalten aber das complicirte labile Atom des Albumins
rekonstruirt sich nimmer aus ihm.

Wie die Umwandlung dieser Proteïnate und Gewebsbestandtheile in einander im Thierleibe unter dem gleichzeitigen Einflusse der geheimnissvollen Webung und des dunklen Chemismus betrifft oder wo, an welchem bestimmten Orte, sie vor sich gehe, darüber wissen wir so gut wie nichts. An formellen Bezügen würde es einer rein algebraischen Betrachtung dieser Sache allerdings nicht fehlen.

Sprechen wir in der Hypothese Mulder's, dessen analytische Exactheit selbst von einem so strengen Kritiker, wie Lehmann zweifellos anerkannt wird, so entwickelt sich aus der gemeinschaftlichen Wurzel des Proteinhydrates $C_{36} H_{25} N_4 O_{10}$ 2 HO durch Anlagerungen von acht Sulphamidatomen und einem Phosphamidatome an den verzwanzigfachten Stammkern: das Eiweiss 20 ($C_{36} H_{25} N_4 O_{10}$ 2 HO) + 8 $NH_2$ S + $PNH_2$ und durch Anlagerung einen Atoms Sulph und Phosphamids an den sechsfachen Kern im oxydirten Zustande: das Fibrin, der Blutfaserstoff 6 ($C_{36} H_{25} N_4 O_{11}$ 2 HO) + $NH_2$ S + $NH_2$ P, so dass folgende Gleichungen den einfachsten Zusammenhang beider mit der gemeinschaftlichen Wurzel darthun, wenn man diese: das Protein mit $H\varrho\tau$ bezeichnet:

Eiweiss = 20 ($\Pi\varrho\tau$ . 2 aq) + 8 $SNH_2$ + $PNH_2$;

Fibrin = 6 ($\Pi\varrho\tau$ . 2 aq) + $SNH_2$ + $PNH_2$

Die Entstehung des Letzteren aus dem Ersteren, liese sich somit ganz ungezwungen als eine Oxydation, vitale Verwesung und ein einfacheres Zerfallen des Stammkernes mit gleichzeitigem Austritte von 7 Sulphamid - Atomen erklären. Keratin, der chemische Stoff des Horngewebes der Histiologen, Haare, Klauen, Nägel, Hörner, Epitelien und Epidermis bildend, entstünde aus dem Faserstoff durch Austreten des einen Phosphamidatoms $C_{36} H_{29} N_5 O_{13}$ S = $C_{36} H_{25} N_4 O_{11}$ + 2 HO + $SNH_2$ = $\Pi\varrho\tau$ O 2 HO $\tau$ $SNH_2$.

Das Pyin würde sich als ein Doppelatom des Proteintritoxyds mit Ammoniumoxyd und drei Atomen Wasser darstellen: 2 ($C_{36} H_{25} N_4 O_{13}$) + $NH_4$ O + 3 HO = 2 ($\Pi\varrho\tau$ $O_3$) + $NH_4$ O + 3 HO. Ein Atom des Proteins im Bluteiweisse würde zu Folge weiter fortschreitender vitaler Verwesung unter Aufnahme von 15 Atomen Oxygens und Ausgabe von 5 Atomen in der Fleischflüssigkeit aufgefundener, leicht verathembarer Ameisensäure in zwei Atome Glutin, den Grundstoff des Bindegewebes, elastischen Gewebes und der Knochenknorpel zerfallen: $C_{36} H_{25} N_4 O_{10}$ + 15 O = 2 $\dfrac{C_{13} H_{10} N_2 O_5}{\text{Glutin}}$ + 5 $\dfrac{(C_2 HO_3)}{\text{Ameisens.}}$

Chondrin, die Grundlage der nicht ossifizirenden Knorpel würde aus einem Proteintritoxydhydrat-Atome unter Aufnahme von acht Atomen Sauerstoff und Abgabe von vier Atomen Kohlensäure hervorgehen: $\underbrace{C_{32}\ H_{26}\ N_4\ O_{14}}_{\text{Chondrin}} = C_{36}\ H_{25}\ N_4\ O_{13}\ .\ HO + O_8$ — 4 CO².

Ja selbst das Fibroin der Seide liesse sich aus dem Proteintritoxyde durch alimentären Hinzutritt von zwei Atomen oxalsauren Ammoniaks im Körper der Seidenraupe und den gleichzeitigen Austritt von zwei Wasser- und einem Kohlensäure - Atomen ableiten:

$$\underbrace{C_{36}\ H_{25}\ N_4\ O_{13}}_{\text{Proteintritoxyd}} + 2\ \underbrace{(C_2\ O_3\ .\ NH_4\ O)}_{\text{Oxals. Ammon}} - 2\ HO - CO^2$$

$= \underbrace{C_{39}\ H_{31}\ N_6\ O_{17}}_{\text{Fibroin}}$ und somit auch das Spongiin, die Substanz des Badeschwammes, wenn man bedenkt, dass in ihr zu 20 Stammatomen von Fibroin 1 Atom Jod, 3 Schwefel und 5 Atome Phosphor hinzutreten. Aber alle derartigen leicht ins Unendliche zu variirenden Schematisirungen sind nichts weiter, als leere Patiencespiele einer algebraischen Casuistik, ein planloses Lotto vager Möglichkeiten ohne realen Halt und ohne Fruchtbarkeit an echt wissenschaftlichen Consequenzen.

Frägt es sich nun um den Verdauungsvorgang dieser Alimentengruppe, so wissen wir auch hierüber nur sehr dürftiges.

Einige Glieder dieser Gruppe, wie Caseïn, Legumin werden durch den Kontakt mit der Schleimhaut eines Carnivorenmagens, auch durch Lab oder die Schleimhaut des vierten Kälbermagens koagulirt, hierauf allmälig wieder gelöst und zur Resorption geschickt gemacht. Die assimilationsfähigen Proteinate in coagulirtem, geronnenen Zustande, werden überhaupt im Magen sämmtlich gelöst, wie z. B. das hartgekochte Eiweiss des Hühnereies. Organisirte Proteinate gerathen in einen Zustand der Quellung, der endlich jede Spur ihrer Webung verwischt und einem Zustande völliger Lösung oder doch feinster Vertheilung Platz macht, ohne den es keine Endosmose, keine Resorption im Thierleibe gibt. Aber selbst die lösliche Form dieser Körper, wenn sie auch im Kontakte mit der Magenschleimhaut nicht wie beim Käse- oder Bohnenstoffe in die unlösliche koagulirte überspringt, eignet sich durchaus nicht zur sogleichen Resorption: genossenes lösliches Bluteiweiss oderSerum filtrirt nicht einfach ohne Veränderungen erlitten zu haben, durch die mucosa des Darmes und die Zottenwand hindurch als fertiger Ankömmling in Blut oder Lymphe. Diesem einfachen unvorbereiteten Eintritte steht die äusserst geringe Endosmosenfähigkeit dieser Stoffe für thierische Membranen als unübersteigliches Hinderniss im Wege. Sie werden früher durch den Einfluss des Magensaftes auch ohne interkurrirende Gerinnung in einen inkoagulabeln, und leichter exos. mosefähigen Zustand versetzt, indem sich ihre chemische Konstitution kaum wesentlich, ihre Molekularverhältnisse aber von Grund aus geändert haben dürften; in diesem so zu nennenden Larven-zustande passiren sie ungehindert die Schwelle der Endosmose, um sich, im Lymph- oder Blutgefässrohr angelangt, sogleich wieder zu entpuppen und in die früheren koagulablen Stoffe rückzuverwandeln. In diesem intermediären Zustande haben sie den Namen Peptone erhalten. Als Peptonen, gleich viel aus welchem Alimente der Proteingruppe sie stammen, scheinen sie ein überwiegendes Streben zu besitzen, sich alle in das eine koagulable Bluteiweiss umzuwandeln. Der Verdauungsvorgang der albuminoiden Alimente lässt sich also folgender Massen skizziren.

Das organisirte Proteinat, z. B. Fleisch (quergestreifte Muskelfasern) quillt, entäussert sich seiner Webung, löst sich, wird peptonisirt, durchtritt als Syntonin-Peptone die resorbirende Membran auf dem Wege nunmehr ermöglichter Endosmose und verwandelt sich im Gefässrohr in gerinnbares Bluteiweiss.

Das unlösliche geronnene Proteinat z. B. Albumen hartgekochter Eier, der Käse (koagulirtes Caseïn) löst und peptonisirt sich, um nach erfolgter Endosmose wieder koagulables Eiweiss zu werden.

Das lösliche Proteinat endlich wird entweder wie die Milch (Caseïnlösung) nach vorausgehender intercurrirender Coagulation und Wiederlösung oder ohne dieselbe, wie das Eiweiss frischer Eier peptonisirt, um seine Gerinnbarkeit erst nach erfolgter Resorption des Chylus wieder zu erlangen.

Diese Coagulation, Quellung, Lösung und Peptonisation, die Quaterne der Proteinverdauung wird als halb molekulärer, halb katalytischer Prozess unter dem Einflusse der Peptase geleistet, des Magenfermentes, das als sehr komplexes, in Quantität und Qualität seiner Bestandtheile oft wechselndes Gemenge von dem aufquellenden, verwesenden, abgestos-

senen Magenepithel und dem eigenthümlich fermentirenden Schleim-
safte der Crypten im Verein mit Säuren gebildet zu werden scheint,
unter welchen Salzsäure (?) Milchsäure und Buttersäure am Ueber-
einstimmendsten genannt werden und das somit unter dem beliebten Namen Pepsin keinen Anspruch auf den Rang einer chemischen Individualität zu machen berechtigt ist.

Die Peptase, das katalytische proteinverdauende Magenfer-
ment, wirkt nur bei saurer Reaktion; die Alkaleszenz schwächt
oder vernichtet ihre Funktionen.

Weder die Sekrete des weitern Darmtraktes, noch die der
appendikulären Drüsen scheinen sich direkt und fühlbar am Dau-
ungsgeschäfte der Albuminoide zu betheiligen. Comparativ-anato-
misches Zeugniss hievon gibt der einfache, kurze, gestreckt ver-
laufende Darmkanal exclusiver Fleischfresser mit der in den Hintergrund gedrängten Entwicklung seiner Appendikulär-Organe.

Bei diätetischer Werthschätzung dieser und aller sonstigen
Alimente hat man strenge zwischen Nahrungsmittel und Nähr-
stoff zu unterscheiden. Nahrungsmittel, Mittel zum Zwecke
der Ernährung, sind natürlich vorkommende oder künstlich in
Küche und Keller gefügte Komplexe von Alimenten oder
Nahrstoffen.

So repräsentirt die süsse Mandel ein von der Natur fertig
gebotenes Nahrungsmittel, das alle wesentlichen Alimente in glücklicher Mischung enthält; ihr Emulsin vertritt die eiweissartigen Stoffe, ihr Mandelöl die Fette, ihr Fruchtzucker-
gehalt die Kohlenhydrate oder Fettbilder und endlich ihr
Aschengehalt an Carbonaten und Phosphaten die Skelettsalze. In dem Einen Nahrungsmittel sind also alle vier Grund-
Nahrstoffe vertreten. Mit nur Einem solchen Nahrungsmittel
kann man, wenn die relative Menge der Alimente im günstigen
quantitativen Verhältnisse gegeben ist, das Leben auf die Dauer
fristen; bei nur Einem Alimente und sei es auch das hoch-
werthige reine Eiweiss, ist (selbst im Falle reichlichster Fütterung
damit) der Hungertod gewiss.

Nur bei Nahrungsmitteln kann man von Graden der Nahrhaftigkeit sprechen, ein Nahrungsmittel ist nämlich um so nahrhafter, je mehr von den vier Alimenten und in je geeigneteren
quantitativen Proportionen es sie enthält; in der willkürlichen Nach-
hilfe dieser Zahlenverhältnisse, in der Darstellung der „Speise"

einer passenden Mengung der einzelnen Alimente zu einem verdaulichen und nahrhaften Ganzen besteht die nicht unwichtige Kunst der verständigen Küche. So ist Weizen nahrhafter als Reis und Kartoffeln, weil in ersterem ein günstiges Verhältniss der Proteinate des Amylums und der Knochensalze gegeben ist.

Die einzelnen vier Gruppen der Alimente sind gleich nahrhaft par excellence; das Fett ist in seiner Art so nahrhaft, als das Eiweiss oder die phosphorsaure Magnesia, weil bei gleicher Unentbehrlichkeit keines das andere ersetzen kann.

Andern Inhaltes ist der Begriff der Verdaulichkeit; er hat zwei Merkmale: 1. Die Resorption und 2. die Assimilation des Alimentes.

Je leichter die Lösung (Chymification) und der endosmotische Uebertritt (Chylification) eines Alimentes ins Blut gelingt, um so leichter ist es resorbirbar und desshalb um so verdaulicher. Hiebei betheiligen sich selbstverständlich die mannigfaltigsten chemischen und molekulären Verhältnisse.

So ist leicht gebratenes, nur äusserlich durch die rasche Brathitze verharschtes Fleisch und ein rohes Ei weitaus leichter verdaulich, als ein zähgesottenes, oder dürr gebratenes, oder hart gekochtes, während gerade im Gegensatze gegohrnes Mehl (Brot) oder gekochtes Mehl in den mannigfachen Teigarten der Küche leichter verdaulich ist, als rohes.

Aber auch die Assimilation des Alimentes spielt ihre wichtige Rolle: ihr zu Folge ist ein Nahrungsstoff um so verdaulicher, je näher er chemisch dem inquilinen Blutstoffe steht, je weniger Zwischenglieder seiner Dauungsmetamorphose er zu durchlaufen hat, um Bestandtheil des Thierleibes zu werden, je rascher also seine intercurrirende Dauungsrolle abläuft. So ist das doch ziemlich schwer lösliche und endosmosirende Fett leichter verdaulich, als der löslichere Zucker oder die im Wasser quellende Stärke, weil ersteres dem Fette des Thierleibes äquiparirt, während letztere durch Traubenzucker, Milch- und Buttersäuregährung sich erst zur endlichen späteren Assimilation als Fett hindurchzuarbeiten vermögen.

Desshalb ist die Butter verdaulicher als Thran und Talg, weil ihre chemische Konstitution dem Menschenfette näher steht, als die der letzteren.

Desshalb ist Wasser das verdaulichste aller Alimente, von

den Venenfibrillen des Magens blitzschnell eingesogen und keiner weitern Assimilation bedürftig; wenn seine Verdauung (Resorption) nicht mehr gelingt, wenn in dem Magen der Kranken lange Zeit noch selbst das genossene Wasser durch die Perkussion zu ermitteln ist, da hat der Arzt diesen Umstand mit unter die bösesten Zeichen des Krankheitsbildes zu stellen. Desshalb erhöht auch ein mässiger Grad von Durchfeuchtung die Verdaulichkeit der meisten Alimente.

Die für das Dauungsgeschäft günstigste Temperatur ist unstreitig die nächste Circumferenz der Blutwärme. Temperaturen tief unter und hoch über ihr verzögern und beeinträchtigen die Verdauung jedenfalls, letztere besonders noch dadurch, dass der durch die Hitze betäubte Accissenwächter der Stoffeinfuhr, der prüfende Geschmacksinn, nunmehr Contreband passiren lässt, die er wie etwa den hohen Fettgehalt zu heisser Speisen, ohne diese Temperaturanomalie als widerlich abgewiesen hätte. Wie sehr diese thermogastronomischen Sünden auch den fluorhältigen spröden Schmelz des Zahnbeines zerklüften, wie sehr in Folge dessen die verrotteten Zähne die Mastikation und mechanische Dauung erschweren, muss in oft später, aber sicherer Folge namentlich der Pflanzenfresser empfinden.

Die Relationen der Nahrhaftigkeit und Verdaulichkeit von Nahrmitteln und Alimenten sollten, so weit sie bekannt sind, das diätetische α und ω des Therapeuten bilden, damit endlich die ungeziemende Fleischscheue und Spinatseligkeit der Aerzte, dieses traditionelle Vermächtniss aus der Zeit des Archaeus, diese Scylla und Charybdis so mancher Genesender völlig weiche.

Die Inanition ist ein zweischneidiges Schwert, sie kann heilen und tödten; sie kann die lohende Gluth des Fiebers löschen und die Fluth der Exsudation zur Ebbe der Resorption umgestalten; aber sie kann auch das heimtückische Glimmen des verzehrenden Fiebers anfachen und das verarmende Blut zur Entartung des Exsudates bestimmen.

---

Die zweite Klasse der festen Nahrstoffe umfasst die Fette. Diese Körper gelten heut zu Tage in der Chemie als wahre Salze, deren Säuren je nach der Individualität des Fetts verschieden, deren Basis aber allen gemeinschaftlich das glyzeringebende Lipyloxyd ist. So sehr diese Ansicht auch zu wiederholten Malen angezweifelt und erschüttert worden, so wenig eine Isolirung des hypothetischen Lipyloxydes und eine Reconstruirung der Neutralfette aus Glycerin und den Fettsäuren annoch möglich geworden ist, so ist sie doch wegen des nur durch sie angebahnten Verständnisses des Verseifungsprozesses die herrschende und allen Chemikern geläufige Hypothese über die Constitution der Fette geblieben. Verseifen heisst in ihrem Sinne das Lipyloxyd durch eine andere Base substituiren: ist diese Base ein Alkali, so entsteht die lösliche verwendbare Seife im engeren Sinne des Wortes; ist sie eine alkalische Erde so entstehen unauflösliche Seifen-Niederschläge, wie sie bei der Fabrication der Stearinsäurekerzen in technische Anwendung kommen; ist sie Bleioxyd, so bilden sich je nach der trocknenden oder nicht trocknenden Beschaffenheit der Fette bald Firnisse, bald Pflaster. Das Lipyloxyd gilt als eine Dekrement-Halidbase, als das Oxyd eines Kohlenwasserstoffradikals dessen Wasserstoffgehalt um 1 kleiner ist als sein Kohlenstoffgehalt. $C_3 H_2 = $ Lipyl, $C_3 H_2 O = $ Lipyloxyd, Fettbasis, die aber bei ihrer Abscheidung während der Saponifikation in $2 (C_3 H_2 O) + 3HO = C_6 H_7 O_5 = $ Glycerin, Oelsüss, Scheel'sches Süss, Fettzucker sich verwandelt, das zur Geschmeidigmachung der Haut und Bekämpfung entzündlicher Reitzungszustände auf Schleimhäuten als Cosmeticum und topisches Antiplogistikum in der modernen Therapie einigen Rang behauptet. Dieses Glycerin lässt sich durch concentrirte Salpetersäure in eine stickstoffhaltige sehr giftige Nitro-Verbindung verwandeln, nicht zu verwechseln mit dem salpetersauren Glycerin, das die Homöopathie gegen Migräne empfahl. Das Glycerin liebt es, Paarungen zu bilden, bei denen es die Rolle des indifferenten Paarlings spielt, während jede Spur basischen Charakters des in ihm latirenden Lipyloxydes verwischt ist. Eine solche Paarung ist die Glycerin-Phosphorsäure die einen Bestandtheil des Gehirnfettes und der Fette mancher (encephaloiden) Neoplasmen bildet, ohne im Parenchymfette vorzukommen. Die trockene Destillation des Glycerins liefert als anhydrische Isomerie desselben das Acrolein in widerlich kratzenden, augenreitzenden Dämpfen, die mit denen der sebazischen Säure den Gestank glimmender Oellampendochte bilden.

Die electronegative Componente der als Salze betrachteten Neutralfette oder die Fettsäuren zerfallen in 2 Colonnen: in die sogenannten festen Fettsäuren (die letzten Glieder der Essigsäuren Gruppe) von der Formel: $C_2n$ $H_2n$ — $1O_3$ HO und in die Colonne der öligen oder flüssigen Fettsäuren von der Formel: $C_2n$ $H_2n$ — 3 $3O_3$ HO. Zur ersten Colonne gehören die Palmitinsäure $C_{32}$ $H_{31}$ $O_3$ HO. Die Margarinsäure; wenn sie nicht bloss ein Gemenge der übrigen ist $C_{34}$ $H_{33}$ $O_3$ HO und die Stearinsäure $C_{36}$ $H_{35}$ $O_3$ HO. Zur zweiten Colonne gehört die Oelsäure $C_{36}$ $H_{33}$ $O_3$ HO und die Döglingsäure $C_{38}$ $H_{35}$ $O_3$ HO. Die bisher nur im Thrane von Bolaena rostrata, dem Dögling aufgefunden wurde. Die Cetinsäure der ersteren Colonne $C_{30}$ $H_{23}$ $O_3$ HO hilft den Wallrath, das cetinsaure Cetyloxyd und die Cerotinsäure $C_{34}$ $H_{33}$ $O_3$ HO und Melissinsäure $C_{30}$ $H_{39}$ $O_3$ HO helfen das Bienenwachs bilden und sind in soferne für die Lehre des thierischen Stoffwechsels von Interesse, obwohl sie sich kaum an unseren Alimenten betheiligen. Die niederen Glieder dieser Säuregruppe, häufig dem Thier- und Pflanzenreiche gemeinschaftlich, haben als wichtigste Repräsentanten die Buttersäure, $C_8$ $H_7$ $O_3$ HO, die Baldriansäure, nach demselben Typus mit 10 Atomen Kohlenstoff, die Capronsäure mit 12, die Oenanth- oder Weinfuselsäure mit 14, die Caprylsäure mit 16, die Pelargonsäure mit 20 und die Lauro-Stearinsäure mit 24 Atomen Kohlenstoff. Die niedersten Glieder der Reihe, Ameisensäure $C_2$ $HO_3$ HO. Essigsäure $C_4$ $H_3$ $O_3$ HO sind im Schweisse, im leukämischen Blute, im Muskelfleischsafte und auf vielen Wegen des Stoffwandels betreten worden, doch kennen wir von ihnen keine Lipyloxyd-Salze, keine ihnen eigenthümlichen Fette. Die übrigen Glieder der zweiten Colone, die Acrylsäure, Damalur-Damol- und Erucasäuren sind zu untergeordneten Interesses für die heutige Biochemie, als dass sie hier eine Berücksichtigung fänden. Die höheren Glieder beider Colonnen, die Fettsäuren im engeren Sinne haben Unlöslichkeit im Wasser, Löslichkeit im kochenden Alkohol und Aether, Krystallisationsfähigkeit mindestens unter Null, stark saure Reaction ihrer Lösungen und die Fähigkeit gemein, durch Oxydation mittelst Salpetersäure eine oder mehrere Säuren der Bernsteinsäure-Gruppe zu liefern ($Cn$ $Hn$ — 2 $O_3$ HO), worunter die Brenzölsäure, acidum sebacicum, Fettsäure schlechtweg ($C_{10}$ $H_8$ $O_3$ HO) ausschliesslich der Oelsäure ihre Entstehung verdankt, und daher als indirektes Reagens einen Rückschluss auf die Präexistenz dieser Säure gestattet.

Die Vereinigung dieser Säuren nun mit dem Lipyloxyde bildet die Neutralfette: ölsaures Lipyloxyd ist Olein, Constituens der flüssigen fetten Oele, margarinsaures Lipyloxyd ist Margarin, Constituens der sogenannten Axungia, des Schmalzes, der Fette von salbenartiger Consistenz; stearinsaures Lipyloxyd ist Stearin, Constituens der härtesten Fette, des in der Kälte spröden Talges, Buttersaures Lipyloxyd, Butyrin mit seinen Begleitern den capron — caprin — und caprylsauren Lipyloxyden bildet einen 3percentigen Gehalt des Margarins der Kuhbutter und des Stearins des Hammeltalges; palmitinsaures Lipyloxyd bildet das Palmitin der Palmbutter, des Menschen-, Gänse- und Entenfettes. Fast alle im Pflanzen und Thierreiche präformirten Fette sind Gemenge mehrerer chemischer Individualitäten, je mehr Olein um so flüssiger und weicher je mehr Stearin desto fester und spröder ist die Fettart. Die Formelbezüge zwischen den einzelnen Fetten sind in Folge der Constanz der Base nur in der ihrer Säuren, folglich nur in einer Differenz von Leuchtgas oder Wasserstoff-Doppelatomen begründet. Die Ueberführung der Fette in einander muss also nach dem Prinzipe der vitalen Verwesung und der polymeren Spaltung auch einem sehr stark beschränkten Chemismus leicht gelingen. Denkt man sich als formelles Beispiel die wasserfreie Buttersäure, deren Zymogenese (Entstehung durch Gährung) in den zwei unteren Drittheilen des Darmtraktes eine biochemische Thatsache ist, tessaramer d. i. als 4fache Polymerie $4 (C_8 H_7 O_3) = C_{32} H_{28} O_{12}$ und lässt man 3 Atome Wasser hinzutreten, $C_{32} H_{31} O_{15}$ so wird hiebei durch den Austritt von 12 Atomen zu anderweitigen inquilinen Oxydationsprozessen benützten Sauerstoffes ein Atom Palmitinsäure des Menschenfettes $C_{32} H_{31} O_3$ gebildet erscheinen, wobei freilich bemerkt werden muss, dass dieser Einen formalen Deduction hundert andere gleich wahrscheinliche oder unwahrscheinliche entgegenstehen.

Wird nun in einem Neutralfette die Basis, das Lipyloxyd durch Verwesung oder Gährung zerstört, in Kohlensäure Wasser, Propionsäure verwandelt, so kann die Fettsäure entweder im freien Zustande, oder mit anderen Halidbasen und Alkaloiden zusammengehen (buttersaures Leucin, baldriansaures Tyrosin etc.): das Reifen der Käse; oder aber sie verbindet sich mit vorfindigen Erden zu unlöslichen Erdseifen, ein Verödungsprozess vieler Afterprodukte und die Adipocirebildung in Leichen. Ob die Fettbase im Thierkörper selbstständig regenerirt werden könne, ist unbekannt, gewiss ist, dass sie in ihm zersetzt werden kann. Ihre in Form eines Neutralfettes mit der Fettsäure gleichzeitige Bildung wird bei dem Capitel der Fettbilder oder Kohlenhydrate zur Sprache kommen.

Der Fettgehalt animalischer Nahrung ist selbstverständlich in nicht geringem Grade garantirt; das magerste Fleisch, die schlechteste Milch sind immerhin noch entschieden fetthaltig, aber auch die Pflanzenkost, die auf den ersten Anblick fettfrei erscheinen dürfte, wie die Gemüse, die mehligen Kartoffel stellen immer dennoch ein, wenn auch dürftiges Contingent zur allgemeinen Fett-Consumtion. Als Hauptbestandtheil eines Nahrungsmittels wird das Fett in der Butter, dem Specke, dem Oele der Südländer und dem Thrane der Nordbewohner genossen, aber auch da nur selten unvermengt mit andern alimentären Gruppen. So selten es selbstständig genossen wird, so häufig und allverbreitet ist sein Genuss als untergeordnetes Ingrediens der Nahrungsmittel, wie sie die Natur, und der Speisen, wie sie die Küche uns bietet.

Die Dauung der Fette ist vom Speichel und Magensafte völlig unabhängig, letzterer wirkt höchstens verkleinernd auf die genossenen Fettmassen und isolirend, indem die das Fett einzellenden Bindegewebsfibrillen seiner Dauungskraft unterliegen; erst im Dünndarme, nach dem Zufluthen der Galle beginnt die Dauung der Fette, die eine moleculäre zu nennen ist. Man hatte früher der Verseifungshypothese gehuldigt, obwohl man recht gut ihre Widersprüche einsah, man fand das unverseifte Fett im Chylus. In der Darmzellenhülle, in einer nicht liniendicken Membranschichte hatte somit, unbegreiflich wie, die momentane Verseifung und sogleiche Rekonstruktion der Fette vor sich gehen müssen. Der Grund warum man trotz dieses Widerspruches die Hypothese festhielt, lag in der Unerklärlichkeit der Endosmose unverseiften Fettes durch wasserfeuchte Membranen. Versuche am Endosmometer haben gezeigt. dass ein, eine Athmosphäre übersteigender Druck dazu gehöre, um Oel durch wasserfeuchte Häute durchzupressen, ein solcher Druck kann nirgend im Innern des Organismus existiren, und desshalb musste man, wenn auch widerstrebend, an der Saponifications-Hypothese festhalten. Da brachte die Neuzeit als Frucht ihrer experimentellen Forschungen über die Molekularkräfte der Adhäsion die Thatsache zurück, dass die Durchfeuchtung einer Membran mit

Alkalien und Seifenlösungen den Durchtritt des Fettes in Form einer Emulsio spuria ohne alle äusseren Druck vermittle. Nun war das Räthsel der Fettdauung gelöst. Wie der Speichel für die Kohlenhydrate, der saure Kryptensaft für die Proteinate, so ist die alkalische und seifenreiche Galle die zwar nicht chemische, aber molekulare Peptase der Fette geworden. Das biologische Experiment bestätigte diese Schlussfolgerung. Hunde, die durch angelegte Gallenfisteln alle Galle nach aussen verloren, zeigten in ihren Darmentleerungen fast genau den Fettgehalt ihrer Nahrungsmittel; bei Ausschluss der Galle durchwanderten die Fette unverdaut den Darmkanal, eine Thatsache, welche Diätetik, Diagnostik und Therapie gleich beherzigen möge. Nun ist es klar warum rasch nach genommener fettreicher Mahlzeit alle Chylusgefässe, und selbst die Venen des Darmtrakts von resorbirtem Fette strotzen, und jenes Aussehen gewinnen, das ihnen den Namen der Milchsaft führenden Gefässe erwarb, nun ist es klar, wesshalb der Alkohol, der in jenem Versuche am Endosmometer ebenso wirkt wie Alkali und Seife, instinktmässig zum Genussmittel des Fettessers erwählt wird. Der Fettreichthum des Säuferbluts hat gleichfalls eine Erklärung gefunden, und in einem gerechtfertigten Rückschlusse sehen wir in der Oeltherapie bei Gallensteinen nicht mehr ein planloses empirisches Curiren, sondern eine begriffene, selbstbewusste Heilmethode.

Ist das Fett in den Kreislauf gelangt, so wird es zum Theile der daselbst herrschenden vitalen Verwesung unterliegend zu Kohlensäure und Wasser verathmet werden, wobei es Wärme entwickelt, die ein Hauptcontingent der thierischen Eigenwärme darstellen dürfte. Was sich von ihm diesem Einflusse entzogen hat, geht entweder in das Parenchym von Organen ein, oder es lager sich im paniculus adiposus, im Unterhautzellgewebe als Umkleidung der Organe in Form von Fettpolstern ab. Der normale hohe Fettgehalt des Gehirns, dieses hochwichtigen Organes, strahlt auf das so unterstützte Fett den Glanz hoher biochemischer Dignität zurück. So wie das Fett den Augapfel umpolstert um seine reibungslose unermüdliche hastige Beweglichkeit zu vermitteln, so umpolstert es die zwar meist unverrückbare, aber ununterbrochen secernirende Niere, um die einstürmenden Temperatur-Differenzen von aussen, die hier zu lebensgefährdenden Verkühlungen des Organes führen würden, auf das schonendste auszugleichen. Jede tastende Papille der sen-

siblen Nerven ist weich gepolstert von Fett zur elastischen Aus-
gleichung äusserer Stösse, ja selbst in die Gelenkhöhle hinein
bohrt sich das Fett in Form der Haversischen Drüschen seinen
nutzbringenden Weg. Das Fett zu Zeiten reichlicher Ernährung
aufgespeichert in den Kammern des Bindegewebes, wird daraus
wieder flott durch die Blutwelle, um jedes Vacuum des Körpers
auszufüllen und peremtorischen Gewebsersatz zu leisten, so in der
Osteoporose und bei der Steatose gelähmter atrophirender Muskeln. Die Rundung der weiblichen Formen und ihre Grazie verdanken sie dem Fette, an dem der weibliche Körper reicher ist
als der männliche; der Fettreichthum des Neugebornen schwindet
erst zur Zeit der Pubertät um sich nach dem Kühlerwerden der
Geschlechtsreitze im höheren Mannesalter wieder einzustellen. Wie
rasch er durch physische und psychische Anstrengung und durch
Krankheiten schwinden könne, wie sehr er anderseits theils topisch
in hypertrophischen Follikeln und Bälgen als Lipom, theils uni-
versell zur Fettsucht anwachsen könne, ist aus der Beobachtung
aller Zeiten völlig bekannt. Das Vorkommen des Fetts im
Dotter des Ei's, im Eiter und allen plastischen Exsudationen
scheint für eine bedeutende histochemische Rolle desselben zu
sprechen, wenn man nicht etwa gar in der Haptogenmem-
bran der Emulsionskugeln das primum movens aller Zellenbildung
zu sehen entschlossen ist. Alle weitern Verhältnisse können erst bei
dem Kapitel der Kohlenhydrate als Fettbildner zur Sprache kommen.

----

Die dritte Klasse der festen Nahrstoffe rekrutirt sich aus
einer Gruppe von Körpern, welche die Chemiker mit einem unlo-
gischen Formalismus, Kohlenhydrate nannten. Es sind diess Körper, deren empirische Formeln mit ziemlicher Genauigkeit durch
die organische Elementaranalyse ermittelt wurden, ohne dass es
der Wissenschaft bisher gelungen wäre, über die Lagerungsver-
hältnisse der gezählten oder gekannten Atome irgend eine plau-
sible Hypothese zu äussern. Wir kennen die chemische Constitution, die rationelle Formel dieser Körper nicht, die anderseits in national-ökonomischer Hinsicht die grösste Wichtigkeit für
uns besitzen, da wir Alimente, Geräthe und Gewebe des bürger-
lichen Lebens aus ihnen beziehen, und so die Cardinalbedürfnisse

des Lebens, Nahrung, Kleidung und Wohnung mit ihren Repräsentanten befriedigen.

Die allgemeine empirische Formel dieser Körper ist Cx Hn On d. h. sie enthalten neben einer bestimmten Kohlenstoffmenge Wasserstoff und Sauerstoff in gleichen Aquivalenten, also in der Menge, in welcher diese beiden Elemente verbunden, das Wasser darstellen; dieser formelle Bezug hat die Chemiker zu dem Namen verleitet: „Kohlenhydrate", der aber durchaus nicht wörtlich zu verstehen ist.

Die Gruppe der Kohlenhydrate zerfällt in fünf Familien: 1. in die Familie der Zuckerarten (Glycose), 2. der Gummose, 3. der Pektose, 4. der Amylose, 5. der Xylose.

Die erste Familie der Glycosen umfasst den Rohrzucker Fruchtzucker (Harn-, Traubenzucker) und Milchzucker. Diese Terne ist wenigstens die maassgebende.

Obwohl die sogenannten Süsse, wie Mannit, Glycerin, Glycirhicin, Sorbit nicht hieher gehören, dürfte es allerdings unter den Spaltungsprodukten vergährender Gerbsäuren und sonst im Pflanzenreiche noch andere Repräsentanten der Gruppe geben, wie Querzit Eucalyptuszucker, Amanit oder Schwammzucker etc., deren ökonomische Bedeutung aber stets eine untergeordnete bleiben wird.

Mag auch der Querzit sich bei der Eichelmast der Schweine betheiligen, mag auch der Neuseeländer einst den Zucker seiner Eucalyptus-Arten verwerthen, mag endlich der Tartar aus dem zuckerreichen Giftschwamme sich ein Tollwasser brauen, immer wird die Bedeutung dieses Stoffes weit hinter dem Rohrzucker des Zuckerrohres, Ahorns und der Rübe, hinter dem Fruchtzucker aller Obstarten und Maischen für Bier-, Wein- und Branntweinbereitung, auch hinter dem Milchzucker der Milch aller Säugethiere zurückbleiben, der in diesem kostbaren Nährsafte der Brut die dritte Classe der Alimente, die Gruppe der Kohlenhydrate zu vertreten hat.

Die zweite Familie der Gummosen umfasst den Pflanzenschleim, die gummiartigen Bestandtheile vieler vegetabilischen Nahrungsmittel und Arzneien, und als Leiocome, Stärkegummi oder Dextrin auch das Brot und mannigfaltige Zubereitungen der Amylaceen, wie sie denn auch im Dextrin des Bieres vertreten ist.

Die dritte Familie der Pektosen tritt in ihren von Fremy namentlich untersuchten Gliedern, dem Pektin, Parapektin, Metapektin, der Pektin-, Para- und Metapektinsäure und ihren Salzen aus der Formel der Kohlenhydrate hinaus, indem gedachte Ableitungen mehr Sauerstoff als Wasserstoff enthalten, scheint aber eben durch die Wurzel aller dieser Ableitungen, durch das Kohlenhydrat: die P e k t o s e vertreten zu sein, die unter dem gleichzeitigen katalysirenden Einflusse eines stickstoffhältigen Körpers der Proteinreihe: der P e k t a s e — eines Fermentes in der reifenden Frucht und den rübenförmigen Wurzeln sich in die eben genannten Derivationen und Säuren und in Zucker umwandelt. Diese ganze Familie bildet so recht eigentlich das geniessbare Fleisch der Obstfrüchte und Rüben, und ist in neuester Zeit als pektinsaures Kali fabriksmässig (aus Rüben) dargestellt auch ein Mittel der französischen Küche zur Darstellung jener mehr das Auge und die Zunge als den Magen labenden Speisen: der Frucht-Aspic's und Gelées geworden, da dieses die Eigenschaft hat, im heissen Wasser löslich zu sein und beim Erkalten in weit höherem Grade als der leicht faulende unangenehme Thierleim alles Wasser in den Quellungszustand einer starren Gallerte überzuführen.

Die vierte Familie, die der A m y l o s e n oder stärkmehlartigen Substanzen, ist in den Körnerfrüchten der Gramineen (des Getreides) und den Knollenwurzeln vieler Gewächse (Kartoffel, Batatas, Grundbirnen, Arrow root, Salep), ja selbst wenn auch selten und weniger im Marke der Stämme (Sago der Palmen) und in den Lichenen häufig vertreten, und hat vornehmlich drei Grundtypen, das A m y l u m der Körner und Knollen, das I n u l i n (von Inula helenium, Alant) der Wurzeln und das Lichenin der Cryptogamen, Moose, Algen und Flechten, denn die eigentlichen Pilze scheinen gar kein Stärkmehl zu enthalten. — Diese drei Typen differenziren sich theils in morphotischer, theils chemischer Beziehung, in letzterer Hinsicht namentlich in ihrem Verhalten zu Jod, das sie entweder bläut oder bräunt oder grünt.

Das Stärkmehl ist im Allgemeinen der starre in Form von Elementarkörnern oder als hyaline, homogene, strukturlose, gelbliche durchsichtige, stark lichtbrechende Masse abgelagerte Inhalt einer Pflanzenzelle, die in dessen Darstellung ihre individuelle assimilative und sekretorische Funktion erfüllt hat. Die Zellenmembran der Stärkezelle und Stärkekugeln die sich bald, je nach der Pflanze aus der sie stammen, mehr als ovale oder mehr als runde, oder endlich mehr als buchtige, irregulär-knollige Formen unter dem Mikroskope darstellen, stammt wie bei allen Pflanzenzellen aus der Classe der Xylosen und zwar der Cellulose; sie platzt, wenn Dauungsflüssigkeiten, Wärme oder siedendes Wasser auf die integre Kugel einwirken, und bildet dann concentrisch-schaalige mannigfach geformte Lappen, während der gequollen herausbrechende Inhalt der anliegenden Stärkekugeln agglutinirt und das darstellt, was man Kleister nennt.

Durch diese Unlöslichkeit selbst im heissen Wasser, worin sie eben blos zu einem Kleister aufquellen, unterscheiden sich die Amylosen von den vorhergehenden Familien.

In der Kornfrucht der Getreidearten ist das Amidon (Inhalt der Amylumkörper oder Stärkezellen) mit dem Kleber, Pflanzenleim aus der Proteingruppe und einer reichlichen Menge von skelett-bildenden Erdphosphaten vereinigt; welche natürliche Combination das Brot und die Mehlspeisen als zusammengesetzte Alimente von hohem Nahrwerthe darstellt, während das Amylum der Solanum-knolle nur sehr kümmerlich mit Protein und Skelettsalzen versorgt ist, und desshalb nur unzureichend für sich allein den Nährzweck erfüllt. Wahr ist es, dass das Feinmahlen des geschrotteten Kornes darauf hinausläuft, so weit es eben mechanische Hülfsmittel gestatten, das Stärkemehl der Körnerfrucht möglichst zu isoliren, und ein Mehl darzustellen, das zwar sehr leicht, fein und weiss, aber weit ärmer an Erdphosphaten und Proteinaten, also weit geringer im Nahrwerthe ist; — aber trotz dieser Thatsache kann ich un-möglich allen Ernstes in die moderne Jeremiade und Präventiv-massregeln der Londoner Aerzte einstimmen, die die phosphorsalz- und kleberreiche Kleie als einen ungeheuren national-ökonomischen Verlust beweinen, und die Gentry von Oldengland auf die nahr-haftere Diät unausgeschrotteten Schwarzbrots zu setzen gewillt sind; denn diese Kleie, der Abfall der Feinmahlmühle mit ihrem Fond an Knochen- und Muskelsalz und Fleischstoff (Kleber) wird ja nichts weniger als weggeworfen, sondern auf die national-öko-nomischeste Weise der Welt verwerthet zur Thiermast, um von dem englischen Magen in der viel assimilirbareren Form von Co-telettes, Rostbeafs und Martinigänsen verdaut zu werden.

Die letzte oder fünfte Familie der Kohlenhydrate, die der Xylosen hat drei Haupttypen zu Repräsentanten, die Cellulose (Xylin), das Lignin und das Suberin.

Erstere Substanz ist das vorwaltend zellenbildende des Pflanzenkörpers und wird nur selten von Suberin (in einigen Rinden und Oberhäuten von Pflanzen und Früchten): vom Korkstoffe abgelöst und vertreten.

An der Innenwand der Cellulose-Membran prosenchymatischer Zellen pflegt sich aber stetig ein starrer Körper, das Lignin, la matiére incrustante de Payen niederzuschlagen, der (mit seinen concentrischen Schichten im steten Vorschreiten die Jahresringe der Dicotyledonen-Stämme bildend) endlich das ganze Cavum der Zellenhöhle ausfüllt, sie verholzt, nur spärliche, den Intercellular-Stoffwechsel kümmerlich fristende Tüpfelkanäle verschonend, wodurch das ursprünglich weich-elastische biegsame langgestreckte Zellenbündel (Cellulose) hart, widerstandskräftig und spröd-elastisch, d. h. Holz = Cellulose + Lignin wird.

Wo es sich um Brennmaterial oder um Brennstoffe handelt, um Holz für unsere Fässer, Schiffe, Gerüste und Hausgeräthe, da unterstützt die rationelle Forstkultur die willkommene Ligninbildung durch die Bewahrung der Waldesselbstdüngung und das Heranziehen und Altern der Bäume.

Wo aber die Absicht auf Erzielung der Gewebe gerichtet ist, da ist es nöthig, durch so weit, als mögliche Beeinflussung der Kulturpflanze die unwillkommene Lignin-Inkrustation der prosenchymatischen langgestreckten weichen biegsamen elastischen Zellenbündel der Cellulose thunlichst zu beschränken, und mehr noch das gebildete Lignin durch die mechanisch chemischen Operationen des Bleichens, Brechens, Röstens etc. zu zerstören, um die Cellulose möglichst rein zu erhalten, wobei dem Industriellen der Umstand sehr zu Statten kommt, dass die Cellulose allen chemischen Einflüssen weit länger und besser trotzt, als das weit leichter oxydable, lösliche und zerstörbare Lignin.

So erzeugt man aus der Baumwolle (Gossypium verum) den Kattun, aus Gossypium religiosum, einem nativ gelben Baumwollen-Pappus, den Nanking, aus Canabis sativa das gröbere Werg und Garn der Säcke, Taue und Seile, aus Linum usitatissimum die Leinwand, aus Urtica sativa den Mousselin oder das Nesseltuch und aus Seegrasarten und aus dem Phormium tenax oder neuholländischem Flachse ähnliche Gewebe, die häufig der genuinen Leinfaser in betrügerischer Weise substituirt werden. (Manilla-Hanf). Auffallend ist die Analogie der beiden breitesten und wichtigsten Gruppen von Pflanzen und Thierstoffen. Die Kohlenhydrate, vorwaltende Pflanzenstoffe, und die mächtigsten Gewebsbilder der Vegetation, zerfallen in Alimente und in Stoffe, die zur industriellen Webung, zu Zeugen und Kleidung benützt werden. Die Proteinate, die wesentlichen Histoplasten des Thierleibes, zerfallen gleichfalls in Alimente (Eiweiss, Fleisch etc.) und in die Stoffe der Filz-, Seiden-, Tuch- und Ledererindustrie (Keratin- und Collagen Gruppe). Eine überraschendere Analogie dieser beiden so unentbehrlichen Stoffklassen liesse sich kaum ersinnen.

Die Familie der Xylosen hat als Aliment so gut wie keinen Werth; mag es auch wahr sein, wie Mulder behauptet, dass die „junge" (?) Cellulose der Gemüse-, Blatt- und Obstarten im Magen der höheren Thiere und des Menschen verdaulich sei, ist es auch ferner wahr, dass Sägespäne im Papinischen Digestor oder mit verdünnter Schwefelsäure anhaltend gesotten, endlich langsam in Zucker übergehen, war es auch mehr als eine paradoxe Renommage, ein gelehrter Spleen des berühmten Chemikers, seinen Kaffee mit Zucker zu (hitzen) kochen, und mit Sägespänen (Zucker) zu versüssen, — so fällt doch der mögliche und problematische Nahrwerth dieser Familie vor jenem wirklichen der 4 anderen Gruppen so gut wie nicht in die Wagschale national-ökonomischer und diätetischer Beurtheilung.

Was nun die Verdauung dieser Gruppe betrifft, so sind unsere Kenntnisse darüber noch sehr lückenhaft und oft sehr hypothetischen Charakters.

Einmal scheint es gewiss, dass als intermediäre Digestionstype jedes Kohlenhydrats der Zucker dastehe.

Ein Kohlenhydrat, das nicht als Zucker genossen wird, muss im Organismus Zucker werden, um weiter assimilirt oder verbraucht werden zu können.

Wie schroff dieser Satz mit Vorurtheilen physischer Erziehung kollidire, sieht man, wenn man es hört, wie so manche Mutter, die ihr Kind, dem sie Fleisch wie Gift verpönt, mit feinem Mehlbrei füttert, dennoch ein schauerliches Anathem über den Zucker ausspricht. In dieser Hinsicht herrscht im Volke die sonderbare Ansicht: „der Genuss des Fleisches ohne Brot mache cariöse Zähne"; die Ansicht ist nicht nur theoretisch unbegreiflich, sondern auch durch eine schlagende Thatsache der comparativen Anatomie widerlegt, die uns lehrt, dass im Allgemeinen das Gebiss der Carnivoren weit reiner und unversehrter sei und bleibe, als das sämmtlicher

Herbivoren, die nur die Regeneration einer Cementschicht oder ganz nachwachsende Zähne vor gänzlicher Usur und totalem frühzeitigen Verderbniss ihrer Zähne rettet.

Ferner heisst es: „Zucker schade den Zähnen"; die Sache hat allerdings etwas Wahres; einerseits vermag das Kauen harten Zuckers mechanisch die Zähne zu beleidigen, welches geringe Moment beim Genusse gelösten Zuckers gänzlich entfällt, anderseits löst reiner Zucker etwas phosphorsauren Kalk, ja in der Wärme sogar etwas Fluorzalkium auf, wie mich die vorsichtigsten quantitativen Versuche mit Zähnen und den genannten Mineralsalzen lehrten. Je länger also der Contact des Zuckers mit dem Zahn anhält, um so schlechter wird der letztere. Endlich kann es nicht in Abrede gestellt werden, dass ein übermässiger Genuss von Zucker auf die Dauer hinaus endlich zu einer luxurirenden (Milch)Säurebildung führen könne, die gleichfalls die Erdphosphate und sonstigen Kalk- und Skelettsalze der Zähne, Knochen, Muskeln und überhaupt aller Thierzellen zu lösen, auszuwaschen und wegzuspülen vermöchte, worin nicht etwa schlechte (cariöse) Zähne, sondern auch rhachitische Knochen, scrophulöse Drüsen, schlaffe Muskeln, welke pastöse Constitution ihre letzte Erklärung finden könnten. Allein alles dieses gilt, und dieser Satz ist sehr zu beherzigen, nicht etwa bloss vom Zucker, sondern (mit Ausnahme des Contact-Antheils) auch von aller andern kohlenhydratischen Nahrung, da sie auch bei der inquilinen Dauung einmal die Zuckerphase durchlaufen muss.

Die Verwandlung der verdaulichen Kohlenhydrate in Zucker ist ein katalytischer Prozess, der formell sehr begreiflich ist, da sich alle Glieder der Kohlenhydrate nur um Wasseratome von einander unterscheiden. $H_{10} C_{12} O_{10}$ Stärke, $C_{12} H_{11} O_{11}$ kristallisirter Rohrzucker, Gummi, $C_{12} H_{12} O_{12}$ Traubenzucker, was alle werden müssen.

Das katalysirende Moment dieses Prozesses, ein Glied der Proteinoxyde und Fermentreihe, ist die Ptyalase des Mundsekrets, Darmsekretes und Bauchspeichels. Galle und Magensaft vermögen bei der Dauung der Kohlenhydrate so viel, wie nichts. Legt man sich ein Stückchen Stärke unter die Zunge, so kann in sehr kurzer Frist in dem früher zuckerfrei befundenen Speichel Zucker nachgewiesen werden. Diese Zuckerbildung, die sehr rasch erfolgt, erfordert zu ihrem Gelingen durchaus nicht die alkalische Reaktion des Darmes oder Speichels, wesshalb sie in den sauer reagirenden

Darmstrecken und im Magen nicht unterbrochen, sondern von dem verschluckten Speichel weiter fortgeführt wird.

Die Ptyalase ist hinwiederum ohne allen Einfluss bei der Verdauung der Proteinate, wesshalb wir im carnivoren Thier die kolossal entwickelten Salivationsorgane des Herbivoren bis zur rudimentären Unkenntlichkeit verschrumpfen sehen. Desshalb muss Brot langsam gegessen oder doch eingespeichelt werden, obwohl noch das Pancreas das Versäumte nachholt; während Fleisch rasch verschlungen werden kann; abermals ein Horreur der traditionellen Ammenweisheit und Kinderstubendiätetik.

Ist nun das Kohlenhydrat endlich Zucker geworden, so wird es theils als solcher resorbirt und verathmet, der Wärmeentwicklung dienend, oder es macht unter dem katalysirenden Einflusse der Darm-Drüsensekrete im mittleren Drittel des Darmes die Milchsäure- und Buttersäure-, im unteren Dritttheil die Buttersäuregährung allein durch, wobei sich der Zucker $C_{12} H_{12} O_{12}$ entweder allein und einfach in 2 Atome Milchsäure $2(C_6 H_5 O_5 HO)$ spaltet, oder in Buttersäure, Wasserstoff und Kohlensäure zerfällt, $C_{12} H_{12} O_{12} = C_8 H_7 O_3. HO, 4(CO_2), 4H$, welch letztere beide wir in den Gasen der untern Darmpartien entdecken, während in den obern im Normalzustande neben der Kohlensäure nur der verschluckte Sauerstoff vorkömmt. Die Hypothese, die an die Milch- und Buttersäure die Entstehung der Fette anknüpft, und die Wachsbildung der Bienen, die Mast der Thiere als Beweise heranzieht, ist bereits eines Weiteren besprochen worden, und macht die Kohlenhydrate zu Inquilinstoffen des Thierkörpers.

------------

Die vierte und letzte Klasse der Alimente umfasst die Aschensalze oder Skelettstoffe, d. h. die sogenannten mineralischen, anorganischen Nährstoffe, Substanzen von binärem und quaternären Typus mit einfachem Radikale (Luft, auch Wasser sind schon früher abgehandelt worden.

Jede Zelle hat ein Skelett, und es wird eine Hauptaufgabe der Wissenschaft für die nächste Zukunft darstellen, die Qualitäts- und Quantitäts-Relationen dieser Skelettsalze in den Gewebsaschen zu erforschen und fest zu stellen. Ebenso wie man die Rübe eine Kalipflanze, die Salsolen Natronpflanzen, das Getreide Phosphorsäure- und Kieselsäure-Pflanzen nennen darf, weil ihr Gedeihen sich unabänderlich an das Vorkommen der genannten Substanzen

in ihrer Ackerscholle knüpft, — ebenso kann man im Thierleibe
von Kali und Natron-, Phosphorsäure- und Chlor-Geweben, von
Kieselsäure und Eisenzellen sprechen, denn gleich unerlässlich zur
Bildung und Webung organischer Masse ist für Thier und Pflanze
der Anorganismus.

In den Alimenten finden wir nun in erster Reihe folgende
Aschensalze:

1. Chloride. 2. Fluoride. 3. Phosphate. 4. Carbonate. 5. Silicate, nach den elektronegativen Jonen oder
Säuren geordnet; oder 1. Kali. 2. Natron. 3. Kalk. 4. Bittererde-Salze
nach den eletropositiven Jonen oder Basen geordnet. 5. Das Eisen,
das wahre organische Pigmentmetall, das fast immer nur in organischer Larve vorkömmt, beschliesst diese erste Reihe der unentbehrlichen Zellenskelettstoffe von der höchsten vitalen Dignität.
Eine zweite Reihe umfasst eine kleine Zahl seltener Stoffe, von
deren spurenweisem Vorkommen es nicht einmal ausgemacht ist, ob
man sie zu den accidentellen oder wesentlichen Stoffen zählen
müsse.

Hieher zählen Jod, Brom, Arsen, Kupfer, Mangan, Blei und
Thonerde.

Bei Meeresthieren und Strandpflanzen hat das Vorkommen
von Jod und Brom nichts auffallendes; ob aber diese Halogene
in den inquilinen Chloriden nicht vielleicht ganz zufällig und be-
deutungslos eine kleine Menge von Chlor substituiren, ohne durch
ihr chemisches Moment am biochemischen Prozesse spezifischen
Antheil zu haben, ist zwar noch nicht bewiesen, mindestens aber
sehr wahrscheinlich geworden. So interessant es ist, die letzten Spuren
eines Stoffes durch Luft und Weltmeer, durch die tiefsten Eingeweide der Erde und die verbreitetsten organischen Bildungen hindurch zu verfolgen, so rühmlich diess für die Genauigkeit der Methode und die Geschicklichkeit des Analytikers sein mag, so darf
man bei diesen gelehrten Spielen doch nie vergessen, dass es nichts
anders ist, als der feinste Nachweis einer leichtbegreiflichen Zufälligkeit, die mit den biochemischen Gesetzen nicht das mindeste zu
thun hat, auf die man aber am allerwenigsten pathogenetische Prinzipe der grössten Wichtigkeit stützen darf, wie es Chatin mit
seiner Jodo-Aetiologie von Kropf und Kretinismus verschuldete.
Würde die Chemie für alle Elemente die gleich scharfen Reagentien wie für Jod uns gestatten, dessen empfindliche Ausmittlung

(0,0000001) Gramme, jede Wage und fast den Gedanken verspottet, so würden uns unsere Alimente wimmeln von den unheimlichsten Giften, die unschuldigsten Getränke wären zur völligen Verzweiflung aller Homöopathie in den kleinsten Gaben wahre Giftbecher und leicht könnte es geschehen, dass eines Tages ein Epigone Chatins das Quecksilber unter die inquilinen Normalstoffe zählte und aus der Quecksilber-Inanition eines Organismus die constitutionelle Syphilis ableitete! Ueber derartige Forschungen gelehrter Neugier darf nie der Ernst kausaler Forschungen vergessen und verlassen werden. Ein gleiches gilt von Kupfer und Blei, Metalle, die man vielleicht nur unter lokalen Bodenverhältnissen in der Ackerscholle, der Getreideasche, Gallensteinasche und selbst in normalen Fäkalmassen aufgefunden hat; jedenfalls sind auch sie bedeutungslose accidentelle Eindringlinge in's organische Reich, mit dessen biochemischen Prozessen sie durchaus nichts zu schaffen haben. Diese haarspaltende Tändelei müssiger Gelehrtenschädel ging sogar so weit, Titan (in der Asche der Nebennieren) und dergleichen mehr zu entdecken und die Lärmtrompete tönen zu lassen; nie verlautbart aber in solchen Fällen etwas von den Veranlassungsmomenten des individuellen Falles: im Leibe eines Hüttenmannes dürfte so manches Metall in bedeutungslosen Spuren vorkommen, ohne dass es auch nur der Mühe verlohnte, es zu suchen oder erlaubt wäre, das Gefundene wohl gar ein Inquilines organisch nöthiges zu schelten.

Wesentlicher schiene das Kupfer in dem Blute der Weinbergsschnecke und des Kingscrab (Limulus Cyclops) zu sein, wo es das Eisen substituiren soll.

Ich habe zweimal in der Weinbergsschnecke neben Eisen Kupfer nachzuweisen vermocht (es ist selbstverständlich, dass auch in der betreffenden Erde der Nachweis von Spuren letzteren Metalls gelang) einmal aber vermochte ich unter scheinbar ganz gleichen Verhältnissen nicht die Spur Kupfer in einer Partie Weinbergsschnecken, wohl aber in der Erde ihres Wohnorts nachzuweisen, während der Nachweis des Eisens in der Asche dieser Organismen wie bisher immer gelang; obige interessante Thatsache ist dadurch nicht im mindesten entwerthet, wohl aber glaube ich, dass der an und für sich höchst wichtige Gegenstand einer gründlicheren allseitigeren Erforschung bedürfe, ehe man dem Kupfer den Rang eines inquilinen Normal-, oder was identisch ist, eines

Zellenskelettstoffes beizulegen ein Recht habe. Namentlich wäre diese auf die ganze Klasse der Weichthiere auszudehnen, um so mehr, als von einer Seite her, obwohl mit einem hohen Grade von Unwahrscheinlichkeit, die giftige Wirkung vieler Quallen und See- muscheln einem Kupfergehalte ihres Blutes zugeschrieben wurde. Auffallend ist auch die Thatsache, dass viele dieser Organismen bläuliches Blut führen, was man sehr leicht durch die vorherrschend blaugrünen Farbentöne der Kupferverbindungen zu erklären sich bereit fühlen könnte, wenn man nicht bereits wüsste, dass das Pigment des rothen Blutes trotz des rothen Farbentons vieler Eisenverbindungen doch nicht seinem wesentlichen Eisengehalte die Färbung verdanke, die es auch in dem von Mulder dargestellten eisenfreien Zustande behauptet. In der Asche der Gallensteine, und selbst häufig der Galle selbst beim Menschen wurde und wird unzweifelhaft Kupfer gefunden. Aber selbst diese relativ häufige Erscheinung scheint mir nicht hinzureichen, um dem Kupfer den Platz der nothwendigen Skelettstoffe des Thierleibes zu vindiziren. Bedenkt man nämlich einerseits die hohe Fähigkeit des Pfortader- kreislaufes, in die Circulation übergetretene Metallverbindungen (Albuminate) in die Leber zu führen, sie dort oft gleichsam wie in einem unschädlich machende Quarantaineheerden für geraume Zeit zu deplaciren, bis sie der ewig nagende Stoffwechsel auf- sucht, ereilt, schmilzt, flott macht und in der Galle dem organischen Detritus der Faecalstoffe zur endlichen Elimination übermittelt, und erwägt man anderseits die Häufigkeit von Kupferspuren, die sich aus der Ackererde in die Erndten der Cerealien, aus den Kochgeschirren in die Speisen und so in den Gesammt-Rayon unserer Alimente einschmuggeln, ohne desshalb, der Winzigkeit und Allmähligkeit der Einfuhr wegen, sich durch Störungen der Lebensvorgänge fühlbar machen zu können, — so wird man leicht erkennen, dass selbst diese häufige Gegenwart der Spuren dieses Metalls noch immer auf ungezwungen andere Art als accidentell sich erklären lasse, ohne es unter die inquilinen Normalstoffe aufzunehmen.

Eine Frage aber, die sich bei allen derartigen Reflexionen nothwendig dem Forscher aufdrängen muss, ist das Problem organischer Substitution. Der Knotenpunkt dieser Frage liegt in der exacten Biosemiotik des Mangans. — Dieses Metall, ein treuer Begleiter des Eisens, dieses allverbreiteten (organischen)

Metalles, drängt sich so breit und so tief ins organische Leben hinein, dass es schwer wird, über seine bloss accidentelle oder kausale Rolle, irgend eine nur etwas gerechtfertigte Vermuthung aufzustellen. In manchen Gegenden, — (Hessen) nehmen die Manganverbindungen in Strassen- und Ackererde so überhand, dass ein düstres braunes Colorit die Folge davon ist, und dass alle Getreide- und Thieraschen dieser Gegend, die Asche des Menschenblutes nicht ausgenommen, der leichten Auffindung dieses Metalles keinerlei Schwierigkeiten in den Weg setzen. Es frägt sich nun: könnte überhaupt etwa Eisen im Organismus durch das verwandte Mangan vertreten werden, und wenn, unter welchen Erscheinungen? Die Frage wäre zuerst für die Vegetation, und dann mittelst dieser für die Animalisation zu beantworten.

In einer absolut eisenfrei dargestellten künstlichen Erde-Mischung, die manganhältig wäre, würden Saamen einer rasch sich entwickelnden Pflanze (Leguminosen etc.) zum Keimen gebracht und durch die rationellste Pflege zu reifen versucht; ihre Saamenerndte wird unter gleichen Bedingungen ausgesä't, so dass nach den Gesetzen der Verdünnungsrechnung, der kleine Stock an Eisenkapital, das die ersten Saamen mitbrachten, rasch bis ins Unmerkliche verzehrt würde, was etwa bei der dritten Generation bereits für praktische Consequenzen hinreichend erfolgt sein dürfte.

Nunmehr würde mit diesem künstlich erzeugten eisenfreien Alimente die frische Brut eines kleinern Thieres mit raschem Generations-Wechsel (Mäuse etc.) aufgefüttert, und sofort in allen Generationen mit dieser Nahrung exclusiv zu erhalten gestrebt.

Etwa in der fünften Generation müsste das ursprüngliche Eisen der Stammbrut durch den ewig zehrenden Stoffwechsel praktisch völlig vernichtet sein.

In diesem Bilde will ich nur eine flüchtige Andeutung gegeben haben, in welchem Sinne ein derartiger Analysen-Cyclus vorgenommen werden müsste, wenn er über das Problem organischer Substitution Aufschluss zu geben hätte. Diese Analysen wären im Falle eines Gelingens auf mehrere Paare insomorpher, verwandter, sich begleitender Skelettstoffe z. B. Kali, Natron, Kalk, Magnesia etc. auszudehnen, die Resultate aus den simultanen Analysen der Secrete aller, dem Versuche unterworfenen Thiere wären genau zu verzeichnen und alle Veränderungen anzugeben, die sich etwa im Verlaufe des Experimentes an den Eigenschaften der Organismen einer umsichtigen Beobachtung offenbaren würden.

Gelängen aber die mit aller Vorsicht und strenger Wissenschaftlichkeit angestellten Versuche durchaus nicht, gingen die Organismen bei der forcirten Eisen-Inanition trotz Mangan-Nahrung rasch zu Grunde, so wäre hiedurch das Problem der Substitution gründlich verneint, und der Werth des Studiums der Zellen-Skelettstoffe wäre aufs Höchste gesteigert.

So lange diese Frage aber überhaupt nicht experimentell ventilirt wird, halte ich es für eine müssige Controverse, über die accidentielle oder kausale Bedeutung jener fremden Metallspuren und Organismen hin und her zu streiten, und kann daher auch von der Thonerde nichts weiter berichten, als dass sie, die als Factor und Regulator der Bodenbewässerung und Quellenscheide mineralischer Seits wesentlich Pflanzen- und Thierleben eines Bodenstrichs beherrscht, durch ihr chemisches Massenmoment nur als sehr seltener Gast im organischen Reiche auftritt, wie uns ihr befremdendes Vorkommen in einzelnen Pflanzenaschen (Lycopodium complanatum) lehrt.

Was nun die sicher kausalen, inquilinen Normalstoffe der Skelettsalz - Reihe betrifft, so lässt sich unser annoch lückenhaftes Wissen darüber etwa in folgenden Aphorismen wiedergeben.

1. Die Sulfate scheinen kein wesentliches Ingrediens der Alimente darzustellen für das Thier, wohl aber für die Pflanze; letztere muss aus den Sulfaten des bewässerten Bodens den Schwefelgehalt ihrer Eiweisskörper und ätherischen Oele (Allyl-Ferulyl etc.) beziehen, während das Thier eben aus dem genossenen schwefelhältigen Alimenten als Nebenprodukt des inquilinen Verwesungs-Prozesses die Sulfate erzeugt, die als Auswurfsstoffe einer möglichst raschen Elimination durch Schweiss (?) und Harn zuströmen und nur ausnahmsweise zu noch unbekannten Zwecken in gewissen Geweben sich länger und constant aufzuhalten scheinen, wie es das schwefelsaure Natron beweist, an dessen Gegenwart man die Knochen der Fische und Lurche erkennt.

Jedenfalls muss vor jener Aschenuntersuchung gewarnt werden, die alles, was sie in der geglühten Schlacke des verbrannten Organtheiles auffindet, unmittelbar für präformirtes inquilines Edukt erklärt, und nicht bedenkt, dass beim offenen Glühen schwefelhältiger organischer Substanzen mit Alkali-Salzen sich nothwendig als Produkt der Methode, Sulfate neubilden müssen.

2. Die Carbonate praevaliren im Allgemeinen im Herbivoren-Thierleibe und noch mehr bei den Schalthieren über die Phosphate der Carnivoren.

Keines dürfte vielleicht in beiden Fällen ganz fehlen. Nur ist auch hier wieder zu erinnern, dass die Corbonate so gut, wie die Sulfate neugebildete Produkte der Verbrennung kohlenhältiger (organischer) Phosphate sein können und sein müssen, daher diese einfache Einäscherung lange nicht competent ist, über die inquiline Gegenwart des präformirten Carbonates zu entscheiden.

Im Pflanzenleibe werden die fossilen Carbonate des Bodens (meist als Humate) resorbirt, zur Bildung pflanzensaurer Alkalien verwendet, die beim Einäschern der Pflanze (Pottasche, Varec, Kelp) und im Oxydationsprozesse des Thierblutes zu kohlensauren verwesen, ein Umstand, der die Alkalescenz des Harnes vieler Herbivoren genügend erklärt.

3. Die Phosphate drängen sich (sorglich aus den kärglichen Phosphaten des Bodens gesammelt) in den Sämereien der Pflanzenwelt zusammen, und häufen sich ebenso in den dichtesten und edelsten Geweben und Säften des Thierleibes an, wie im Knochen Muskel, Hirn, Ei, Saamen, Blut und Milch. Manche derselben, wie das Hirn liefern eine von Phosphorsäure sauer reagirende Asche, welcher Umstand beweist, dass dieser Phosphorsäure-Ueberschuss an einen organischen Paarling gebunden gewesen sein musste, den die Verbrennung zerstört hat. Auch die Phosphate können aus der Einäscherung der phosphorhaltigen Proteinkörper im Beisein von Alkalisalzen hervorgehen.

4. Die Chloride, Haloide des Chlors sind im Allgemeinen jedoch lange nicht ausnahmslos, den intercellularen Flüssigkeiten und Säften eigen, ja gerade die Ausnahmen von dieser Regel gehören zu den interessantesten Thatsachen der Lehre von den Skelettsalzen. — Sie stammen unverändert aus dem Lande, der Irrigation des Bodens, von wo sie in die Pflanze und aus dieser in den Thierleib übersiedeln, oder sie werden vom letzteren als Mineral ohne Vermittlung der Pflanzenwelt genossen (Kochsalz).

5. Die Flueride, die, wie dies am Ende von allen Inquilinen Elementarstoffen gelten muss, in der allgemeinen Ernährungs- und Mauser-Flüssigkeit d. h. in Blut- und Harn spurenweise aufzufinden

sind, haben nach bisherigen Analysen nur einen sehr beschränkten Verbreitungsbezirk, nämlich die Gramineen, die Schmelzfasern der Zähne, und die namentlich fosilen Knochen; die Fauna und Flora der Vorwelt scheint mit diesem jetzt sehr spröden Elemente weit reichlicher bedacht gewesen zu sein, was mit Andern ihre grössere Widerstandskraft gegen Elementar-Einflüsse bedingt haben möchte.

6. Die Silicate, oder besser, da wir über die Art ihrer Verbindungen so gut wie nichts wissen, die Kieselsäure knüpft sich im Pflanzenreiche vorzüglich an die Halme der Gramineen, an Axen- und Blattheile, im Thierreiche an die Gruppe des Keratins und seiner Abkömmlinge, Epidermis, Epithel, Horn, Klaue, Haar, Wolle, Seide, Kerfpanzer und Thierschleim, begreiflicher Weise ist sie auch in der allgemeinen Ernährungsflüssigkeit, dem Blute, und aus gleichem Grunde in dem allgemeinsten Strome der Stoffmauser im Harne spurenweise vertreten.

7. Die Alkalisalze scheinen sich im Allgemeinen mehr in den Säften, den Intercellularflüssigkeiten.

8. Die Erdsalze mehr in den Zellen und ihren histogenetischen Abkömmlingen anzuhäufen.

9. Insbesondere die Kalisalze gehören wieder mehr den stationären Zellenelementen (Zellen, die nicht zu Fasern weiter wachsen, sondern als Zellen enden, gleich wie Blutzellen) an, als:

10. Die Natronsalze, welche mit der einzigen Ausnahme der Knorpelzelle (des Chondrins) nur in den Intercellular-Flüssigkeiten vorherrschen.

11. Von den Salzen mit einer alkalischen Erde als Basis gebühren die Magnesiasalze im Allgemeinen mehr den weicheren Geweben und dem Leibe der Herbivoren; während

12. Die Kalksalze mehr in den härteren Geweben (Knochen) und in dem Leibe der Carnivoren überwiegen.

Während im Pflanzenreiche der Kalk, das Kali auch das Natron ihre eigenen Floren haben, in deren Individuen sie prädominiren (Kali insonderheit bei Binnenpflanzen, Natron bei der Strandflora) so lässt sich ein Gleiches nicht von der phytochemischen Verbreitung der Magnesia sagen, welche ohne eine eigene Dolomit- oder Magnesitflora, sich als Begleiterinn des Kalks, namentlich in den Phosphaten der Sämereien anhäuft, allwo sie oft ihren Begleiter bedeutend an Menge überragt.

Das Eisen endlich pflegt in der organischen Natur zu allermeist in einer organischen Pigmentlarve vorzukommen, ja es scheint, als könne sich ohne Eisen überhaupt das wichtigste Paar organischer Pigmente gar nicht bilden, nämlich Chlorophyll und Haematin, das Blattgrün der Pflanze und das Blutroth des Thierleibes obwohl hinterdrein aus beiden die gleichgefärbte organische Larve eisenfrei erhalten werden kann.

In dieser Beziehung bietet der Plattensee in Ungarn ein überraschendes Experiment im Grossen dar. Jeder Binnensee erhält eisenhältige Quellen Zuflüsse und bereichert sich überdiess durch Unterwaschen seiner Ufer, die wohl nie einer Verbindung dieses allgegenwärtigen Metalles ermangeln, mit Eisen: nur so vermittelt er die Eisenzufuhr für seine eingetauchte und schwimmende Flora und in zweiter Instanz für die Wasserfauna.

Auf dem Grunde des Plattensees öffnen sich nun einige Mofetten und Suffioni, die eine stete Einströmung von Hydrothion bedingen, das im Wasser des Sees absorbirt wird, diffundirt und unablässlich bemüht ist, das gelöste Eisen des Sees als grünschwarzes Sulfuret zu fällen, ohne je damit ganz fertig zu werden, wesshalb auch nie Hydrothion sich frei im Seewasser behaupten kann.

Wirklich ist der mächtige Plattenseeschlamm reich an Schwefeleisen, und die Eisenquelle des grossen Seeorganismus ist zwar nicht völlig verstopft, wohl aber geschwächt und gehemmt. In Folge dessen wird nun diese grosse Organisation eigenthümlich chlorotisch, den Wasserpflanzen des Sees mangelt die gesättigte Farbe ihrer Homologien in andern Seen; die Kruster und Fische desselben sind bleich, so zwar, dass manche gastronomische Leckerheit aus denselben, dieser Anomalie wegen, selbst als andere zoologische Species imponirte; die Krebse des Sees verfärben sich beim Kochen nur rosig, ohne je den hellrothen Ton unsrer gesottenen Krebse zu erreichen u. s. w.

Zur Bildung der allermeisten Pigmente in Thieren und Pflanzen scheint die Gegenwart von Eisen die unerlässliche Bedingung zu sein, ohne auf die weitere Rolle desselben Einfluss zu nehmen. Das grüne nur unter Eisengegenwart sich bildende Chlorophyll vollbringt den mit der Energie des grünen Lichtstrahls überhaupt wahrscheinlich identischen Reduktionsprozess im Pflanzenleibe, während das rothe eisenhältige Haematin den mit der oxydirenden Energie des rothen Lichtstrahls parallelen rothen Faden der vitalen Verwesung im Thierleibe webt. Die Allgegenwart des Blutes im Thierleibe garantirt von vorneherein den Eisengehalt thierischer Alimente; aber auch von den natürlichen vegetabilischen Nahrungsmitteln wird wohl keines eisenfrei zu finden sein.

Da nun erfahrungsmässig bei Organismen nichtsweniger gleichgiltig ist als die Form, in welcher die zur Erwähnung nöthigen Elemente in dieselben gebracht und ihnen dargebothen werden, da man mit Kohlenstoff, Wasserstoff, Sauerstoff und Stickstoff in der Form von Strychnin rasch tödten und in der Form von Eiweiss nähren kann, da wir ferner die inquiline Form der Skelettsalze im Organismus so gut wie nicht kennen, weil die Aschenanalyse verbrannter organischer Schlacken darüber nicht den mindesten Aufschluss zu geben vermag; so ist es klar, dass die Wissenschaft von heute über die alimentäre Formel, über das diätetische Vehikel der Aschensalze nicht mehr als Vermuthungen zu äussern berechtigt ist.

Die Ansicht nun, welche glaubt, dass es hinreiche, die genannten Aschensalze in was immer für einer mineralischen Form in den Magen hineinzustopfen, ist eine so grundlose, dass der oberflächlichste Augenschein mehr Widerlegungen als Bestätigungen auffindet. Die Frage kann nur d i e sein, ob ein Zustand organischer Verlarvung a l l e n Aschensalzen zur Assimilation unentbehrliche Bedingung sei, oder bloss e i n i g e n.

Was bedeutet nun zuförderst dieser organische Larvenzustand? — Das Blut enthält Eisen, jeder Laie weiss dies schon; wollte man aber auf Blut die gewöhnlichen in den Lehrbüchern der Mineralchemie angegebenen Reagentien des Eisens anwenden, würde man schwerlich seine Gegenwart erkennen und zwar nicht etwa wegen der grossen Verdünnung; denn die meisten dieser Reagentien zeigen noch viel höhere Verdünnungen der Eisensalze an, sondern einfach desshalb, weil das Eisen im Blute nicht in einer Verbindung einfachen Radikals, sondern als Apposition einer organischen Type zusammengesetzten Radikals enthalten ist.

Wenn ein Element derartig mit zusammengesetztem Radikale verbunden ist, dass die gewöhnlichen Erkennungsmittel desselben fehlschlagen, so nennt man es masquirt oder verlarvt und eben das zusammengesetzte Radikal, das organische Vehikel die Maske oder Larve-Gallussäure gibt mit Eisensalzen die Tinte; Blutlaugensalz fällt hieraus Berlinerblau. Beide, Gallussäure und Blutlaugensalz durchsetzen den Strom lebenden Blutes, ohne sein Eisen zu berühren, ohne Tinte oder Berlinerblau zu bilden. Das Eisen im Blutroth ist somit verlarvt und $C_{22} H_{44} N_2 O_{10}$ ist seine Larve. Diese Larve kann enger oder lockerer, völlig oder halb sein, und je lockerer und ungenügender sie wird, um so mehr nähert sie sich den Uebergängen zu jenen Doppelverbindungen, von denen es oft schwer ist anzugeben, ob sie noch Larven darstellen oder nicht: die Albuminate Lactate, Tartrate, Sacharate etc. In der Milch, einer häufig und vielleicht normal alkalischen Flüssigkeit sind Erdphosphate reichlich gelöst, deren Zufuhr den Zellen- und Knochenaufbau in der gesäugten Brut vermittelt; alle Erdphosphate sind aber für sich im Wasser und in alkalischen Flüssigkeiten unlöslich; sie lösen sich leicht in sauren Menstruen und fallen hieraus durch Alkalescirung. Die Erdphosphate der alkalischen Milch bedürfen daher zu ihrer Gelösterhaltung eines Vehikels, das vielleicht bereits den Namen einer organischen Larve verdient und das man in jenem Complexe von Proteinaten erkannt hat, dem man den Collectivnahmen: Casein beilegte. Direkte Versuche an mir selbst haben mich unter gewissenhafter Controlle der analytischen Waage gelehrt, dass manche Aschensalze namentlich die Verbindungen des Eisens und die Erdphosphate einer organischen Larve dringend schon zur Ermöglichung ihrer Resorption bedürfen. Werden sie auch selbst ohne Larve resorbirt, so beweisst diess noch lange nicht, dass sie auch ohne Larve assimilirt werden, sie bewegen sich dann wohl meist in einem trostlosen Transito durch Blut und Niere (so wie im Gegenfalle durch Darm und After), auf welchem sie zwar schätzenswerthe therapeutische Erfolge, aber durchaus keine Nutritionszwecke zu leisten vermögen.

Es ist sogar dringend wahrscheinlich, dass die zur Assimilation vieler Aschensalze unerlässliche organische Larve dieselbe oder doch eine Homologie derselben sein müsse, die in der Constitution der Gewebe mit dem fraglichen Aschensalze zusammen lagert; wenigstens jede Larve reicht entschieden nicht aus; sie vermittelt dann zwar oft die Resorption, die aber, unfähig Assimilation zu werden, in einen Transito umschlägt, der wie die Hand der Penelope, das Gespinnst des Tages allnächtlich wieder vernichtet. So vermag die Prussin- oder Ferrocyanlarve zwar das Eisen des Blutlaugensalzes ins Blut zu führen, sie führt es aber auch wieder durchs Blut in den Harn, ohne ihm den Eintritt in die Gewebskonstitution oder die Assimilation zu gestatten. Die Allgegenwart

von Albumin im Thierkörper ist nicht im Stande, über das Bedürf-
niss bestimmter begleitender Larven der alimentären Aschensalze
hinauszuhelfen, denn erstens ist Albumin gewiss nicht die einzige
vitale Alimentärlarve des Anorganischen und zweitens sind alle
inquilin vorräthigen organischen Stoffe, insonderheit auch das Eiweiss bereits gesättigte Larven selber; reines salzfreies Eiweiss findet sich nirgends im Körper, und die Saturation der Larvenzustände
wird ebenso gut ihre stöchiometrischen unwandelbaren Verhältnisse
erkennen lassen, wie die Verbindungen einfacher Radikale. Vollends
nun gar den sauren Magensaft zu Hilfe nehmen, um die Resorption
und Assimilation der in alkalischen Flüssigkeiten unlöslichen Aschensalze zu vermitteln, ist ein nettes, aber sehr kurz bewundertes Ta-
schenspielerstückchen, weil Alles, was der saure Succus gastricus gelöst hätte, beim Eintritte ins alkalische Blut wieder umzukehren
oder herauszufallen genöthigt wäre.

Es ist somit nach dem heutigen Stande der Biochemie dringend wahrscheinlich, dass jene Aschensalze der Alimente, die inquiline Gewebsbestandtheile darstellen, einer begleitenden eigenen muthmasslich selbst inquilinen organischen Larve bedürfen, theils um
bloss assimilirt, theils selbst um resorbirt und assimilirt werden zu
können. Der Organismus braucht phosphorsauren Kalk, um Knochen
bilden zu können; dieses Kalkphosphat muss er als verlarvtes, in
Milch, Ei oder Fleisch geniessen und nicht als Osteolith oder Apatit, der ihm selbst bei der blühendsten anderweitigen Ernährung nur
als Transito, nicht aber als assimilirbar sich erweisen würde.

Der Organismus braucht Eisen, um Haare und Blutkörperchen
bilden zu können. Dieses Eisen kann er nicht als Mineral, als Oxyd
oder anorganisches Salz assimiliren, es muss ihm in der organischen
Pigmentlarve, als Vegetabil, Fleisch oder Blut gebothen werden. Die
Assimilation des Anorganismus, die bei der Pflanze die völlige Rolle
der Ernährung erschöpft und ausmacht, ist also gewiss beim Thier
eine überaus beschränkte, vielleicht gar nicht existirende? Vielleicht, sage ich, denn bei jenen Aschensalzen, die inquilin sich vorherrschend in den Intercellularflüssigkeiten bewegen, scheint auf den
ersten Blick nichts unwahrscheinlicher als eine Larve. Man denke
nur an das Salz, (Steinsalz, Kochsalz, anorganisches Cl Na) das der
Wüstenneger ebenso begierig für seinen Goldstaub eintauscht, als
es der civilisirte Europäer nicht nur für sich unentbehrlich findet,
sondern es sogar seinen Hausthieren als sorglicher Viehzüchter zum

Lecken darreicht. — Wo ist da die organische Larve? — Allerdings, soweit das Kochsalz eben bloss in Lösung als Intercellular-
flüssigkeit und Sekret die Gewebe bespühlt, insoweit bedarf es keiner Larve, so wenig als das Wasser selbst, sein lösendes Vehikel,
einer bedarf; es untersteht den statischen Gesetzen der Endosmose,
aus welcher allein sich folgerichtig die Anziehungs- und Rückhal-
tungskraft erklären lässt, welche das Blut gegen dieses Salz so kräftig äussert, und leistet die mannichfachsten chemischen, bioelektischen
und molekularen Vortheile, mit deren Detailschilderung hoffentlich
die Zukunft unserer Wissenschaft die Lehre vom Leben beglücken
wird; wo aber das Kochsalz in die Constitution eines Gewebes eingeht, wo es assimilirt ist, da ist die Bedingung einer Alimentärlarve
ebenso unwiderlegt als möglich; bekanntlich thut diess das Kochsalz,
nach unserer bisherigen Kenntniss ein einzigesmal im wahren Knorpel,
wo es an die Chondrinlarve gebunden die Knorpelzelle weben hilft, und
desshalb den wahren Namen eines Knorpel-Skelettsalzes verdient.

Ob nun auch nur ein Atom dieses Knorpelkochsalzes aus
jenem larvenlosen Kochsalze der Flüssigkeiten und Sekrete, aus jenem für sich genossenen Steinsalze stamme, oder ob nicht vielmehr der Knorpel sein Skelettsalz ganz aus einem unbekannten
verlarvten Kochsalze der festen vegetabilischen oder thierischen
Alimente requirire, das sind Fragen, die zwar durchaus nicht be-
jaht, aber ebenso wenig verneint werden können, da die Verbindungen dieses Salzes mit Zucker und Harnstoff die Möglichkeit
noch anderer höherer unbekannter Larvenzustände recht gut zu-
lassen. — Durch die vorzeitige hypothetische Bejahung dieser
Frage gewänne man aber eine logischere Einfachheit der Definition der Begriffe „Assimilation" und „Aliment", in deren Inhalte
die inquiline Larve ein unerlässliches Merkmal würde.

Wir wissen heutzutage, dass Chlornatrium im Knorpel
Serum des Blutes und Magensafte, Chlorkalium in den Blutkörperchen, den Muskeln, dem Speichel, Fluorkalzium im Zahnschmelz, Eisen in Haaren und Blutkörperchen, Kieselerde in
Haut, Haaren, Schleim, Wolle, Klauen, phosphorsaure Magnesia
in den Zähnen der Dickhäuter (Pachydermen) in allen Knochen,
am meisten in denen der Herbivoren, im Gehirne, phosphorsaures Kali, in den Blutkörpern, Muskeln u. Gehirnen phophorsau-
rer Kalk im Hirne, Ei, Saamen, Knochen, phosphorsaures
Natron und kohlensaures Natron im Blutserum etc. vor-

komme, diess und nicht viel mehr. Zahllose der fleissigsten Versuche über procentische Analysen der Gewebsaschen in selbst comperativ-anatomischer Richtung, zahllose Inanitionsversuche mit künstlichen, schwer darstellbaren Alimenten, in denen ein und eben nur Ein Faktor der Aschensalze fehlt, und endlich die Erledigung der früher aufgenommenen Substitutionsfrage werden nöthig sein, ehe wir die Akten der blossen Voruntersuchung über diese höchst wichtige Lebensfrage der Biochemie zu schliessen reif sind. — Und dass diese Wichtigkeit des Gegenstandes keine geträumte illusorische ist, wird aus wenigen Betrachtungen klar werden. — So wie die Pflanze ohne geregelte Zufuhr der Mineralstoffe des Bodens ihrer wunderbaren Kraft verlustig wird, aus dem kohlensauren Ammoniak der Luft und den Hydrometeoren ihr Amylum und ihren Kleber zu bilden, gerade so ist der Zodiakus der Plastik im Thierleibe in die engen Gränzen der Skelettsalze eingeschlossen. Man denke sich nun eine leise Anomalie in der Zufuhr eines Aschensalzes durch einseitige oder sonst unglückliche, kaum bewusste Wahl der Alimente als mehrjährige Noxe auf den Organismus einwirkend, dessen zähe Widerstandskraft denn doch endlich bei der stofflichen Inanition seine Gränze finden muss, und man wird principiell die dunkle Genesis jenes scheusslichen zallosen Heeres chronischer Krankheiten und die verderbliche Bildung der Afterprodukte begreifen; man wird ganz allgemein einsehen können, wie eine veränderte Diät, eine Reise, eine ausserstädtische Saison oft solche Wunderkuren an Kranken vollbringe, an denen der asklepische Heilschatz sich vergebens versuchte, und welche Wunderkuren die kurzsichtigere Empirie, ohne dass man ihr heutzutage einen schärferen Vorwurf zu machen das Recht hätte, meist einer nichtssagenden Embleme, einem blossen Accidens zuzuschreiben sich gezwungen sieht. Wo keine Kieselerde ist, kann sich weder Haar noch Haut in normaler Weise entwickeln, nun denke man sich eine unbewusste, jahrelang dauernde Hemmung der Kieselzufuhr, auf die gewiss Niemand reflektirt, und die wucherndsten chronischen Hautleiden liessen sich oft in lokaler Endemie in Folge alimentärer Anomalien recht gut genetisch begreifen und entwickeln. Eine nicht sehr arme Reihe paralleler Untersuchungen von sogenannten gut und bösartigen Aftergebilden (nach sichergestellter Diagnose) hat mich gelehrt, dass im Allgemeinen ein Mehrgehalt von löslichem Eiweiss und Alkalisalzen der histochemische

Ausdruck der Bösartigkeit und ein Mehrgehalt von starrem Protein und Erdsalzen der histochemische Ausdruck der Gutartigkeit sei, und ich begriff nun wohl, dass der nüchterne praktische Chirurg jener trivialen Unterscheidung die gelehrte mikroskopische Klassifikation und histomorphische Nomenclatur stets und gerne zum Opfer bringen musste; denn das Ueberwiegen der Alkalisalze in der Intercellularflüssigkeit, dem Blastem der Aftergebilde, setzt dem Weiterwachsen der jungen unschuldigen Bindegewebszellen (Krebszellen) der Faserbildung und plastischen Consolidirung einen unübersteiglichen Damm entgegen und überantwortet die lucurirende junge unreife Zelle, die sich auf Zelle drängt, einem baldigen Zerfallen das in Berührung mit der Luft die Verjauchung ist. — Wenn nun im Laufe der Zeiten der Schatz der bezifferten Analysen von Gewebsaschen immer mehr und mehr erwächst, wenn die Lehre von den Skelettsalzen der Organe in qualitativer und quantitativer Hinsicht endlich so weit gediehen ist, dass ein Forscher dieser späten Zeit wie Cuvier aus den Skeletten des Montmartregypses die antidiluvianische Fauna, aus der Asche die Organe und Gewebe reconstruirt, dann ist auch die Zeit einer wissenschaftlichen Aetiologie der chronischen Processe und mit ihr die Aera einer kausalen Therapie gekommen und bis dahin muss die symptomatische Methode die Lücken unseres Wissens füllen, und die Blössen unseres Könnens decken.

Ausser den Nahrungsmitteln, deren Hauptgruppen so eben besprochen wurden, hat der Stoff noch einen dreifachen Bezug zum lebenden Thier-Organismus: als Genuss — Heilmittel und Gift. Alles Stoffliche nämlich, was in den Körper gebracht wird, kann vorerst auf doppelte Weise sich verhalten; entweder es ist in den inquilinen Säften nicht löslich, und auch nicht in jenen feinen Molekularzustand überführbar, in welchem es allein zur Resorption, zur Endosmose, zum Eintritte in die Circulation geschickt ist, oder aber es genügt diesen Bedingungen, und wird resorbirt. Im ersteren Falle kann es zunächst nur topisch wirken, d. h. die Applicationsstelle chemisch oder physikalisch berühren oder beeinflussen. Der Gesammtorganismus, die Centralorgane und entlegenen Organprovinzen bleiben dann völlig frei von der Primär-Wirkung des Stoffes, obwohl sich leicht begreifen lässt, dass nichts destoweniger in Folge der vielgliederigen Causal-Kette im organischen Reiche, der Gesammtorganismus später und secundär recht gut von den

Folgewirkungen der topischen Primordial-Ursache ergriffen werden kann. Als Beispiel dieser Klasse topischer Wirkung, die insofern doppelt sein kann, als der Contact-Einfluss an der Applications-stelle ein molekularer oder chemischer ist, mag der Bolus und die Kohle, für den molekularen Prozess, und das Magist.-Bismuthi sammt den gew. Eisenpräparaten für die chemische Reihe gelten. Der Bolus saugt die exzedirende Magensäure ein, und absorbirt wohl auch lästige Gase. Die poröse frisch ausgeglühte Holzkohle ver-dichtet in ihren Poren gleichfalls die Gase, bindet aber zugleich viele Metall- und Alkaloidverbindungen durch ihre geheimnissvolle Flächenanziehung, so dass sie sich in neuester Zeit selbst unter die allgemeinsten Antidote gedrängt hat.

Weder Bolus noch Kohle verbinden sich aber chemisch mit den absorbirten und in ihren Poren abgelagerten Stoffen; ihre Wirkung geht also nicht über jene dunkle Molekularanziehung: die Poren- oder Flächenwirkung hinaus. Anders verhält sich die Sache beim Wismuthsalze und den Eisenpräparaten. Diese Me-tallverbindungen haben eine grosse Neigung Sulfurete und Phos-phurete zu bilden, namentlich in einer Atmosphäre von Wasser-stoff- oder Sumpfgas. Sie absorbiren daher auf kräftige Weise Schwefel- und Phosphorwasserstoffgas, aber nicht blos auf moleku-lare, sondern auf strikt chemische Weise, indem sie in Schwefel-und Phosphormetalle verwandelt werden. Dieses Moment ihrer Wirkung, obwohl ohne alle Resorption und rein topisch auf ihrem Transito durch den Darmtrakt erfolgend, vermag nichts desto weni-ger ganz allgemeine Folgen auf den Gesammtorganismus nach sich zu ziehen, wie es die meisterhafte Arbeit Hannon's über die Eisentherapie in der Chlorose gelehrt hat.

Im zweiten Falle nun, nach erfolgter Resorption des Stoffes, nach geschehenem Uebertritt desselben in die Circulation, ist er so wie diese selbst allgegenwärtig für den Körper geworden: mit der Blut- und Lymphwoge in alle Organprovinzen verführt, vermag er nicht bloss im Blute selbst, sondern in den Nervenzentralorga-nen und jedem Organparenchyme seine physikalischen und chemi-schen Kräfte spielen zu lassen. Was man früher „Wahlanzie-hung der Organe" nannte, mag ein komplizirtes Produkt meh-rerer Faktoren sein, unter welchen die chem. Constitution des be-treffenden Organparenchyms und die Crase seines Blutstroms einer-seits (die metallfixirende Kraft des gallenbereitenden Leberparen-

chyms) und die hydraulischen und endosmotischen Verhältnisse des
Capillar-Maschenbaues anderseits, (Jodkalium für Drüsen) vorzüglich zu nennen wären.

Von der erfolgten Resorption ins Blut an spalten sich nun wieder
die weiteren Wirkungsweisen in drei wesentlich verschiedene Zweige:
entweder das Mittel durchwandert den Organismus, die beiden
Capillarsysteme und gelangt endlich in den Ausleerungen zur unveränderten Ausscheidung, ohne auch nur einen Moment über sich
an der chem. Constitution eines Organs betheiligt zu haben: einfacher Transito, der wieder doppelt, d. h. mit bloss molekularer,
physikalischer, oder mit chemischer Tragweite und Wirkung auftreten kann: oder das resorbirte Mittel verlässt nicht sogleich wieder den Organismus und dessen Blutbahn, ohne sich nicht eine
Zeit über (auf die Dauer erlaubt diess der ewige Stoffwechsel nicht)
an der Constitution eines Organs betheiligt zu haben, d. h. nicht
ohne assimilirt worden zu sein. Hier sind nun wieder zwei Unter-
fälle möglich: hat der resorbirte Stoff eine Homologie (einen verwandten Repräsentanten im Organ des Thieres) im normalen Thierkörper, d. h. gehört er zu einer inquilinen Sippe, und betheiligt er
sich eine Zeit lang an der Bildung normalen Organparenchyms,
so heisst er Aliment, Nahrstoff, wie er im früheren besprochen
wurde. Hat aber der resorbirte keine inquiline Homologie, hebt
seine Assimilation, sein peremtorisches Eingehen in die Constitution eines Organparenchyms, dessen normale stoffliche Integrität
auf, und zwar auf so lange, bis es nicht dem mächtigen Stoffwechsel gelang, den organisch deplacirten, assimilirten Eindringling
wieder flott zu machen, und der Excretion zu überantworten, wobei oft das Leben erlischt) — dann heisst der Stoff ein Gift und
zwar ein Blut- oder Parenchym-Gift zum Unterschiede von anderen Noxen, die später zur Sprache kommen. Namentlich viele Metalle, welche in kleinen oft wiederholten Mengen dem Organismus
durch Diät und Lebensweise zugeführt werden, und deren Albu-
minat im basischen Natronalbuminate zu Doppelverbindungen löslich sind, gehören hieher, so zwar, dass man diese Klasse von Giften auch recht gut unter dem Collectivnamen der Metallgifte zu-
sammenfassen kann. Ein schlagendes, schönes Beispiel, wie ein
Transitomittel derartige assimilirte Gifte flottzumachen und zu eli-
miren vermag, lehrte mich Oppolzers geniales Experiment, welcher
eine Hydrargyrose mit einem Gemenge zweier Transitomittel, näm-

lich mit Jodkalium und Salmiak also eigentlich mit Jodammo-
nium (und Chlorkalium) behandelte. Die Diagnose war ex anam-
nesticis zweifellos, Nichtsdestoweniger war im Harne keine Spur
von Quecksilber aufzufinden. (In den Faecalmassen, die auch den
Gallendetritus aus der metallfixirenden Leber entleerten, nur
zweifelhafte Spuren). Ein Paar Tage nach Beginn obiger Transitotherapie brach ein Sturm von Zitterkrämpfen über den Kranken herein; das Bild einer sehr acuten Exacerbation des Merku-
rialleidens entrollte sich und — im Harne waren zweifellose
Mengen von Quecksilber durch die galvanoelektrische Probe
nachweisbar, das offenbar früher als assimilirt in die Constitution
des Organparenchyms eingegangen und dem Stoffwechsel vor der
Hand entrückt gewesen war, und so durch diese stoffliche Anomalie die functionellen Störungen der Hydrargyrose hervorrief:
dieses Gift wurde von dem Transitomittel, das die Blutwoge
überallhin in dem Organismus spühlte, erreicht und in Folge
seiner glücklich gewählten chem. Affinität und der Löslichkeit
der resultirenden neuen Verbindung (Jodquecksilber und fast
alle Quecksilberverbindungen sind löslich in Alcalijodiden und Chloriden) flott gemacht, in den Blutstrom zurückgeführt und schliesslich einer raschen Excretion überliefert. Von diesem plötzlichen
Rückflusse des deplacirten Giftes in die Circulation rührte jene
klinische Exacerbation her, die bei fortdauernder Elimination
durch die im rationellsten Selbstvertrauen fortgesetzte Therapie
rasch einer völligen Abnahme der Symptome und einer schliesslichen Genesung Platz machte. Wenn ich nicht irre, hat Oppol-
zer diese Wirkung in weiteren drei Fällen konstatirt, und ist
Willens eine derartige rationelle Transitotherapie bei ähnlichen
chron. Metall-Intoxicationen namentlich der Plumbose (Encephalia,
colica saturnina) mit wissenschaftlicher Strenge zu prüfen. Ohne
Zweifel wird der klinische Meister seiner Zeit diese wichtigen
Resultate der Oeffentlichkeit nicht vorenthalten. Die hohe biochemische Wichtigkeit der Sache wird mein eigenmächtiges Vorgrei-
fen genügend entschuldigen. In jüngster Zeit hat auch Oettinger
im Wiedner Krankenhause die Jodkaliumtherapie bei Metalltoxikosen einer tieferen Prüfung unterzogen, die nach mehreren Richtungen über das geschichtlich Bekannte hinausging und zu homologen Resultaten geführt hat.

Während der einfache Transito wohl nur den Heilmitteln (und Giften), und die wenigstens zeitweilige Assimilation nach erfolgter Resorption ins Blut, den Nahrungsmitteln und ihrem feindlichen Gegensatze den Blut- oder Organgiften gebührt, so gibt es noch einen dritten Zweig der Wirkungsweise, nämlich den raschen functionellen Untergang des in das Blut aufgenommenen Stoffes, der somit weder zur unveränderten Ausscheidung, noch auch zur Constitution eines Organes gelangt, sondern innerhalb der Blutbahn rasch in neue Zersetzungsproducte zerfällt, und während dieser Zersetzung eigenthümliche Reize auf Gehirn, Rückenmark und Ganglien ausübt, welche Gesammtwirkung man dem Grade und der Energie nach in Genussmittel und Nervengifte gliedern kann, so wie man die frühere Wirkungsweise in Heilmittel und Blutgifte gliederte. In gewisser Hinsicht sind alle Genussmittel in potenzirterem Grade Nervengifte, in anderem Sinne sehr oft Heilmittel und sie stehen ungefähr zu den sogenannten Respirationsmitteln der Nahrung in demselben Verhältnisse, wie die Blutgifte zu den plastischen Alimenten. So wie die Respirationsmittel (soweit dieser vage Begriff eben wörtlich verstanden werden kann) werden sie im Blute hauptsächlich durch dessen oxydirenden Einfluss zerstört, und so wie diese Zerstörung dort das Hauptcontingent der thierischen Eigenwärme stellt, so regt sie hier die geheimnissvolle Nervenbesaitung des Körpers zu wunderbaren Schwingungen an, in deren Spiele eben das besteht, was wir Genuss nennen. Die Genussmittel sind ein ausschliessliches Vorrecht des Menschen, und wenn sie auch theilweise und nach einigen Richtungen hin auf die entwickeltsten Hausthiere des Menschen übertragbar sind, so ist doch so viel gewiss, dass ohne Dazwischenkunft des Menschen für die organische Schöpfung jedes Genussmittel fehlen würde. Das wilde Thier bleibt gebannt in den Kreis der Befriedigung seiner alimentären Bedürfnisse; aber auch schon der wilde Mensch greift über die Sättigung hinaus, nach Tollwasser und Tollkraut. Genussmittel sind also jene Stoffe, welche nach erfolgter Resorption ins Blut, wahrscheinlich durch die Cerebrospinalflüssigkeit oder den Cerebrospinaldunst sehr rasch mit Gehirn, Rückenmark und auf anderem Wege auch mit der übrigen Ganglien- und Nervenmasse in stofflichen Contact und in Wechselwirkung treten; die Erstwirkung des fremden Ankömmlings ist nun ein eigenthümlicher Reiz, dessen Qualität wir nicht kennen, der aber wahrscheinlich doppelartig sein kann, und einmal als mechanischer und physikalischer, in Aenderungen des Molekularzustandes und Electrotonus, im andern Falle als biochemischer Einfluss in der Veränderung der stofflichen Mischung der Gehirn- und Nervenmasse sich bewegen dürfte. Möglich ist es auch, dass die eigentliche Affection der Nerven vom Blute ausgeht u. z. durch Entziehung des Sauerstoffs. Bald auf diesen ersten Reiz macht sich die vitale Energie in Blut- und Nervenleben als Reaction geltend, und sucht die gesetzten Reize auszugleichen und des fremden Eindringlings Herr zu werden; gelingt ihr diess mit der schliesslichen Zersetzung des fremden Stoffes und seiner Ausscheidung im veränderten Zustande, so ist der Stoff ein wahres Genussmittel und eben diese Fluth und Ebbe von Nervenwellen, die den ganzen Prozess begleiten, bilden den Genuss; gelingt ihr aber diess nicht, oder nicht vollständig, wozu gewöhnlich schon eine quantitative Steigerung der Dosis hinreicht, so gelangt ein Theil des Stoffes unverändert zur Ausscheidung: im strengwissenschaftlichem Sinne tritt dann bereits Vergiftung ein, die, wenn die Ausscheidung nicht rasch genug erfolgen kann, tödtlich endigt; in diesem Falle wird das Genussmittel zum Nervengifte. Wegen der innigen und unzertrennlichen Beziehungen zwischen Blut und Nerven, oder überhaupt wegen der functionellen Einheit des Organismus, kann diese Unterscheidung in Nerven- und Blutgifte nur von dem ersten Angriffspunkte aus gelten, da sich im weiteren Verlaufe die Nachwirkungen verwischen und verweben, und ein Blutgift ebenso Nervenstörungen, wie der chronische Missbrauch der Genussmittel und Nervengifte endlich Störungen im Blutleben hervorruft.

Hier dürfte der Ort sein über Narkose im Allgemeinen jene Muthmassungen zu entwickeln, welche der Stand der Wissenschaft von heute eben erst gestattet. Es ist Thatsache, dass sowohl die leitende Nervenröhre, vermittle sie nun centripetal die Empfindung oder centrifugal den Willen, ebenso wie die contractile Muskelfaser des steten ununterbrochenen Reizes zugeführten Sauerstoffes benöthige, um functioniren zu können, wie denn im einfachsten Experimente die kurze Compression einer

Gliedschlagader durch Sensibilitäts- und Motilitätsstörungen ant-
wortet, d. i. durch Kälte, Taubsein, Ameisenkriechen und Muskelzittern. Diese unerlässliche Sauerstoffzufuhr zu Gehirn- und
Nervenmasse kann aber selbstverständlich aus anatomischen Gründen nur durch das arterielle Blut vermittelt werden, und in diesem wieder nur durch das oxygenbindende Haematin der Blutscheibchen, die Liebig so bezeichnend die Geldrollen des inquilinen Verkehrs genannt hat. Dieses Haematin der Blutzellen nun
verliert, wie experimentell nachweisbar ist, durch mannigfaltige
Substanzen nicht nur das bereits gebundene Oxygen, sondern
auch seine molekuläre Fähigkeit, Sauerstoff aufzunehmen und
weiter zu führen. Wenn man frisch gelassenes, durch Peitschen
defibrinirtes thierisches Schlagaderblut, in welchem einige Zeit
auch ausserhalb der Ader die Lebensvorgänge fortdauern, in
zwei Parthien trennt, die unter übrigens gleichen Umständen
beobachtet werden mit dem einzigen Unterschiede, dass man die
eine Parthie unvermischt lässt, während man die andere Parthie
mit äusserst geringen Mengen narkotischer Versuchssubstanzen
vermischt, so zeigt das Experiment, dass die vermischte Parthie
schon längst ihre Fähigkeit nach dem gewöhnlichen Verdunkeln
durch Schütteln mit frischer Luft (durch Athmung) hell geröthet
zu werden, eingebüsst habe, während sie die unvermischte Parthie noch lange im ausgezeichnetem Grade besitzt, was man
kurz so ausdrücken kann: dass die narkotischen Substanzen den
Lufthunger der Blutzellen verringern und dadurch eine allgemeine capilläre Asphyxie hervorrufen, die sich auf dem Nerven-
gebiethe als Narkose darstellt, und bei längerer Dauer und grösserer Energie den Tod bringt. In dieser Weise wirken alle asphyktischen Gasarten, wie diess längst bekannt und angenommen ist;
aber mit ihnen theilen wahrscheinlich dieselbe Wirkung, wenn
auch in qualitativen und quantitativen Veränderungen der Nuancen, die Alkohole und Aetherarten oder die stickstofffreien Halidbasen, die Alkaloide oder stickstoffhältigen Basen mit dem Ammoniak an der Spitze, und endlich viele Glieder der Cyansippe.

Gelangt Alkohol ins Blut, so tritt er von da in den Cere-
brospinalliquor über und erregt in individuell verschiedener
Weise die Nervencentra; es ist möglich, dass er ausser seiner

asphyxirenden Wirkung auf die Blutzellen, auch eine chemisch entmischende und lösende auf das phosphorhaltige Nervenfett äussere, sobald die vitale Oxydation des Körpers seiner nicht Herr zu werden, und ihn nicht vollständig zu verbrennen vermag; es wird diese Ansicht wahrscheinlich, weil sich ohne ihrer Annahme der nachgewiesene Phosphorgehalt des Zellgewebsfettes habitueller Säufer, und die im Säuferwahnsinn den Alkoholtransito weit überdauernde Gehirnzerrüttung nicht begreifen und erklären liesse. Wird aber der eingeführte Alkohol nach Frist und Menge rasch zu Aldehyd, Essigsäure und endlich zu Kohlensäure und Wasser verbrannt, so ist er Genuss- und Respirationsmittel zugleich, und regt an, ohne giftig zu wirken. Es scheint, dass je höher Kohlenstoffgehalt und Siedepunkt eines Alkohols liegen, er auch desto schwerer im Blute oxydirt, bewältigt und verhaucht werden könne, und sich deshalb umsomehr von den Genussmitteln ab- und den Nervengiften zuwendet; diess beweist die den reinen Alkohol weit übertreffende Schädlichkeit des Amylalkohols oder Kartoffelfuselöls und die Endemie des Säuferwahnsinns in den Konsumodistrikten des Kartoffelsprits. Dass der absolute Alkohol, und also auch die wasserärmeren starken Spiritusse wegen ihrer wasserentziehenden und die Protëinate gerinnenden Kraft topische Gifte seien, und durch locale Gastroenteritis zu tödten vermögen, gehört nicht in diese Classe von Blut- und Nervenwirkungen. Selbstverständlich ist es, dass von der Aethernarkose Alles gilt was vom Alkohol erwähnt wurde, sie überragt ihn nur an Energie und Flüchtigkeit. Sollte die Annahme der einfachen kapillären Asphyxie, wie wir sie im Vorhergehenden entwickelt, zur Erklärung des blitzschnellen Todes durch Blausäure und einige flüchtigen Alkaloide nicht ausreichen, so bliebe namentlich bei der chemisch milden, nicht im Geringsten zersetzenden indifferenteren Natur der Blausäure keine andere Erklärung des raschen Todes, als eine hypothetische Vernichtung des Electrotonus und molekulären Kräftespieles im Nervengewebe.

Die Alkaloide der Genussmittel, die aus dem Heere der Pflanzenwelt der dunkle Instinkt der uncivilisirten Masse mit dem richtigsten Tacte herausgriff, besitzen einen geheimnissvollen Bezug zu den allgemeinsten stickstoffhältigen Mauserprodukten des Thierkörpers; sie liefern Alloxan und Zersetzungsprodukte wie Harnstoff und Harnsäure; diese wissenschaftliche posthume Entdeckung zeugt für die Allgemeingültigkeit des Satzes, dass der Instinkt der Masse, selbst in den scheinbar willkührlichsten Abschweifungen dennoch auf der Basis der Naturnothwendigkeit ruhe, und dass nicht nur die Nahrungsmittel des eigentlichen Bedürfnisses, sondern auch Spiel und Genuss unter der unbedingten Herrschaft der stofflichen Gesetze stehen. Zugleich regt diese Thatsache die Möglichkeit an, als haben die alkaloidischen Genussmittel denselben Bezug zu den plastischen Nährstoffen, wie die Alkohole zu den Respirationsmitteln; an eigentliche Ernährungsvorgänge, d. h. an Organensynthese, wie sie für das Caffëin die Liebig'sche Schule predigte, ist aber bei keinem Genussmittel, und sei es auch ein stickstoffhältiges zu denken.

Eine eigene Modification der Narcose stellt die Uraemie dar, die weit eher ein schweres Symptom, und selbst eine häufige Todesursache im Gefolge der verschiedensten Krankheiten sein dürfte, als eine selbstständige Krankheit selber. Die Uraemie entsteht, wenn das anomale, qualitativ veränderte, weniger gerinnungsfähige, weichere Fibrin des (typhoiden) Blutes, das sich in einem eigenthümlichen Zustande der Verrottung befinden dürfte, seinen katalytischen Einfluss auf den Harnstoff des zufällig gestauten Harnes äussert, dessen normale Se- und Excretion entweder durch eine Erkrankung der Niere oder durch irgend ein anderes, theils mechanisches, theils dynamisches Hinderniss erschwert und aufgehoben ist. Der Harnstoff fault, namentlich angeregt durch den Kontakt mit Fermenten unter Wasseraufnahme zu kohlens. Ammoniak. Das kohlens. Ammoniak, tritt es nicht möglichst rasch durch Diurese oder Diaphorese aus, verändert das Haematin der Blutzellen, indem es ihm die molekulär bindende Kraft für den Sauerstoff der eingeathmeten Luft raubt, und dadurch die früher erwähnte Asphyxie veranlasst; nirgends tritt diese urämische Asphyxie prägnanter hervor, als in dem Bilde asiatischer Cholera, in welcher Krankheit in der Höhe des asphyktischen Stadiums, die Lunge der Kranken die Luft fast unverändert zurückhaucht, so dass die Sauerstoffaufnahme auf ein Minimum gesunken ist. Wie verschieden der Ausschlag dieser Asphyxie im Nervenleben sein könne, sehen wir in dem

Bilde der eklamptischen Urämie der Gebährenden; überhaupt muss sich die Gegenwart damit begnügen, die allgemeinsten Conturen zu entwerfen; jede Detailschilderung, jeder Erklärungsversuch der mannigfaltigsten Nuancen im Colorite des Bildes selber, muss der Zukunft und ihren Entdeckungen aufbehalten bleiben, obwohl sich schon soviel sagen lässt, dass die Erklärung der verwickelten Vorgänge weit einfacher ausfallen werde, als sie die heutige Unkenntniss in ihrer grössten Kühnheit zu hoffen wagt. Das kohlens. Ammon des urämischen Blutes wirkt aber nicht nur asphyktisch, sondern auch macerirend und lösend auf einen Theil des Haematins, und bedingt dadurch eine bräunliche, dunkle Färbung des Serums, die ihrerseits wieder in alle normalen Transsudate übergeht, und das spezifisch düstere Colorit der Haut in vielen typhoiden Krankheitsprozessen erzeugt. Das Blut, als sogenannter flüssiger Leib, oder allgemeiner Ernährungssaft des Körpers, bildet mit der Milch und dem Eie eine wahre organische Dreieinheit, zusammengesetzt: aus Kohlenhydraten, Fetten, Proteïnen, Proteïnoxyden, Aschensalzen und Wasser. Während aus dem bebrüteten Eie bloss unter Aufnahme von Imponderabilien und Sauerstoff das fertige Brutthierchen sich entwickelt, in welchem der Complex der Eistoffe in die mannigfaltigsten chemischen und histoplastischen Derivationen differenzirt erscheint; während aus der Milch das junge Säugethier den ganzen Aufbau seines selbstständig gewordenen Organismus deckt, ist das Blut zugleich Ei und Milch für die Transsudate, Drüsensäfte und Gewebe seines Leibes. Der Pflanzensaamen, der nur unrichtig benannt erscheint, ist eigentlich ein wahres Ei, aus dem sich durch Aufnahme von Imponderabilien und Sauerstoff mit dem einzigen Unterschiede des erforderlichen Zutrittes von Wasser der junge Pflanzenorganismus zur Selbstständigkeit entwickelt; man könnte daher die Pflanzensaamen, trockene Eier nennen, und gewiss gibt es auch in dem niedern Thierreiche tausendfältige Keime, die auch darin dem Pflanzeneie ähnlich sind, dass sie lange Zeit im wasserarmen Zustande ihre Keimfähigkeit bewahren, und erst bei Wasserzutritt von Aussen, dem Keimungsvorgange und der Entwicklung individuellen Lebens unterliegen. Ei, Milch und Blut sind für den Chemiker zusammengesetzte labile Atome, deren nach Naturnothwendigkeit auf bestimmte Anregungen erfolgende Spaltung die Bildung und Ernährung der Organismen darstellt, geradeso wie sich Amygdalin in Bittermandelöl, Blausäure und Zucker spaltet. Die botanische Nomenklatur muss gerade verkehrt begriffen werden; das, was man männliche Befruchtungswerkzeuge nennt, die Staubfäden, streut in der Blüthenreife tausende von weiblichen Eierchen herum, deren einzelne in den weiblich genannten Griffel gelangen, eben dort aber bei ihrem Durchgange von dem männlichen Saamen befruchtet, in den eigentlichen Fruchthälter der Pflanze schlüpfen, in welchem ihre weitere Entwicklung zum selbstständigen reifen Saamenkorne erfolgt. Der männliche Saame mit seinen geschwänzten, wunderbar beweglichem Zellen, den Spermathophyten scheint bei dem Acte der Befruchtung des weiblichen Eies, welcher zweifellos unmittelbare Berührung verlangt, nach Art der Fermente zu wirken, und nur den Anstoss und die Richtung, nicht aber den Stoff künftiger Entwicklungsprozesse zu liefern. Mit dieser Gährungs- oder Spaltungstheorie der Zeugung, so wenig mehr sie vor der Hand ist als eine Hypothese, steht dennoch keine einzige Thatsache im Widerspruche; zu einer Gährung sind Maische und Hefe gleich unentbehrlich, und sehr ähnliche, ja selbst gleiche Maischen können in Berührung mit verschiedenen Hefen ganz verschiedenartige Spaltungsprodukte liefern; so zerfällt derselbe Rohrzucker durch Bierhefe in Weingeist und Kohlensäure, durch oxydirtes Casëin und Gliadin in zwei Atome Milchsäure, durch faulenden Käse und Pflanzeneiweiss in Kohlensäure, Wasserstoff und Buttersäure; in gleicher Weise ist somit dem männlichen Saamen sein in Richtung und Anstoss der Zersetzung massgebender individualisirender Einfluss gewahrt, und daraus zugleich unter Garantie wirklicher Berührung die unendlich geringe Menge des Saamens erklärlich, die zur Befruchtung d. h. zur Vergährung der weiblichen Eizelle nach den Versuchen Spalanzani's über Frosch- und Fischlaich erforderlich ist. Der zur Zeugung unentbehrliche Kontakt, ist aber in der Natur durch nichts besser gewährleistet, als eben durch die beweglichen geschwänzten Saamenzellen einerseits, und die fortwährend kreiselnden Flimmerkränze der Epithelialzellen in den weiblichen Geschlechtswegen.

Der gemeinsame Ernährungssaft des Körpers oder das Blut wird in den elastischen Schlagaderröhren oder Arterien durch den Impuls der Herzbewegung, in den weichhäutigen Blutaderröhren oder Venen durch Muskelcontraction und ein Klappensystem weiter bewegt; es durchläuft auf seinem Wege durch die beiden Vorkammern und Kammern des Herzens peripherisch zwei Capillarsysteme, das allgemeine des Körpers und das kleinere des Lungenparenchyms. In dem Capillargefässnetze des Körpers vollzieht sich die Ernährung und Plastik der Gewebe, und das sauerstoffhältige hellrothe schlagaderliche Blut verwandelt sich in das dunklere kohlensäure reiche Venöse; in dem Capillargefässnetze des Lungenparenchyms, wo die letzten Gefässreiser knäuelförmig die Luftbläschen der Lunge, die letzten blinden Endigungen der Luftröhrenverzweigungen umspinnen, geht der diffundirende Gasaustausch vor sich, den wir Athmung nennen: das venöse Blut haucht mit Wasserdunst seinen Kohlensäureüberschuss aus, an dessen Stelle der Sauerstoff tritt, der das dunkle Blut wieder hellroth färbt und arterialisirt. An einzelnen Stellen des allgemeinen Kreislaufes sind besondere hydraulische und mechanische Einrichtungen getroffen, oft ist auch der Blutstrom gezwungen die chemischen Laboratorien eigenthümlicher Drüsen, zu durchlaufen. Die Capillaren, in die sich die Eingeweideschlagadern verästeln, sammelt in ganz eigener Weise, bereichert mit einem Theile des resorptionsfähigen Darmchylus die Pfortader, und führt diese eigenthümliche Blutmischung in die Leberdrüse, in welcher die abermalige capilläre Verästlung die metabolische Leberzelle umrankt, unter deren Einflusse die Galle secernirt wird und das zuckerhältige Lebervenenblut nach abermaliger Sammlung der Capillaren durch die Leberblutader in den allgemeinen Kreislauf zurückkehrt. In der Niere zerfährt plötzlich der dicke kurze Stamm der Nierenschlagader, ein unmittelbarer und mächtiger Zweig der Aorta, in ein unverhältnissmässig dünnes sogenanntes Wundernetz von Capillaren, woraus der in diesem Organe behufs der steten Harnfiltration herrschende hohe hämostatische Druck seine ungezwungene Erklärung findet. Zu jedem einzelnen Drüsenbläschen geht ein capillares Gefässreiserchen, dasselbe umspinnend und mit Blutliquor versorgend. Alles, was unverändert an Blutstoffen mittelst des physikalischen Vor-

ganges der Exosmose durch die Gefässmembranen hindurch im
Capillarsysteme ins Parenchym übertritt, heisst Transsudat; gelangt aber das Transsudat nicht unmittelbar ins Parenchym, sondern eher in einen einfachen oder zusammengesetzten Hohlraum,
in Follikel, in Plaques, in acinöse oder lobuläre Drüsen, die ebenso
viele Laboratorien des Körpers darstellen, und erfährt es in diesen Drüsenräumen eine bestimmte chemische Umwandlung, so
heisst es Sekret, das im Falle der unveränderten Ausfuhr und
völligen weitern Unbrauchbarkeit für den Organismus zum Exkrete wird. So gestaltet sich das Pfortaderblut, dessen Transsudat in der Leberzelle weiter umgewandelt wird, zu dem Sekrete
der Galle, die bei der Dünndarmverdauung und der Assimilation der Fette wichtige Functionen übt, dabei weiter verändert
grossentheils resorbirt und nur im kleineren Theile als Gallen-
harz mit den Faecalmassen entleert wird; so wird in den Harn-
kanälchen der Niere, aus dem Transsudate des Blutes der Harn
secernirt, der aber als völlig nutzlos für die Erhaltung des Organismus ununterbrochen aus dem Nierenbecken durch die Uretheren in das Reservoir der Blase absickert, aus welchem er periodisch als reines Exkret zur Entleerung kommt; so bildet die
metabolische Kraft der Speicheldrüse aus dem Transsudate des
Blutes die Speichelstoffe Ptyalin und Schwefelcyan als wahre
Sekrete, die functionell für die Integrität der Geschmacksempfin-
dungen im Munde, und zur Verdauung der Kohlenhydrate verwendet werden; so verwandelt die in ein Gerüste von Bindegewebe
eingesenkte und mit Gefässknäuelchen umsponnene Krypte das
Transsudat ihres zugeführten Blutes in Mucin oder Schleimstoff,
in enterischen Saft, in ein wahres, bei den Bewegungs und
Dauungserscheinungen wirkendes Sekret, den Schleim, der bald
als Schmiermittel, wie beim Verschlingen des Bisses und dem
Weiterbefördern des Darminhaltes, bald als Medium der Empfindungen, beim Riechen und Schmecken, bald zum Schutz der feinen Epithelien und Membranen, die er überkleidet, bald endlich
als chemisches Ferment in dem Pepsin des Magensaftes mannigfaltige und unentbehrliche Dienste leistet; so scheidet die kork-
zieherartig gewundene Schweissdrüse, in das Gewebe der eigentlichen Haut eingebettet und von capillären Reisern umrankt,
gleich einem wahren Dampf- und Regulatorsventile aus dem

Transsudate des Blutes den Schweiss ab, der nichts ist als Blutwasser, beladen mit einigen Salzen, namentlich Chloriden, einigen extractiven Materien und flüchtigen Säuren, und regelt dadurch die Statik und Hydraulik des Blutes, löst Krämpfe und
coupirt Krankheiten und dämpft und bricht die Gewalt des Fiebers; so endlich verarbeitet die Talgdrüse die Fettstoffe des
transsudirenden Blutes zur Hautschmiere und zum farbigen Oele
der Haarzwiebel und des Haarschaftes, so bereiten Thymus- und
Pankreasdrüse Thymin und Bauchspeichel.

Nicht der eigentlichen Sekretion, sondern der Umänderung,
Reifung und Mauserung der Blutmasse als Ganzes dienstbar,
steht die Milz da, eine wahre Blutdrüse ohne Ausführungsgang,
in welcher, wie auch ihr rasches, theilnehmendes Schwellen in
Wechselfiebern und typhoiden Zuständen wahrscheinlich macht,
der eigentliche Herd der Blutmetamorphose zu suchen sein
dürfte.

Die Transsudation führt aber nicht nur zur Sekretion, sondern auch zur normalen Ernährung der Gewebe. Der Blutliquor
verhält sich bei diesem Vorgange wie die Maische, und das Gerüste des zu ernährenden Organs, oder die organische Zelle, und
in ihrer Weiterentwicklung die Faser, wie das Ferment; wie bei
der Bierwürze nach dem Stellen mit Hefe der Zucker in Kohlensäure und Alkohol zerfällt, während Hefe sich aus den stickstoffhältigen Stoffen der Würze unter dem Einflusse der fertigen Hefe
neubildet, gerade so bilden sich aus dem Pfortaderblute neben der
Galle und dem zuckerhältigen Lebervenenblute aus einem andern
Theile der Blutstoffe die Leberzellen neu, und so geht überall
der Sekretion die Ernährung des Organenparenchyms parallel;
es steht somit der Grundsatz fest, das in dem Rayon der normalen Transsudation jede Zelle, die eine Sekretion leistet, sich
aus dem Reste des verbrauchten Blutes auch selber ernährt oder
regenerirt. Verliert der Kreislauf in irgend einer Capillarprovinz
in Folge veränderten Blutdruckes oder äusserer chemischer oder
mechanischer Reize seine normale Intensität und Richtung, schwankt
oder stockt er, so entsteht eine Anhäufung von Blutkörperchen
an diesen Stellen, welche die Röthung und Hitze und eine ab-
norm gesteigerte Ausschwitzung von Blutwasser, welche die Ge-
schwulst dieses Theiles verursacht: der ganze Vorgang heisst

Entzündung, die durch Resorption, Eiterung und Nekrose endigen kann.

Jedes in Folge einer derartigen Anomalie des Kreislaufes, oder in Folge der Entzündung gesetzte Transsudat, heisst Exsudat, und kann auch, wenn es akut, d. h. rasch unter Fieberstürmen abgelagert wird, Fibrin, d. h. von selbst gerinnbaren Blutfaserstoff enthalten; es heisst dann fibrinöses Exsudat, obwohl mit diesem Namen viel Missbrauch in der Pathologie und Krasenlehre getrieben wurde, und vieles, wie beim Croup dafür ausgegeben wurde, was weit eher Collagen als Fibrinogen ist. Faserstofffreie, mehr chronisch gesetzte Exsudate heissen seröse, und treten häufig in den serösen Höhlen des Körpers, oft abgesackt als Sackwassersucht und Cysten auf, im Unterhautzellgewebe stellen sie Oedem und Anasarka vor; es ist sehr wahrscheinlich, dass unter gewissen uns unbekannten Umständen, vielleicht hypothetisch durch eine Lähmung der Gefässe vom Rückenmarke oder sympathischen Nerven aus, eine Exsudation in das Innere des Darmrohres stattfinden könne, die nicht auf die Mucosa in umschriebener Weise beschränkt bleibt und grosse Mengen von Blutwasser ins Darmrohr entleert, wodurch secundäre Bluteindickung und so zu sagen eine wahre seröse Verblutung entsteht. Dieser Befund, dem wir bei der asiatischen Cholera begegnen, in deren reiswasserähnlichen Entleerungen neben Schleim- und Epithelialflocken vorzüglich Wasser, Chlornatrium, dreibasisch phosphors. Natron, und Natronalbuminate enthalten sind, ergänzt das chemische Bild dieser fürchterlichen Krankheit, zusammengehalten mit der schon früher besprochenen urämisch asphyktischen Crase. Momente, welche die Exsudation anregen, sind alle mechanischen Hindernisse der Circulation, Erschlaffung und Atonie der Capillaren und kleineren Gefässe, und vielleicht auch eine sogenannte Cacochemie oder Dyscrasie des Blutes. Unter Crase bezeichnet man die Mischung aller Blutstoffe in qualitativer und quantitativer Beziehung; wird dieselbe in irgend einer Hinsicht wesentlich anomal, so pflegt man die Blutcrase dann ausschliesslich Dyscrasie zu nennen. Die Dyscrasien, die objectiven Auffassungen der Humoral-Pathologie, sind zwar Postulate der inductiven Logik aller Naturwissenschaften, aber in ihren physiographischen Momenten höchst unentwickelt und schwankend. Das Blut, ein Strom, in dem fortwährend ein Gegenstrom kreist, nemlich die Blutwelle der vorschreitenden Metamorphose oder Gewebebildung als Fluth, und die Blutwelle der rückschreitenden Metamorphose oder der Gewebzertrümmerung als Ebbe, ist ein so wechselndes Proteus- ähnliches Substrat, dass es dem Chemiker in seinen Experimenten nur zu schwer zugänglich wird. Diess ist der Grund, warum wir in der chemischen Lehre vom Blute nicht über die Anfangsgründe hinaus sind, und warum die Wissenschaft des Stoffes von der Wissenschaft der Form, der pathologischen Anatomie, in zahl· und bodenlosen kühnen Hypothesen überholt wurde. Während die normale Crase des Blutes auch die normale Plastik der Gewebe veranlasst, setzt die Dyscrasie ein Aftergebilde oder Neoplasma im weitesten Sinne des Wortes. Gewiss entsprechen den subtilen Veränderungen in der Constitution der Aftergebilde, von der kalkreichen Tuberkelmasse bis zum alkalireichen Markschwamm, ebenso manigfache subtile Veränderungen in der erzeugenden Dyscrasie, aber der bisherige Scheidungsapparat des Chemikers konnte sie annoch weder auffinden noch festhalten. Gewiss ist soviel, dass die meisten chronischen Krankheiten, seien sie mehr solidären oder mehr humoralen Characters, schliesslich in diätetischen Sünden von meist längerer verjährter Dauer ihre gewöhnlichste Erklärung finden. Eine Verletzung der Mischungsgesetze der einfachen Alimente, der Missbrauch von Genussmitteln, die Inanition d. h. der Mangel an gewissen Aschensalzen und Blutstoffen in der Nahrung sind die drei mächtigsten Hebel chronischer Erkrankungen und Lebensverkürzungen. Während z. B. die weichen, jungen kernhältigen geschwänzten Zellen des Narben- oder Bindegewebes bei normalem Blasteme unter reichlicher Zufuhr der Erdphosphate zu Fasern weiter wachsen, und sich in die lockigen Bündel des reifen Bindegewebes umwandeln, verlieren sie durchfeuchtet von einem anomalen Blasteme, das ebenso arm an Erdphosphaten als reich an Alkalisalzen ist, diese Eigenschaft, zu Fasern zu reifen, luxuriren als Zellen in der succulenten Organprovinz, um nach einer ephemeren Existenz, die sich gegen den andrängenden Stoffwechsel nicht zu behaupten vermag, der Vereiterung, Verjauchung oder Nekrosirung anheimzufallen, und wuchern als Encephaloid oder Markschwamm weiter, dessen Keimflüssigkeit gleichsam von den Lymphgefässen verschleppt, ihn oft rasch in inneren Organen verstreut und aussäet, wo er entweder durch mechanische Oppression, oder durch chemische Erschöpfung des Blutes an plastischen Stoffen tödtet. Aber nicht immer sind es chemische Momente, die das eigenthümliche einer prägnanten Blutkrankheit bilden. Das Pyïn, ein Körper aus der Klasse der Protëintritoxyde, ist endlich von der lange gegen ihn erhobenen Anklage auf Erzeugung der Pyaemie losgesprochen worden. Die Pyaemie oder Eitervergiftung des Blutes, oft, wenn nicht immer mit Leuchaemie identisch, häufig mit eigenthümlichen Erkrankungen des Milzparenchyms vergesellschaftet, ist heutzutage, wenigstens für die Mehrzahl der Fälle eine entschieden mechanische Blutskrankheit. Mischt sich Eiter durch ein korrodirtes, geöffnetes Gefäss von Aussen, oder von Innen her von der Gefässwand abgespühlt, derart dem Blute bei, dass eine gewisse Summe von den in ihm enthaltenen grösseren cytoiden Körperchen, die den Durchmesser der Blutkörperchen und Lymphkörper weit übertreffen, in den Blutstrom gelangt, und daselbst in den Capillarverästlungen sich in das Lumen der Gefässchen einkeilend ganze Capillarprovinzen für den Kreislauf unzugänglich macht, so entstehen in den von den unwegsamen Capillaren versorgten Organtheilen selbstverständlich Entzündungen und Exsudationen, die konsequent zu Vereiterungen führen, und die dissemirten metastatischen Abscesse bilden, während ein Gefässsturm über den Organismus hereinbricht, der sich in den Schüttelfrösten der Pyaemie offenbart.

Jeder Organismus hat eine gewisse Zeit der Anbildung, des Wachsthums und der vorschreitenden Entwicklung; in dieser Zeit muss die Einfuhr, die Ausfuhr übersteigen; diätetische Sünden in diesem Alter begangen, rächen sich, wenn auch spät, doch unerbittlich. Auf diese Zeit folgt eine Periode des Bestehens und Erhaltens; Ausfuhr und Einfuhr bilanciren sich, etwa das Fettgewebe ausgenommen, zeigt sich keine wesentliche Anbildung von Stoff mehr, die geistigen und körperlichen Fähigkeiten bleiben stationär, und entwickeln sich höchstens formell weiter, nach dem Prinzipe der Uebung und Gewöhnung, deren Resultate man häufig Erfahrung nennt. Auf diese Periode, deren Verlängerung innerhalb gewisser Grenzen, das Individuum durch regelrechte, naturgetreue Lebensweise in seiner Macht hat, folgt das Stadium der Rückbildung, der Involution oder des Greisenalters, wo die Ausfuhr allmälig über die auf ein Minimum gesunkene verträgliche Menge der Einfuhr das Uebergewicht erlangt, wo die körperlichen und geistigen Kräfte sich abstumpfen und verschrumpfen, bis endlich der Tod den organischen Cyklus beschliesst. Die Thätigkeit der Nervencentra, als der Herde und Organe des Bewusstseins, der Empfindung und des Willens, die Thätigkeit der Lunge oder der Athmung, die Thätigkeit des Herzens oder der Kreislauf, sind die drei Hauptangriffspunkte des Todes, so dass in ihnen gewöhnlich die nächste Todesursache zu suchen wäre. Die Verletzung gewisser Hirnparthien, wie des verlängerten Marks, tödtet augenblicklich, weil dieses es ist, welches die Herz- und Athembewegungen kombinirt und leitet; Zusammenhangstrennungen der Respirations- und Circulationsorgane von grösserem Umfange, deren Eintritt Circulation und Athem aufhebt, tödten gleichfalls sogleich; der natürliche Tod würde durch Inanition, d. h. durch mangelnde Ernährung des Nervengewebes allmälig eintreten, und ruhig, wie ein Entschlummern das Leben beschliessen. Häufig hat die im Alter vorschreitende Verirdung und Verkreidung aller Gewebe, das Schwinden des Säftereichthums und der Elastizität, im Verlaufe der Gefässe, atheromatöse, erdig brüchige Stellen der Wandungen erzeugt, die entweder in der Lunge oder im Gehirne die nächste Todesursache abgeben, da sie bei einer zufällig heftigen Wirkung der Bauchpresse, wie z. B. beim Niesen, Lachen, Husten oder Schreien, durch den gesteigerten inneren Blutdruck bersten, wobei das austretende Blut das umgebende weiche Gewebe zum apoplektischen Herde zertrümmert (Lungenblut- und Gehirnschlag). Ein Oedem des Lungenparenchyms, d. h. eine chronische Transsudation von Blutwasser in die Lungenzellen, die pneumonische akute Exsudation, in beiden Lungen ausgedehnt auftretend, pleuritische Exsudate, ja ein einfaches Oedem der Glottis, führen den Organismus zum vorzeitigen Tode der Asphyxie, da sie durch Oppression oder mechanische Hindernisse die Athmung aufheben. Klappenfehler des Herzens und der grossen Gefässe, Aftergebilde, die durch den Ort ihrer Entwicklung die grossen Heerstrassen der Circulation verdrängen und unwegsam machen, bedingen vorzeitigen Tod, da sie gleichfalls durch Hemmung des Kreislaufes allgemeine Asphyxie erzeugen. Erkrankungen, in deren Gefolge als Symptom die Albuminurie auftritt, wozu namentlich Herz- und Nierenleiden gehören, machen das Blut an Eiweissstoff verarmen, dadurch zu wässerigen Oedemen und Exsudationen geneigt, und tödten häufig auf diese Weise. Die Wirkung der Gifte, der Blut- und Nervengifte, die Narkose und die Uraemie, die als letztes Symptom, als eigentliche Atroposparze, zu vielen acuten Krankheiten hinzutreten dürfte, sind schon früher am passenden Orte besprochen worden. Nach dem Aufhören des Lebens, nach dem letzten Herzschlage und Athemzuge, bricht unaufhaltsam die Gewalt des Wassers und des Sauerstoffs also des Anorganismus über den Organismus herein, und löst die wunderbare Maschine Rad um Rad bis Alles auseinanderbröckelt, alles Organische in gasige Zersetzungsprodukte, in kohlens. Ammoniak aufgelöst, wieder in die Atmosphäre zurückverflüchtigt, welche die Göttermutter alles Lebens genannt werden muss, und die einst in der Urperiode die ganze Flora und Fauna des glühenden todten Erdballes trug. Bis zu dieser gründlichen Zersetzung, treten manigfaltige mehr oder minder flüchtige, wasserstoff- und stickstoffreiche Zwischenglieder auf, die, gleichsam als der giftige Hauch der Gräber, als feindliche Fermente und Erreger der Fäulniss, die Ansteckung der lebenden Organismen durch sogenannte Miasmen und Contagien, die Malaria, die Sumpffieber, den Hospitalbrand und die pestartigen Seuchen erzeugen, die wie Aasgeier die Schlachtfelder der Menschheit umkreisen. Hat endlich das Ozon, der elektrische Sauerstoff der Atmosphäre den Sieg errungen über die Fäulniss der todten Masse, ist nichts mehr von ihr übrig geblieben, als kohlens. Ammoniak und Wasser im Luftmeere, und ein Häufchen Aschensalze, das an der Scholle der Erde klebt, so beginnen die Wunder der Pflanzenwelt, verdichten dieses kohlens. Ammoniak und dieses Wasser der Luft, unter der gleichzeitigen Aufsaugung der gelösten Aschensalze des Bodens, wieder zu den organischen Stoffen ihres eigenen Leibes, den sie als Nahrungsmittel für die Thierwelt aufbauen, so dass die organische Welt, in dem ewigen niemals ruhenden Kreislauf, den wir Leben nennen, sich ewig selber erzeugt und sich ewig selber zerstört.

# Erklärung der beigefügten Tabellen.

## I. Tableau der biochemischen Atome.

In dieser Tabelle ist es versucht worden nach der vereinigten Kern- und Radicaltheorie, eine wissenschaftliche Gruppirung aller der Stoffe zu geben, die entweder selbst Substrate des organischen Lebens sind, oder deren Ableitungen und Spaltungen doch irgend einen erkannten Bezug zum Stoffwechsel im Thier- und Pflanzenleibe aufweisen. Das Eintheilungsprincip von der Kernradikaltheorie entlehnt, eignet sich besser oder vielmehr ausschliesslich für biochemische Auffassungen; während die moderne Typentheorie, welche die Substanzen nach den Typen: Wasserstoff, Wasser, Salzsäure und Ammoniak ordnet, vor der Hand wenigstens, nur ein rein fachchemisches Interesse befriediget, obwohl ihr eine vielleicht ausschliessliche Zukunft nicht abgesprochen werden kann. Die Stoffe zerfallen nach dieser Tabelle in die mit einfachem Radicale, oder die Anorganischen und die mit zusammengesetzten Radicale oder die Organischen. Unter den Ersteren sind mit Uebergehung des problematischen Anhangs drei Hauptgruppen hervorgehoben; die Elemente, u. z. der elektronegative Sauerstoff, der amphigene Säure- und Basen- bildende Stickstoff, und der elektropositive Wasserstoff; die übrigen Elemente, die nicht im freien elementären Zustande in den Organismen vorkommen, durften selbstverständlich nicht berücksichtigt werden; als zweite Gruppe erscheinen die binären Typen, mit dem Wasser, einigen Gasen und Säuren und den inquilinen Haloiden; die dritte Gruppe der quarternären Körper endlich umfasst die Amphidsalze der Organismen, die Sulphate, Carbonate und Phosphate. Die organischen Stoffe sind folgendermassen gegliedert: 1) Hydrocarbyle mit einem Kohlenwasserstoff als Radicalkern, die wieder weiter abgetheilt sind in Hydroisokarbyle (n $C_2 H_2$), die bei Anlagerung eines Wasserstoffatomes als aktiven, den Character der Verbindung bestimmenden Theiles, basische Körper, bei Anlagerung von $C_2 H$ aber saure Körper liefern; hierher gehören: Die Halidbasen der Inkrementreihe, die Alkohole, Aether und stickstofffreien organ. Säuren der I. Gruppe.

Ferner in Hydropolykarbyle mit derselben Gliederung, wie die Hydroisokarbyle, nur mit dem formellen Unterschiede, dass sich ein Kohlenstoffkern $C_2$, $C_4$, $C_6$, oder $C_8$ in die Verbindung einschiebt; hierher gehören die Halidbasen der Dekrementreihe, die Bernsteinsäuren, Benzoësäuren und Oelsäuren, die Benzoylalkohole, viele ätherische Oele und Harze und die Lipoide oder Speckfette. 2) Die Carbyle, mit einem Kohlenoxyde als charakterbestimmendem activen Theile; hierher gehören die übrigen stickstofffreien organ. Säuren, namentlich die Klee- und Weinsäuregruppe. 3) Die Azokarbyle mit einem Kohlenstickstoff als Kern, umfassend das Cyan und seine Ableitungen. 4) Die Hydroazokarbyle, die formell das Nitril eines Kohlenwasserstoffs als Radikalkern enthalten, und die sich weiter unterabtheilen in die stickstoffhältigen Säuren und Subalkalide des thierischen Stoffwechsels. 5) Die Hydryle; bei der Aufstellung dieser Klasse musste, um sie von der Vorhergehenden auch systematisch unterscheiden zu können, der Typen- und Substitutionstheorie Rechnung getragen werden, da hier der Substitutionstypus der nakte und vollendete Ausdruck der chemischen Rolle der Körper ist; hierher gehören: die künstlichen und präformirten Alkaloide. 6) Die letzte Klasse endlich umfasst die Typen höherer Ordnung, deren rationelle Formel derzeit völlig unbekannt ist, die aber gerade bei dem Stoffwechsel der Organismen die höchste Wichtigkeit besitzen; gegliedert in Gerbstoffe, Flechtensäuren, wozu auch der Indig gezählt ist, Pigmente, Extraktivstoffe, Kohlenhydrate, Pektinstoffe, Protëinstoffe, Leimstoffe und Huminstoffe, mit welcher letztern Gruppe die erste Tabelle den direkten Uebergang zur zweiten vermittelt.

## II. Tabelle der spontanen Zersetzung organischer Körper.

In dieser Tabelle ist der Verwesung, als einer Sauerstoffaufnahme, der Fäulniss, als einer Wasseraufnahme, und der Vermoderung, als dem abwechselnden Ineinandergreifen von Verwesung und Fäulniss, ferner der Gährung, mit ihren Unterarten, der geistigen, sauren und Schleimgährung, endlich beispielsweise einigen höheren katalytischen Spaltungen organ. Substanzen eine von selbst verständliche übersichtliche Darstellung gewidmet.

## III. Curve des Lebens im Thierleibe.

Diese Tabelle stellt einen graphischen Versuch dar, die Bewegung des eingeführten Aussenstoffes in dem Thierleibe bis zu seiner erfolgenden Ausfuhr beiläufig zu verfolgen; der fehlende unter der Abscissenaxe liegende Theil der Curve würde als Stoffwechsel des Pflanzenlebens den Rayon der Ausfuhr in den Rayon der Einfuhr zurückverwandeln, und so den ewigen

Kreislauf des Stoffes schliessen; seine graphische Construction konnte aber bisher nicht einmal in der blos schematischen Weise versucht werden, wie diess in vorliegender Tabelle für den Stoffwechsel des Thierleibes geschah.

## IV. Tabelle der Stoffe in ihrer Wechselwirkung auf den thierischen Organismus.

Diese teleologische Tabelle gliedert die Stoffe zuerst in topische Mittel und in Resorptionsmittel; die Erstern wieder in molekuläre und chemische, die Letztern in Stoffe des unveränderten und veränderten Transitos, und in die Assimilationsmittel, und trägt in weiteren Unterabtheilungen den Begriffsbestimmungen von Heilmitteln, Blut- und Nervengiften, Genussmitteln und Alimenten soweit Rechnung, als diess der heutige Stand der Wissenschaft gestattet.

## V. Allgemeines Schema der Blutkrasen (nach Heller).

Diese Tabelle liefert ausser einer Rubrik der Normalzusammensetzung des Menschenblutes, eine apriorische Darstellung von vier Gegensätzen oder Antithesen, nach den vier Hauptstoffen des Blutes gegliedert; nämlich: das wasserreichere und wasserärmere, blutkörperchenreichere und blutkörperchenärmere, faserstoffreichere und faserstoffärmere, eiweissreichere und eiweissärmere Blut. Selbstverständlich kommen in dieser doktrinären Reinheit und Ausschliesslichkeit diese Krasen niemals in der Natur vor; nur je zwei Gegensätze schliessen sich begreiflicherweise aus, aber jeder davon kann mit einer oder mehreren der andern antithetischen Formen-Legirungen eingehen, welche dann die eigentliche pathologische Krase darstellen. Nur in diesem Sinne, und mit grösster Behutsamkeit sind die beiden letzten Rubriken der Tabelle, nämlich die abnormen Stoffe und die Pathognomie der Krase aufzufassen, und soll überhaupt dieses Schema nur ein nüchternes, einfaches Gegenstück zu der komplizirten Krasenlehre einer verfrühten Humoralpathologie liefern.

## VI. Tabelle der bekanntesten Harnbilder.

Diese an und für sich selbstverständliche Tabelle, die auch in kurzer Bemerkung der gewöhnlichen empirisch-uroskopischen Ausmittlungsweise der Harnbestandtheile neben ihrer Urosemiotik Rechnung trägt, macht in der Aufstellung ihrer Harnbilder durchaus nicht auf Wissenschaftlichkeit Anspruch, sondern sucht nur den gebräuchlichen medizinischen Schlagwörtern zu genügen; ihr Werth ist überhaupt nur ein ärztlich semiotischer, da die approximativen, durch $+$ und $-$ bezeichneten Mengenabschätzungen der Normalstoffe für ein unbestimmtes Quantum einer auf

7 •

einmal gelassenen Harnportion meistens des Morgenharns und
nicht wie es eine strengwissenschaftliche Auffassung fordern
würde, auf die Gesammtausfuhr binnen 24 Stunden bezogen
sind; wir erwähnen ausdrücklich, dass bei der grossen Veränder-
lichkeit der täglichen Harnausscheidungsmenge eine anscheinend
relative Vermehrung des Harnstoffes im kärglichen Fieberharne
unter Würdigung der 24stündigen Ausfuhr in ihr gerades Gegentheil, d. h. in eine absolute Verminderung umschlagen dürfte;
nichtsdestoweniger glauben wir es aussprechen zu dürfen, dass
diesen für die Statistik der Lebensvorgänge unmassgeblichen, nur
relativen Anzeigen der empirischen Harnuntersuchung ein ärztlich semiotischer Werth in keinem Falle abgesprochen werden
dürfe.

### VII. Bis inclusive X. Semiotische Tabellen des Schweisses, der Faekalmassen, der erbrochenen Flüssigkeiten, der Sputa und des Speichels.

Diese vier Tabellen versuchen es für die genannten Se-
und Exkrete in semiotischer Beziehung dasselbe zu leisten, was
die VI. Tabelle für die Harnbilder angab; begreiflicherweise gilt
von ihren Anzeigen genau dasselbe, was, für und wider, bei der
VI. Tabelle erörtert wurde.

### XI. Analytischer Schlüssel zur Untersuchung der Concretionen und Sedimente.

Diese Tabelle dürfte selbst den Laien der Chemie in die
Lage setzen, vorkommende Concretionen, gleichviel ob Harn-
Gallen-, Darm- oder Drüsensteine mit ziemlicher Sicherheit zu
untersuchen und ihre wichtigsten Bestandtheile zu bestimmen.
Eine weitere Erklärung ihrer selbstredenden Rubriken ist über-
flüssig.

Gedruckt bei Josef Stöckholzer v. Hirschfeld.

## Hydryle.

oder Ammoniumoxyd

$N C_{54} H_{18} O_{14}$

$N C_{46} H_{25} O_{14}$

$N C_{26} H_{12} O_5 . aq.$

$N_2 C_{72} H_{38} O_{20}$

$N C_{40} H_{21} O_8.$

$C_{40} H_{20} O_6$

$N C_{37} H_{16} O_8$

$H_{73} O_{28}$

$C_{27} H_{19} O_7$

$C_{34} H_{22} O_6$

$C_{20} H_{13} O_5$

$H_{45} O_5$

Emetin

$C_{42} H_{22} O_4$

$H_{26} O_8$

$C_{68} H_{44} O_{22}$

$C_{40} H_{24} O_2$

$H_{24} O_4$

$H_{24} O_6$

$H_{21} O_6$

$C_{42} H_{18} O_9$

$C_{27} H_{14} O_2$

$C_{27} H_{12} O_2$

$C_{35} H_{20} O_6$

$C_{70} H_{37} O_{10} . 2 aq.$

Ceirin

## Typen höherer Ordnung.

Ueber ihre rationelle Formel und innere Atomen-Lagerung ist die heutige

### VI. Pectinstoffe.

Pectose unter dem Einflusse der Pectase in der reifenden Frucht liefert die Pectinkörper.

Pectin $C_{64} H_{40} O_{56} + 8 aq.$

Para - Metapectin  „ „ „ „

Pectosinsäure $C_{32} H_{20} O_{28} . 3 aq.$

Pectinsäure  „ „ „ 2 aq.

Para - Metapectinsäure $C_8 H_5 O_7.$

### VII. Proteinstoffe

$(C_{35} H_{26} N_4 O_{10})$

Legumin; Emulsin; Kleber (Synaptas, Diastas, Myrosin) Pflanzeneiweiss, Albumin, Syntonin, Caseïn, Krystallin, Globulin, Fibrin, Vitellin, Oxyproteine, Pyin, Mucin, Keratin, Chitin, Fibroin.

### VIII. Collagenstoffe

Bindegewebe und Knorpel.

1. Glutin $C_{13} H_{10} N_2 O_5$
2. Chondrin $C_{32} H_{26} N_4 O_{14}$

Chondrin $= 2$ Glutin $+ C_6 H_6 C_4$

### IX. Huminstoffe

Moder.

1. Ulminstoffe $C_{40} H_{16} O_{14}$
2. Huminstoffe $C_{40} H_{15} O_{12}$
3. Quellsäure $C_{24} H_{15} O_{19}$
4. Quellsatzsäure $C_{48} H_{12} O_{24}$

Torf - Braun - Steinkohle.

**Verw**

**O x y** ...

**Sauerst** ...

---

te ...

---

1.  Das von ...
    niss überl ...
    west nam ...
    fluss des ...
    tropie des ...
    stoffes z ...
    $O_8 = N$ ...

    Salpeter ...
    auf Cey ...

2.  Die Pla ...
    vitaler ...
    sticksto ...
    des Bl ...
    ser au ...
    genrei ...

---

fls ...

---

1.  Der ...
    leibe ...
    inqu ...
    mun ...
    ten, de ...
    neie ...
    gro ...
    geh ...
    ung ...
    wer ...
    CO ...

2.  Di ...
    fäls ...
    H ...

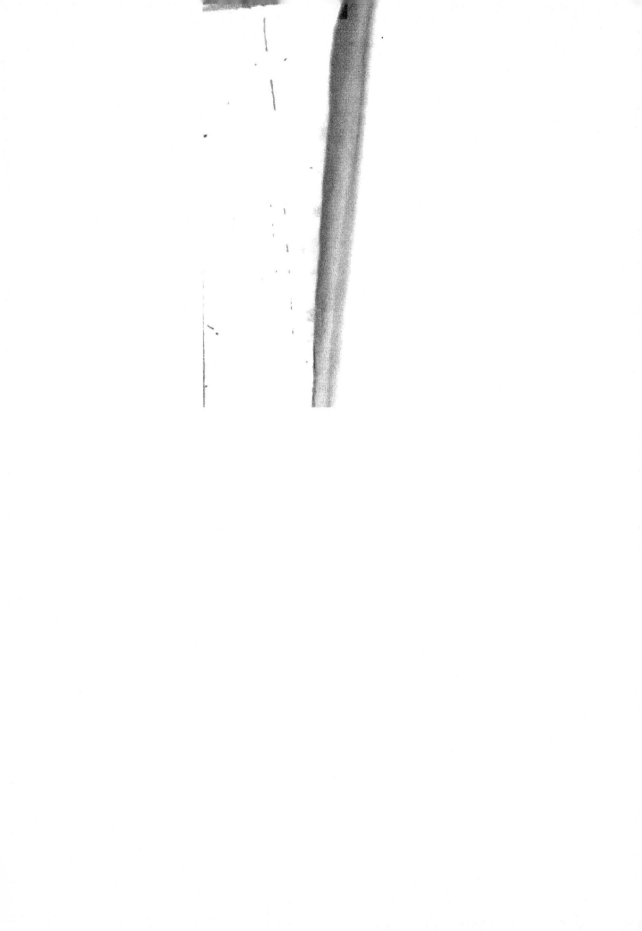

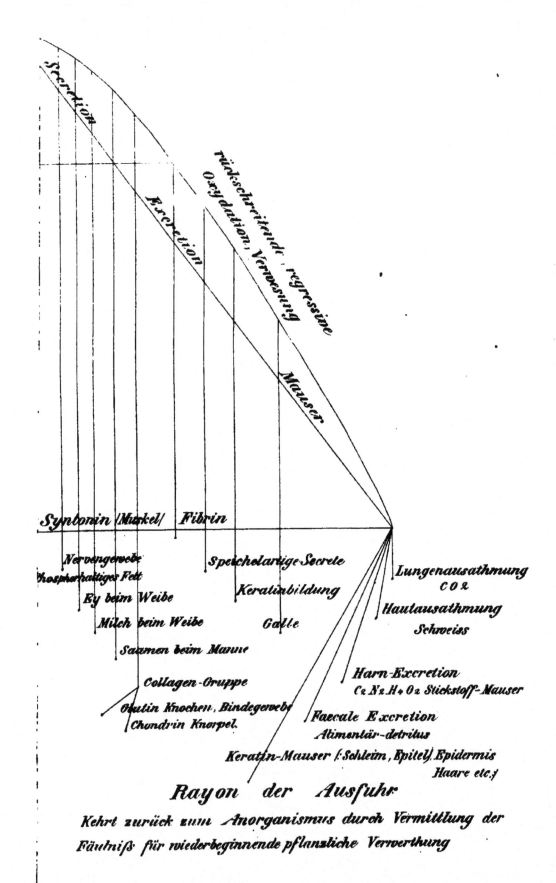

Secretion

rückschreitende regressive
Oxydation, Verwesung

Excretion

Mauser

Syntonin (Muskel)    Fibrin

Nervengewebe
Phosphorhaltiges Fett      Speichelartige Secrete

Ey beim Weibe      Keratinbildung

Milch beim Weibe      Galle      Lungenausathmung
$CO_2$

Saamen beim Manne      Hautausathmung
Schweiss

Collagen-Gruppe      Harn-Excretion
$C_2 N_2 H_4 O_2$ Stickstoff-Mauser

Glutin Knochen, Bindegewebe
Chondrin Knorpel.      Faecale Excretion
Alimentär-detritus

Keratin-Mauser (:Schleim, Epitel). Epidermis
Haare etc.)

Rayon der Ausfuhr

Kehrt zurück zum Anorganismus durch Vermittlung der
Fäulniß für wiederbeginnende pflanzliche Verwerthung

sen und kann somit

und mehr er im Blute

**sen.**

| Bestan | Antithese. | | IV. Antithese. | |
|---|---|---|---|---|
| | Defibrinose Hypinose Typhose | Albuminose | | Analbuminose |
| **Wasser** **Spez. Gewicl** | | | | |
| „ „ | ∼ | rel. $\overset{\sim}{—}$ | | rel. $\overset{\sim}{+}$ |
| **Blutkörperch** | $\overset{\sim}{meist\ etwas}$ + | ∼ | | ∼ |
| **Faserstoff** | — | ∼ | | ∼ |
| **Feste Serum Eiweiss** | ∼ | + | | — |
| **Abnorme St** | Harnstoffe. Kohlensaures Ammoniak | Zucker, Gallenstoffe. | | Harnstoffe, Kohlensaures Ammoniak. |
| **Pathognomi** | Typhoïde. Typhus, Puerperal-Prozesse, manche Uraemien. Asphyxie, Wuth, Blausäure- und ähnliche Vergiftungen. | Encephalien, manche Chorea, Epilepsieen, Katalepsieen, Ecclampsien, überhaupt manche Central-Neurosen. | | Nieren - Leiden, Hydropsieen manche Uraemieen und secund. Ecclampsien. |

Kletzin

n bedeutet normal.          **VI.**
0 bedeutet nicht vorhanden.
\+   ,,    vermehrt.
\−   ,,    vermindert.

| | Be... rheumatisch-arthritischer Schweiss | Farbiger blauer Schweiss in seltenen Fällen von Spinal- und Blasenleiden | Schweiss in Agone |
|---|---|---|---|
| Flüchtige F... Buttersäur... Baldriansä... Capronsäu... | reichlich | spärlich | höchst spärlich |
| Wasser | mässig | reichlich | höchst spärlich |
| Salze Chloride un... | reichlich | reichlich | reichlich |
| Ammonver... | spurenweise aber selten | reichlich | reichlich |
| Harnstoff | fehlt | manchmal spurenweise | manchmal |
| Zucker | fehlt | fehlt | fehlt |
| Uroerythrin rosige Sa... | ...amentlich in ...rperhautfalten oft reichlich | fehlt | fehlt |
| Uroglaucin Harnindig | fehlt | selten, aber dann reichlich | fehlt |
| Albumin | fehlt | fehlt | spurenweise fast immer |

**Iassen.**

| e | Hæmatoko- prose; Melāna | Dyssenteria | Cholera | Acholia |
|---|---|---|---|---|
| | spärlich | höchst spärlich | keiner | reichlich |
| | vermehrt | reichlich | sehr reichlich | vermindert |
| | vermindert | fehlt fast gänzlich | keines | vermindert |
| | reichlich | sehr reichlich | reichlich | vermindert |
| | reichlich | reichlich | spärlicher Schleim; viel Epithel | reichlich |
| | meistens vorhanden | fehlt fast immer | fehlt fast immer | fehlt |
| | fehlt | fehlt fast immer | fehlt | fehlt meistens |
| | vorhanden | stets vorhanden | stets, wenn auch nur spurenweise | fehlt |
| | oft vorhanden | immer | fast stets | oft reichlich |
| | oft vorhanden | reichlich | meistens | oft reichlich |
| | oft vorhanden | reichlich | höchstens in den spätern Stadien | fehlt |
| | stets zugegen bald frisch, bald halbverdaut | öfters | fehlt | fehlt |
| | beides | alcalisch | alcalisch | meist alcalisch |
| | spärlich | spärlich | reichlich | fehlen |

| Bestand | Uræmie | Biliöser Vomitus | Organische Magen- leiden |
|---|---|---|---|
| Freie Mage | vermindert | vermindert | vermehrt |
| Chloride | reichlich | reichlich | vermehrt |
| Schleim un<sup>5</sup> | reichlich | reichlich | vermehrt |
| Eiweiss | selten | selten | meistens |
| Gallenstoff | selten | immer Biliphaein, sel- ten Cholsäure | öfter |
| Harnstoff | reichlich | fehlt | fehlt |
| Kohlens. fi | fehlen | fehlen | fehlen |
| Ammonver | reichlich | fehlen | fehlen |
| Eiter | fehlt | fehlt | öfters |
| Blut | fehlt | fehlt | öfters |
| Sarcin. ver sir und an | fehlen | fehlen | Sarcina fast immer |
| Wasser | vermehrt | vermehrt | vermehrt |

| avernen | Mellituria | Salivatio | Ptya-lorrhoe | Billiöse Sputa |
|---|---|---|---|---|
| spärlich | spärlich | reichlich | fast keine | vermindert |
| spärlich | spärlich | reichlich | keines | vermindert |
| ermindert | reichlich | reichlich | reichlich | reichlich |
| reichlich | reichlich | reichlich | reichlich; in mercuriell. auch Quecksilber | reichlich |
| reichlich | fehlt | fehlt | stets Spuren | öfter |
| orhanden | fehlt | fehlt | vorhanden | fehlt |
| orhanden | fehlt | fehlt | vorhanden | fehlt |
| orhanden lbst Bern-einsäure) | fehlen | fehlen | vorhanden | fehlen |
| orhanden | häufig | fehlen | reichlich | fehlen |
| eichlich | fehlt | fehlt | manchmal | öfter |
| öfters | fehlt | fehlt | fehlt | öfter |
| oft | fehlen | fehlen | fehlen | fehlen |
| fehlt | wenig (süss) | fehlt | fehlt | fehlt |
| anchmal | fehlt | fehlt | fehlt | stets vorhanden |
| fehlen | fehlen | fehlen | fehlen | oft (dann bitter) |

cr(

Conc

salpe
re Lös
die Mu
be ohn
er Kali
monia
twicke

Der Rückstand leuchtet weiss beim Glühen.

Harnsaurer Kalk.

Gich
oncren
Harn

**sio · pat**

avernen

spärlich

spärlich

ermindert

reichlich

reichlich

orhanden

orhanden

orhanden
lbst Ber
einsäure )

orhanden

reichlich

öfters

oft

fehlt

manchmal

fehlen

Lightning Source UK Ltd.
Milton Keynes UK
UKOW07f1914110917
309009UK00008B/497/P